# SONG MEI LING

跨世纪第一夫人

# 宋美龄传

林博文 | 著

国际文化出版公司
·北京·

《时代》周刊曾经三度以宋美龄为封面人物，其中两次与蒋介石同列。图为 1931 年 10 月 26 日出版的《时代》周刊，这是宋美龄首次出现于《时代》封面。

1938 年 1 月 3 日出版的《时代》周刊推选蒋介石、宋美龄伉俪为 1937 年度风云人物，此为该刊第一次选出风云夫妻档。

纽约哈泼( Harper )公司 1940 年出版的宋美龄选集《中国将再起》套书。

美国女作家项美丽于 1941 年出版的传世之作《宋家姐妹》套书。

1943 年 2 月 18 日宋美龄向美国国会发表历史性的抗日演说，受到全美舆论界和政界的一致赞扬。3 月 1 日出版的《时代》周刊以中国第一夫人访美为封面故事，这是该杂志唯一单独以宋美龄为封面人物的一次。

1955 年 4 月 18 日出版的《时代》周刊最后一次以蒋介石为封面人物。

1961 年 6 月 18 日《展望》（*LOOK*）刊出蒋宋伉俪大幅彩色照片。同期并介绍金门国民党军大炮阵地和金防部司令官刘安祺将军。

二十世纪六十年代末期蒋宋伉俪合影。美国《国家地理》杂志说，已 81 岁的蒋介石仍渴望打回大陆，并称这幅照片是一张“耐心等待的肖像”。

孔宋家族中，除了宋美龄，只有宋子文上过《时代》周刊封面。

宋美龄搬离长岛蝗虫谷后，即以曼哈顿84街靠近东河的葛莱西方场（Gracie Square）10号9楼公寓为“基地”。红砖老建筑即为宋美龄静度生命黄昏的所在。

灵棺前的十字架象征宋美龄对蒋介石的永恒追思。宋美龄离台赴美定居后，“独留慈湖向黄昏”。

1976 年 4 月 3 日，宋美龄自纽约返台参加蒋介石逝世周年纪念，在专机扶梯上向欢迎人潮挥手致意。（中国时报资料照片）

1988 年以宋美龄为首的蒋氏家族和夫人派，不满李登辉掌控台党政大权，引起媒体对“蒋家再起”的种种揣测。

1988 年 7 月 8 日，宋美龄以国民党中央评议委员会主席身份出席该党第十三次“全国”代表大会，意有所指地向党员强调：“老干新枝要相互配合，求新而非排旧。”

（中国时报资料照片）

谨以此书纪念母亲

林叶月樱女士

宋美龄

Mayling Soong Chiang

# 目　录
CONTENTS

她是个喝过洋墨水的现代化女性，不可能待在家里孵豆芽，她的能力很强，身兼数职，在上海基督教女青年会从事社会服务工作，在全国电影审查会担任审查员，又受上海租界工部局之邀出任童工委员会第一个中国妇女委员。

宋美龄和蒋介石结婚六年三个月后，首次投入的一场全国性运动，就是改造社会道德与国民精神的新生活运动。国民党于二十世纪三十年代所推出的这项遍及全国之“精神方面的重大战争”（蒋介石语），也是该党建党以来所从事的一次最大规模之文宣工作。宋美龄在运动的推行和宣传上扮演了“火车头”的重要角色。

宋美龄于抗战时代积极投入救国救民的行列，全心全力展现其第一夫人的角色。在重建空军、动员妇女、保育幼童、救助伤患、国际宣传和对美外交等重大工作上，充分显露了她的远见、才华和领导能力，而使她在二次大战期间成为全世界最活跃的第一夫人。

史迪威与蒋介石的决裂，为美国介入中国内部事务开创了不祥的预兆；而马歇尔调处国共冲突的失败，不仅注定了蒋介石政权“金陵王气黯然收”的命运，更标志了美国在战后所设计之“联华制苏”大战略的全盘崩溃。

孔宋家族经由婚姻关系而获得“姐妹弟兄皆列土”的无上特权，成为近代中国政治舞台上炙手可热的家族集团。然这个阀阅之家却充满着矛盾与猜忌、对抗与冲突，其中尤以宋家大女婿孔祥熙和宋家大少爷宋子文的争斗，最令人侧目，同时亦与蒋介石政权的起伏兴衰具有密切的连锁关系。

自二十年代中期直至四十年代末期，宋家三姐妹可说是全世界最有名的“中国姐妹花”。她们在一个“山雨欲来风满楼”的时代，选择了各自的对象，而使她们的命运与时代相浮沉。

# 导言

世界近代史上，除了小罗斯福夫人伊莲娜（Eleanor Roosevelt）之外[①]，没有一个国家的第一夫人堪与中国的宋美龄分庭抗礼。宋美龄有与生俱来的聪明、美丽、犀利、冷峻、手腕和财富，又有孔宋家族的强大靠山，加上其美国背景，而使她成为中国第一夫人。

宋美龄在时代的风云际会中光芒四射，非仅凭其出众的才华和超卓的智慧，更重要的是“妻以夫贵”的幸运。她是一个“不世出”的政治人物，具有多重性格和不同行事标准[②]；她以国家和民族的安危为重，却不忘袒护孔宋家族营私误国与外戚干政；她以爱心关照战士的遗孤，自己亦乐享锦衣玉食和荣华富贵。

一九二七年十二月一日，蒋介石和宋美龄在上海大华饭店结婚。他们的结合，是二十世纪中外历史上最突出的一场政治婚姻，权力与财势的结盟，使蒋宋成了中华民国的化身，亦为西方人眼中的“风云伉俪”。

宋美龄协助蒋介石领导抗日的贡献，向国际宣扬中国抗日的坚毅以及对民心士气的激励，已在国民党史上占有巍然之一页。中国艰苦抗战期间，宋美龄乃为中华民族最有力的代言人，她使全世界了解到中华民族浴血救国的真实情况。蒋介石在南京、武汉和重庆运筹帷幄，宋美龄则在争取外国道义支持与物资援助上竭尽所能，十足显示了第一流外交家的禀赋。

中国战时外交以对美关系为主轴，而抗战又处处需要美国的大量支援，宋子文和宋美龄兄妹为中国对美外交的主力。若无宋美龄于一九四三年二月向美国国会发表掷地有声之演说以及奔波于东西两岸呼吁国际友人助华抗日，则中国军民奋力御侮的事迹将不为世人所知；抗战时代蒋介石所领导的吊民伐罪和宋美龄在国际政治上的杰出表现，诚为第一家庭相辅相成的光辉成就。

质言之，宋美龄在外交上的竭智尽虑，如未获得美国媒体和人民的热烈反响与同情，则其苦心孤诣恐将事倍而功不半。《时代》、《生活》和《财富》三大杂志创办人亨利·鲁斯对中国的倾力支持、对蒋氏夫妇的大力推介，可说是宋美龄在美国成为家喻户晓的主因[③]。美国舆论每能在时代的转折点上左右朝野、影响民心，在中国最需要友情的时刻发挥同仇敌忾的道德勇气，使中国军民油然而生“德不孤、必有邻”的温馨之感，而宋美龄在新大陆的大声疾呼，则为中国带来了“吾道不孤”的原动力。

宋美龄充分掌握了第一夫人的角色，积极施展了母仪天下的长才；在政治上、外交上、军事上、教育上、妇女组训上、社会运动上和慈善事业上，恒常展现她的睿智和慈晖，为第一夫人的功能树立了典范。

十九世纪中叶以来，大批美国传教士到中国传教，向保守的中国人宣扬基督教义和西方价值观念。宋美龄则反其道而行之，向好奇的美国人述说中国的内忧外患与孤立待援；她以糅合佐治亚州与波士顿口音的流利英语向美国国会、媒体和广大民众阐释古老的中国文化和饱受战乱的中国国情；她以动人的辞藻强调美国是西方文化优秀素质的标杆，中国则为不朽的东方文明之象征，两国人民理应携手互助、抵御日本侵略，为维护本身的文化传统而战。

在相当程度上，宋美龄等于是“中国的传教士”——一个肩负外交任务与政治使命的传教士。她的“美国化”（Americanized），使美国人认同她、欣赏她，并通过这位美国教育所培养出来的第一夫人，对遥远的中国产生了罗曼蒂克的幻想和憧憬；他们眼中的宋美龄是中美文化的结晶、中国统治阶层的象征④。事实上，宋美龄所代表的并不是真正的中国、乡土的中国，更不是贫穷、落后的中国；她是一个在富裕的西化家庭和美国文化中成长的女子，她所浸润的环境与数万万中国人所生存的社会，适成两个截然不同的世界。

宋美龄是精英政治与豪门政治结合的丛体，这个丛体充斥着欧美留学生，且不乏一流大学的才具之士。他们投效于蒋介石政权，希冀做大官或做大事，然而，他们与中国民间社会脱节，不知民生疾苦，亦无法体察到时代的脉动。最为人所诟病的是，这批饱受西方教育与文化熏陶的留学生，不仅未将民主自由法治的观念及作风移植于中国，反变成开民主自由法治倒车的祸首，尤以孔宋家族成员为最。罗斯福夫人曾言，宋美龄能够把民主政治的道理说得头头是道，但不知道如何在中国实施民主或落实民主⑤。

宋美龄的东方气质和西方谈吐，为男性政治带来了引人入胜的遐思。她是一个颇具女性魅力的第一夫人，除了精通权术，更深谙如何将其魅力转化为说服力。《时代》周刊指出，一九四三年二月十八日宋美龄的演说使国会议员为之动容，其因不在演讲的用字遣词，而在于演讲者是个女人。她的手势、她的声音以及她眼中所闪烁出的光芒，使众议员如醉如痴，众院议场被一个娇小的东方女性政治家所征服。二次大战期间的英国参谋总长布鲁克元帅（Alan Brooke）认为宋美龄利用“性和政治”（sex and politics）以遂其目的[6]，这些目的包含了中国的国家利益和蒋孔宋的家族利益。

然而，宋美龄的“夫人政治”并未真正惠及中国妇女的政治权益与地位，她是一个活在聚光灯下的政治明星，她所关切的是权力与荣耀，而非女权的伸张与提高。

宋美龄的锋芒随着蒋介石的政治盈亏而浮沉。一九四九年剿共失败乃为蒋一生事业之转折点，亦促使其在世界政治舞台上从主角变为配角终而退居为“小角色”。政治是现实的，也是讲究实力的，自二次大战的四巨头之一沦为“台湾岛上的政治难民”（马来西亚前总理东姑拉曼语），蒋介石在风雨飘摇的年代，励精图治、全力巩固其最后据点，然其观念及作风却未能与时推移；尽管时代不断地朝开明、理性和民主的方向前进，蒋介石依旧是二十世纪保守的强人政治样品。强人政治实际上是帝王思想的延续，其最显著的败笔在视国家如私产，个人权力与国家前途混淆为一，他的传子做法，即是“万世一系”思想的建构化。在翻天覆地的时代浪潮中，蒋介石一直是个不屈的民族主义者，虽终其一生无法重返溪口故园，但台湾却是他实现“帝王之治”的乐土。

二十世纪九十年代伊始，台湾政治景观为之丕变，这种变化乃是时代之必然、大势之所趋，台湾人享受到前所未有的民主自由和无虞恐惧的政治气氛；但在另一方面，金权政治所造成的贪腐现象以及水银泻地的政商关系，使台湾成为举世闻名的贪婪之岛。平心而论，国民党政府的金权政治和政商关系，并非始于台湾，亦非源于李登辉时代，而是由孔宋家族打开了“潘多拉的盒子”（Pandora's Box）。宋美龄的牧师父亲宋嘉树，弃教从商，长袖善舞而为沪上闻人，他以金钱资助孙中山革命，从而开创了宋氏姐妹与孙、蒋的联姻，以及仰仗权势谋利的贪腐文化。宋子文兄弟的公私不分、孔祥熙父子的巧取豪夺和宋蔼龄、宋美龄姐妹的包庇纵容，活生生地勾勒出一幅孔宋误国的画面。重庆时代流行于蒋介石幕僚之间的一句话，最能反映国民党权力核心的病源："委座之病，唯夫人可医；夫人之病，唯孔可医；孔之病，无人可治。"⑦

蒋经国时代的来临和蒋氏母子之间的扞格，注定了强势的第一夫人终有"临晚镜、伤流景"之叹；而李登辉"国民党台湾化"的政治理念，徒使"我将再起"的宋美龄油然而生"百年世事不胜悲"的感慨。

宋美龄的一生是近代中国的缩影，她不仅在历史的舞台上演戏，而且是"第一女主角"（prima donna）。但是，过早逝去的绚烂年代和漫长的人生之旅，却使世人遗忘了她的峥嵘岁月，其情何以堪！

宋美龄是个光彩夺目的第一夫人，她有耀眼的特质，也有令人非议的作风；唯有秉诸"笔则笔、削则削"之史识和"不隐恶、不虚美"的史德，方能在历史天平上界定其地位。

## 注释

①罗斯福夫人在担任第一夫人期间（一九三三～一九四五），公而忘私的光彩表现，以及在战后出任联合国人权委员会主席，主导起草《联合国人权宣言》，提升人类的尊严与权益，而使其成为真正名副其实的“世界第一夫人”。其时中国代表兼人权委员会副主席张彭春（南开大学校长张伯苓之弟）曾建议人权宣言应采择中国儒家思想。参看 Joseph P. Lash，*Eleanor*：*The years Alone*，New york：W. W. Norton，1972，55 ～ 81。罗斯福夫人与宋美龄的根本差异，乃在于前者是个平民化的第一夫人，后者则为贵族化的第一夫人。

②一九八二年十一月，一群采访中国抗战和内战的美国记者众会亚利桑那州避寒胜地史柯兹代尔（Scottsdale），回忆当年的采访经验和心得。战时两度赴华的《时代》及《生活》杂志女记者安娜丽·贾克贝（Annalee Jacoby）说，有次宋美龄请她在重庆一家餐馆吃中饭，饭后宋美龄掏出美国骆驼牌（Camel）香烟请她吸，她看到墙上贴着：“爱国的中国人不吸烟，耕地要为抗战生产粮食。”（大意如此，安娜丽已记不起确切文字），即对宋美龄说：“谢谢，不用。”安娜丽说她那时已改吸短圆、凹凸不平、烟纸发黄的中国香烟，宋美龄的骆驼牌香烟则雪白、漂亮。她和宋美龄聊好莱坞电影等女人爱聊的话题，不觉已至午后三时，她向宋美龄说：“蒋夫人，我是吸烟的，但看到墙上那些标语，我不好意思吸，怕会冒犯你。”蒋夫人开心地笑答：“那是给老百姓看的。”（Oh，that's for the people.）见 Stephen R. Mackinnon and Oris Frisesn，*China Reporting-An Oral History of American Journalism in the 1930s and 1940s*，Berkeley：University of California Press，1987，91 ～ 92。安娜丽于一九四六年和白修德（Theodore White）合撰《中国的惊雷》（*Thunder out of China*），颇为轰动。安娜丽后嫁与“每月书会”（Book of the Month Club）编辑克利夫顿·法迪曼（Clifton Fadiman）。

蒋氏夫妇创办的励志社，订有十戒，其中第七戒是“不吸烟”，据服务励志社十七年并曾做到代理副总干事的侯鸣皋说：“我们的社长夫人宋美龄对不吸烟一条也难以遵守。宋美龄的烟瘾大得惊人，香烟越凶，她越过瘾……抗战时期，宋到了重庆，这些烟（按：指无锡包、老刀牌等烈烟）难买到，她就以美国烟骆驼牌（Camel）代替。抽这些高焦油的浓味烟，牙齿容易发黄，但是 Madame（我们励志社干事对社长夫人的尊称）却依然明眸皓齿，这应归功于牙科医院的大夫和护士了。”见侯鸣皋《励志社内幕——蒋介石的内廷供奉机构》，南京出版社，一九八九年，五～六页。

③ T. Christopher Jespersen，*American Images of China*，*1931—1949*，Stanford：Stanford University Press,1996,11~44。贾斯伯森（Jespersen）任教于克拉克·亚特兰大大学。

④美国作家卡尔·克罗说：“蒋夫人的身体生于中国，心智则生于美国。”（Madame’s body was born in China but her mind was born in America.）见 Carl Crow，*China Takes Her Place*，New York：Harper & Brothers，1944，149；Jespersen，82 ～ 107。

⑤ Eleanor Roosevelt，*This I Remember*，New York：Harper & Brothers，1949，283，287；Eleanor Roosevelt，*On My Own*，New York：Curtis Publishing CO.，1958，130~131；Elliott Roosevelt，*Mother R.*：*Eleanor Roosevelt’s Untold Story*，New York：Putnam，1977，

89 ~ 90，215。

⑥ Arthur Bryant，*Ttiumph in the West—A History of the Was Years Based on the Diaries of Field-Marshal Lord Alanbrooke*（*Alan F. Brooke*），*Chief of the Imperial General Staff*，Westport，Conn.：Greenwood Press，1959，51 ~ 53。布鲁克元帅在日记中对宋美龄的长相极尽挖苦之能事。

⑦唐纵《在蒋介石身边八年——侍从室高级幕僚唐纵日记》，北京：群众出版社，一九九一年，九九～一〇〇页。

# 第一章

## 宋嘉树——一个朝代的缔造者

宋美龄的“仙履奇缘”故事从她的父亲宋嘉树开始。

没有宋嘉树的开创精神和买办思想，就不会有显赫的宋家王朝；没有宋嘉树的“美国经验”和精明干练，也就不会有宋家三姐妹的璀璨夺目。

## 海南岛韩家子弟渡重洋

宋氏家族对近代与现代中国的影响，由宋嘉树开其端，而由六个子女继其成。

原籍海南岛文昌县的宋嘉树（又名耀如），一生多彩多姿，他的身世背景、他的远渡重洋、他在上海十里洋场的发迹，都充满了传奇性。宋嘉树原姓原名为韩教准，他的父亲是韩鸿翼，夫人王氏，生有三男一女，教准为第二个儿子。由于家境困难，韩教准九岁时（一八七五年夏）随哥哥（韩政准）到爪哇一个远房亲戚处当学徒，订了三年契约。一八七八年年初，教准在爪哇遇到了一位姓宋的堂舅，

海南岛文昌县宋氏祖居。

这位堂舅原在美国加州当华工修筑铁路，后来跑到东岸波士顿开设一家专售中国丝茶的小店，他是在海南岛探亲后返美途中经过爪哇的。韩教准不等约期届满就跟着堂舅一起买棹远渡新大陆①。

韩教准到了波士顿之后，颇得堂舅的欢心，于是这位膝下犹虚的堂舅就把教准收为儿子，改姓宋，取名嘉树，又名高升②。宋嘉树在丝茶店里打工当店员，当时被清政府选派赴美就读的幼童留学生，常从麻省剑桥越过查尔斯河到波士顿宋嘉树的店铺里采购、聊天，在这批小留学生中，牛尚周和温秉忠与宋嘉树成了好朋友。牛尚周和温秉忠皆是中国第一个留美学生容闳向清廷建议派遣出国"肄业"的幼童，江苏籍的牛尚周属于第一批，同治十一年（一八七二年）抵美，广东籍的温秉忠则属第二批，一八七三年到达美国。牛、温常劝宋嘉树找机会到学校念书，增进知识，以便将来回国后谋个理想的工作，宋嘉树对他们的鼓励，牢记于心。日后，牛尚周、温秉忠和宋嘉树，都结成了连襟③。

宋嘉树想要念书，不愿再当店员，他的堂舅兼养父却不准他上学，要他学会做买卖。上进意志极强的宋嘉树终于出走了，他不甘心一辈子与丝茶货物为伍，他偷偷跑到波士顿港口一艘国税局缉私船"亚伯特·加拉廷号"（Albert Gallatin）上躲起来，三十九岁的挪威裔船长艾力克·加布尔森（Eric Gabrielson）收容了他。一八七九年一月八日，加布尔森在船员名册上记下了宋嘉树的名字和年龄（十六岁，事实上应为十三岁）④。加布尔森对宋嘉树的勤劳苦干，颇有好感，常教他一些应对进退之道和美国习俗，年少的宋嘉树没有自卑感，亦不怕水手同事的粗鲁与种族偏见。不久，加布尔森被调至北卡罗莱那州温明顿的另一艘国税局缉私船"舒勒·柯法克斯"号（Schuyler Colfax），宋嘉树随后亦跟着去⑤。

在波士顿和美国南方度过青年时代的查利宋（宋嘉树）。

十九世纪八十年代的美国南方，华人少之又少，宋嘉树在北卡州温明顿变成“稀有动物”，当他到教堂做礼拜时，轰动一时。加布尔森的好友、内战退伍军人罗杰·穆尔（Roger Moore）是当地卫理公会（Methodist Church）的重要人物，负责男子读经班，他把宋嘉树介绍给李考德（Thomas Page Ricaud）牧师。李考德突发奇想，打算将宋嘉树改造成一个医生传教士，使他在回到中国之后，既能行医，又能传教，治病又救人，一举数得。在李考德牧师的劝诱下，宋嘉树终于皈依上帝、信奉基督。一八八〇年十一月七日的温明顿《明星报》刊出了一则第五街卫理公会的短讯：“今天上午的洗礼仪式将在东教堂举行。一位中国皈依者将是享受这项庄严权利的人之一，也许是迄今为止在北卡州接受基督洗礼的第一位‘天朝人’，李考德牧师将主持仪式。”⑥

## 富商义助宋嘉树读大学

一八八一年四月，穆尔上校和李考德牧师把宋嘉树送到北卡州三一学院（杜克大学前身）进修，并致函南方首富兼杜克大学创办人之一的朱利安·卡尔（Julian S. Carr），请求他负担宋嘉树的学费，卡尔一口答应。卡尔的义举非但彻底改变了宋嘉树的一生，亦在相当程度上改写了近代中国的走向。卡尔参加过内战，退伍后向父亲借了四千元投资北卡州窦罕（Durham）的一家烟草公司，数年之间即发大财，其主要事业为烟草和棉花。卡尔是个慷慨大度的人，许多南军老兵的寡妇向他申请子女的教育费，他都慨然应允。宋嘉树和卡尔一直维持很好的关系，卡尔甚至认为小宋"实际上是家里的一分子"[7]。也有人怀疑宋嘉树结婚时，曾向卡尔借了一笔钱为新婚妻子买嫁妆[8]。

宋嘉树在三一学院苦练英文、勤读《圣经》。入学两个月后，宋第一次写英文信，写给他在海南岛的生父韩鸿翼和上海美国南方卫理公会布道团团长林乐知（Young J. Allen）牧师。宋嘉树在三一学院很用功，也很快乐，一年后却突然转学到田纳西州纳希维尔的范德比特（Vanderbilt）大学神学院。小宋为何闷声不响地易地进修？原来他和大富豪兼义助人卡尔的堂弟卡尔（O. W. Carr）教授之女艾拉（Ella），过从太密，小宋一天到晚往艾拉家跑，听她弹琴、唱歌，"白人长辈"们看不顺眼了，皱眉头了。艾拉是个活泼、甜美、苗条的女孩，宋嘉树个子不高，约五尺四寸，皮肤黝黑。一天，小宋被艾拉的母亲从屋子里撵出来，且不客气地告诉他以后不可再上门。在"白人长辈"的心中，宋嘉树只能当上帝的子民，回中国传教，绝不能与白人妇女发展进一步的关系。小宋伤心不已，离开温明顿前，向三一学院院长夫人告别，情不自禁搂着院长夫人痛哭失声。小宋到了纳希维尔，寄了一张照片给艾拉，半个多世纪后，垂垂老去的艾拉仍珍藏着这张照片[9]。

宋嘉树在范德比特读了三年神学（一八八二～一八八五），

在这三年内，他的智力逐渐成熟，同班同学约翰·欧尔（John C. Orr）对小宋的回忆是："一开始，大家不太注意他，我们对他只是有点好奇而已，他只不过是个中国人。但这些都改变了。他的头脑不错，英文亦讲得准确而流利，通常还会要要幽默，大家开始喜欢他，带他参加校园里的所有社交活动。……他的功课准备得还不错，考试皆能过关，在四个人一班的神学班上以优等成绩毕业。"[10]不过，范德比特大学宗教学院代理院长温顿（George B. Winton）对宋嘉树的印象却和欧尔完全不同，温顿说，小宋是个"毛毛躁躁的小家伙，充满活力与乐趣，但不是一个好学生，对宗教似乎不太感兴趣，更别提传教了。事实上，宋回到中国后，对一些事业发生了兴趣，他后来结了婚，他的妻子肯定比他行"[11]。

宋嘉树于一八八五年五月毕业，他想留在美国学医，卡尔也赞成，但教会不同意，范德比特大学校长马克谛耶（Holland N. McTyeire）主教，同时也是上海美国南方卫理公会布道团负责人，坚决反对宋嘉树学医，他要小宋尽快回到上海传教。

1886 年自美返国途中，宋嘉树着和服摄于横滨。

一八八六年一月，宋嘉树从新大陆回到了上海，他虽然兴奋，但上海对他却是一个全然陌生的地方，也不会说上海话，他必须从头开始适应新环境。最糟糕的是，他在心胸狭窄、刚愎自用的林乐知的控制下做了一名神职人员。林乐知于一八六〇年即到上海，曾协助洋枪队头子戈登（Charles George Gordon）对付太平天国，在沪上传教达四十七年之久；以设立学校、办报、著述等方式向中国知识分子和官绅阶级宣扬基督教教义，并对中国的政治改革提过建议[12]。

自视甚高的林乐知极瞧不起宋嘉树，他认为宋肚子里没有墨水，既不如他的助手沈毓桂、蔡尔康的饱学，亦比不上精通中英文的年轻学者，宋嘉树除了会说一口流利的英语之外，对"中国学问"一窍不通[13]。林乐知在写给马克谛耶的信中，甚至贬称宋嘉树是"一个失去民族特征的中国佬"（a denationalized Chinaman）[14]。他拒绝让宋享受一个由美国训练和任命的传教士所应享有的待遇及地位，竟然只给他十五元月薪，这个戋戋之数只能满足上海郊外的农民。林乐知亦不准宋回海南岛探望近十年未见的亲生父母。宋要求调往日本传教，遭到拒绝，百般无奈的宋嘉树并不气馁，他是个经历过风浪的人，决心自己走出一条路[15]。

## 名媛倪桂珍下嫁宋牧师

宋嘉树脱下了西装，卸下了领带，穿起了长袍，戴上瓜皮帽，尽量去除洋派作风，开始认真学上海话、看中国书；在吴淞、昆山及苏州一带努力传教，不畏寒暑，同时在上海中国公学兼课教英文，胡适就是他的学生。宋嘉树在上海与留美幼童牛尚周、温秉忠重逢了，清廷于一八八一年中止幼童在美国的留学生活，把他们全数带回中国，原因是这批小留学生越来越洋化，几乎"数典忘祖"了。

宋嘉树与牛尚周、温秉忠见面，高兴无比，牛、温知道小宋的处境后，极为同情，并大力帮他的忙，牛尚周做了一件影响小宋一生的大事，即介绍浙江名媛、明代学者徐光启的后裔倪桂珍给宋嘉树。一八八七年夏天，二十二岁的宋嘉树与十九岁的倪桂珍结婚[16]，陪嫁的是一份丰厚的嫁妆以及娘家有头有脸的社会地位和十分良好的社会关系，这些都是宋嘉树在上海打拼时代所急需的后盾[17]。没有宋嘉树的长袖善舞，就不会有宋家子女的出人头地；同样的道理，没有倪桂珍的"帮夫运"，宋嘉树也不可能飞黄腾达。

明代学者政治家徐光启的后裔、宋嘉树夫人倪桂珍。

倪桂珍是浙江余姚人，一八六九年生于上海，她的祖先徐光启在明朝万历年间（一六〇一年）即在北京加入利玛窦主持的天主教耶稣会，而成为中国最早信奉西教的名人，上海的"徐家汇"，据说就是因徐光启住在该地而得名。倪桂珍的父亲倪韫山是位学者，改信基督教而成为圣公会教徒（Episcopalian），因在徐家担任家庭教师而与徐家的小姐结婚。倪桂珍毕业于上海美国圣公会主办的培文女子高等学堂，并在母校任教[18]。

倪桂珍为宋嘉树带来了好运，结婚后第二年，宋即升为正式牧师，一八九〇年停止巡回布道，成为上海郊区川沙地区传教士。

在上海印行圣经而发大财的宋嘉树。

同时，他也秘密加入反清组织三合会。宋嘉树颇为能干，头脑好、反应又快、观察力敏锐，他知道如何做一个好牧师，更清楚如何拓展地盘，他以神职工作为中心，开创一个多元化事业。他为美国圣经协会当代理人，代售《圣经》及其他宗教书刊；加入美华书馆，成为有经营权的股东；大量翻印中文《圣经》，为林乐知的《万国公报》和一些宗教团体承印书籍，获取优厚佣金；并秘密印制反清文宣。美华书馆成为当时东亚最大的出版社之一[19]。

宋嘉树一面传教，一面做生意，亦即一手捧《圣经》，一手握钞票。他担任上海福丰面粉厂经理，从海外进口机器，而成为上海"第一个代办外国机器的商人"，也是第一批拥有重型机械的中国企业家之一[20]。生意愈做愈大，宋嘉树有钱了，生活环境大大改善了，他是个大忙人，做生意对他是个挑战，他热爱这种挑战，牧师工作已不再适合他，他更适合做买办，他向教会提出辞呈，他只要做一个虔诚、热心的基督徒，但不再担任牧师职务。宋嘉树虽告别了神职，仍积极为教会事务而奔走，一八九五年"中华基督教青年会"正式成立，宋为该会负责人之一，积极推动成立上海市基督教青年会（一九〇〇年），并捐助设立上海青年会馆[21]。

## 得意商场　热心资助革命

宋嘉树在宗教活动和企业经营上的成就，只是提升了他的社会地位，使他成为社会名流，真正使宋嘉树与时代潮流挂钩的乃是他和孙中山的关系。他于一八九二年在广州创设基督教青年会时，经由陆皓东介绍认识了孙中山[22]。在美国打过工、吃过苦、读过书的宋嘉树，当然了解中国国力的积弱不振，在西方逐渐进步之际，清朝却一步步往后退。他是个有理想的人，和孙中山、陆皓东使用英语和广东话做"终夕谈"之后，宋受到了孙中山所描绘的革命远景的启发，决定倾全力协助孙中山进行革命事业[23]，但他不是下海搞革命，而是以做生意当掩护，以金钱资助革命。

宋嘉树的赌性很强，也是个机会主义者，他的智慧和见识促使他愿意为孙中山的革命事业投入巨大的赌注。由于同样喝过洋墨水，又同为基督徒，孙、宋大有"一见如故"之感。一八九四年秋天，李鸿章拒绝接见孙中山，当然也就看不到孙花了心血所撰的《上李鸿章书》。刚好《万国公报》正由宋嘉树所经营的美华书馆承印，宋即把《上李鸿章书》刊登在《万国公报》上。也就是在一八九四年，孙中山在宋家第一次见到了一岁多的宋庆龄[24]，当时谁也没料到这个可爱的女婴竟会在二十一年后，不顾父母亲的强烈反对，奔赴日本嫁给大她二十七岁的孙中山！

一八九五年，宋嘉树致电在檀香山的孙中山，劝其回国进行武装革命，孙急速回国发动广州起义，不幸失败，陆皓东壮烈成仁，孙被清廷通缉，从此长期流亡海外。宋嘉树则因未暴露身份得以继续掩护革命，利用美华书馆大量印行兴中会、同盟会宣传小册和孙中山所著的《伦敦蒙难记》。一九〇五年，宋嘉树被孙中山吸收为同盟会会员[25]，宋是个脚踏实地的优秀革命同志，孙中山于一九一二年四月十七日所写的《致李晓生函》中，盛赞宋嘉树参加革命“二十年来始终不变，然不求知于世，而上海之革命得如此好结果，此公不无力。然彼从事于教会及实业，而隐则传革命之道，是亦世之隐君子也”[26]。

精力充沛的宋嘉树在上海滩的日子过得极为充实，做生意、教会活动和地下革命工作，使他忙得不亦乐乎。他和倪桂珍的家庭生活颇为美满，在十七年内，宋家添了六个子女：长女蔼龄（一八八九生）、次女庆龄（一八九三生）、长子子文（一八九四生）、三女美龄（一八九七生）[27]、次子子良（一八九九生）、三子子安（一九〇六生）[28]，这六个子女即是日后“宋家王朝”的基本成员。

宋嘉树在庆龄出生后未久，即在上海虹口郊区置产买地、大兴土木，盖了一座半中半西的大洋房，房子后面有一个很大的菜园。新宅坐落在远离市嚣的郊外，颇为宁静，常使宋嘉树回忆起当年在美国北卡州的日子。在美国八载，宋嘉树深受美国文化与教育的熏陶，他对中国教育是陌生的，也可以说是不信任的，他知道中国必将在西潮的东渐下逐步脱离旧社会、旧文化的阴影。他在中西文化交汇的上海闯天下，他的美国背景对

宋家唯一的全家福。1917 年夏，宋美龄自美返回后摄于上海宋寓。前排：宋子安；二排左起：宋蔼龄、宋子文、宋庆龄；后排左起：宋子良、宋嘉树、倪桂珍、宋美龄。

他是一大助益，他的买办思想使他深深了解到“美国关系”的价值以及美国教育的实用。于是，他下定决心，他的六个子女都必须接受最好的美国教育、地道的美国教育。他决定送他的六个子女放洋留学美国，就像他当年在北卡州三一学院和田纳西州范德比特大学就读一样。因此，他的六个子女陆续到美国念书，每个子女在美式教育的培养下，思想、生活、处世和待人接物都变成相当美国化，英语成为宋家的第一语言[29]，上海话居次，虽然他们的祖籍是海南岛，却没有人会说广东话和海南岛话。

一九一一年十月十日革命党人在武昌起义，辛亥革命成功，“革命的先行者”孙中山却未能在中国的土地上躬逢其盛。放逐在外的孙中山此时正好在美国科罗拉多州的丹佛市，他是从美国的报纸上看到辛亥革命成功的消息[30]，但他并未急着回国，先到英国经欧洲于十二月二十五日回到暌违十六载的祖国。孙一抵上海即受到热烈欢迎，并被十七省代表会议推举为中华民国第一任临时大总统。

一九一二年元旦，孙中山从上海到南京宣誓就职，宋嘉树一家亦同往。典礼上，宋嘉树夫妇、蔼龄、子良、子安都坐在前排座位，显示了宋家与孙中山的亲密关系，庆龄、子文和美龄仍在海外，未能参加这次大典[31]。孙中山就任临时大总统后，一九一〇年即自美国留学回来的宋蔼龄在父亲的推荐和孙中山的欣然同意下，担任孙的英文秘书。蔼龄精明细心，曾协助其父处理教会和公司的组织事务及募集资金，孙中山对她的工作表现颇为赞赏。

## 孙文亡命东瀛　宋家尾随

孙中山于一九一二年四月被迫将临时大总统职位让给袁世凯，袁上台后即进行复辟；一九一三年三月派特务刺杀国民党代理理事长宋教仁，并与英、法、德、日、俄五国银行团签约借二千五百万英镑，即所谓“善后大借款协定”。孙中山推动“二次革命”讨袁，失败后，于八月亡命日本，袁世凯派刺客追踪，孙在日本辗转逃命，最后在东京梅屋庄吉家中隐居。不久，宋嘉树一家也移居日本，赁居于横滨，宋蔼龄则继续担任孙的英文秘书，闲着无事，但患有肾脏病的宋嘉树亦和蔼龄一起帮孙中山处理英文函电[32]。

宋嘉树的二女儿庆龄在蔼龄的母校佐治亚州卫斯理安学院（Wesleyan College）毕业后，于一九一三年八月二十九日抵达横滨，第二天就由父亲和姐姐陪同拜访孙中山，这是庆龄长大成年后首次会晤她所仰慕的革命家。十九年前，庆龄还在襁褓时，曾“见过”孙中山，她当然完全记不起来 Uncle Sun 的模样。庆龄见到孙中山，极为兴奋，不过，她也看到了孙的憔悴与病容；其时，孙的革命事业正处于逆境，革命党人打下的江山却被袁世凯横刀夺去[33]，孙中山和许多革命同志都显得意气消沉，而孙本人又患有严重的胃病。

宋庆龄到日本后不久，也加入了父亲和姐姐的行列，协助孙中山处理英文信函。一九一四年三月二十七日，孙中山腹痛，蔼龄和庆龄姐妹赶到孙的住所照顾他，后来两姐妹同去的次数减少了，大多由庆龄一个人去。蔼龄和她过去在纽约认识的孔祥熙在东京重逢，孔当时在东京华人基督教青年会担任总干事，原配已逝，开始追求蔼龄。一九一四年九月蔼龄回上海与孔祥熙结婚，庆龄正式接替姐姐工作，做了孙中山的英文秘书[34]。

在孙中山身边工作，宋庆龄感到无比的快乐，孙是革命家，也是风流种子，年岁的差距显然无法阻止两个人急速成长的爱苗，即使孙其时已有妻室、情妇和三个子女[35]。以《西行漫记》（《红星照耀中国》）一书闻名中外的美国记者斯诺（Edgar Snow）在三十年代曾访问宋庆龄，斯诺问她："你是怎样爱上孙博士的？"庆龄答道："我当时并不是爱上他，而是出于对英雄的景仰。我偷跑出去协助他工作，乃是发自少女的浪漫念头——但这是一个好念头。"[36]庆龄一连写了好几封信给仍在美国求学的妹妹美龄，信中热情地述说她为孙中山工作的愉快和期待。

## 孙宋结合　掀起滔天巨浪

一九一五年六月，宋庆龄特地为她和孙中山的婚事返回上海征求父母的同意。宋家上下像遭到大地震、大台风一般的冲击，宋嘉树和倪桂珍夫妇更是震怒、惊骇，他们万万没有料到革命家老朋友竟会做这种荒唐事，竟然"勾引"老友的女儿，宋氏夫妇气极了，破口大骂"不要脸"的孙中山，蔼龄也反对妹妹的婚事[37]。宋母倪夫人泪眼婆娑地劝导庆龄说，孙已有妻室、儿子孙科比她还大、两人年纪相差悬殊。意志坚定的庆龄始终不为所动，宋嘉树决定将庆龄软禁在家，不准她出门[38]。

不仅庆龄受到家人的强烈反对，孙中山的友人亦纷纷表示异议，孙的好友、居停主人梅屋庄吉的夫人甚至对孙说，与年龄相差如同父女的宋庆龄结婚，“会折寿的”。孙却回应道：“不，如能与她结婚，即使第二天死去亦不后悔。”[39]一九一五年六月，孙中山将原配卢慕贞从澳门接到东京办理离婚手续[40]。

一九一五年十月的一个夜晚，宋庆龄在女佣的帮助下，爬窗逃走，与孙中山的同乡好友朱卓文父女一起私奔到日本。十月二十四日中午，孙到东京车站迎接庆龄，第二天上午即在日本律师和田瑞家中办理结婚手续，当天下午在梅屋庄吉家举行茶会，到场致贺的中国人只有廖仲恺及何香凝夫妇和陈其美。孙的革命伙伴胡汉民、朱执信曾一道走访孙，欲劝他悬崖勒马，孙拒和他们谈“私事”[41]。除了宋家和革命党同志反对中山与庆龄的婚事，基督教人士亦表不满。在当时，孙宋婚姻的确是个大丑闻，许许多多人对孙的私德大摇其头。

宋嘉树发现庆龄越窗离家出走之后，和妻子立即搭船追至日本想拦阻婚事，然为时已晚，“生米已煮成熟饭”。气呼呼的宋嘉树找到孙中山，狠狠地教训了他一顿。宋庆龄向斯诺回忆说：“我父亲到了日本，把他（孙中山）大骂一顿。我父亲想要解除婚姻，理由是我尚未成年，又未征得双亲同意。但他未能如愿，于是就和孙博士绝交，并与我脱离父女关系。”[42]梅屋庄吉的女儿梅屋千势子的回忆是，宋嘉树站在大门口，气势汹汹地吼道：“我要见抢走我女儿的总理！”梅屋庄吉夫妇很担心出事，打算出去劝宋嘉树，孙中山向他们说，这是他的事情，不让他们出去。孙走到门口台阶上对宋嘉树说道：“请问，找我有什么事？”暴怒的宋嘉树突然啪的一声跪在地上说：“我的不懂规矩的女儿，就拜托给你了，请千万多关照。”然后磕了一个头就走了[43]。据说，宋曾要求日本政府出面干预，但未成功。

宋嘉树回到上海后不久，向他的老友、美籍传教士步惠廉（William Burke）倾吐他的苦痛，他说："比尔，我一生中从来没有这样伤心过，我的失望和痛苦将伴随我到坟墓。"[44]宋庆龄到了晚年提及她当初违抗父命与孙结婚，心中犹有余痛，她说："我爱父亲，也爱孙文。今天想起来还难过，心中十分沉痛。"[45]宋嘉树受到椎心之痛的刺激，原本欠佳的身体更加恶化，以致病倒，在青岛疗养期间，颇觉孤独寂寞，大女婿孔祥熙陪他、照顾他[46]。尽管如此，宋嘉树夫妇阻婚未成自日返国后，仍补送了一套古色古香的家具和百子图缎绣被面给庆龄当作嫁妆，这也许就是"天下父母心"的投射[47]。

从世俗的眼光看来，孙宋婚姻也许"大逆不道"，宋家和孙中山的革命伙伴终究还是宽恕了他们。政治情势、政治利益和既成事实，都迫使持异议的人不得不接受这场"划时代"的婚姻。美国作家项美丽（Emily Hahn）说："宋嘉树并未因女儿的行动而动摇了自己的信仰，他仍一如既往地为孙中山、为祖国的未来而勠力。"[48]和项美丽一样为宋家姐妹作传的美国女作家露比·尤恩森（Roby Eunson）亦认为："宋嘉树为当了自己的老朋友和同辈人的岳父而感到难堪，但他还是孙中山的朋友，在政治上继续和他共事。"[49]

宋嘉树于一九一八年五月三日因胃癌逝世，终年五十二岁；十三年后，夫人倪桂珍亦因癌症病逝于青岛别墅，终年六十二岁。一九三二年八月，宋家子女合葬父母亲于上海万国公墓内的宋家墓园[50]。

宋嘉树开创了宋家王朝[51]，孙中山与宋庆龄的联姻则为这个朝代添加了耀世的政治光环。诚如美国《内幕》作家约翰·根室（John

宋家三兄弟：（由上而下）宋子文、宋子良、宋子安。

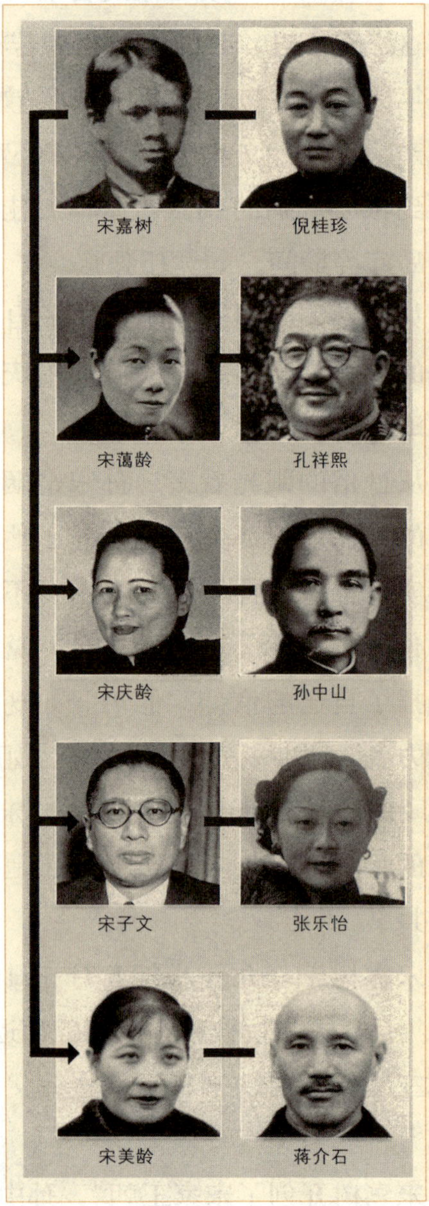


『宋家王朝』主要人物

Gunther）所言，宋庆龄“无疑是宋家最重要的人物，因宋家的一切势力皆是经她发展扩大，如她未和革命之父结婚，其余的姐妹和弟弟就不会有今天”[32]。

1918 年 5 月 3 日宋嘉树去世后，宋家迁居上海西摩路寓所（今陕西北路 369 号）。

## 注释

①尚明轩、唐宝林《宋庆龄传》，北京：北京出版社，一九九二年一月三刷，六～八页；《文昌文史》第二期，海南岛：文昌县政协文史组出版，一九八七年四月一日；于醒民、唐继无、高瑞泉《宋氏家族第一人》上册，香港：星辉图书公司，一九八八年一月，三～三一页。宋庆龄告诉美国记者斯诺（Edgar Snow），她的部分祖先是海南岛客家人，参看 Edgar Snow，*Journey to the Beginning*，New York：Random House，1958，91。

②《宋庆龄传》，页八。宋家的两个“谜团”是宋嘉树的名字和宋美龄的生年。据《宋氏家族第一人》（上册）说，宋耀如“本姓韩，一八八〇年在美国北卡罗莱纳州受洗时的教名是查理·琼斯（Charlie Jones）。初返国时，用名为宋教准，照字面是决心以基督教的理想为人生的准则。以后，著名的《万国公报》主笔沈毓桂先生替他改名为曜如，字嘉澍（树）。耀、曜二字相通，曜如者，如同普照大地之明辉也。嘉澍典出《后汉书·明帝纪》中的‘冀蒙嘉澍’，意思是及时雨的浇灌”。（二页）尚明轩、唐宝林合著的《宋庆龄传》的说法为：“……宋嘉树，是宋氏家族的奠基人。他原名韩教准（乳名阿虎），又名宋耀如，西名查理·琼斯·宋（Charles Jones Soong）……。”（五页）刘家泉的《宋庆龄传》（北京中国三联出版公司，一九八八）则说：“宋庆龄的父亲宋嘉树，原名乔荪，字耀如，他本姓韩，父亲叫韩鸿翼，生三子，长子政准、三子致准，宋嘉树是次子，原名韩教准。”（五页）

③尚明轩、唐宝林《宋庆龄传》，九页；《宋氏家族第一人》，一二四～一七一页；拉法格（Thomas E. La Fargue）著、高岩译《中国幼童留美史》，香港：文艺书屋出版，一九八〇年八月，二一〇～二一三页。

④ Sterling Seagrave，*The Soong Dynasty*，New York，1985，20~23；《宋庆龄传》，六、十一页。

⑤ Seagrave，24；《宋庆龄传》，十页。

⑥ Seagrave，27。

⑦前引，29，65。

⑧一九〇五年宋嘉树重返美国的最主要目的，乃是向卡尔募捐孙中山的革命经费以及向华侨筹款。一九〇六年，宋嘉树带了二百万美元的革命经费回到上海，其中最大的捐款人即是卡尔。宋嘉树日后的发财致富、善于投资经营，实系受到卡尔的影响。一九一七年，丧偶不久的卡尔来到了上海，刚从麻省韦思礼学院毕业返国的宋美龄协助父亲招待卡尔。卡尔在上海受到热情的款待，因反对女儿庆龄嫁给孙中山而和孙闹得极不愉快的宋嘉树，亦不得不暂时与“二女婿”一起接待远方来的大恩人。Seagrave，65，91，143~144。

⑨ Seagrave，35~36。

⑩前引，37。

⑪同前。

⑫《宋庆龄传》，十七页。

⑬前引，十六～十七页。宋家六子女皆未受过正规的中国传统教育，故成长后中文皆不行，家庭交谈以英语和上海话为主，宋子文做官后，不看中文公事，只看英文报告。宋美龄晚年发

表的一些中文文章和讲稿，几全由孔令侃代笔。

⑭ Seagrave，48。

⑮同前；《宋庆龄传》，十八页。

⑯《宋庆龄传》，二三页。抗战期间曾任国民党中宣部驻英、美代表的老外交家夏晋麟在其回忆录《我五度参加外交工作的回顾》（一九七八年台北传记文学出版社）中说："我未来太太（牛惠珍）的一位长辈温秉忠先生……温先生当时任外交部顾问，工作清闲。但在清末他却是两江总督端方属下的一位红道台。曾为端方处理过不少有关外交及教育事务。一九〇五年曾随宪政改革考察团赴欧美。此外他也曾三次率领教育考察团赴美，并有三批中国留学生随行，宋氏三姐妹中之二即在其中。一九一二年，国父北上商谈国事时，温先生曾担任国父之首席政治顾问。" 夏晋麟的岳父牛尚周与温秉忠皆为清廷选派赴美的幼童留学生，温、牛即在波士顿结识宋嘉树，三人日后成为连襟。牛尚周的两个儿子牛惠霖、牛惠生均为著名外科医生。据蒋介石的"御医"熊丸说，"蒋因西安事变时背部受伤，浑身酸痛，骨科医生牛惠霖建议他去拔牙，把牙齿全拔之后，酸痛自然好转。委员长听了建议，便把牙齿全部拔掉，酸痛也果真痊愈……" 见《熊丸先生访问纪录》，八六页，"中央研究院"近代史研究所，一九九八年出版。

⑰《宋庆龄传》，二三页。

⑱同前。徐光启，上海人，明万历进士，崇祯时做到礼部尚书兼东阁大学士，参机务。意大利教士利玛窦来华传教，徐加入天主教，教名保禄，向利玛窦学天文、历算、火器，尤精于历。与意大利人龙华民、邓玉函、罗雅各等修正历法。徐可说是中国人研修西学的第一人，著有《农政全书》《几何原本》。

⑲《宋庆龄传》，十九页；Seagrave，86。

⑳ Seagrave，66；Emily Hahn，*The Soong Sisters*，New York：Doubldeday，Doran & Co.，1941，24。

㉑《宋庆龄传》，二十页。

㉒前引，二一页。

㉓同前。

㉔前引，三九页。

㉕前引，四一页。

㉖同前；《孙中山全集》第二卷，北京：中华书局，一九八二，三四二页。

㉗由于宋家的"神秘性"和文献不足征，加上数十年来的以讹传讹，宋家的基本史料一直没有人认真做，如宋美龄的生年即有数种不同记载，最普遍的说法是生于一八九七年（清光绪二十三年）。梁人在《宋美龄"年龄"之谜》（载《民国档案》一九九五年第一期，总第三十九期，一四〇页，南京民国档案杂志出版）中，认为宋美龄生于一八九七年三月三十日，即光绪二十三年三月初五，他根据的是《蒋介石日记》，一九三一年三月三十日条，蒋写道："今日为妻阳历三十三岁华诞。" 坊间出版之数种宋美龄传记多半采一八九七年说；刘复昌于《民国档案》一九九〇年第四期（总第二十一期）考证宋氏家族唯一全家合照（一九一七年七月初）亦推算宋美龄生于一八九七年，拍照时为二十岁。

王舜祁在《宋美龄出生年月日考》（收入《蒋介石家世》，浙江文史资料选辑第三十八辑，一六六～一六七页，浙江人民出版社，一九八八）中，则依据蒋介石在《武岭蒋氏宗谱》上所写的："民国十六年继配宋氏美龄……光绪二十五年己亥二月十二日生。" 认为宋美龄的"确切生日"

应为公元一八九九年三月二十三日。王舜祁又说："一九四七年四月二日至十一日，蒋宋夫妇回故乡奉化县溪口镇扫墓，停留十天，他们住溪口主办的武岭学校（蒋任校长、宋任校董），逐日记载了他们的行踪，现在这本《校刊》还在。其中记载着："四月三日，宋夫人四十九岁生日，晚看'群仙上寿'，古装话剧。"按照奉化习惯，寿辰按虚龄计年，且以阴历为准，故那年宋美龄为四十九虚岁，一九四七年的四月三日，农历为闰二月十二日，与蒋介石为宗谱写的条文完全相符。"担任蒋介石私人医生数十年的熊丸在口述历史中虽未言宋美龄的出生年份，但亦称宋生日为阴历二月十二日，见《熊丸先生访问纪录》，陈三井访问、李郁青记录，台北："中央研究院"近代史研究所，一九九八，一〇一页。

蒋纬国亦认为宋美龄应为民前十三年（一八九九年）出生，和蒋介石（民前二十五年、一八八七年生）相差十二岁，两人都属猪。蒋纬国的证据是宋美龄曾画了一张花卉彩绘，"花丛中有两只猪"。蒋纬国说，"宋氏妈妈"生于民前十二年，"是在各种猜测中比较可信的。"又说"我们当然从来没有谁敢问她是哪年出生。"参看汪士淳《千山独行——蒋纬国的人生之旅》，台北：天下文化出版公司，一九九六，八四页。项美丽在二十世纪三十年代撰写《宋家姐妹》（*The Soong Sisters*）时，曾获蔼龄、美龄的合作，但在书中却未明白指出三姐妹的出生年月日，且相互抵触。艾马·克拉克（Elmer T. Clark）在其著作《中国的蒋氏》（*The Chiangs of China*，1943）中，刊有一张三姐妹于一九〇八～一九〇九就读卫斯理安学院的入学名单，上载宋蔼龄十八岁、宋庆龄十五岁、宋美龄十岁。

宋美龄于一九七八年四月一日自纽约致电蒋经国，告以未能返台参加其"总统"就任典礼和祭奠蒋介石逝世三周年纪念，宋美龄在电文中说她"八岁即离家来美求学"。但宋美龄于一九九五年七月重访美国国会山庄时，亲告佐治亚州民主党参议员楠恩（Sam Nunn）她十岁来美。宋于一九〇七年夏偕二姐庆龄出国留学。但纽约郊外风可利夫（Ferncliff）墓园中宋子良墓碑上的生卒年为一八九九～一九八七，故宋美龄生于一八九九之说应不足采信。美国内幕作家约翰·根室在《亚洲内幕》中称宋美龄生于一八九八，见英文原书二二二页；一九三七年八月十六日出版的《生活》（*LIFE*）杂志亦称宋美龄生于一八九八年三月二十五日，十岁赴美念书。

㉘宋家六个兄弟姐妹中最小的是宋子安，他的生年资料在已出版的有关宋家著作中均付诸阙如，据刘复昌考证应为一九〇六年生。宋子安虽排行最幼，却最早过世（一九六九年二月病逝香港）。

㉙宋家子女不仅以英语为第一语言，对西餐的爱好远甚于中国菜，宋子文以嗜食牛排著称。宋嘉树自美国回到上海后，从此即对中国食物没有胃口，Hahn，29。

㉚ C. Martin Wilbur，*Sun Yat-Sen*：*Frustrated Patriot*，New York，1976，19。

㉛《宋庆龄传》，五一页。

㉜前引，五四页。

㉝孙中山说他最大的错误是把临时大总统职位让给袁世凯，Wilbur，21。

㉞《宋庆龄传》，六三页。

㉟哥伦比亚大学民国史专家韦慕庭（C. Martin Wilbur）认为孙中山在日本横滨、东京居停期间排遣寂寞的方式之一，即是找低下层的日本女人。见 Wilbur，*Sun Yat-sen*，36。孙中山就像许多中外革命家一样，一生中"拥有"过不少女人。"孙大炮"的情妇即为陈粹芬（亦有人称她为孙的妾），孙于一八九二年八月十二日在香港认识陈女，随即同居，据庄政说："中山先生原配卢慕贞女士，与陈粹芬夫人谊同姐妹，相处和谐；晚年常相聚首，尤为难得。"陈粹

芬是个女中豪杰，颇为能干，陪孙中山浪迹日本、南洋，常为一伙革命同志烧饭、洗衣。孙中山日本友人宫崎寅藏形容陈粹芬："在照顾孙先生日常生活的那位中国妇女同志，真是个女杰，她那用长筷子，张着很大的眼睛，像男人在吃饭的样子，革命家的女性只有这样才能担当大事。"孙与卢慕贞育有孙科、孙金琏、孙金琬（夫戴恩赛）；卢、陈皆未和宋庆龄接触，卢私下骂宋庆龄为"赤佬"；孙家晚辈称卢为"澳门婆"、陈为"南洋婆"、宋为"上海婆"；卢卒于一九五二年，陈死于一九六〇年。参看庄政《孙中山与陈粹芬》(《传记文学》第六十一卷第三期，总号第三六四期，十四～十七页，一九九二年九月出版）。

㊱ Snow，88。

㊲ Roby Eunson，*The Soong Sisters*，New York：Franklin Watts，1975，43。

㊳《宋庆龄传》，六六页。

㊴前引，六七页。

㊵前引，六七～六九页；吴相湘《孙逸仙先生传》，台北：远东图书公司出版，一九八二，一～七一页。

㊶《宋庆龄传》，六九～七三页。

㊷ Snow，89。孙中山与宋庆龄结婚的消息传抵美国时，孙科、宋子文和宋美龄都不相信。见 Eunson，43。

㊸《宋庆龄传》，七四页。

㊹ James Burke，*My Father in China*，New York，1942，265。

㊺前引，七五页。

㊻同前。

㊼同前。

㊽ Hahn，98。

㊾ Eunson，45。

㊿宋庆龄的骨灰于一九八一年六月四日安放于父母墓地的右侧墓穴内，墓碑上刻："中华人民共和国名誉主席宋庆龄同志之墓"，宋家墓园坐落于上海市长宁区宋园路二十一号。一九九八年十月十五日，台湾海基会董事长辜振甫夫人严倬云（妇联会秘书长）趁辜、汪（道涵）上海会谈之便，受宋美龄之托向宋耀如夫妻之墓献花致敬，花圈上书写："父母亲大人永生，女美龄叩献。"见一九九八年十月十五日《中时晚报》，一、三页。

51"宋家王朝"（The Soong Dynasty）一词虽因美国作家西格雷夫一九八五年的著作《宋家王朝》而闻名于世。事实上，一九三三年十二月十一日出版的《时代》（*TIME*）周刊即已使用"宋家王朝"一词，称宋嘉树（Charles Jones "Charlie" Soong）"印制圣经、创造历史和制造好姻缘"。一九四一年三月二十四日出版的《生活》（*LIFE*）杂志在一篇介绍宋子文的长文中，亦用"宋家王朝"的字眼，称宋嘉树是"伟大的宋家'王朝'之父"（father of great Soong "dynasty"）；又称宋家为"中国第一家庭"（China's first family）。见 *LIFE*，March 24，1941，90~97。

52 John Gunther，*Inside Asia*，New York：Harper & Brothers，1939，224。根室于三四十年代以《内幕》丛书享誉全球，一九三八年四月访华搜集材料，因宋美龄颇欣赏《欧洲内幕》一书，乃建议蒋介石接受根室访问。一九三八年四月六日，根室在汉口访问蒋，宋美龄权充翻译。《亚洲内幕》出版后，却引起蒋、孔、宋家族的极度不悦，因根室在书中抨击国民党的统治阶层，尤其是孔宋家族。根室与项美丽本为旧识，在上海重逢时，根室即建议项美丽撰写宋家姐妹的传记，因西方人如欲了解中国政治，必须先熟稔台面上的人物。美国作家史宾塞虽于一九三九年出版过《三姐妹——中国宋家的故事》，但这本书属于童书性质，穿插不少虚构故事，不能称为历史传记。其时与项美丽同居的中国“颓废派诗人”邵洵美表示，如能获宋蔼龄首肯，则宋家姐妹必愿与项美丽合作，接受访问和提供资料。邵洵美的姨妈（清末名臣盛宣怀之女）与宋蔼龄为小时玩伴，交情颇深，经由这位姨妈的介绍和安排，宋蔼龄于一九三九年夏天在香港寓所接见项美丽和邵洵美，宋在谈话中痛骂根室，项美丽则表示她会写一本“真实的书”。数日后，宋蔼龄同意与项合作，并安排项访问宋美龄。一九三九年十二月，项获国府赠机票自香港飞重庆访问宋美龄，两个人一见如故，并订立了写传“规则”：只要不做人身抨击，宋美龄愿意合作；书稿须给宋美龄和孔夫人先行审阅。项美丽在重庆驻足十周，开始著书；一九四〇年二月，宋家三姐妹聚会香港，三月三十一日同机飞重庆以示“宋家三姐妹团结抗日”，项美丽亦随行。撰写过程中，项与宋蔼龄、宋美龄访谈多次，宋庆龄则拒绝与项合作，并怀疑她是“美国间谍”。邵洵美的妻子盛佩玉则称邵曾陪项拜访宋庆龄，宋庆龄出示不少珍贵资料和照片给项过目，并由邵洵美译为中文。项美丽的《宋家姐妹》于一九四一年出版后，顿时洛阳纸贵，风行全美，为经常“饱一餐、饿一顿”的项美丽打响知名度，但因该书对宋家姐妹和蒋采取“一面倒”的肯定态度，丝毫未予批评，而遭到不少人的指摘，名作家赛珍珠甚至说宋家姐妹贿赂项美丽为她们写传。尽管如此，半个多世纪以来，有关宋家姐妹的中英文著作，仍未脱离项美丽开山之作的框架。参看 Ken Cuthbertson，*Nobody Said Not to go-The Life*，*Loves*，*and Adventures of Emily Hahn*，Boston：Faber and Faber，1998，170~173，177，187~188，192~193；Ken Cuthbertson，*Inside-The Biography of John Gunther*，Chicago：Bonus Books，1992，170~172；关志昌《邵洵美（一九〇六～一九六八）》，收入《民国人物小传》第十六册，台北：传记文学出版社，一九九六，一〇〇～一一二页。

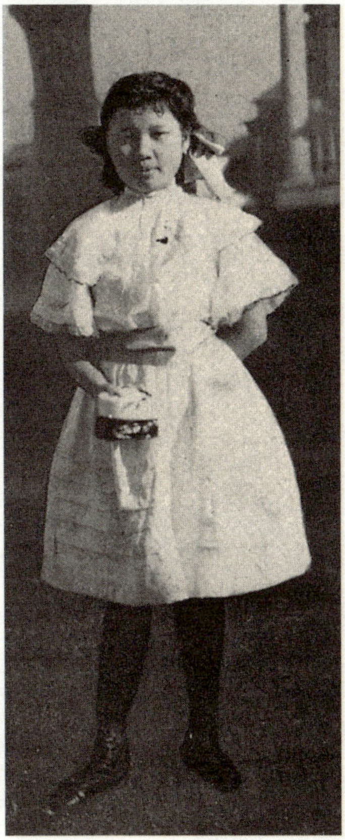

# 第二章

## 负笈新大陆——美国缘的开端

宋嘉树教导子女的八字真言是："不计毁誉，务必占先。"①他的身教与言教对其子女产生了莫大的影响，除了宋子良、宋子安比较不突出，三个女儿长大后分别成为名震中外的孔夫人、孙夫人、蒋夫人，宋子文亦变成"炙手可热势绝伦"的政经霸主。宋嘉树是个极有远见的人，他深切体认到二十世纪的中国将会面临巨变，他的美国经验告诉他，未来的中国亟须受过美国教育的人，唯有受过西方现代化教育洗礼的人，才能改造中国，始能跃为中国社会的领袖人才。

## 三姐妹均出身中西女塾

宋家三姐妹幼时皆就读于著名的上海中西女塾，这是外国教会在中国开办的第一所收费女子学校，主要创办人就是宋嘉树所厌恶的林乐知。林乐知看到上海有那么多的“高级中国人”，却没有一所学校供他们的女儿就读，于是建议美国卫理公会，由南方女布道会负责筹备，在上海成立一所专供中国富家豪门女儿就读的学校。经过数年筹备，中西女塾于一八九二年三月在上海汉口路建校完成，首任校长为林乐知介绍到中国从事教会工作的佐治亚州教育家海淑德（Laura Haygood）女士。中西女塾的校名是林乐知取的，他办过“中西书院”，故沿用“中西”二字，并兼含“亦中亦西、学贯中西”之义。该校的英文名字却与“中西”无关，而采用“马克谛耶女校”（McTyeire School for Girls）为名，马克谛耶即是当年拒绝宋嘉树学医并命他速返中国传教的范德比特大学校长。马克谛耶大力支持中西女塾的创办，但学校未建成即去世，故以其姓为校名来纪念他[2]。

宋家三姐妹的启蒙学校——上海中西女塾，是外国教会在中国办的第一所女校，现已改为沐恩堂（上海西藏中路）。

中西女塾教学一律使用英语，甚至连中国历史与地理课本亦从美国运来；也就是说，上层阶级的中国女生，小小年纪就要读外国人写的本国史地。这样的教育，等于是留美预备学校，也是为中国培养“白华”的温床[③]。

宋蔼龄五岁时即被父母送入中西女塾，因年纪太小，校长特别单独教她，九年后（一九〇四年），即只身漂洋过海到美国念书。宋嘉树自己在美国南方学校就读，因此希望蔼龄也能到南方去，他请求在中国传教多年的范德比特大学同窗好友步惠廉（William Burke）牧师，介绍南方大学，宋说他十五岁进三一学院，蔼龄已十三岁，可以进大学了。步惠廉与佐治亚州梅康（Macon）城关系很深，又和梅康城卫斯理安学院院长桂利（DuPont Guerry）法官是老友，步惠廉即写了一封信给桂利，告诉他有关宋嘉树和宋蔼龄的背景。一九〇三年夏末，步惠廉收到回信，桂利表示欢迎，步惠廉正打算翌年五月携妻儿返美度假，即建议蔼龄和他同行，宋嘉树欣然答应[④]。

蔼龄负笈卫斯理安学院（Wesleyan College），为庆龄和美龄开了路[⑤]。

庆龄、美龄也跟大姐一样进了中西女塾。庆龄比美龄大四岁，女作家尤恩森说："在三姐妹中，表面上最自信和最开朗的美龄，五岁就进了卫理公会寄宿学校（中西女塾）。这个喜欢热闹的圆脸蛋孩子，外号叫'小灯笼'，因为她的体形就像灯笼一般。她的样子像是早已准备好离家生活，事实上，她感到寂寞，并且害怕穿过学校楼房那些黑暗的大厅，但她强装不怕。当她被发现做恶梦而吓得发抖和尖叫时，她被送回家了。家里请了一个家庭教师教她，一直到她前往佐治亚州梅康城。"⑥

幼年时代的宋美龄是个小胖妹。

## 美龄从小个性倔强任性

庆龄准备赴美深造，美龄坚持要和她同行，宋嘉树夫妇认为美龄太小了，婉劝她过几年再去，美龄不从。尤恩森说："她想要做什么，往往是非做不可——这个特点一直保持下来。多年后，她成为中国第一夫人，数不清的赞颂之词加在她身上，但有不少人认为她是个'要驾驭一切的人'（a manipulator）。"⑦

宋嘉树于一九〇五至一九〇六年重访美国募捐革命经费时，曾陪其连襟温秉忠到新泽西州沙密（Summit）镇参观柯拉拉·包特文（Clara Potwin）女士所办的一所规模极小的学校，这所"迷你"学校每年收一批中国留学生帮他们加强英文和认识美国。包特文的父亲过去曾在耶鲁大学为中国留美幼童补过英文，后来自己就办了这所“补习班”式的小学校，死后由女儿继承父业，温秉忠那天是为他的义子看看包特文学校的环境，宋嘉树亦颇感满意，打算以后让其女儿到该校修习[8]。

庆龄、美龄于一九〇七年（一说一九〇八年）七月搭乘“满洲号”轮船自上海出发，其时，庆龄十四岁，美龄十岁（一说八岁）。刚好她们的姨父温秉忠奉命率清政府教育考察团赴美，即由温秉忠夫妇和沙密镇一名教育家格兰特（William Hemry Grant）护送，顺利抵达旧金山，再坐火车横贯新大陆到了东岸的新泽西州。

包特文学校有好几个美国女学生，其中一位艾茉莉·唐纳（Emily Donner）回忆当年中国女孩来校的往事，她说：

> 在我们的小世界中，这是件很奇妙的事，我们等了一段时间而仍无消息之后，我们就忘了，直到有一天上学时，却发现她们已在眼前了。
>
> 那位姐姐非常安静而严肃，应有十五岁了，对于我们这些只有九岁大的小孩来说，似显得很老成。她的中文名字叫庆龄，不过我们都叫她罗莎蒙（Rosamond）……我们并不常见到她，因为她的年纪和性情，自然不会喜欢我们带孩子气的游戏。
>
> 另外一个可爱的小姑娘叫美龄，我们这年纪，很有活力，也有点淘气……美龄长得像个快乐的小奶油球，什么事情都想知道。
>
> 当她们姐妹俩来到我们这儿有一段时间后，她们的大姐蔼龄来看她们，她已经是个大人了，很甜、很友善。她

抹着用米做成的面粉，嘴唇涂有淡淡的口红，双颊亦化了妆，让我们这些一九〇八年的小孩吓了一跳……我记得，基于小女生的观点，我还衷心希望美龄到了她这种年纪，不要像她一样把脸孔变得这个样子。

有一天，从中国寄来一个包裹，里面都是些很可爱的女孩子用品，其中给美龄的是一件漂亮的黑绸套装，这件套装包括一件黑绸上衣和一件绣有青龙的外套。美龄穿上新衣服，即爬到树上玩，爬得太高了，下不来，我哥哥就爬上去把她带下来，我们在树下等，希望她不要把衣服刮破，幸好平安无事[9]。

## 庆龄美龄培养阅读习惯

庆龄和美龄两姐妹都有阅读的好习惯，沙密镇图书馆馆员露薏丝·摩理士（Louise Morris）发现庆龄爱读大人看的小说和非小说书籍，美龄则喜欢《兔子彼得》这类的书。美龄因年纪太小，常会想家而闷闷不乐，玛格丽特·邦斯（Margaret Barnes）老师就成了她倾诉思乡的对象。邦斯小姐说，美龄常在晚上到她的房间聊天，告诉她上海的家中琐事和中国点滴；两姐妹不喜欢中国式发型，邦斯小姐就帮她们改梳成美国式发型，美龄每天早上在她的头发上扎两个大蝴蝶结[10]。

两姐妹虽在家里和中西女塾接触过多年英文，口语流利，但仍需在包特文学校再磨炼英文，同时了解美国文化和风俗习惯。一九〇八年夏天，庆龄和美龄在佐治亚州山区小镇狄摩瑞斯

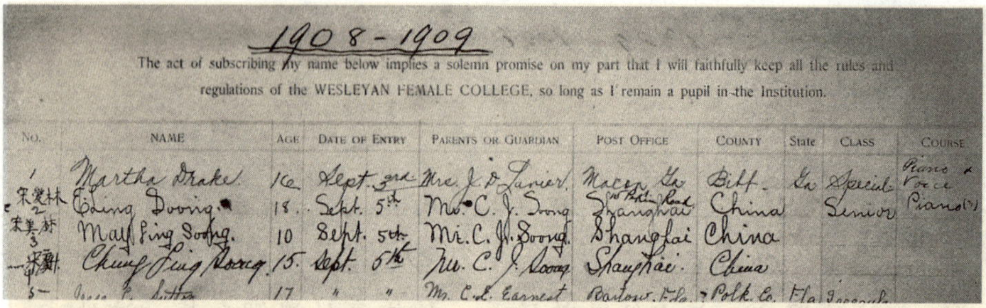

1908-1909

The act of subscribing my name below implies a solemn promise on my part that I will faithfully keep all the rules and regulations of the WESLEYAN FEMALE COLLEGE, so long as I remain a pupil in the Institution.

| No. | Name | Age | Date of Entry | Parents or Guardian | Post Office | County | State | Class | Course |
|---|---|---|---|---|---|---|---|---|---|
| 1 | Martha Drake | 16 | Sept. 3rd | Mrs. J. D. Lanier | Macon Ga | Bibb | Ga | Special | Piano & Voice |
| 宋爱林 2 | Eling Soong | 18 | Sept. 5th | Mr. C. J. Soong | Shanghai | China | | Senior | Piano |
| 宋美林 3 | May Ling Soong | 10 | Sept. 5th | Mr. C. J. Soong | Shanghai | China | | | |
| 宋庆林 | Chung Ling Soong | 15 | Sept. 5th | Mr. C. J. Soong | Shanghai | China | | | |
| 5 | [illegible] | 17 | " " | Mr. C. E. Earnest | Bartow, Fla | Polk Co. | Fla | [illegible] | |

1908 年，宋家三姐妹在佐治亚州卫斯理安（Wesleyan）女子学院注册单上的签名记录。左侧可看到歪歪扭扭的中文字：宋爱林、宋美林、宋庆林。

（Demorest）避暑，蔼龄要回中国，庆龄在秋天一个人前往卫斯理安学院，美龄则留在狄摩瑞斯的皮得蒙学校（Piedmont School）念书。

多年后，宋美龄仍津津乐道在皮得蒙学校的愉快日子。她说：

> 那时候我才十一岁，太小，还不能上大学，而我又喜欢这个村庄，并在当地小女孩中找到了玩伴，姐姐（庆龄）就决定把我交给大姐同学的母亲莫斯太太（Mrs. Moss），请她照顾我。
>
> 我进皮得蒙学校念八年级，读了九个月，非常喜欢那段日子，更有趣的是我发现在班上有很多同学都是成年人，他们来自远方山区，很多人都已经教了好几年小学，有了钱才再进皮得蒙学校。他们都对我很感兴趣，对我来说，我开始认识穷苦人家的生活，他们为了三餐，甚至念小学的费用，必须努力奋斗。我觉得，这样的接触，影响到我对许多穷苦人家的看法，人不是出生就锦衣玉食，而在我一生中仅有的这一次经验，使我体认到他们存在的真正价

值，毕竟，像这样的穷人家是构成每一个国家的骨干[11]。

宋美龄又说：

> 我是在皮得蒙学校才开始探索到英文句子结构的奥妙。其时，我才到美国两年，英文程度还不够好，造句时常会加点可笑的小伎俩，使我的文法老师很头痛。为了纠正我的毛病，就教我去分析句子。老师循循善诱的结果，许多人现在都说我的英文写得很好……

圣诞节前几天，美龄和三个小朋友决定每人省下二角五分钱，凑成一元钱买东西送给住在铁路旁的穷人家庭孩子。她们在经常光顾的一家杂货店认真讨论要买些什么礼物，美龄坚持买糖，有人主张买马铃薯，杂货店的老板微笑着听她们激辩，最后四个小女生决定买糖也买马铃薯，每样东西老板多给了一点，大家皆大欢喜，吃力地提着大包小包越过铁路栅栏到一座破旧的小木头房子。她们走进去看到衣衫褴褛、愁容满面的母亲，她的小孩紧紧地抓住她的手，从裙子后面探头偷看，四个小女生看到这个镜头吓坏了，谁也说不出话来，把带来的礼物往地上一扔，立刻冲出去，没命地跑，跑了好一段路之后，才有人鼓起勇气大声叫道：“圣诞快乐！”美龄说她一辈子不会忘记这件事[12]。

宋美龄在佐治亚州狄摩瑞斯的皮得蒙学校仅待了短短九个月，却奠定了她“美国化”的基础[13]。

继两个姐姐之后，宋美龄也进了卫斯理安学院，由于年纪小，只有十二岁，按卫斯理安的老规矩，连当“特别生”的资格也没

1910 年 5 月的宋美龄。

有，幸好老校长桂利法官已退休，新校长安斯渥斯（W. N. Ainsworth）主教对美龄特别通融、格外照顾。美龄是个小福星，幸运之神经常光照她，校长为她安置了一间宿舍，有自己的房间，但她一天到晚往校长家里跑，又跟比她小两岁的校长女儿伊萝丝（Eloise）很要好，因此大部分时间都住在校长寓所。校长为美龄请了两位私人老师，教她功课并照顾她生活起居，美龄是享有特权的特殊学生。在卫斯理安师长、同学的记忆中，美龄聪明、活泼、调皮、任性、倔强、思想早熟、学习能力强、有创造力、英文比两个姐姐好，小小年纪即显现了领导才能。但她的坏脾气和不妥协的个性，最令人印象深刻，安斯渥斯夫人多年后撰文回忆那段日子，她说有次美龄和她女儿伊萝丝吵架，和好之后，美龄还是气鼓鼓的，她就教导她宽恕别人的美德，并问她是否对自己的行为感到羞耻，美龄答道：“才不会，我就喜欢这样。”[14]当时在学女生仍不好意思涂口红、擦胭脂，美龄有一天却“浓妆艳抹”起来，一名高年级学生看到了，调侃她说：“美龄，你脸上是否涂了油漆？”美龄回答说：“是中国漆。”[15]

## 南方生活　影响至深且巨

一九一二年，宋美龄正式注册为卫斯理安学院大一新生，选读英国文学、哲学、法文等课，那年美龄十五岁。第二年，美龄即北上麻省，转学到韦思礼学院（Wellseley College），离开卫斯理安的原因是，二姐庆龄毕业后返回中国去了，没有细心的姐姐做伴总觉太过寂寞；子文哥哥在哈佛大学二年级肄业，哈佛在剑桥，离韦思礼不远，可以就近照顾她，而在剑桥、波士顿一带有不少中国留学生，假期可以多认识一些来自祖国的留学生，更可接触与南方截然不同的东北部新英格兰文化。

1913年宋美龄和卫斯理安同学合影，一位二年级学生牵着她的手。同年，宋美龄转学至麻省韦思礼学院。

宋家三姐妹都在佐治亚州待了五年，这五年的时间对她们的思想、作风、观念、举止和口语留下深刻的烙印，美龄的英语带有明显的南方口音，在韦思礼四年，南方口音始稍微变淡。卫斯理安学院的生活常使三姐妹怀念不已，蔼龄于一九三二年曾返回母校逗留两

学成归国后，宋庆龄（坐着）与宋美龄合摄于上海。

天，庆龄毕业后未重返美国，但晚年常向美国访客回忆多年前在佐治亚州的留学生活。美龄虽未在卫斯理安毕业，仍以母校（Alma Mater）视之，对这个南方小学校的感情显然胜过麻省韦思礼；宋美龄与蒋介石在一九二七年十二月一日结婚时，已退休的卫斯理安老校长安斯渥斯和他的夫人正好在中国访问，美龄见到校长夫人，仍像当年一样热络，搂着老太太的脖子用佐治亚腔调说："校长夫人，当年您告诉伊萝丝和我的话，我并没有当它是耳边风，您知道这些金玉良言现在仍让我受用不尽。"⑯

一九四三年六月二十六日，宋美龄在蔼龄长子孔令侃陪同下专程回到卫斯理安学院探望师生，并接受名誉法学博士学位，新校址已迁至六英里外的理沃立（Rivoli），兴高采烈的美龄向全校师生说："仁慈的圣母，请挥一下你的权杖，让蔼龄、庆龄也一道回来这里，我知道她们是多么想旧地重游，我真希望此刻她们就在我身旁陪伴我。……我仿佛回到了久别的家园，见到了久违的家人，我内心的兴奋难以形容。"宋美龄在人群中看到老校长桂利的遗孀，立即飞奔过去，两人热烈地拥抱，桂利夫人说："嗬，美龄，上次我见到你时，你还是个小女孩呢！"美龄答道："是啊，我想我大概就是那位调皮捣蛋的小女孩吧！"桂利夫人

1943 年宋美龄重访母校麻省韦思礼（Wellesley）学院。

说：“没那么调皮嘛！”[17]

宋美龄此次返校，代表三姐妹赠送六件高雅的上等白绢刺绣给母校，其中两件象征中美友谊长存的凤凰及苍鹰，其他四件则为代表春夏秋冬四季变化的花鸟，这些礼物仍存放在该校图书馆供人参观。二十二年后的一九六五年十月二十日，宋美龄搭乘专机二度访问母校，其专机降落于梅康城附近的罗宾斯·华纳（Robins Warner）空军基地。宋美龄返校后发表演说称：“对这个曾经在我童年欢乐的时光留下美好回忆的故乡，充满无限的怀思。我的心情错综复杂，回到这里，一切都那么熟悉而又陌生，依稀像是昨日嬉戏之地，如今事过境迁，触景伤情，冷酷无情的岁月也把我们许多老友从这个世界带走了。”宋美龄在短暂的停留中，接见全校每一位学生，鼓励她们，并抽空前往曾任她的私人老师的伯克斯（Margie Burks）的坟上献花悼念[18]。

## ▶ 终生感念卫斯理安栽培

宋美龄对卫斯理安的培育之恩，无时或忘，一九九七年三月二十七日卫斯理安学院突然收到发自香港律师事务所 Tsang Chan & Woo 的一份传真信，表示“有人”将捐赠二百万美元以表彰蒋宋美龄的贡献。过了不久，又有两份传真信告诉该校，再分别捐赠二百万美元以纪念宋蔼龄和宋庆龄，三笔捐款总数高达六百万美元，香港律师 Peter Tsang 拒绝透露捐款人的身份和背景，事实上，除了宋美龄本人和宋蔼龄的后人，还会有谁呢？一九九七年五月，孔祥熙就读过的俄亥俄州奥柏林（Oberlin）学院亦自 Peter Tsang 律师

宋庆龄和宋美龄姐妹在佐治亚州卫斯理安学院肄业时，宋子文偕友人竺可祯（后曾任浙江大学校长）去探望她们。图为（自左至右）宋子文、宋庆龄、竺可桢之女友、竺可桢、宋美龄。

处收到“匿名者”捐赠六百万美元予该校，这无疑是孔祥熙和宋蔼龄的后人所为[19]。

卫斯理安为宋美龄带来了温馨、快乐的少女时代，同时也是她在知识上的启蒙阶段；韦思礼则使她扩大视野，在教育殿堂上更上一层楼，亦使她从少女变成淑女。这两个学府的校园生活塑造了宋美龄的人生观和生活哲学。

宋美龄于一九一三年秋天进入韦思礼，一九一七年夏季毕业，在入学申请书上，宋子文是她的监护人。她刚到韦思礼时，并不太喜欢新环境，她以浓重的佐治亚口音对学生宿舍主任说她不会在这儿太久，结果她待了四年，而这四年正是她在思想上和知识上的转型期。一九三八年二月号的《韦思礼》杂志曾对宋美龄有过这样的描述：“她是一个有才华的学生，主修英国文学，副主修哲学。据说她特别喜欢亚瑟王骑士传奇故事中的激烈战斗场面，这门课由已退休的维达·斯卡德教授讲授。在整个四年中，她学了法文、音乐（理论、小提琴和钢琴），还选修天文学、历史、植物学、英文写作、圣经史和讲演。此外，一九一六年夏天，她在佛蒙特大学选修教育学，也获得了学分。在大学四年级，她获得了‘杜兰特学者’（Durant Scholar）头衔，这是学校授予学生的最高荣誉称号。”[20]

1917 年宋美龄大学毕业时，着学士服与韦思礼 T.Z.E. 姐妹会会友合影。右边最后一排箭头所指即宋美龄。

《韦思礼》杂志又说：“她并不常参加体育活动，但喜欢游泳和打网球。三年级时，她被选为 T.Z.E. 的一员，这是韦思礼六个学生社团之一，仅向高年级学生开放，从事半社友、半严肃的活动，在严肃的活动时间研究音乐和艺术。作为一名忠实的‘姐妹’会员，美龄最近还向该社团赠送了一本她撰写的《西安事变回忆录》。这本装帧精美的书是中国印刷的，上面还有她本人以及她丈夫蒋介石的签名。美龄的英语不但说得非常好，写得也很流畅。她讲英语时总是带有美国南方口音而不是东部口音。……据美龄在韦思礼的朋友回忆，她时而快乐、时而忧郁，是位个人主义者。曾在伍德村宿舍和她同住的杜义尔（Annie K. Tuell）教授写道：‘她对许多事情都有了不起的见解，她常发问，问各种思想的性质，今天跑来问文学的定义，明天跑来问宗教的定义。……我们大家都很喜欢她，把她看作我们的一分子，完全忘了她是一个外国人……当然，她受到那么多的称赞，不是因为她像两位姐姐一样漂亮，而是因为她热情、真诚，常具有一种内在力量。’”[21]

不过，杜义尔教授却认为宋美龄曾经为了学成后是否应回国一事，感到万分苦恼，美龄和子文似乎都不太愿意再面对旧时的环境和文化[22]。

许多记载都曾提到宋美龄在韦思礼肄业期间，有不少中国留学生追求她，并称她担心父母亲为她安排婚事，乃和刘纪文订婚。一九三八年二月号的《韦思礼》杂志亦说宋美龄在校时订过婚，后来解除了。有些著作则称她听到二姐庆龄嫁给孙中山而引发家庭危机后，曾与一位江苏籍的哈佛学生李彼德（Peter Li）匆匆订婚，不过只维持了几个礼拜就宣告破裂[23]。

## 只有脸孔跟东方沾上边

宋美龄在韦思礼度过了知识丰收的四年，她在思想上、举止上和谈吐上的“全盘西化”，使她的美国同学几乎把她当成“正宗美国人”，她也以此而自豪。一位好奇的同学有一次鼓起勇气，睁着大眼睛问她：“美龄，你真的是中国人吗？嗬，你说的是道地的美国话啊！”美龄笑着回答说，她唯一跟中国沾上边的就是她的脸孔，美龄后来也在不同场合说过类似的话，其中被引述最多的是：“我唯一跟东方沾上边的就是我的脸孔。”（The only thing Oriental about me is my face.）[24]在绿草如茵的韦思礼校园里，美龄有时穿着一件亮丽的中国绸缎上衣，只有这个时候，才能在学生群中认出她是个东方人。尽管美龄言行十足像个美国人或土生的华裔美人（ABC），但她流露出来的东方气质，使她在校园中显得特别出众。

就教育内容和学术水平做一比较，韦思礼强过卫斯理安甚多。

前者是东北部名校，才女辈出，美国总统克林顿的妻子希拉里即是该校校友，且因学业出众获得在毕业典礼上代表毕业生致答辞（valedictorian）的殊荣[25]。卫斯理安则是典型的南方小学校，以促进师生与学生之间的感情为主，着重身教，学生皆来自中上家庭，不太注重学科成绩[26]。

在韦思礼四年，唯一让宋美龄“震撼”的是，庆龄写信告诉她有关她和孙中山的热恋、父母反对、被软禁以及决定私奔的经过。美龄接到信，简直不敢相信自己的眼睛，在卫斯理安照顾她五年的二姐，竟会嫁给她所崇拜的革命家、爸爸的好友，美龄吓坏了，赶紧拍了一封电报给在附近哈佛大学就读的子文哥哥，要他在周末到韦思礼来“详谈庆龄的事”。宋子文周末从波士顿搭车赴韦思礼时，居然在当地出版的英文报纸上看到斗大的标题：“上海世家次女私奔赴日嫁革命领袖孙逸仙博士。”子文到了韦思礼，美龄含着泪水和他一起细看庆龄的信件，那是一九一五年深秋的一个夜晚[27]。

负笈新大陆的宋子文与姐姐宋庆龄（右）、妹妹宋美龄（左）。

一九一七年六月，宋美龄自韦思礼毕业，毕业前不久，庆龄从广州写信给蔼龄：“想想看，小美龄今年六月要毕业，七月就回国了。时间过得多快呀！她是个讨人喜欢的小姑娘，她的大学生活过得多么惬意！”[28]子文亦在同年返回上海，宋家好不容易团聚了，一九一七年七月初的一天，宋家在上海霞飞路四九一号拍了一张难得一见的全家福大团圆照片，这张照片成为宋家唯一传世的全家合照[29]。

一九四三年和一九六五年，宋美龄回到韦思礼探望母校，以示她对南北两个母校的并重。二十世纪四十年代的韦思礼校风仍相当保守，禁止学生穿长裤，只能穿裙子，中国第一夫人穿着长裤在校园中和学生散步聊天，一位学生向校长说："我们可以穿长裤了。"校长答道："你们若有蒋夫人那么聪明就可以穿长裤！"[30]

宋美龄去国十年，在美国教育、文化和社会中充分浸染、彻底陶冶。这十年，对她的一生具有关键性的影响。

## 注释

①《宋庆龄传》，二二页。

②前引，三四～三五页。中西女塾于一九一七年迁至江苏路，一九五二年圣玛利亚女中并入该校，改名为上海市第三女子中学。美国总统克林顿于一九九八年六月底至七月初访问中国大陆，第一夫人希拉里曾于六月三十日参观第三女中，与学生座谈，希望他们能产生一位未来的中国主席。见纽约《明报》（一九九八年七月一日）第 A 三页。

③“白华”即“白种华人”、“高级华人”之意。一九四九年国民党退踞台湾后，不少富有的中国人避秦美国，在纽约长岛高级住宅区购置豪华住宅，鲜与一般中国人来往，华侨称这批人为“白华”，其中以孔宋家族为代表。

④十九世纪八十年代，中国已有女留学生赴美深造，如金雅妹、吴金英、康爱德、石美玉等人赴美学医，但她们都是由教会选派出国，以自费方式送子女出国留学的，为数极少，宋嘉树算是“开路先锋”之一。参看刘巨才《一代风流宋美龄》，北京：团结出版社，一九九三年，四二～四三页。一九〇四年五月二十八日，宋蔼龄偕步惠廉一家搭乘“高丽轮”赴美，步惠廉夫人因病去世于日本横滨，步氏未再与蔼龄同行。船抵旧金山，正值美国仍处于排华时期，禁止中国劳工赴美，宋嘉树为保护女儿，行前帮蔼龄买了一个葡萄牙（一说西班牙）护照，遭移民局刁难，在旧金山港口船上被扣留三个礼拜，后由一名传教士向国务院交涉始获放行。一九〇七年，蔼龄的姨丈温秉忠率清廷教育考察团赴美（庆龄、美龄随行），在白宫拜会美国总统西奥多·罗斯福（Theodore Roosevelt，俗称老罗斯福），蔼龄从佐治亚北上华府，陪其姨丈晋见老罗斯福，蔼龄毫不惧场，理直气壮地向美国总统抱怨她来美时受到移民局的粗鲁对待，有损“自由国土”的声名，老罗斯福亲切地向蔼龄表示歉意。Eunson，21。

⑤港台、大陆的一些著作和许多报章杂志常把佐治亚州的卫斯理安女子学院（Wesleyan College for Women，Georgia）和麻塞诸赛州的韦思礼学院（Wellseley College，Massachusetts）弄混了。宋蔼龄、宋庆龄皆毕业于卫斯理安学院，宋美龄则曾在该校肄业；唯一自韦思礼学院（亦为一女校）毕业的是宋美龄。宋蔼龄抵达卫斯理安学院先念一年预科，一九〇五年始正式入学为大一新生。

⑥ Eunson，21。

⑦前引，22。

⑧ Seagrave，109~110。

⑨前引，110~111。

⑩前引，111。

⑪ Hahn，59~60。

⑫前引，61。

⑬ Eunson，22。

⑭ Seagrane，14。

⑮同前。

⑯叶国超《蒋夫人在卫斯理阳的日子》，《世界周刊》，纽约：世界日报出版，一九九〇年四月二十九日，五页。

⑰同前。

⑱同前；Seagrave，114。宋美龄当时有两位私人特别老师，一位是伯克斯，另一位是雷斯特（Lucy Lester）。

⑲一九九七年七月二十六日出版的纽约《世界日报》《明报》和《侨报》皆报道这则消息；《中央社》七月二十五日发自纽约的电讯，又把 Wesleyan 当作 Wellseley 了，该社将 Wesleyan 译为“卫斯理”，并误称：“宋家三姐妹都取得卫斯理学院博士学位。”见七月二十六日《明报》。Wesleyan 一般译为卫斯理安、卫斯理杨（阳），如译为卫斯良、卫斯林，或更接近原音。

⑳ Hahn，92。“杜兰特学者”乃是纪念韦思礼学院创办人杜兰特（Henry Fowle Durant）而取名。

㉑前引，92~93。

㉒前引，93。

㉓前引，94；Cornelia Spencer，*Three Sisters：The Story of the Soong Family of China*，New York：The John Day Company，1939，Tenth Impression，93，183~193；Seagrave，140；居亦侨《跟随蒋介石十二年》，长沙：湖南人民出版社，一九八八，六〇～六一页。居亦侨表示：“过去曾有谣传，说宋美龄在美国求学时，曾与同学刘纪文相识，彼此产生过爱慕之情。这完全是空穴来风。宋美龄与刘纪文都是广东人。刘纪文曾留学日本，后去英国伦敦大学和剑桥大学攻读经济学，并未去过美国。这种传说，全非事实。刘纪文在北伐后，任南京第一任市长。他在京沪两地大学中物色外貌最漂亮的女生，最后看中了一位教会大学的许淑珍。他俩结婚时，蒋介石和宋美龄还赠送了优厚礼品。刘纪文曾为许淑珍买过三十元一双进口的长筒跳舞丝袜，受到国民党元老胡汉民等人的批评。当时一担大米仅值四元。刘纪文挥霍浪费确实惊人。”刘纪文（一八九〇～一九五七）曾与国民党元老古应芬之女古婉仪订婚。古女订婚后即常年卧病，未过门即逝。刘三十九岁时娶许淑珍，由蒋介石、谭延闿联合证婚，历任国民革命军军需处长、南京特别市长、南京第三任市长、审计部次长、国大代表、“总统府”国策顾问：一九五六年由夫人许淑珍陪同自台赴美医治肠癌，翌年病逝洛杉矶。参看关国煊《刘纪文》，《民国人物小传》第七册，台北：传记文学出版社，一九八五年，四六七～四七一页。宋美龄与刘纪文订婚一事，流传最广，甚至传言孔二小姐（孔令伟）为刘纪文和宋美龄所生，又传宋曾为刘堕胎。

㉔ Spencer，148；Hahn，95；Eunson，23，50。

㉕韦思礼学院一向被美国学界列为最优的七个女子大学之一，即所谓“七姐妹”（Seven Sisters），其他“六姐妹”是哈佛大学的雷德克立芙（Radcliffe）、哥伦比亚大学的芭纳德（Barnard）、麻省的史密斯（Smith）及芒荷利幼克（Mount Holyoke）、纽约北部的瓦莎（Vassar）以及宾州的彭玛（Bryn Mawr），“七姐妹”乃是相对于“长春藤盟校”（Ivy League）的八个大学而言。不过，“七姐妹”已成历史名词，因其中有几个学校已变成男女合校；雷德克立芙于一九七七年即被纳入哈佛体系而名存实亡；一九九九年则正式“消失”。

㉖ Seagrave，100。美国以卫斯理安（Wesleyan）为名的学校不止一个，其中以康涅狄格州密德镇（Middle town）的卫斯理安大学学术水平较高。

㉗ Spencer，178~182。

㉘ Hahn，104；Eunson，55。

㉙拍摄“全家福”照片的第二年，宋家“开山祖师”宋嘉树即病逝。宋嘉树生于一八六六年九月（清同治五年），死时尚不满五十二足岁。但据《韩氏族谱》记载，宋氏生于一八六一年（清咸丰十一年），此处采一八六六说法。

㉚ Seagrave，388~389。

# 第三章

# 改变历史走向的蒋宋联姻

一九一七年夏天，宋美龄回到了睽违十载的上海，古人说“士别三日，当刮目相看。”宋家三小姐的成长和变化，当然不只是令人“刮目相看”而已。她是个聪明透顶的人，知道自己缺少什么、需要什么，她请了一位老学究到家里来教她中国古典文史知识，并很快地磨砺了已生锈的上海话。她是个喝过洋墨水的现代化女性，不可能待在家里孵豆芽，她的能力很强，身兼数职，在上海基督教女青年会从事社会服务工作，在全国电影审查会担任审查员，又受上海租界工部局之邀出任童工委员会第一个中国妇女委员。她虽忙碌，但更爱社交，通宵达旦地参加派对，对她来说是件常事。她社交的对象是高层中国人和西方人，据说从她回国到和蒋介石定情的十年中，有不少中年男士追求她、向她求婚，都被她打了回票[①]。

宋美龄的优雅举止和高尚风度，是她迷人的一面；但她缺乏包容的雅量以及对人颐指气使的脾气，都可以在宋嘉树和他的六个子女身上看到。美龄的一位孩提时代的英国朋友回忆说，有一天美龄请她到宋宅喝茶，他们走进客厅，美龄按铃叫来几个佣人，她环视了一下房间，不耐烦地压低声音说：“灰尘！”她解释说：“这些佣人简直就不知道如何打扫房间。”她指着一张满是灰尘的桌子，叫一个女佣人再擦拭一遍。那位女佣蹒跚地取来了一块抹布，开始轻轻地拂拭桌面，美龄尽量耐心地等着，然后拿了女佣人的抹布，她说：“不对，不是那样擦，看着，要像这样……”她利落地擦拭房间，擦那些该擦的地方，并回过头来向她的客人急促说道：“不教她们，你就别指望她们懂得干活……”[②]

## 蒋一见倾心央孙做月老

一九二二年十二月初的一个晚上，宋子文在上海莫礼哀路孙中山家里举办社区基督教晚会，宋美龄首次见到了蒋介石。蒋对宋美龄的美丽、大方、出众的谈吐和绰约风姿，留下极为深刻的印象，当即决定对这位美国学成归来的“新女性”展开攻势。同年年底，蒋介石应孙中山之约前往广州时，央求孙介绍其姨妹给他，并称他已和原配毛福梅（蒋经国的生母）离异、与侍妾姚冶诚断绝关系，但并未提及他才新婚一年的陈洁如。孙中山答复蒋说，他将和妻子宋庆龄商量此事，庆龄的反应颇为激烈，坚决反对，她对蒋的印象极不好，据说她甚至说过宁可看到美龄死，也不

蒋介石早年的两帧照片。

愿看到她嫁给蒋介石[3]。

一九〇一年，十五岁的蒋介石奉母亲王太夫人（王采玉）之命，与浙江奉化溪口岩头村毛鼎和的女儿毛福梅结婚，新娘比新郎大四岁。九年后，毛福梅生下了蒋经国[4]。

蒋经国出生后一年，在蒋介石的感情世界中，妻子毛福梅竟变成“怨痛”的缘由。其实在更早之前，蒋已不喜欢其妻，然因蒋母王太夫人还健在，蒋介石不敢造次，在母亲面前仍与妻子维持形式上的关系[5]。

“夫不夫，妻不妻”的痛苦婚姻，使蒋介石在外寻找另一种“人生之乐趣”。一九一二年，蒋因参与刺死陶成章一案，群情嚣然，痛遭挞伐，只得逃往日本避避风头，等到风声渐渐淡下来后，始买棹返国。一九一二年冬天，蒋介石又西装革履回到溪口，并带回来一位面貌姣好、出身青楼的少妇姚冶诚（怡琴）。一九二七年十月十八日的天津《益世报》对姚做了简介：“女出身寒微，当南北和议告成时，蒋随陈英士居沪，陈每过北里，蒋亦偕往，怡琴在法租界集妓处做房侍，在筵席间见蒋氏，刻意逢迎，终至以身相托。”[6]蒋、姚并未正式结婚，但一般皆视姚为蒋的第二任夫人，实际上是“如夫人”（妾）。

一九一九年，蒋介石在张静江的家里认识了尚在爱国女校就读的十三岁女学生陈洁如，蒋其时为三十二岁。蒋猛烈追求陈洁如，张静江夫妇亦大力撮合，蒋、陈即于一九二一年十二月五日正式在上海永安大楼大东饭店结婚[7]。

美国左翼记者斯诺三十年代访问宋庆龄时，宋曾向斯诺透露，孙中山于一九二五年逝世后，蒋介石曾通过“媒人”（可能是张静江）向她求婚，她认为这是政治而非爱情，乃一口拒绝[8]。

尽管蒋介石已有妻有妾，他对宋美龄的爱慕与日俱增，为蒋介石作传的董显光说，蒋乃“军人本色，处事果断，应为即为，不稍踌躇。……及与宋女士相稔，知其为理想之终身良伴，而向所求不得者，故不稍犹豫，露求婚之意。……其后五年间，蒋全力于革命事业，北伐军兴，此期间与宋女士函牍往还，仍时申前请”⑨。

蒋介石和第二任妻子陈洁如于 1921 年 12 月 5 日在上海永安大楼大东旅馆结婚。1926 年 5 月，蒋、陈合摄于黄埔军校。

一九二七年，蒋介石率领的北伐军势如破竹，底定东南一带，蒋的政治与军事成就跃升至其人生旅途上的第一个高峰。同年四月底、五月初之间，蒋在上海西摩路宋宅再次和美龄相会，当然不忘“时申前请”。为了蒋介石向三小姐求婚事，宋家曾召开家庭会议，热烈讨论美龄该不该嫁给蒋总司令。宋母倪太夫人颇不赞成这桩婚事，她的理由是蒋不信耶稣基督，且结过婚；宋家另两个反对派是庆龄和子文，他们认为蒋日后的成败犹在未定之天，不一定能为美龄带来幸福；事实上，庆龄和子文的内心深处对蒋一直怀有贬意，并不很尊重这位拿枪杆子的人。不过，孔夫人宋蔼龄则积极推动婚事，她力排众议，坚信蒋的前途不可限量。宋大小姐是个极精明干练的人，她知道蒋有多少斤

1927 年蒋介石与陈洁如同游庐山牯岭。

1927 年 4 月 4 日出版的《时代》周刊首次以蒋介石为封面人物。终蒋一生，曾十度出现于《时代》周刊美国版封面，其次数与斯大林相伯仲。

两，她已预知蒋的辉煌前景，蒋成功之日，即是宋家扬眉之时。

宋子文反对美龄嫁给蒋介石的态度，颇为坚定。宋家为了这桩婚事而充满了“战斗气氛”，姐弟之间（蔼龄与子文）、兄妹之间（子文与美龄）和三姐妹之间都出现了前所未见的争执与相互讦难，脾气比较火暴而主观颇强的宋子文，甚至数度与蔼龄、美龄大吵，几乎演成家庭分裂的局面[10]。蔼龄和美龄眼看情势已弄得很僵，颇难收拾，姐妹乃央求宋母请谭延闿出面调解，谭欣然应邀出面当调人，以长辈和党国要人的双重身份婉言相劝子文，谭延闿在日记中说：

应宋美龄电邀到西摩路赴宋母之约，抵彼，美龄迎于梯口，称有事奉托。入室，宋母以美龄将嫁介石事见告，并称不料子文反对，托为和解。继呼子文来，同至另室详询经过，当婉劝以儿女婚事尚不应多管，何况兄妹，徒伤感情，且贻口实，再四譬解，始得完成使命而归[11]。

## 威逼利诱下子文始点头

宋子文对婚事的反对，却招来了“威逼”与“利诱”。蒋介石周围的朋友和亲信，包括青帮成员在内，警告宋大少爷如坚持反对，则他将无法在上海混下去，亦不可能在官场上扶摇直上。经过一个多月的长考，宋子文终于软化了，他获得了出任财政部长和掌管财经大权的保证；子文不仅同意婚事，且答应协助大姐蔼龄和大姐夫孔祥熙一起说服母亲[12]。

宋子文虽改变态度，但美龄对“阿哥”子文不无芥蒂，而蒋对宋子文亦心存不豫，从而为蒋孔（祥熙）亲近、蒋宋（子文）龃龉种下了根苗[13]。

陈洁如的说法则是宋家主动“追”蒋介石，尤其是宋蔼龄在幕后主导这项“婚姻交易”。

据陈洁如在回忆录中说，蒋介石曾将宋蔼龄对他说的话转告给她：“我愿意老实告诉你，你拥有为国民党的目标奋斗的精神，但无独立完成此一大业的魄力。单凭精神无济于事，要完成解救中国、重建中华和制定宪法的大业，需要巨大的势力、金钱、魄力和特权。对于这些，你现在一无所有。你的周围尽是些自私的懦夫和女子。他们只求一己的目标而并不为你着想，你知道我说的都是实话。不过，情势并非无望，我愿与你谈一笔交易，那就是我不但将影响我的弟弟子文，令其如你所愿的脱离汉口政府，并将更进一步尽量联合上海的大银行家以金钱做你北伐的后盾，供应你必需的经费和购买军火，我们有一切关系。你自己明白，汉口政府再不会以金钱支援你，至于你这方面要做的是，你须同意和我的妹妹美龄结婚，并答应在南京政府成立时任我的丈夫孔祥熙为行政院长，我的弟弟子文做财政部长。”蒋介石对陈洁如说：“我现在已无路可走，她这笔交易的价码很高，但她说的都是实情。我不能再指望汉口政府会给我金钱、军火和军需供应，因此，如果我要实行我统一中国的计划，她的条件是唯一的解决办法。现在我要请你帮助我，求你务必答应。而且，真正的爱情是要以一个人愿意牺牲的程度来衡量的！”[14]

蒋要求陈洁如：“退让五年，让我和宋美龄结婚。俾能获得必须的协助以继续北伐，脱离汉口而独立！这只是一场政治婚姻！”[15]蒋希望陈洁如到美国留学五年，并请他的提拔人兼好友张静江的两个女儿（张蕊英、张倩英）陪她一道赴美。蒋对陈说：“你回来时南京政府将已成立，我们可以再开始共同生活，我们的情爱将始终不渝。”事实上，蒋已决计甩掉陈，他只是用甜言蜜语哄她而已；蒋是情场老手，为了自己的前途、为了结合江浙财势，为了宋家三小姐的慧质，蒋在心中已决定非美龄莫娶，但他还得和陈洁如虚与委蛇。陈洁如极为彷徨，她对蒋仍抱着一线希望，直到她看到蒋写给宋美龄的一封信，方才死心，蒋在信中问宋美龄：“你意如何？请详细告我。能否寄我近照一张？俾能日夜看到你……”陈洁如知道事情“已到了不可挽回的地步”[16]。

伤心欲绝的陈洁如于一九二七年八月十九日搭“杰克逊总统号”邮轮抵达美国，她成了蒋介石的第三个“弃妇”[17]。

蒋介石“猛追”宋美龄期间（1926），两人合摄于上海孔祥熙寓所庭院。

正当蒋介石“堕入情网”，向宋美龄发动情书攻势之际，他自己的权力生涯发生了大变化，并促成他个人政治史上的第一次下野。[18]

蒋介石是个绝不轻易气馁的人，他在官场上虽暂时失意，但在情场上却大大得意。蒋在溪口雪窦寺“隐居”，人在庙里，心却在上海十里洋场。他不停地写情书给宋美龄，一九二七年十月十九日天津《益世报》曾公布了其中一封情书：

余今无意政治活动，唯念生平倾慕之人，厥唯女士。前在粤时，曾使人向令兄姐处示意，均未得要领，当时或因政治关系，顾余今退而为山野之人矣，举世所弃，万念灰绝，曩日之百对战疆，叱咤自喜，迄今思之，所谓功业宛如幻梦。独对女士才华容德，恋恋终不能忘，但不知此举世所弃之下野武人，女士视之，谓如何耳[19]？

一九二七年九月十六日，宋蔼龄在上海西摩路宋宅举行中外记者会，正式向各界公开介绍蒋总司令和宋美龄，蔼龄在记者会中宣布蒋总司令将和其小妹结婚。这项消息惊动了沪上和中国的军政界，也震动了海外。《纽约时报》发布了蒋介石与孙夫人的妹妹结婚的消息，并称一位英国裁缝正在替蒋介石赶制礼服。

## ▶ 蒋专程赴日向宋母请婚

令人玩味的是，宋蔼龄对外宣布蒋介石与宋美龄的婚事之际，宋母却在日本养病。不少人认为宋母对介石与美龄的婚事仍有意见，蔼龄和孔祥熙使用“调虎离山”之计差开宋母，请其赴日疗养，俾免婚事受阻[20]。

同年九月二十三日，蒋介石从溪口来到上海，宣称：“此行与政治无关，唯在获宋氏家族对美龄婚事之同意。如获同意，则将在上海结婚，然后偕游海外。”过了五天，蒋在《申报》和《民国日报》刊登“蒋中正启事”：“各同志对于中正家事，多有来书质疑者，因未及遍复，特奉告如下：民国十年，原配毛氏与中正正式离婚，其他二氏，本无婚约，现已与中正脱离关系。现在除家有二子外，并无妻女。唯传闻失实，易滋淆惑，耑此奉复。”[21]这项启事首日见报时，蒋介石在未婚妻宋美龄、大舅子宋子文、张群、陈群等人的陪同下从上海乘日轮“上海丸”前往长崎。十月三日，宋子文和蒋介石到神户有马温泉探望正在该地休养的宋母倪太夫人。蒋下榻有马大旅社，房间就在宋母的隔壁。一向出手大方的蒋介石一到旅社即拿出三百元当小费，在当时这是一笔大数目。旅社老板娘千代子回忆说，蒋的阔绰和警卫之多，“毕竟气派不同”，蒋拜见宋母后，兴奋地对千代子说：“老板娘，成功了！成功了！婚约成功了！哦！对了，给你写字吧！来！来！马上替我磨墨。”蒋一口气就写了五幅字[22]。

有关蒋求婚的经过，据上海《晨报》报道：“蒋介石于十月三日来晤太夫人，事前蒋系先致电，得太夫人的允可者。相晤时，太夫人正在室中研究《新约圣经》，盖太夫人系一极诚笃之基督教徒也。既见蒋，勉蒋为使徒保罗；蒋告太夫人，谓对基督之道，近日亦有信仰，并乞婚焉。时太夫人以蒋对于联姻之手续，既一一办妥，毫无其他问题杂处其间，遂允其请，许以女美龄妻之。”[23]

美国女作家项美丽在《宋家姐妹》一书中对这一段的描述为：“蒋介石提出他和妻子离婚的证明，不过，仍然有宗教信仰的问题。宋老太太问他是否愿意改信基督，幸运的是，他的回答很令她高兴。他说，他愿意尝试；他愿意研究《圣经》和尽他最大的能力，不过他不能答应什么时候会接受基督教。宋老太太的偏见开始动摇了，不久之后就宣布了婚约。”[24]宋美龄提出的条件则为：蒋必须与原配毛福梅、侧室姚冶诚、现任妻子陈洁如完全脱离关系[25]。

蒋介石于十一月八日离日返国，积极筹备婚礼，十一月二十六日在报上刊登结婚启事：

> 中正奔走革命，频年戎马驱驰，未遑家室之私……兹定十二月一日在上海与宋女士结婚，爰拟撙节婚礼费用，宴请朋友筵资，发起废兵院……欲为中正与宋女士结婚留一纪念。[26]

一九二七年十二月一日，蒋介石、宋美龄正式在上海结婚，新郎实岁四十，新娘三十。当天，上海《申报》刊登了两则启事，一是蒋宋联姻，一是蒋介石的离婚声明，声明称：“毛氏发妻，早经仳离；姚陈二妾，本无契约。”[27]

蒋介石与宋美龄于1927年（民国十六年）12月1日在上海大华饭店结婚，盛况空前。

蒋宋婚礼分两阶段进行。宋母原希望不公开的宗教仪式在当年宋美龄的父亲宋嘉树主持的卫理公会慕尔堂举行，由本堂牧师江长川证婚，因长女蔼龄与孔祥熙在日本结婚、次女庆龄与孙中山私奔东瀛成婚，皆未能假慕尔堂举行婚礼，心里总觉遗憾，故希望美龄能满足其所愿。但因蒋介石离过婚，婚姻记录不良，卫理公会禁止牧师主持离婚者的再婚仪式（另一说法是江长川牧师不愿为蒋证婚），宋母终未能达成愿望，美龄与介石的婚礼只得在西摩路宋宅举行，并邀中华基督教青年会全国协会总干事余日章主持婚礼[28]。

宗教仪式之后，大家即转往静安寺路（Bubbling Well Rd.）的大华饭店（Majestic Hotel，抗战前即已拆除）参加公开典礼。当天中午一过，作为婚礼场所的饭店大舞厅就挤满了一千三百余人，另有千余人挤在马路上看热闹。来宾都要在饭店大门接受青帮保镖的搜身；在大舞厅入口处，还得再搜一次身。然后，每位来宾发给一只写有新郎和新娘名字的缎带别针。

大舞厅装饰得五彩缤纷，并吊上路易士小学所制作的巨大钟铃。在一个临时搭成的舞台上，挂着孙中山遗像，两旁是国民党党旗和国旗。圣坛上布满了白花，墙上两个大木牌，一个写着“福”字，另一个写着“寿”字，白俄乐队则坐在另一个台上。

蒋宋联姻被认为是一场权力、武力与财势结合的政治婚姻。

下午四时十五分，白俄乐队开始奏乐，主持人蔡元培在孙中山遗像下就座。来宾包括英国、日本、挪威、法国和其他十几个国家的领事，代表美国的是海军将领布里斯托，上海闻人杜月笙亦在宾客之中。

## 蒋宋世纪婚礼各方瞩目

蒋介石穿着华丽的欧式礼服，在男傧相孔祥熙的陪伴下入场[29]，

宋美龄造像。

全场顿时鸦雀无声。新娘进场时，全场宾客都拉长了脖子，并站在椅子上以掌握“地利”争看新娘。照相机、电影机争着抢镜头，白俄乐队奏起门德尔松的曲子。在宋子文的搀扶下，宋美龄进入大舞厅，在两旁陈列白花和铺着红地毯的甬道上款款而行。新娘穿着银白色的细薄绉纱长礼服，披着银镶边的半透明长披纱，手捧着一束用银白色缎带扎起来的粉红色康乃馨，从披纱中可以瞥见她的银色鞋子。

跟在新娘后面的是四位穿着桃红色细薄绉纱的少女：孔令仪（蔼龄的长女）、王月懿（外交部长王正廷之女）、倪吉贞[30]、郭小姐（Pearl Kwok），这四位女傧相后面是撒花的陈明月和周稚英；走在最后的是蔼龄的次女令伟（日后的孔二小姐）和次子令杰，这两位姐弟穿着相同的服装，黑色天鹅绒短裤和短上衣，饰有白缎胸花的衣领和袖口[31]。

新郎陪着新娘走上孙中山遗像前的圣坛，向遗像鞠躬敬礼，并向左右两旁的党旗、国旗敬礼。主婚人为新郎的异母兄长蒋介卿，证婚人则为蔡元培。新郎和新娘面对面鞠躬敬礼，又向来宾鞠躬。白俄乐队开始演奏“新娘来了”（Here Comes the Bride），美国歌手赫尔（E. L. Hall）引吭高歌一曲《噢！答应我》（Oh！ Promise Me）[32]。

在来宾的如雷掌声中，新郎和新娘走下甬道，在一座大花钟下的椅子上坐了下来，然后拉一下旁边的丝带，成千成百的玫瑰花瓣儿像瀑布般从花钟掉下来，落英缤纷的情景恍如“银河落九天”，花瓣儿盖在始终微笑着的新郎和新娘身上。

蒋宋婚后第一年（1928），即忙着“安内”以巩固统治势力。

第二天的《纽约时报》在首页上刊登蒋宋结婚消息，上海三家英文报纸的报道是：“这是近年来的一个壮举，是中国人的一个显赫的结婚仪式……”“昨天下午，当仪式进行时，大华饭店的舞厅里足足有一千三百人……”“步入装饰华丽的舞厅时，大家立刻就被那为数可观的花朵迷住了。”李宗仁回忆说：“我和内子乘汽车去谒见蒋先生夫妇于其住宅，也照例说几句道喜吉利话，只见满客厅都是各界赠送的丰厚礼物，琳琅灿烂，光耀照人。”有人统计，这场“世纪婚姻”花费达百万元[33]。

蒋宋于 1935 年在牯岭别墅。西方观察家说，蒋婚后“更趋成熟”。

婚礼结束后，新郎与新娘即回拉都路三一一号新房过夜，第二天一起去杭州，本来要到莫干山度蜜月，蒋介石当日即从杭州回到上海。

结婚那天，蒋介石在报上发表《我们的今日》，他说：“我今天和最敬爱的宋女士结婚，是有生以来最光荣、最愉快的事，我们结婚以后，革命事业必定更有进步，从今可以安心担当革命的大任……我们的结婚，可以给中国旧社会以影响，同时又给新社会以贡献。”[34]

## 注释

① Hahn，105~106。

②前引，106~107。

③生根《蒋家三代的罗曼史》，香港：广角镜出版社，一九八六年五月再版，三四～三五页；Eunson,61。

④结婚后的蒋介石是个颇不成才的小丈夫，据蒋日后的头号文胆陈布雷告诉侍从室主管情报业务的唐纵，蒋介石当年与毛福梅感情不睦的原因是，蒋在过年时玩龙灯，其岳父毛鼎和对人说，他的女婿没出息，他看不起这个不懂事的女婿。蒋后来知道岳父在背后骂他，极不高兴，从此夫妻感情开始走样。见唐纵《在蒋介石身边八年——侍从室高级幕僚唐纵日记》，北京：群众出版社，一九九一年，四〇六页。唐纵为黄埔六期毕业，曾任侍从室第六组上校参谋及少将组长、国防部保密局（安全局前身）中将局长、内政部政务次长、台湾省政府秘书长、国民党中央党部秘书长、驻南韩“大使”，一九八一年卒于台北。

关于陈布雷所说的蒋介石婚后“玩龙灯”激怒岳父一事，王月曦在《毛福梅与蒋氏父子》（收入《蒋介石家世》，浙江文史资料选辑第三十八辑，浙江人民出版社一九八八年出版，七五～一五三页）一文中有详尽描述。

⑤一九二一年四月二日，蒋介石在日记上写道：

余于毛氏，平日人影步声，皆足刺激神经。此次因事寻衅（指毛福梅未经蒋同意，把经国从锦溪学校带回老家），竟与我对打，实屑不成体统，决计离婚，以蠲痛苦。

次日，蒋介石又致函毛的胞兄毛懋卿，“缕诉与其妹决裂情形及主张离婚理由”，并把毛福梅逐回娘家。由于蒋母王太夫人的干预，蒋未能离婚，蒋母又将儿媳接回丰镐房，蒋介石极不高兴。他在四月十九日的日记上写道：

午正抵城舍，见颖甫来讯，知毛氏又回我家，心甚愤愤。母亲老悖，一至于此，不仅害我一生痛苦，而且阻我一生事业，徒以爱子孙之心，强欲重圆破镜，适足激我决绝而已。今日拟发最后离婚书。

蒋母坚决拒绝儿子离婚，个性强悍的蒋介石离婚不成，痛不欲生，甚至想出家当和尚：“家事如沸，思之郁闷，非出家远遁不克免尘俗之累。”《一代风流宋美龄》，六八页。

一九二一年六月，王太夫人去世，蒋的婚姻生活立即发生重大变化，他决心要和毛福梅分手；一九二一年十一月，蒋写信给毛福梅的哥哥毛懋卿，要求与毛福梅离婚。蒋的这封《休妻书》是这样写的：

十年来，闻步声，见人影，即成刺激。顿生怨痛者，亦勉强从事，尚未有何等决心必欲夫妻分离也。不幸时至今日，家庭不成为家庭，夫固不能认妻，妻亦不得认夫，甚至吾与吾慈母水火难灭之至情，亦生牵累，是则夫不夫，妻不妻，而再加以母不认子，则何有人生之乐趣也。……吾今日所下离婚决心，乃经十年之痛苦，受十年之刺激以成者，非发自今日临时之气愤，亦非出自轻浮之武断，须知我出此言，致此函，乃以至沉痛悲哀的心情，作最不忍心之言也。高明如兄，谅能为我代谋幸福，免我终身之苦痛。”

见徐苏《蒋宋大家族》，潘阳：辽宁人民出版社，一九八八，一〇六页。

《蒋介石年谱初稿》一九二一年四月条中有：“公与妻毛氏素反目，至此益乖离，怒欲毁婚约。”（中国第二历史档案馆编，北京：档案出版社，一九九二年）六五页。

⑥《毛福梅与蒋氏父子》，一一一～一一二页。

⑦陈洁如著、汪凌石译《陈洁如回忆录》，台北：新新闻文化事业公司出版，一九九二，二三～七二页。

⑧ Seagrave，214~215。

⑨《蒋家三代的罗曼史》，三九页。

⑩王松、蒋仕民、饶方虎《孔祥熙和宋蔼龄》，郑州：河南人民出版社，一九九二，一三五页。

⑪谭光《我所知道的孔祥熙》，收入《孔祥熙其人其事》，北京：中国文史出版社，一九八七，三页。

⑫《蒋家三代的罗曼史》，四二页。抗战时曾任宋美龄机要秘书的张紫葛写道：“宋美龄说：她和蒋介石的婚姻完全是她自己的主张，并且是她自己一一说服了母亲、大姐和哥哥宋子文，取得了他们的支持。她为何爱上蒋介石？她说：最根本的原因，是她自幼崇拜英雄。……这项婚姻自始至终是我自己做主，自己主动的，与我阿姐何干？……”见氏著《在宋美龄身边的日子》（香港：《九十年代》杂志社，一九九五），五八～五九页。蒋介石的“御医”熊丸说：“张紫葛在夫人身边的时候，我虽未进侍从室，但他所写的回忆内容应该也只有四分真实……且张紫葛把他和夫人的关系也写得太近，以夫人的个性来讲，根本是不可能的事，所以我觉得他写得太过火，很多东西都自己编造。不过他那本书对夫人的描述多为好意，并没什么恶意。”见《熊丸先生访问纪录》，一〇〇～一〇一页。

⑬《我所知道的孔祥熙》，三～四页。

⑭《陈洁如回忆录》，二一二～二一三页。

⑮同前。

⑯前引，二一八～二一九页。

⑰同前。

⑱以蒋介石为首的南京国民党政府和以汪精卫为首的武汉国民党政府，吵吵闹闹之后，汪精卫、谭延闿、孙科、唐生智、程潜、朱培德联名于一九二七年八月三日打电报给举足轻重的冯玉祥，表示武汉政权已彻底反共了，蒋介石不能再指责他们“赤化”。冯玉祥认为宁、汉已有了接近的趋势，乃建议召开国民党二届四中全会以解决党争。宁、汉正酝酿妥协时，蒋与新桂系的矛盾却爆发了，对大局产生了重大影响。以李宗仁、黄绍竑、白崇禧为主脑的新桂系，协助蒋发动“四一二”清党（共产党）运动，建立了南京政府，但新桂系不甘心对蒋称臣。新桂系在平定广西和北伐诸役中屡建战功而引以为傲，不大听命于蒋。李宗仁借口西讨武汉之名，派兵包围南京，直鲁军又攻陷徐州，李宗仁、白崇禧决定向蒋摊牌，拒绝接受蒋发出对武汉作

战的命令，其他一些不满蒋的人士亦表示愿与武汉合作。蒋介石意识到桂系在“逼宫”，即以辞职相威胁，吴稚晖紧急召集宁方要员开会，会上吴稚晖、胡汉民、李石曾、张人杰、蔡元培支持蒋留任：但白崇禧、何应钦一言不发，当蒋表示他需要“休息一下”时，白崇禧立即赞成，何应钦、李烈钧亦同意蒋暂时“休息”，李宗仁则称“请总司令自决出处”。蒋介石眼看局面已难挽回，即决定下野。八月十四日蒋在上海发表《辞职宣言》，同日返回溪口老家。在李宗仁、白崇禧等新桂系逼迫蒋介石下台时，蒋最气愤、最痛心的并不是被赶下台（他已有以退为进的计略），而是何应钦没有支持他，蒋从此极不喜何应钦。参看宋平《蒋介石——总司令、委员长、总裁、主席、总统》，香港利文出版社，一九八八年，一四五～一七五页。宋平此书原名为《蒋介石生平》，吉林人民出版社，一九八七年。

⑲《蒋家三代的罗曼史》，三九～四十页。

⑳前引，四二～四三页；《蒋介石》，一七七页。

㉑汪荣祖、李敖《蒋介石评传》，台北：商周文化事业公司出版，一九九五年，上册，页二二七；《陈洁如回忆录》，台北：传记文学出版社，一九九二年，图片。

㉒《蒋介石》，一七七页。

㉓《蒋家三代的罗曼史》，一四四页。曾在士林官邸蒋家私人礼拜堂“凯歌堂”当了四十年牧师的周联华说：“蒋公对《圣经》非常熟，牧师只要一报章节，他几乎立刻就能找到。后来，我才知道原来他曾下过一番功夫。当他们二位还没有结婚的时候，蒋公曾在宋老太太前提亲。宋老太太说：‘我们家的小姐是不嫁给非基督徒的。’蒋公说：‘假如我为了跟三小姐（夫人排行为三小姐）结婚而做基督徒，您大概也不会喜欢。我答应您，从此以后，我一定每天好好地读《圣经》，先让我研究研究。’宋老太太说：‘蒋先生，像你这样的人，说过的话一定算数，你既然答应读《圣经》，只要你担保自己一定会实现，我就答应这件婚事。’后来，他真的每天读《圣经》。最初的时候感到很难，常常到宋府老太太面前去请教。”参看周联华《周联华回忆录》，台北：联合文学出饭让，一九九四年，二〇三页。

熊丸说：“有段时间我几乎天天陪她吃早餐，那时她会自动讲很多她自己的事给我听，诸如她与‘总统’结缡的往事，都是她亲口叙述的第一手资料。”熊丸回忆道，“夫人谈起她结婚时的经过说：当时蒋先生还是军事委员会主席，因孙夫人（宋庆龄）时任总理秘书，故介绍蒋先生到她家里与夫人认识。蒋先生自从与夫人认识后，有好几次均借故到她家，慢慢地与她亲近。夫人说她当时也看出蒋先生人长得英俊，又很有志向，十分能干，但她却从没想过婚姻方面的问题。直到有一次，蒋先生直接向夫人求婚，夫人当时答复：‘你跟我讲没有用，要我母亲同意才行。我家是基督教家庭，我们都听父母之命，如果我母亲同意了，我再考虑。’当时蒋先生很听夫人的话，便马上求见夫人的母亲宋太夫人，并与太夫人谈了许多次话。宋太夫人是个很直爽且心地善良的人，她直接对蒋先生说：‘你出身佛教家庭，我家则是基督教家庭，我们两家的宗教信仰不一样，你要好好考虑。’当时蒋先生回答：‘我知道这样的婚姻会很难处理，不过我也可以信基督教。我之所以信佛教，是因为我们家庭信佛教，但我个人并非佛教徒，所以我也可以信基督教。’当时宋太夫人听了蒋先生这番话，便对他说：‘既然你这么说，那么我现在给你一本《圣经》带回去，一年之后你再来看我，一年之内就先别谈这件事。’整整一年之后，蒋先生又对夫人说他想见宋太夫人，夫人便带他回家。见到宋太夫人后，蒋先生便把那本《圣经》交还宋太夫人，太夫人一看蒋先生的那本《圣经》里画满红线，便说：‘光画红线是不行的，我还要考你。’于是便问蒋先生许多有关《圣经》的问题，蒋先生均答得头头是道，可知他不仅确实读过，且经过仔细的思考与分析。当时宋太夫人便说：‘不错，你这一年内的确很辛苦。你的公事这样忙，还有时间读《圣经》，我相信你一定从中获得许多。既然如此，你的要求我答应你，不过你仍得征求我女儿的同意才行。’蒋先生当时便问夫人：‘你母亲已答应，剩下来要问你。’夫人当时便答：‘我没有意见。’于是蒋先生与夫人的婚事就这样定了下来，时为民国十六年。”见《熊丸先生访问纪录》，一〇九～一一〇页。

㉔ Hahn,139。

㉕《蒋介石》，一七八页。

㉖《蒋介石评传》，上册，二二八页。

㉗《蒋家三代的罗曼史》，四五页。

㉘《跟随蒋介石十二年》，六一页。

㉙一说刘纪文担任蒋介石的男傧相，Hahn,141；居亦侨则认为刘担任男傧相的说法是讹传，见《跟随蒋介石十二年》，六一页。

㉚倪吉贞是宋美龄的二舅倪锡纯的长女，毕业于上海圣约翰大学，英文好、有教养，宋家三姐妹都很喜欢这个表妹。一九四九年后留在大陆，一直未婚，宋庆龄本有意请她当秘书，陪自己度过晚年。但在“文革”期间，倪吉贞遭红卫兵凌辱，一九六八年五月跳楼自杀。参看尚明轩、唐宝林《宋庆龄传》，五七六页。

㉛ Hahn，142。

㉜前引，141~142。

㉝《蒋介石》，一八一页。

㉞同前。

# 第四章

# 新生活运动雷声大雨点小

宋美龄和蒋介石结婚六年三个月后，首次投入的一场全国性运动，就是改造社会道德与国民精神的新生活运动。国民党于二十世纪三十年代所推出的这项遍及全国之“精神方面的重大战争”（蒋介石语），也是该党建党以来所从事的一次最大规模之文宣工作。宋美龄在运动的推行和宣传上扮演了“火车头”的重要角色。

## 新生活运动评价两极化

新生活运动的成效，一直存在着两极看法。肯定其成就的人，誉之为“中国近代政治史和社会史上的一件大事，对国民习性与国民生活的改造，新社会风气甚至新社会模式的树立，以及剿共、抗日等战役的成败，都有极大的影响”。又称“新生活运动为近世最成功的社会革新运动之一”①。否定它的人，则詈之为“所谓‘新生活运动’就是利用封建的道德与文化来麻醉人民群众，按照封建的‘礼义廉耻’准则，把全国人民变为四大家族统治下的顺民和奴隶”②。曾和蒋介石结为金兰之友

二十世纪三十年代蒋宋联手发起新生活运动，试图改造中国国民之习性。批评者认为“新运”是一场虚有其表的“政治秀”。

的“基督将军”冯玉祥不屑地说：“新生活是说着骗人的。”[③]

新生活运动的源起，说法不一，有些人认为是蒋介石对中共发动第五次围剿时，为贯彻“七分政治、三分军事”的理念，乃推动新生活运动。蒋在江西剿共，发现国军占领的苏区（中共统治过的苏维埃地区），治安一直欠安定，“赤化”很严重，故必须对“江西人心加以改革”[④]。有的则说：“蒋氏夫妇决心铲除贪污、受贿、不卫生和无礼貌，因而发起了新生活运动。他们认为，中国跻身于世界先进国家行列之前，必须先行整理内部。”[⑤]另一个说法是，新生活运动实因“意外”而起，蒋有一天驱车经过江西南昌，看到一个年约二十岁的青年穿着学生制服，口中叼着香烟和人争吵、打架。蒋目睹此景，大为感慨，认系外国人瞧不起中国人的原因之一，乃命令部属（陈立夫、戴季陶）推行运动以改善中国人民的生活，特别是年轻人的行为，陈立夫并为新生活运动提供理论基础[⑥]。又有人指出是蒋的头号智囊杨永泰献议发起的，杨认为春秋时代管子治齐，有“礼义廉耻，国之四维，四维不张，国乃灭亡”之说，提倡礼义廉耻即可改变“人心风俗之颓败”，以抵制共产主义思想[⑦]。

宋美龄在第二十九届国际三八妇女节上演说，大声疾呼妇女应踊跃投身“新运”。

不过，也有人说宋美龄乃是新生活运动的源头活水。一九三三年盛夏，宋美龄在庐山牯岭避暑时，与一批美国传教士讨论中国

宋家姐妹与幼童、孤儿同乐。

情势；传教士说，南京政府如欲获得外国政府的支持和贷款，则蒋介石政府必须在国内实施社会福利计划，使外国政府和旅华外人对蒋政权有好印象。传教士又说，美国罗斯福总统正推行“新政”（New Deal），蒋介石何妨也实施改造中国社会福利方面的“新政”。聪明的宋美龄马上领悟到传教士所说的重点，立即向蒋报告，蒋迅速同意其观点。宋即和传教士研拟了中国“新政”的细节，她为这项计划取名为“新生活运动”（New Life Movement）⑧。

就蒋介石当时的思想脉络而言，新生活运动应为其所倡导，宋美龄则负“推波助澜”之功，因自一九三一年以来，蒋即一再强调改善品格、自律和诚恳的重要性⑨。

一九三四年二月十九日，蒋介石在南昌行营举行的扩大总理纪念周上，发表《新生活运动之要义》⑩演讲，宣布新生活运动开始。蒋称：“当以劲疾之风，扫除社会上污秽之恶习，更以熏和之风，培养社会上之生机与生气，负此重大使命者，唯新生活之运动。”其主要内容为“提倡‘礼义廉耻’的规律生活”。“‘礼’是规规矩矩的态度。‘义’是正正当当的行为。‘廉’是清清白白的辨别。‘耻’是切切实实的觉悟。”蒋又说：“国家民族之复兴不在武力之强大，而在国民知识道德之高超。”二月二十六日，蒋又发表《新生活运动之解释》，呼吁国民要从衣食住行出发，做到“整齐、清洁、简单、朴素”（后再加上“迅速、确实”），使之成为日常生活的六个目标[11]。

## 新运思想理论“大杂烩”

励志社兼新生活运动促进总会总干事黄仁霖（左）是蒋宋孔家族的得力助手，图为蒋介石与黄仁霖及澳洲顾问端纳合影。

新生活运动的思想源流，包罗万象，中西杂糅、古今混同。有孔孟之道、王阳明学说、曾国藩与胡林翼格言、戴季陶和陈立夫之儒家威权、日本武士道精神、墨索里尼与凯末尔教条、日耳曼观念和基督教义[12]。曾担任新生活运动总干事的黄仁霖认为，“新生活运动只是把励志社运动扩展到民间去的一种运动而已。这两个组织的理论与思想，都是沿着一条线路上去发展的。”[13]

随着蒋介石的宣布，新生活运动促进会于南昌成立，蒋自任会长，七月一日改组为新生活运动促进总会，宋美龄则为妇女指导委员会指导长，并成为新生活运动的实际推动者和倡导人。新生活运动是要改造全民的生活，而妇女是家庭的中心，宋美龄乃大力鼓吹妇女为改造家庭生活的原动力，她向全国女性呼吁：“知识较高的妇女，应当去指导她们的邻舍，如何管教儿女，如何处理家务，并教导四周的妇女读书识字。”但她也承认：

“中国的妇女，非但多数没有受教育的机会，而且大半还仍过着数百年前的陈旧生活。”[14]

宋美龄推行新生活运动（当时简称为“新运”）是不遗余力的，开会、撰文、宣传、演说、督导和接受国内外媒体访问，忙得不可开交，但也满足了她的成就感。

一九三四年秋，蒋氏夫妇到西北、华北旅行一个多月，项美丽说：“蒋夫人在旅途期间以自身的能力出现在公众眼中。每日的演讲克服了她的羞怯，像竞选一样的奔波劳顿使她的体力大为增强。每至一个城市，她都把妇女召集起来，敦促她们为全国的改革尽力。在演讲中，她反对中国之旧习，反对大家闺秀之深居简出，以及鸦片、肮脏和贫穷的威胁；她呼吁妇女要有社会责任感。她任命各地高级官员的妻子为新生活运动倡导人，后来在中日战争爆发后，她也曾这样做过。所有这些紧张的活动对她产生了作用，回到南京后，她了解到自己在丈夫身边所能做的事。”[15]

新生活运动兼抗日宣传队的三个镜头。

在宋美龄的积极推动下，到了一九三六年，全国妇女已成立三十九个新生活劳动服务团。劳动服务团的组织分为社会各界和女子学校两种。从南昌、南京、汉口到重庆，妇女指导委员会一面“鼓励人民痛除旧有的恶习”，一方面希望妇女“至少要把家庭处理得清清楚楚，把家庭生活调整得井然有序，绝对摒除烟酒赌博等一切浪费腐败的习惯”[16]。一九四三年，宋美龄访美向华侨妇女发表演说时，仍不忘提醒她们勿忘新生活运动，她以英语要求旧金山六个华侨妇女团体领袖“实行新生活运动的礼义廉耻四大原则，从衣食住行来实践”[17]。对旧金山全体华侨演讲时，她使用极浅显的国语呼吁侨胞：“我们的衣服，时时刻刻要整理、要清洁，我们不必穿什么奢华衣服……不要给人家看不起我们……”[18]宋美龄向外国媒体介绍“礼义廉耻”，将这四个字英译为 Propriety，Righteousness，Integrity，and A Sense of Shame[19]。

事实上，新生活运动的一个重要组成部分，乃是美国基督教会的参与，但为了显示这是一项“纯中国人的运动”，教会的色彩也就被刻意冲淡。黄仁霖说：“蒋夫人另一方面的工作，是由于她和在中国的基督教会各团体经常保持着密切联系。她的背景是闻名世界的，无论她走到任何地方，她一定要召集当地那些教会人士、教师和青年会工作人员，举行一次简单的茶会，并告诉他们新生活运动的重要。因为她是如此的虔诚，因此能使他们决心为新的运动付出他们的心力。”[20]一九三六年四月，宋美龄要求江西基督教乡村服务联合会代表牧波恩牧师（George W. Shepherd）[21]到南京，出任新生活运动顾问。不久，宋美龄即公开呼吁美国教会人士支持新运[22]。

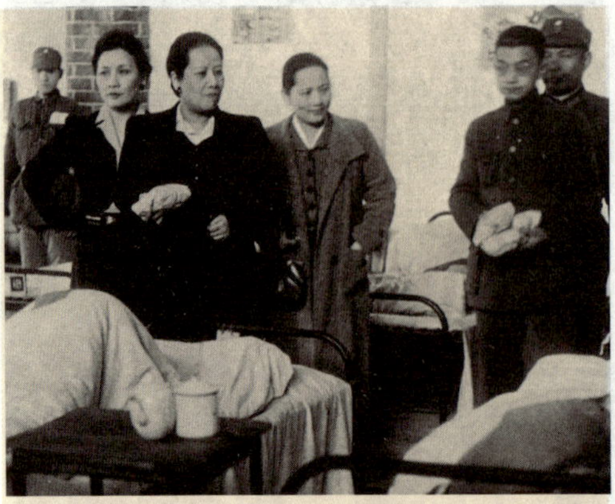

宋家姐妹联袂前往重庆军医院慰问伤患。

## 外国教会支持改造社会

蒋宋推动“新运”，受到基督教教会的支持，但亦引起教会内部的分歧。基督教青年会成为“新运”的一大主力。

蒋介石夫妇经常与教会人士开座谈会，请他们协助推动新生活运动。蒋在开封举行的座谈会中高度赞扬了传教士在中国所做出的成果。他向在座的传教士保证，反对及镇压传教的时代不但已成过去，即连低度容忍的日子业已结束。他说，政府目前的做法是给予传教士最大的自由并与他们合作；他向传教士解释新生活运动并不是一个控制民众的惩戒性运动，而是要提高民众的道德、文化和社会水准[23]。在山西太原，当地中外基督教会领袖聚集一堂，首先由孔祥熙和宋美龄发表演说，再由蒋致辞。宋美龄向教会领袖详细报告江西的建设以及新生活运动和礼义廉耻的意义，她说有人批评新运：“没有足够的米养老百姓，说这些事情（新运）是没什么用的。”宋美龄的答复是：“有很多的米。有米的人囤积居奇，没有米的人并不了解劳动的尊严。如果一个人诚实的话，没有任何工作是苦的。”[24]她的意思是说，中国并不缺米，只要肯工作，就有饭吃。

外国教会对新生活运动一般都采取支持与同情的态度，他们认为新运是改造中国旧社会、使中国现代化的力量，也有外国教会刊物将新生活运动与晚清自强运动等量齐观。但是，有些教会领袖并不愿意充当新生活运动的吹鼓手，为国民党摇旗呐喊；他们对基督教青年会（YMCA）与新生活运动挂钩，密切介入这项运动，非常

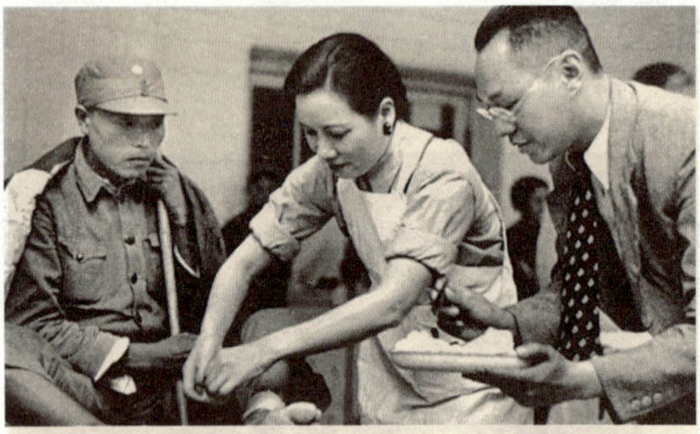
1938 年宋美龄在汉口为伤患包扎伤口。

不以为然。青年会本身亦因而陷入严重困境，该会过去一直走中间路线，自与新运结合以后，即失去其独立性，并被人视为国民党的一个机构[25]。

抗战爆发后，新生活运动很自然地演变为战地服务、伤兵慰问、难民救济、保育童婴、空袭救难、征募物品和捐款等与战时支援有关的活动[26]。质言之，雷厉风行推动的新生活运动，经过三年多的时间即已呈后力不继之势。

研究二十世纪二三十年代中国改革运动的美国学者汤姆孙（James C. Thomson，Jr.）表示，新生活运动一开始即涵盖了“两个大矛盾”（two major paradoxes）。其一，新生活运动应当是全民运动，而非政府的运动，但此项运动不仅由政府发起，且一切推展力量均来自政府，缺乏民众的参与；因此到后来新生活运动并没有在社会中扎根，亦未产生一股由下而上的自发性，与共产党运动所具有的群众吸引力以及土耳其改革者凯末尔（Kemal Atatürk）的强制力量皆无法相提并论。其二，新生活运动所欲改善的许多问题，非但是思想上的问题，亦牵涉物资、经济层面，如乞丐、抢劫和贪污。若经济与物资生活不改善，则如何根绝乞丐等问题？然政府仅注重精神领域而忽略经济因素，许多计划最后变成纸上谈兵。易言之，政府所做的只是“把全民复兴运动立基于牙刷、老鼠夹和苍蝇拍之上”[27]。

新生活运动的另两个致命伤，乃是宣传主义和形式主义。国民党在宣传上所动员的人力与物力，为建党以来所仅见，也是近代中国最庞大的一次“文宣秀”。宣传方式包括口头宣传、文字图书宣传、化装宣传、电影宣传；对国外的宣传，则由宋美龄领军[28]。过度宣传最容易导致形式主义的出现，新生活运动期间所产生的许多笑话和虚伪作假的乡愿风气，殆成为新生活运动的最大败笔。一向同情宋家姐妹的项美丽说，新生活运动后来变成了全国性的一场不大不小的笑话[29]。中国近代外交家顾维钧的第三任妻子黄蕙兰在其回忆录中说，中国驻外人员常有外遇而导致婚变，故在抗战前外交界即戏称新生活运动为“新妻子运动”（New Wife Movement）[30]。

1937 年 2 月 27 日出版的美国《文学文摘》杂志以“年轻的中国推行新生活运动”为封面故事。

## 大官大吃大赌不闻不问

冯玉祥说：“这十几年来，年年到了新生活纪念日都要开会的，有好多次找我去讲话。其实，新生活是说着骗人的，比如，新生活不准打牌，但只有听见说蒋介石来了，才把麻将牌收到抽屉里，表示出一种很守规矩的样子；听见说蒋介石走了，马上就打起麻将来，二十四圈卫生麻将的、推牌九的、押宝的也都是这个样子。又如新生活不准大吃大喝，普通人吃一桌饭只花八元钱，蒋介石左右的大官吃一桌饭约六十元，总是燕窝席、鱼翅席。不但大官是这样奢侈，大官的女人、奴才也是这样。……要是这些违反所谓新生活的事，若是发生在离蒋介石远的小官身上，蒋介石也还可以装不知道，而这些事都是发生在离蒋介石很近的文武大官身上，这还能装不知道吗？”冯玉祥又说：“……那些书的名字，什么新生活与军事、新生活与政治、新生活与这个与那个，几十个名堂，事实证明是什么？政治是腐败的，军事是无能到极点，经济是贪污到极点，文化是摧毁到极点。实行新生活会有这个样子？”[31]

至于派警察、童子军及学生纠察队到街上取缔随地吐痰、乱丢烟蒂和垃圾、衣领纽扣不扣等只重表面工作的形式主义做法，充分说明了新生活运动难以持续下去的根本原因。蒋介石在新运三周年纪念大会上亦自承，过去三年，“在推行方面，标语多而做工少，方案多而实行少。在对象方面，只注意到社会的上层，而未及下层，只注意到通衢大道，而未及街头巷尾。所以三年来，新运动的结果，只做到表面一时的更新，而未达到永远彻底的改革。”[32]

宋美龄把推广新生活运动当作其政治事业来看待，试图使国人在生活习惯和精神上“脱胎换骨”，不要让西方人“看不起我们”，并借此让国人知道宋美龄关心大家。其出发点不能说不正确，其用意不可谓不崇高；但是，数千年来根深蒂固的生活习惯和贫穷的广土众民，再加上推行的不得当，宋美龄的良法美意就像许多运动一样，很快地走进历史而成为明日黄花。

## 注释

①谢早金《新生活运动的推行》，收入《中国现代史论集》(第八辑十年建国)，张玉法主编，台北：联经出版事业公司，一九八二年，二四七、二八八页。

②宋平《蒋介石》，二九四页。

③冯玉祥《我所认识的蒋介石》，香港：七十年代杂志社，一九七五年九月三版，一七五页。

④《蒋介石》，二九四页；《一代风流宋美龄》，一一二页；《宋美龄传》，四○～四一页。

⑤ Eunson，90。

⑥ James C. Thomson，Jr.，*While China Faced West*：*American Reformers in Nationalist China*，1928—1937，Cambridge，Mass.：Harvard University Press，1969，156~157；《宋美龄传》，四三页。蒋介石于一九三四年在江西演说称：“我去年初来的时候所看到，几乎无一个不是蓬头散发，有扣不扣，穿衣服要穿红穿绿，和野蛮人一个样子，在街上步行或是坐车都没有一个走路坐车的规矩，更不晓得爱清洁，甚至随处吐痰，还有，看到师长不晓得敬礼，看到父母也不晓得孝敬，对于朋友，更不知道要讲信义。这种学生，可以说完全不明礼义，不知廉耻！这样的学生，这样的国民，如何不要亡国？”

⑦《一代风流宋美龄》，一一二页。杨永泰为国民党政学系（前身为“政事研究会”、“政学会”）大将，经张群引荐，为蒋重用。曾任军事委员会秘书长、武昌行营秘书长、湖北省主席。一九三六年十月二十五日于汉口江汉关轮渡码头遇刺殒命，卒年五十七岁，国民党中宣部长刘芦隐因涉嫌此案，被判十年徒刑。

⑧ Seagrave，290。

⑨ Thomson，156~157。

⑩《一代风流宋美龄》，一一二页，据称《新生活运动之要义》为杨永泰所起草。

⑪《宋美龄传》，四一、四五页。

⑫ Thomson，154~155；《蒋介石评传》，三三七～三三八页。

⑬黄仁霖《黄仁霖回忆录》，台北：传记文学出版社，一九八四年，五五～五六页。孔祥熙曾对黄仁霖说：“仁霖，我想青年会的工作范围，不足以供你去发展你的才干。我要告诉你一个新的机会，在那里，你有极广大的领域可以发展。蒋总司令要创办一种运动，名叫励志社（英文简称 OMEA，即军官道德励进会）。这是总司令的一个观念，因为在军事作战中，征服一些城市和省份并不难，但要改变人心，却很不容易。他想要发动一个运动，以此来改变他的军官和学生们的心理和行为。”黄仁霖先当励志社副总干事，后升任总干事，他说：“励志社是对黄埔军官和学生灌输道德、提高精神而设立的。蒋总司令担任社长。”该社的十大戒条是：一不贪财、二不怕死、三不招摇、四不骄傲、五不偷懒、六不嫖赌、七不吸烟、八不饮酒、九不借钱、十不说谎。抗战后，励志社活动转移到为前线作战部队服务及伤兵犒赏；珍珠港事变后，来华助战美军激增，励志社奉命照顾美军食宿（后成立战地服务团）。一九六四年，黄仁霖出任驻巴拿马大使，“励志社的命运，也就结束了。”参看《黄仁霖回忆录》，三八、四一、五四页。侯鸣皋在《励志社内幕：蒋介石的内廷供奉机构》（南京出版社，一九八九年）中说：“国民党励志社正式创立于一九二九年一月一日，其前身是黄埔同学会励志社……有人认为励志社

就是蓝衣社，也就是复兴社的前身。”上海暨南大学毕业，曾做过励志社代理副总干事的侯鸣皋说："励志社到底算什么呢？有人说，励志社是个尖、卡、斌性质的机构。尖者，不小不大焉；卡者，不上不下焉；斌者，不文不武焉。”见该书一～三页。按所谓蓝衣社实即三民主义力行社，复兴社乃是力行社的次一级组织。蓝衣社之名始于刘健群所写的一本小册子《中国国民党蓝衣社》，参看干国勋等著《蓝衣社复兴社力行社》，台北：传记文学出版社，一九八四年。

⑭《宋美龄传》，四五～四六页。

⑮ Emily Hlahn，*The Soong Sisters*，194。

⑯《一代风流宋美龄》，一一三页。

⑰《蒋夫人游美纪念册》，旧金山美洲国民日报编制，一九四三年，八〇页。

⑱前引，九七页。

⑲《宋美龄传》，五〇页；礼义廉耻的英译有数种不同译法，徐中约译为 politeness，righteousness，integrity，and self-respect，See Immanuel C. Y. Hsü. *The Rise of Modern China*，New York：Oxford University Press，1970，668；Thomson 则译 correct behavior，justice，integrity，and honor，See Thomson，157；Seagrave 的译法为 courtesy，service，honesty，and honor，See Seagrave，290.

⑳《黄仁霖回忆录》，五七～五八页。

㉑牧波恩为美国公理会传教医师，一八九四年生，一九一八年来华，在福建建宁传教施医，三十年代参加过江西农业复兴计划。见《近代来华外国人名辞典》，中国社会科学院近代史研究所翻译室译，北京：中国社会科学出版社，一九八一年，四三五页。

㉒ Thomson，160。

㉓ Hahn，190。

㉔ Thomson，171~172。

㉕前引，160~194。

㉖《新生活运动的推行》，二五七页。

㉗ Thomson，158；宋淑章《评介汤姆森著“国民政府时期在华的美国改革派”》，收入《中国现代史论集》（第八辑十年建国），二九八页。

㉘《新生活运动的推行》，二七六页。

㉙ Hahn，250。

㉚吴相湘《糖业大王的千金小姐》，收入《民国史纵横谈》，香港：大方文化事业公司，二一五页；Madame Wellington Koo，*No Feast Lasts Forever*，New York：Quadrangle / The New York Times Book Co.，1975。

㉛《我所认识的蒋介石》，一七五～一七六页。

㉜《蒋介石》，二九五页。

# 第五章

# 国族存亡绝续的抗日圣战

宋美龄于抗战时代积极投入救国救民的行列，全心全力展现其第一夫人的角色。在重建空军、动员妇女、保育幼童、救助伤患、国际宣传和对美外交等重大工作上，充分显露了她的远见、才华和领导能力，而使她在二次大战期间成为全世界最活跃的第一夫人。

早在二十世纪三十年代中期，宋美龄即体认到建立一支现代化空军的迫切与重要。她在《航空与统一》一文中说："一切促进中国统一的新发明，或许要推飞机的功绩最为伟大。"她说飞机不仅能拉近边省与各省以及与中央的距离，且可迅速消除彼此之间的误会。又称："在没有飞机以前，尤其是边远各省的官吏，大都各自为政，和中央相当隔膜。"[①]因此，促进国家的统一，使中央能够有效地驾驭地方势力，地方政府可以快速地与中央联络以及为中国迈向航空时代做准备，可说是宋美龄强调建立现代空中武力的基础。

## ▶ 宋美龄——“中国空军之母”

宋美龄是个会晕机的人[②]，但她完全了解中国若要整军经武，第一步即必须拥有够水准的空军以保护领空。国府空军创建于一九三二年，当时飞机少、人才荒，亦无实战经验。一九三四年秋天蒋氏夫妇的西北与华北之行、中央部队的追剿红军以及一九三六年十二月十二日的西安事变，都使蒋氏夫妇感到掌握制空力量的重要性。尤其是西安事变发生后，何应钦等人主张动用空军轰炸西安，更使蒋氏夫妇深觉空军必须“自己人”来领导，不能假手他人。《宋家王朝》的作者说：“西安事变期间，蒋委员长在南京的许多亲信幕僚曾密谋策划把他炸得粉碎，因此如让这批人掌握空军，显然是不智之举。宋美龄对其丈夫说，她愿意亲自出马，设法把空军变成克敌制胜的有效武器，而非一种政治筹码。蒋同意并让她负责。”[③]

美国女作家尤恩森（Roby Eunson）认为蒋愿意由宋美龄出面主持“摇篮时期”的中国空军，显示“蒋介石的看法有一点是颇为明确的，即国民政府必须现代化中国的军力，尤需战斗机。然而，购买飞机涉及大笔款项，蒋介石无法决定他那批贪污成性的幕僚中，究竟谁能负起这一重任。他知道自己的妻子可以信赖。因此，这位只受过音乐、文学和社会美德教育的宋美龄，便把许多时间花在有关航空理论、飞机设计和比较各种飞机零件优劣的技术刊物上。她和外商洽谈，订购了价值二千万美元的产品。她从采购商摇身一变为中国空军总司令，对妇女而言，这是史无前例的”[④]。尤恩森又说：“宋美龄独揽空军大权，不容他人染指，并成为严格执行空军纪律的人。她规定，凡在这支精英部队中行窃者，将被处以极刑。直到必须撤离南京时，她还常在新闻稿上提到‘我的空军’。”[⑤]

宋美龄出任航委会秘书长前，国府空军几由意大利提供飞机与训练，然一无成就[⑥]。宋美龄急需能干的助手帮她整顿空军，她聘请了前美国陆军航空队飞行员霍布鲁克（Roy Holbrook）当顾问。宋是个做事讲究效率的人，她问霍什么人可以在短时间内把中国空军改造成像样的军种，霍马上想到了一个长相酷似“老鹰”而又充满彪悍之气的老飞行员陈纳德（Clarie Lee Chennault）[⑦]。

宋美龄号称“中国空军之母”。图为蒋介石夫妇与“飞虎将军”陈纳德。

一九三七年初春，陈纳德收到了宋美龄的一封信，问他是否愿意到中国当空军顾问，月薪一千美元，此外还有额外津贴、专用司机与轿车、译员，并有权驾驶中国空军的任何飞机。因病而离开军职的陈纳德立刻答应，四月一日即由旧金山搭乘“加菲尔总统号”邮轮经日本赴华，护照上面写的是到中国“考察农业”[8]。从此，陈纳德与近代中国展开了密切关系，成为家喻户晓的“飞虎将军”。

## 陈纳德心中永远的公主

一九三七年六月初，陈纳德抵达上海，一个炎热的下午，霍布鲁克带他去见宋美龄和澳洲籍政治顾问端纳（M. H. Donald）。当天晚上，陈在日记上写下他会见宋美龄的印象：“她将永远是我的公主。”（She will always be a princess to me.）[9]陈答应在两个月内向宋美龄提出对中国空军的考察报告[10]。抗战爆发后，中国空军号称有五百架飞机，能起飞的还不到一百架；日军则有三千架，仅上海一地即有四百架，日军在上海且建有机场。尽管中国空军远居劣势，但飞行员的素质和爱国心却是一流的，一九三七年八月十四日，日寇木更津空军联队的十八架轰炸机自台湾新竹基地起飞执行轰炸杭州任务，日寇机群越海蹿入笕桥上

抗战时期中国大后方的生命线除了驼峰之外，即是“九转十八弯”的滇缅公路。

空，中国空军第四大队大队长高志航率领二十七架战斗机升空拦截，击落六架敌机。这是中国空军的第一次空战，非但无一受损，且创光辉战果，宋美龄即建议将八月十四日定为“八一四”中国空军节。

蒋介石在庐山牯岭召见陈纳德和中国空军总指挥部副总指挥毛邦初[11]。陈纳德在回忆录中对此次召见的记载颇为传神：

寒暄过后，蒋委员长就转向毛将军，严厉地用断断续续中国话诘问他关于空军的情况。这时候，宋美龄与我站在一旁，她向我翻译他们的对话。

“可以作战的第一线飞机共有多少？”蒋委员长向他厉声问道。

“九十一架，委座。”毛将军回答。

这时候，蒋委员长的面孔变得通红，我想他快要爆炸了，他在走廊上大踏步走来走去，然后说了一大串带齿音的中国话。宋美龄中止翻译。毛将军面无人色，立正不动，眼睛直视着前面。

“蒋委员长在恐吓他要枪毙他呢！”宋美龄向我耳语道，“航空委员会的记录是第一线可以作战用的飞机有五百架。”

这是我认识蒋委员长八年中唯一一次目睹他的震怒。最后，他火气降了一点，转向我用中国话问道：“据你所知情形到底如何？”宋美龄为我译成英语。“毛将军报告的数字是对的。”我答道。“继续讲下去！”宋美龄催促我道，“告诉他实在情形。”[12]

陈纳德便坦诚向蒋说明他对中国空军的观感，他说他们“还没有准备好作战”，陈连续讲了二十分钟，宋美龄向他使眼色叫他止住，蒋匆匆离开，毛邦初一直立正站好。这一场会面奠定了蒋对陈纳德的完全信任[13]。陈纳德正式参与中国空军的训练与作战，指挥上海、南京和武汉的对日空战，在昆明训练中国空军并建立一个复杂的地面警报系统。一九三八年春，宋美龄因健康关系辞去航委会秘书长职务，由其兄宋子文接任，实际负责人则为钱大钧，但宋美龄始终对空军的人事、采购甚至训练和作战，都掌握大权，她被称为“中国空军之母”，她一生中最喜爱的胸前别针就是金色与银色的中国空军军徽。

## 飞虎队在昆明一战成名

一九四〇年十月，蒋氏夫妇派遣陈纳德至华府协助宋子文的中国国防供应公司获取更多的战斗机、轰炸机和飞行员。宋美龄数年前即曾嘱咐陈纳德，在中国飞行员还未培养茁壮之前，不妨雇用西方佣兵。一九四一年夏天，陈纳德筹组的“美国志愿队”（American Volunteer Group，简称 AVG）成员陆续来华助战。当年十二月二十日，连炸中国一年未遭抵抗的日本空军在空袭昆明时，突遇一批机首漆着鲨鱼牙齿的美国 P–40s 战斗机升空对抗，使日军三菱 Ki–21 型双引擎轰炸机受到重创，鼠窜回河内基地，中国人民所艳称的“飞虎队”（The Flying Tigers）开始在中国战区建功[14]。一九四二年二月二十八日，蒋宋夫妇在昆明宴请陈纳德和飞虎队成员，宋美龄讲了一段感性的话：“在中国国运最严重

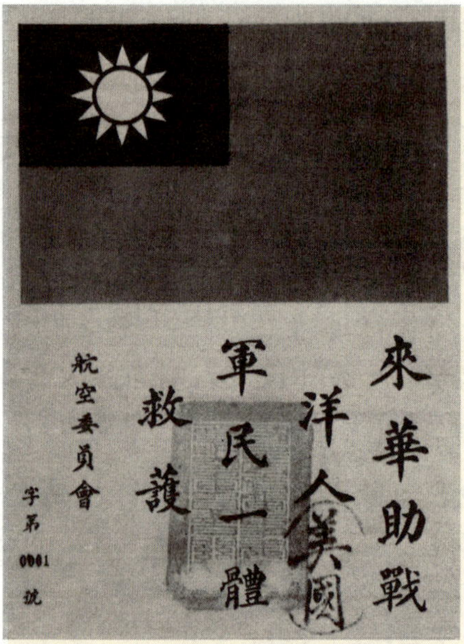

美国飞行员皮夹克背后都钉上了一块白布，上面印有中华民国国徽，以及“来华助战洋人（美国）军民一体救护”字样。美国飞机如遭击落，航空委员会印行的中文可助飞行员求救。

的关头，你们带着希望和信仰飞越了太平洋来到中国。因为这个缘故，不仅我国空军，而且我们全国都展开双臂来欢迎各位。委员长适才曾道及你们光辉和英勇的事迹，他并且赞誉飞虎队为举世最勇敢的一支空军。”宋又说：“当你们翱翔天空时，你们无异是用火焰在空中写出一些永恒的真理，给全世界都看到……”⑮

陈纳德说：“军事专家们所预测其作战不会持续至三周的志愿队，居然在缅甸、中国、泰国和越南上空打了七个月的仗，摧毁日机二九九架，此外可能还有一五三架被毁。志愿队却只在空中丧机十二架，在地面丧机六十一架，包括在垒允（缅北）焚毁的二十二架在内。驾驶员四名在空战中殉职，六名死于高射炮，二名在地上被炸身亡，三名被俘，还有十名因失事死亡。……志愿队曾和日本空军作战了五十多次，却从未败过一次。”飞虎将军又说，“凡此种种，只耗费了中国八百万美元——薪饷和人事费用约三百万美元，飞机和装备约五百万美元。结账后我写信给宋子文博士，抱歉地说，我们的费用超过了原来的预算”。他复信道：“美国志愿队乃中国从未有过的最妥善之投资事业。足下竟以所付代价为意，殊使余觉汗颜。”⑯

一名中国士兵在昆明机场守护飞虎队的寇蒂斯 P-40S 战机。

一九四二年四月十八日，美国空军杜立德上校（Col. James H. Doolittle）率十六架 B–25 重轰炸机自“大黄蜂号”（Hornet）航空母舰起飞突袭日本，轰炸东京、大阪、横滨等地以报复日本在四个多月前偷袭珍珠港。此项突袭行动，蒋介石和中国战区指挥部事先未获通知，蒋极度不满，因美国机群返航地点定为浙江衢州基地，蒋担心日本会采取报复行动。美机完成任务后，因油量和机械问题，未能顺利飞抵衢州，六十三人在浙东沿海一带山区获当地人民救助（包括杜立德），并护送他们至重庆，蒋氏夫妇于四月三十日颁授勋章给这批美国空军。后来日本果然在浙皖一带搜寻美机残骸和生还者，据陈纳德说，日军的报复行动在三个月内造成二十五万中国军民死亡的大悲剧[17]。

一九四二年七月四日，美国在华成立第十四航空队，陈纳德准将担任司令（一九四三年三月升少将），志愿队解散，但中国人民仍继续称十四航空队飞行员为飞虎队。接替史迪威出任中国战区参谋长的魏德迈指出：“十四航空队自一九四四年十一月被日本人认为无力再战的时候起，至一九四五年五月十五日止，共击毁敌机一千六百三十四架，美机在空战中的损失只十六架而已，在中国上空的日本空军可说已被消灭了。”[18]

陈纳德担任十四航空队司令期间与中缅印战区美军司令兼蒋介石的参谋长史迪威将军发生严重冲突。史迪威是陈纳德的顶头

1960年4月，台北新公园举行飞虎将军陈纳德铜像落成典礼，由宋美龄主持，图中为陈香梅。

上司，史出身西点军校，陈则为“杂牌军”，两个人在个性、脾气、战略与政治观点上皆南辕北辙，史厌恶蒋宋孔家族及国民党统治阶层，陈则交好蒋宋孔[19]。史陈不睦，经常闹至陆军部（美国空军于一九四七年始脱离陆军而成为独立军种）和白宫，陆军参谋长马歇尔与陆军航空队司令阿诺德皆支持史迪威；陈纳德幸赖罗斯福总统的远亲、专栏作家艾索普当幕僚，有些事情可以“通天”而获白宫奥援。一九四五年八月，陈纳德奉召返国，蒋授予青天白日勋章[20]。

## 劳军缝制征衣　组训妇女

一九三七年七七抗战爆发后，宋美龄即于八月一日在南京主持“中国妇女慰劳自卫抗战将士总会”成立大会，向七百多名与会代表发表“告中国妇女”演讲，她说：“我们妇女也是国民一分子，虽然我们的地位、能力和各人所能贡献的事项各有不同，但是各人要尽量地贡献她的力量来救国。什么地方有适合我们的工作，我们就得争先恐后地来担任。”又说：“打仗的时候男子都要上前线去杀敌，后方工作是我们的责任。”[21]她指出：“妇女的工作不仅仅是军需品的制造和医护伤患，同时还要教育广大的群众。因为这场战争将是持久的消耗战，然而大多数的人民仍然不知道即将来临的苦战及其意义。所以，当政府领袖在领导作战之际，妇女可将爱国主义、卫生工作的重要性和正确的农耕方法教导给她们的姐妹。由于许多农村妇女在田里工作，因此有必要降低农民的得病率以免妨碍了粮食的生产。”[22]宋美龄自己担任慰劳总会主任委员，并号召全国各省省主席夫人分别在各省设立分会。

一九三七年八月上旬，淞沪会战开始，宋美龄积极投入劳军工作。双十节前夕，淞沪前线中国守军的一个阵地，正在抢修被日军炸毁的工事，宋美龄突然带着大批慰劳品出现，官兵极为感动[23]。十月二十二日下午，宋美龄偕同顾问端纳从南京驱车至上海前线劳军，在路上为躲避日军飞机扫射，出了严重车祸，宋折断了数根肋骨，躺在泥淖里失去知觉。清醒后，端纳带她到一家农舍换衣服，后来在医院住了好几天[24]。

自南京撤至汉口后，宋美龄工作更加起劲，她不断出入保育院、妇女干训班、伤兵医院、寒衣缝制所和女工收容所，每隔两周必率领新生活运动促进总会妇女指导委员会慰劳组探视伤兵。国军在艰困的物资条件下作战，宋美龄所领导的妇女能够尽力的就是向海外友邦及华侨募捐医药品、改善军中卫生以及为战士缝制军衣（尤其是冬衣）。宋美龄发起筹募棉衣运动，由妇女工作团设置缝衣场，宋常去裁剪、缝制，她说：“如果不把我们二万万多妇女动员起来，是我们少数知识妇女的耻辱，我们应该做的事太多了，今天的成绩加强了大家的信心，接着好好干吧！”[25]

一九三九年秋第一次长沙会战期间，宋美龄于湘、桂一带劳军、慰问伤患。她告诉一群在军医院服务的知识青年，只要打赢日本人，大家就可以回到学校继续求学；她向伤患说明，他们使用的医药品与营养剂，是海外华侨和外国友人踊跃输将的成果；她赠送湖南各医院每位伤患两元法币、一条毛巾、一块肥皂、一支牙刷和一碗红烧肉；为了要知道红烧肉做得如何，她在开饭时间跑到餐厅问他们好不好吃。她在广西向四千名准备自医院返回部队的战士保证，最后胜利一定属于我们；她看到了老百姓敲锣打鼓、燃放鞭炮，热烈欢迎复原战士重返前线的感人场面。湖南是盛产棉花之地，她号召湖南妇女为军人缝制四万万件棉大衣和四十万双鞋子，以供湘、赣官兵使用，她本人则捐赠七十万元缝制费[26]。湖南綦江妇女花了三天时间，赶做五百条绣花手帕和一千多朵纸花，拿到街头义卖，宋美龄目睹这批乡村妇女在大街小巷义卖的镜头，不禁泪如雨注[27]。

妇女组训一直是宋美龄抗战时代的工作重点之一。一九三八年五月，四十八位来自全国各党派的妇女代表聚集庐山牯岭参加谈话会，由宋美龄担任主席、金陵女大校长吴贻芳为副主席。宋说，她召集此次庐山妇女谈话会的第一个目的，“就是要使妇女界的领袖分子能够聚首一堂，大家认识”。并暗示过去国民党和共产党及无党无派发生“许多误会”，乃因“大家虽在做着同样的工作，彼此却并不认识。私人的接触和认识，实在足以促成有效的合作”。第二个目的是经由谈话会，“订定一个全国性的妇女工作纲领，使全国妇女工作的各方面，可以互相联系起来。”会议决定将新生活运动妇指会改组扩大为全国性的动员领导妇女参加抗战建国总机构，以及通过《动员妇女参加抗战建国工作大纲》，会后并发表了《告全国女同胞书》[28]。改组后的新运妇指会亦开始容纳著名的异议妇女领袖，如冯玉祥夫人李德全、周恩来夫人邓颖超和朱德夫人康克清等人。

从汉口开始，宋美龄领导下的妇运，主办一系列的活动，诸如，开办救护训练班、识字班、高级干部训练班、疏散女工至川陕各地以及进行征募、慰劳、协助征属、救济难童、扫除文盲和提倡手工艺等。武汉失守以后，宋美龄在衡山、长沙、南昌、韶关、桂林等地视察妇运，一九三八年十二月一日于重庆向四大妇女团体演讲，向妇女提出六项要求，其中一项是："中国人的老毛病是好讲面子，以为我是太太就不肯做粗工作，这种习惯应该打破……"又说不久前在广西见到李宗仁七十三岁的母亲，老太太告诉宋美龄："日本没什么可怕，中国妇女每人拿一把菜刀就可以解决那些日本军阀！"[29]

## 兴学保育　照顾烈士遗族

宋美龄对孤儿、难童的救济、扶养和保育工作，投注了极大的心力。她和蒋介石结婚后搬至南京，即建议蒋设立一所遗族学校以教育阵亡战士遗族。一九二八年十月，蒋向国民党中央执行委员会提议成立"遗族学校筹备委员会"；不久，国府主席谭延闿将筹建遗族学校的任务交给宋美龄，并嘱她负责办校，革命烈士遗族学校新校舍于一九二九年八月在中山陵园内落成，起先是男女合校，后又成立女校[30]。从这所最早的遗族学校，历经重庆、贵州、西昌以至台北的华兴育幼院，在数万学生的心目中，宋美龄是个永远慈晖普照的"蒋妈妈"。

一九三八年年初，中共长江局妇女委员会委员邓颖超以及偏左的沈钧儒、郭沫若、李德全、刘清扬、沈兹九等一百八十四人，眼看大批无家可归的儿童饥寒交迫到处流浪，民族幼苗陷入惨境，乃发起筹备“中国战时儿童保育会”。邓颖超委托史良、沈兹九和刘清扬三人去见宋美龄，请她出来主持儿童保育工作，宋一口答应。三月十日在汉口界限路圣罗以女子中学召开成立大会，宋致辞说：“今天大家所要讨论的儿童保育问题，就是我们妇女界战时最重要工作之一。换一句话说，也是我们义不容辞的责任。……我愿全国的女同胞们，各尽所能、各出其力，贡献于这一件伟大的工作……”[31]宋被推选为理事长、李德全为副理事长，同时推选出国共两党和无党无派妇女五十六人担任理事。

纽约华侨女童在街上劝募，捐助祖国抗日。美国人民对华侨的爱国之举，颇为感动，踊跃输将。

宋美龄在《谨为难童请命》的文章里表示，保育会最初的目标是保育两万个儿童，将来经费扩大，再增加保育儿童的数目[32]。蒋宋夫妇各认捐两百名儿童的生活费，李德全认捐五一一名，保育会亦派出工作人员到战区抢救难童。抗战时曾任宋美龄机要秘书的张紫葛说：“在抗日战争初期，中国的国民党统治区，有三类由政府或社会抚养孤儿的机构。”其中第一类为专收国军阵亡将士遗孤的遗族学校；第二类是孤儿院及育婴堂，收养流浪孤儿与弃婴；第三类即为“中国战时儿童保育会”[33]。剧作家田汉原配安妮曾作了一首《战时儿童保育院院歌》，颇获蒋宋夫妇欣赏[34]。保育会先后在全国各地成立二十余个分会，抗战八年陆续设置了五十三所保育院，收容了三万名难童。保育院并在海外征求认养幼童计划，每个幼童每年的养育费为二十美元，收养者可获得一张被认养幼童的照片[35]。

日本侵华使得中国土地上无数家园破碎，“骨肉流离道路中”。可怜的难童在炮火连天下丧失幼小的生命，运气较佳者获得收容，才能衣可蔽体、食可温饱。美国女史家塔克曼（Barbara W. Tuchman）说：“蒋夫人组织一个妇女委员会从各战区收养了一火车又一火车饿得半死、衣衫褴褛的孤儿，让他们吃得饱饱、洗得干干净净。换上整洁的蓝衣服，排着队登上船，撤向后方。”[36]一九三九年五月初，重庆遭到日机大轰炸，灾情惨重，宋美龄亦参与救难工作，项美丽说：“战争孤儿分别由照管他们的妇女负责，并由她们向孤儿下达命令。清晨之前，一支六千名儿童的队伍被送往乡村，给他们的指示是行进，不停地行进，尽可能永远地脱离死亡区，直到他们能获得进一步的援助。”[37]

宋美龄的国际声望在抗战时代如日中天。

宋美龄在战时发表了不少宣扬中国抗日的文章，并经常接受外国媒体的访问，以其上乘的英文造诣充任中国对外文宣的代言人。珍珠港事变之前，她曾数度公开指责美国对中国战局袖手旁观，且以战略物资供应日本的两面派做法。一九四〇年四月十八日，因国难而同舟共济的宋家三姐妹，一起在重庆中央广播电台透过美国 NBC 无线电向全美做越洋广播[38]。播音员先向美国听众介绍他们所熟悉的中国革命家孙逸仙博士，孙夫人宋庆龄随即发言，她激动地谴责美国政府的中立政策、呼吁美国人民尽快向法西斯宣战；接着讲话的是孔夫人宋蔼龄，她的口气较庆龄温和；最后由蒋夫人宋美龄压轴，三姐妹中数她最了解美国，她的谈话对象是美国国会和新闻界[39]。

## 访问印度　甘地“滚地”迎接

三姐妹虽不满美国政府的立场，但她们深知中国必须争取美国的支持和援助，始能和日本从事长期抗战，她们相信“德不孤，必有邻”这句话。为了答谢美国妇女援华运动委员会发起“希望书”签名运动以支持中国抗战，并捐赠三万美元给中国，宋蔼龄和宋美龄于一九四一年联名赠送一头熊猫给该委员会[40]。不过，这并不是中国熊猫首次“出使”新大陆。早在一九三七年，芝加哥布鲁克菲德（Brookfield）即拥有熊猫[41]。

一九四二年二月五日，蒋氏夫妇飞抵加尔各答，对印度进行十七天的正式访问。英国政府表面上同意蒋氏夫妇访印，实际上很不高兴蒋因看重印度战略地位而访问这个南亚次大陆的英国殖民地。蒋氏夫妇为提高中国战时国际地位以及显示中国的外交自主性，并不在意英相丘吉尔的反应。蒋获得印度的赞同，自阿萨

1942年2月，蒋介石于加尔各答会晤印度圣雄甘地。

姆的雷多（Ledo）兴建一条与滇缅公路连接的中印公路，以打通中印之间的运输线[42]。访印期间，丘吉尔曾致电蒋，劝他勿访问主张印度独立的“圣雄”甘地，蒋氏夫妇考虑四天后，决定不理会丘相的劝告。甘地送了一部纺车给宋美龄，这位反对暴力的“不合作主义者”，告诉中国的第一夫人：“你有武器，我也有武器，现将我的武器（纺车）送给你。”甘地以“满地打滚”的传统之礼欢迎中国贵宾[43]。

蒋介石敦劝印度采取更强硬的反日立场，但印度国大党则利用蒋的访问进一步反英。甘地坦率地对蒋说，英、美永远不会自动以平等地位对待亚洲国家。蒋介石返回重庆后立即训令驻英大使顾维钧向丘吉尔转达他对印度军政情势的不满，“如不即刻改善，日本侵印的危险势将与日俱增。”丘相对蒋的意见，极为气愤[44]，亦更加敌视中国，而蒋对英国以自我为中心的外交政策，大为反感，并劝阻宋美龄访英。在战时，中英始终维持局促的关系。

军民团结一致抵御外侮，乃是抗战的时代精神，但重庆上层社会的腐化和有钱阶级的自私自肥，却断丧了全国艰苦抗日的士气。一九三九年十一月十一日《大公报》报道，中国要人寄存香港银行的账户，一万万元以上者三人，一千万元以上者三十人，

宋美龄着印度服，额头点上朱砂，与尼赫鲁以及妇女代表合影。右一为尼赫鲁的女儿。

一百万元以上者五百人，合计七万万五千万元（七亿五千万港币），仅香港一隅之存户，足供中国抗战一年之用[45]。到了一九四〇年十月，中国私人存入美国银行竟多达一亿七千万美元[46]。在侍从室任职的唐纵于一九四四年十月二日的日记上写道："据说我国富人存入美国银行被冻结者，约有三十三万万美元（三十三亿美元），如果移作军需，尚可继续抗战五年有余。与夏晋熊研究此一问题，如何能移作军用。据晋熊云，昔居里（美国特使）来华，曾与商讨，但美国宪法保护私有财产，政府不能提用任何私人银行存款，美国政府亦无可如何，除非法院宣布其为贪污赃款。"[47]这批被美国政府冻结的巨额存款，孔宋家族占多少？抗战时期，日本曾指控宋子文在纽约大通银行（Chase National Bank，后与 Manhattan Bank 合并，改名 Chase Manhattan Bank）或花旗银行（National

City Bank）存了七千万美元；宋蔼龄在上述银行之一存了八千万美元；宋美龄在上述银行之一则存了一亿五千万美元[48]。一九四九年五月，宋美龄访问华府后几个月，杜鲁门总统从银行界听说孔宋家族在美国存了二十亿美元，当即下令联邦调查局调查，调查结果直至一九八三年依《资讯流通法案》公布时，仍有许多资料遭浓墨遮掩以保密。联调局认为孔宋家族（包括蔼龄、子文、美龄）在美国银行总共存有七亿五千万美元[49]。

## “收复了失土　丧尽了民心”

有钱人与居高位者拼命搜刮，陪都人民的生活则苦不堪言，唐纵在一九四四年五月七日的日记中说：“为何近来大家不安，议论甚多？我以为几个原因：一、因物价高涨生活困苦，烦恼之情充溢；二、因风气日坏，贪污日多，政治弱点日益暴露；三、因委座之权力在形式上、事务上日见集中，而在实质上（如对大员顾虑多而不能加以法律）日见降低；四、因外国舆论批评日见不利；五、因敌人、汉奸、异党从中挑剔破坏中伤。”[50]即连蒋介石也不知道重庆物价高至何种程度，有次听取侍卫长俞济时报告每月临时费高达一百五十余万元，而暴跳如雷，把侍从室第一组组长陈希曾痛骂一顿，脾气急躁的蒋介石并将椅子打翻[51]。特务头子戴笠于一九四四年六月二十九日自安徽歙县雄村打电话给唐纵说，在东南走私经商的不是党政机关就是军队，纯粹商人走私经商已不容易了。唐纵说：“今日犯科作奸的都是有力量的人，政治的败坏，自上而下，所有经济政治军事全都坏了，欲图挽救还是须自上而下。如果不能彻底有所改革，社会真是不可收拾。”[52]一九四四年三月底西南联大校医室公布二月学生疾病统计数字，内科、外科、耳鼻喉科及眼科共有二千二百四十二人患病，占学生总数百分之九十以上。患病原因多为营养不良、设备简陋所致，大学生常吃沙石、小虫与米饭混杂的“八宝饭”，健康当然不佳[53]。

不可否认的是，宋美龄在抗战前和抗战时代确有光彩照人的表现，但孔宋家族的贪婪腐化、爱国不以其道，以及大后方所暴露的民生多艰，乃为不争之事实；蒋宋的领导品质非仅蒙上污点，并种下了日后“收复了失土、丧尽了民心”的因果[54]。

## 注释

①宋美龄于一九三七年三月十二日在上海英文《大美晚报》发表《航空与统一》，收入《蒋夫人言论集》（国民出版社，一九三九年二月），此处转引自杨树标《宋美龄传》，九七页。

② Roby Eunson，*The Soong Sisters*，90。

③ Sterling Seagrave，*The Soong Dynasty*，319。

④ Eunson，102。

⑤同前。

⑥日本于第一次大战前获法国之助建立空军，中国空军则混合英美法俄及意大利航空技术而成，各地军阀皆拥有小规模空军（东北、广东），并雇有外国飞机和驾驶员当佣兵。据称蒋介石对空军发生兴趣是在一九三四年，其晚辈亲戚毛邦初率机轰炸闽变分子而建功。同年，孔祥熙游欧，受到独裁者墨索里尼招待，确定意大利协建国府空军，并派出一个由四十四名飞行员和一百名工程师与机械士组成的顾问团来华。陈纳德说，他初到中国，即发现中国空军完全控制在意大利人手中，意大利飞行员穿着制服在南京街头大摇大摆，中国向意订购数百万美元军机，正好协助意大利发展航空工业。陈纳德说："意大利人尽管在中国航空界掀起了一场很大的风潮，他们在加强中国空军实力方面，实际上是一无所成。"又说，意大利在洛阳创办的空军学校，不问学生能力，人人皆可毕业；在南昌设立的飞机装配厂所装配的飞机，是一种"害人的陷阱"。参看陈纳德著、陈香梅译《陈纳德将军与中国》，台北传记文学出版社，一九七八年，三八～四一页。《陈纳德将军与中国》一书其实为陈纳德回忆录，原书名为 *Way of a Fighter*，一九四九年出版。

⑦ Seagrave，359。一九四三年十二月六日出版的《时代》周刊，以陈纳德为封面人物。该刊报道，一名为陈纳德画像的艺术家说："那个人有一张鹰脸。"（That man has the face of a hawk.）二六页。据称丘吉尔初次见到陈纳德的凶狠样子，即对幕僚说："幸好这个人在我们这一边。"

⑧《陈纳德将军与中国》，三十页；陈香梅译《陈纳德将军与我》，台北：传记文学出版社，一九七八年，五页。

⑨ Seagrave，360，《陈纳德将军与中国》，三六页，陈香梅将 princess 译成"女王"。陈纳德于一九四五年和原配离婚，一九四七年十二月二十一日在上海与曾任中央社记者的陈香梅结婚，育有二女。见《陈纳德将军与我》，二三页。陈死于一九五八年。专栏作家艾索普（Alsop）说，陈纳德"half in love with Mme Chiang"，见《艾索普回忆录》"I've Seen the Best of It"，New York：W. W. Norton，1992，225。

⑩《陈纳德将军与中国》，三七页。

⑪毛邦初生于一九〇四年，浙江奉化溪口岩头村人，为蒋介石原配、蒋经国生母毛福梅的同宗本家（一说为毛福梅远房侄子），黄埔三期，曾任航校副校长、空军副总司令兼空军驻美采购处主任，与曾任空军总司令、参谋总长的周至柔斗争激烈。一九四一年即奉派赴美负责空军军品采购，五十年代初爆发贪污数千万美元巨款（实际数目是一个谜）的国际大丑闻，毛偕原为纽约夜总会表演女郎的女秘书凯莉（Agnes Kelley）潜逃墨西哥，国府越洋大打官司，毛

在墨西哥入狱。官司缠讼多年，最后和解。据说国府仅追回三百万美元现款和二百万美国国库券。国府曾派查良鉴负责调查毛案。毛案为国府撤退台湾后军购舞弊案的“开山鼻祖”，蒋介石为整顿军购，乃派俞大维清理当时令出多门、杂乱无章的军购业务。毛邦初于一九八五年病逝美西，葬于洛杉矶好莱坞山庄森林草地纪念公园；其弟毛瀛初曾任空军作战司令、民航局长；其子毛昭寰（Bill Mow）经营成衣业，一九七八年推出“吹号手”（Bugle Boy）牛仔裤及青少年成衣，颇为成功。对毛案叙述最详者当推《顾维钧回忆录》（第八分册）中之第七卷第三章，四三六～六四八页，中国社会科学院近代史研究所译，北京：中华书局，一九八九年。参看叶一舟《谈“毛邦初事件”》，载美洲《时报周刊》，二八一期，八二～八五页，一九九〇年七月十四日出版；波纹《军购弊案始祖之子创业成功》，一九九四年一月二十四日《中时晚报》时代副刊；郁鼎彝、张文奇《毛邦初的生前死后》，载《传记文学》第三六八期，三五页，一九九三年元月号。

⑫《陈纳德将军与中国》，四三～四四页；Bernard Nalty，*Tigers Over Asia*，New York：Elsevier-Dutton，1978，21。

⑬同前。

⑭ Seagrave，369~370。

⑮《蒋夫人思想言论集》卷三，转引自《宋美龄传》，一四七～一四八页。

⑯《陈纳德将军与中国》，一七四～一七五页。

⑰ General James H. Doolittle, *I Could Never Be So Lucky Again*，New York：Bantam Books，1991，259~260，267~268，275~283；林博文《从香格里拉起飞，直捣太阳帝国——杜立德自传“铁翼余生”揭露“轰炸东京”秘辛》，一九九二年四月六日《中时晚报》时代副刊。

⑱《陈纳德将军与中国》，三六三页。

⑲前引，一七三～一七四页；王晓华《试析史迪威与陈纳德的个性及对中国战场的影响》，载《民国档案》，一九九四年第四期，八七～九四页；顾学稼、姚波《美国在华空军与中国的抗日战争（一九四一年八月～一九四五年三月）》，载《美国研究》，一九八九年第四期，一〇一～一二五页；金光耀《试论陈纳德的空中战略》，载《近代史研究》，一九八八年第五期，二〇二～二一九页。

⑳《陈纳德将军与中国》，三八一页。

㉑《蒋夫人言论集》，转引自刘巨才，《一代风流宋美龄》，一三二页。

㉒ Emily Hahn，*The Soong Sisters*，250。

㉓《一代风流宋美龄》，一三三～一三四页。

㉔ Hahn，254~256；张紫葛称，宋美龄在保卫大武汉期间，曾四次到前线，五次差点送命，参看张紫葛《在宋美龄身边的日子》，一六六～一七四页。

㉕《一代风流宋美龄》，一五四页。

㉖前引，一六一页。

㉗前引，一六九页。

㉘前引，一四七～一五七页。

㉙前引，一五八页：李宗仁口述、唐德刚撰写《李宗仁回忆录》，香港：南粤出版社，一九八六年，五一九～五二〇页；李宗仁之母死于一九四二年春。

㉚《一代风流宋美龄》，八九、一三八页；《在宋美龄身边的日子》，三十页。日军进攻南京时，

遗族学校校舍遭炸毁，宋美龄亲见其一手创建的学校，“在一道黄光与一缕灰烟之中烧毁了”。

㉛《一代风流宋美龄》，一四五页。

㉜《蒋夫人言论集》，转引自《一代风流宋美龄》，一四五～一四六页。

㉝《在宋美龄身边的日子》，三十～三二页。

㉞前引，二〇三～二〇四页;《一代风流宋美龄》，一四七页。《战时儿童保育院院歌》歌词为:

我们离开了爸爸，我们离开了妈妈，我们失掉了土地，我们失掉了老家。
我们的大敌人，
就是日本帝国主义和他的军阀，
我们要打倒他，要打倒他！
打倒他，才可以回到老家；
打倒他，才可以看见爸爸、妈妈；
打倒他，才可以建立新中华！

㉟《宋美龄传》，一一九页。

㊱ Barbara W. Tuchman，*Stilwell and the American Experience in China*，1911—1945，New York：The MacMillan Co.，1971，192。

㊲ Hahn，303。

㊳《一代风流宋美龄》，一三三、一三七、一五四页。

㊴前引，一八一～一八二页。

㊵前引，一八九页。

㊶田沧海《美国熊猫热源远流长》，美国《中报》，一九八七年四月十三日（旧图新语专栏），第三版。

㊷ Tuchman，247。

㊸甘地采地上打滚的印度土法迎接蒋氏夫妇，随员张道藩代表蒋氏亦以翻滚答谢。见龚选舞《龚选舞回忆》，台北：时报文化出版公司，一九九一年，二一二页。

㊹ Tuchman，259。

㊺唐纵《在蒋介石身边八年——侍从室高级幕僚唐纵日记》，北京：群众出版社，一九九一年，一〇三页。

㊻前引，一六三页。

㊼前引，四六二页。

㊽ Seagrave，434~435。

㊾前引，500。Seagrave 认为孔宋家族在美资产多达二十亿至三十亿美元。

㊿《在蒋介石身边八年》，四二九页。

(51)前引，四二六页。

(52)前引，四三九页。素有“黄大炮”之称的国民参政会参政员黄宇人指出：“抗战中期，贪污盛行，人民怨声载道，参政会开会时，对于政府官员的贪赃枉法行为，虽有人指责，但大都只拍苍蝇，不打老虎。我忍无可忍，乃决定在孔祥熙、徐堪等人到会报告时，提出询问，希望能借舆论的力量，迫使他们有所顾忌，并促起蒋校长（蒋介石，黄毕业于黄埔军校）的注意。”

又说："抗战末期，物价暴涨，军、公、教人员的生活，均感困难，尤以军人为甚，士兵多鹄形菜色，新征的士兵送去滇缅路前线补充远征军时，常被接收机关以体格不及格退回。有的新兵在途中病死（多是饥饿兼痢疾），仅有一张破滥（烂）的草席（薷）裹身，即被弃路旁，身上所穿的衣服，也被脱去。种种惨状，非目睹者很难相信。"见氏著《我的小故事》上册，作者出版（加拿大多伦多），一九八二年二月，三二〇、三二三页。

㊿3《在蒋介石身边八年》，四一九页。一向积极支持援华的美国财政部长摩根索（Henry Morgenthau，Jr.，旧译摩根韬），深切怀疑蒋介石周围高层人物的诚实与效率。他在一九四一年十二月收到一位美国资深记者提供的情报称中国军政部长（何应钦）不太想打日本人。但最令人气恼的是财政部长孔祥熙之妻（宋蔼龄）的浪费公帑。她的妹妹宋美龄虽比较了解民主原则，然而在大部分中国人民陷于饥饿状态之下，她却过着奢华侈靡的生活。蒋介石本人则是财政上不负责任、没有学识的。未能改进人民福祉却又毫无愧疚。见 John Morton Blum，*From the Morgentham Diaries*，*Years of War*，1941—1945，Boston：Horghton Mifflin，1967，88。

㊿4抗战后曾任行政院政务委员的民社党领袖蒋匀田在一次行政院院会上对国防部长白崇禧提出之"天文数字"国防预算，表示异议；蒋说："我以为人心之向背，关系最大，民间普遍流言：'收复了失土，丧失了民心。'想诸位前辈，定有所闻。我认为今日国家最严重之问题，不是军事问题，而是政治问题……"一九四八年十一月美国大选后，蒋匀田在华府走访魏德迈将军，魏对蒋表示："现在国民党与共产党的对战，中国大部分人心的趋向，乃决定最后胜利的重要因素。蒋委员长领导之国民政府，在抗日时期，虽曾广获人民的拥戴，今已形势变更，大部分人心已另有趋向。日本投降后，宋子文荣任行政院长（按：宋出任阁揆为一九四五年五月），所派到各地的接收人员，任意以汉奸罪名，加于地方富人，以便勒索。因此刺激一般人心太深。我在京沪一带，不知闻多少中国朋友说'收复了失土，丧尽了民心'，想你亦必听到这句话。"参看蒋匀田《中国近代史转折点》，香港：友联出版公司，一九七六年，二〇〇、二三〇页。

# 第六章

# 风靡美国的第一夫人外交

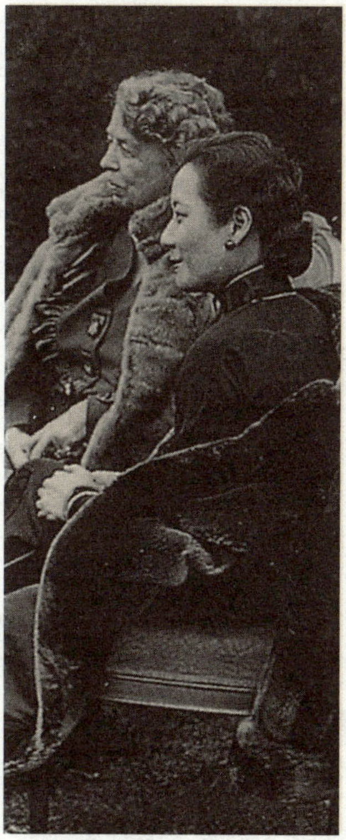

宋美龄是“世界级”（world class）的外交家，顾维钧也许可堪比拟。在千钧一发的时刻，她可以婉劝张学良；在尔虞我诈的国际政治里，她能够说服美国政要支持重庆立场；在中华民族艰苦抗战时期，她是中国的最佳宣传利器。

## 融合中西优质　政要倾倒

宋美龄兼具中国古典气质和西方优雅风度，而又带有犀利、精明的作风，使西方人如醉如痴、又爱又恨。罗斯福、威尔基、史迪威、陈纳德、魏德迈、马歇尔、麦克阿瑟、鲁斯、霍普金斯、雷德福，以及二次大战前后其他美国军政首长和媒体大亨，都对宋美龄有着错综复杂、莫可名状的情感。蒋介石的抗日、剿共和保卫台湾，处处需要美国的助力，而宋美龄就是他获取美国物资援助与道义支持的最大本钱。

美国人一向不太欣赏蒋介石。二次大战时，一直怀疑他会和日本私通谈和，亦质疑他为保留实力以对抗中共而未全力抗日；国共内战时，又不满国民党政府的腐化无能，在罗斯福与高级幕僚的谈话里以及杜鲁门、马歇尔和艾奇逊的对话中，他们轻蔑蒋介石和国民党的神态，处处跃然纸上。尽管如此，宋美龄照样使美国佬倾倒不已，照样使他们支持“国民党中国”，军经援助源源而至，直到一九四九年国民党退踞台湾时，美援始暂告中断。

但一九五〇年六月朝鲜战争爆发，东亚情况危殆，美援又恢复注入蒋介石政权，美国开始协防台湾，第七舰队巡弋台海，因而扭转了台湾的局面①。

宋美龄在外交讲坛上的最抢眼表现，应为一九四三年"征服"美国的访问和同年十一月的中美英三巨头开罗会议，然就冲击性和影响力而论，美国之行远超过埃及之旅。

一九四〇年美国大选，代表共和党角逐总统席位的威尔基（Wendell L. Willkie），获二千二百多万张选票，仅输罗斯福五百多万票，虽败犹荣。第三度当选总统的罗斯福是个大度的人，他知道威尔基颇有才干，也有国际视野，厌恶殖民主义，故请他担任总统特使出访英国、中东、苏联和中国，以促进战时外交。一九四二年九月底至十月中旬，威尔基访问中国，为陪都重庆带来了兴奋与鼓舞，"有朋自远方来"，蒋介石夫妇热烈招待这位热情奔放而又快人快语的美国总统特使。威尔基在一个晚宴上，建议宋美龄访问美国，向美国朝野宣扬中国军民抗日的决心；他说，让美国人民了解亚洲问题和亚洲人民的观点，是极其重要的，未来世界的和平乃系于战后东方问题是否能够获得公正解决。印第安纳

1942 年秋天以美国总统特使身份访华的威尔基，敦促宋美龄访美，向美国朝野说明中国人民的抗日决心。威尔基曾于 1940 年代表共和党角逐总统。

大学法学院出身、素有“华尔街赤脚大仙”（barefoot boy from Wall Street）之称的威尔基对宋美龄说，以她的才气、智慧、说服能力和魅力，必能使美国人民更加了解中国；他说，这项任务只有宋美龄可以完成，她将是一个“完美的大使”，美国人民“就需要这样的访客”[②]。

宋美龄对威尔基的建议，大为心动，她向孔祥熙和宋蔼龄提起这件事，孔、宋夫妇颇感意外，他们当面问威尔基，威尔基的回答是肯定的[③]。事实上，热爱中国的美国杂志业巨子鲁斯夫妇于一九四一年五月访问重庆时，即曾建议宋美龄赴美访问，一则调养身体，二则替中国宣传，使美国人民认识中国，其效力可抵三十师兵力。但蒋委员长不允宋美龄出国，宋美龄自己亦不愿离开战时中国，蒋介石对鲁斯夫妇说，宋美龄在旁襄助，其威力可抵六十师兵力[④]。重庆政府当时并没有想到派遣宋美龄到美国进行高层外交，蒋介石和孔祥熙夫妇对威尔基重提宋美龄访美建议，既感惊喜但也带一点踟蹰，因国史上从未有“夫人外交”的先例，而且无法预料此行的效果。但中美关系如此重要，蒋、孔、宋不太满意的驻美大使胡适又刚下台，魏道明上任伊始，对美外交亟待加强。然而，就像孔宋家族在许多事务上的分裂、对立一样，新近自美返国的外交部长宋子文，大力反对宋美龄访美，他认为没有必要。一些中美高层人士私下皆表示 Tse-Ven Soong（宋子文的英文名字）不愿他的妹妹插手外交，视对美外交为其“禁脔”，“一山难容二虎”，无怪乎宋子文对宋美龄的美国之行独持异议[⑤]。

个性坚强的宋美龄，很快打定主意要前往美国，两个因素促成她下定决心，一是她很想使中美关系更加密切，并进一步争取美国的军经援助；二是她的健康情形日走下坡，长期失眠、因吸烟过量而引起的鼻窦炎、牙痛、慢性皮肤病（荨麻疹）、精神耗弱，以及一九三七年一场车祸所造成的肋骨和脊骨经常疼痛的后遗症，使她深觉自己应该好好调理[6]。蒋介石审慎考虑之后，决定让宋美龄赴美；据说，蒋亦怀疑宋可能患了癌症[7]。

宋子文虽不赞成宋美龄访美，但还是不得不服从上意、公事公办。他在一九四二年十一月二日发了一通电报给罗斯福最信任的顾问霍普金斯（Harry L. Hopkins），请他派一架飞机供宋美龄使用，因宋美龄“患有重病”急需到美国医治，并请代为安排医院，一俟宋美龄抵美即可立刻住院，出院后再到华府进行官式访问，同时蒋介石的美籍政治顾问拉铁摩尔（Owen Lattimore）将随行。被认为是罗斯福“耳目”的霍普金斯马上回电给宋子文说，罗斯福总统获悉宋美龄有恙，极为关切，已采取一切步骤，俾使飞机可以尽快提供给宋美龄自重庆飞来纽约[8]。

## 夫人赴美　白宫优先派机

重庆政府要求白宫派机给宋美龄之际，适值盟军积极准备在北非登陆（战史称“火炬作战”）的前夕，美国军政要员正忙得不可开交，而派机自美国飞往中国搭载宋美龄来美的后勤作业，在战时又颇为复杂。不过，罗斯福还是交代霍普金斯以最优先的方式处理，霍普金斯即请陆军参谋长马歇尔负责安排；马帅以讲求效率著称，他在十一月五日通知霍普金斯：“一架同温层飞机将于十一月十二日或更早经由卡拉齐飞抵中国成都载运蒋介石夫人。如天气许可，飞机将于十一月十八日抵达华盛顿。宋美龄登机后，一名医生和一名护士将随机，飞机最多只能载八个人。”霍普金斯把马帅的报告电传至重庆，宋子文收到后回电致谢，但表示宋美龄将带自己的医生和护士同往[9]。

蒋介石于十一月十六日致函罗斯福表示谢意：“此次内子之病，承蒙鼎力协助，得以提前早日就医，私衷至为感谢，并得乘此访问阁下与贵夫人，代中亲致敬意，使中更觉无上愉快，一若与贵大总统及贵夫人晤众一堂也。内子非仅为中之妻室，且为中过去十五年中，共生死、同患难之同志，彼对中意志之了解，并非他人所能及，故请阁下坦率畅谈，有如对中之面謦者也。余深信内子此行更能增进余两人私交及扩展我两大民国之睦谊也。”[10]

一九四二年十一月十七日清晨四时，蒋宋车队驶抵成都机场，躺在担架上的宋美龄被抬出救护车，再抬上美国陆军部向环球航空公司（TWA）租来的最新式波音三〇七同温层四引擎飞机，同行的有孔二小姐和两名美国护士，蒋介石在飞机起飞之后才离去。驾驶员萧顿（Cornell Newton Shelton）并不知道要载运什么人，接到任务通知后即从美国本土起飞，经南大西洋、非洲、印度再飞越驼峰，来时引擎一路出毛病，返航时却平安无事。宋美龄在机上一直躺着，未与萧顿及其他机组人员交谈半句，机组人员亦奉命不得和乘客交谈。飞机到了佛罗里达州棕榈滩，宋子文和宋子安在机场迎接。宋美龄停留一夜后，改搭 C-54 飞机续飞纽约[11]。

一九四二年十一月二十七日，宋美龄终于重返已暌别四分之一世纪的新大陆。美国是她的“第二故乡”，她的心情颇为复杂，二十五年前她自韦思礼学院学成归国；二十五年后则以中国第一夫人的身份回到她的知识启蒙之地。专机于下午二时抵达纽约长岛密契尔军用机场（Mitchel Field）[12]，霍普金斯迎于机坪，并护送她住进哥伦比亚大学长老会医学中心哈克尼斯病房大楼，为了安全与保密，第十二楼全部包下来。宋美龄的住院事宜，由霍普金斯和宋子安的妻子、旧金山广东银行老板吴筠庄（Y. C. Woo）之女吴继芸共同安排，宋美龄使用假名住院。孔令侃和孔二小姐几乎每天都陪着姨妈，孔令杰则奔波美国各地策划宋美龄的演说行程[13]。

宋美龄在驶往医院的车上和霍普金斯谈其此次来美，“除了医疗和休息，没有别的目的”，她希望罗斯福总统了解这一点，但接着却提出了涉及中美关系的许多问题，其中包括：（一）在珍珠港事变前，中国人民担心美国会和日本妥协而出卖中国；（二）她代表中国人民和政府感谢主张对日本采取强硬立场的美国官员；（三）盟国如欲战胜德国，必须先尽一切力量打败日本（霍普金斯不同意此观点，但未与宋美龄争辩）；（四）宋美龄不太关心美国海军在所罗门群岛的作战，只关切中国本土的事：（五）中国人民的士气有两次落入低潮，一在珍珠港事变前夕，一在缅甸之役崩溃时，宋美龄强调维持中国军民继续作战的重要性；（六）宋美龄对英国颇有微词；（七）批评美军驻华指挥官兼中印缅战区参谋长史迪威不了解中国人民，对“飞虎将军”陈纳德则表示赞扬[14]。

宋美龄向霍普金斯所提出的这些问题与意见，实际上是她这次美国之行准备向美国朝野申述的一些重点。霍普金斯在百忙中又代表罗斯福总统到医院与宋美龄谈了几次，宋美龄致电蒋介石说：“妹综合霍普金斯谈话之印象，妹恐战后英、美、俄又将忙于己身利益，将置我国于不顾。妹意如善为准备，仍可在和议席上争得重要地位也。哀我国家民族徒赤手空笔，亦为兄所怅叹者，唯凭应付得当，或有所成。”宋美龄又说：“罗总统周围多智囊，显有准备，妹则单枪匹马，毫无后援，故务须请大姐来助，望兄促其早日成行。”[15]宋美龄希望宋蔼龄到美国助她一臂之力，当她的参谋和顾问，帮她出主意，可见宋美龄倚赖宋蔼龄之深。

## 初遇宋美龄——“我见犹怜”

宋美龄住进医院第二天，罗斯福夫人即冒着酷寒到医院探视她。宋美龄在罗斯福夫人面前，一扫女强人的姿态，表现得像个娇弱的病人，使已有五个孩子的罗斯福夫人对宋美龄，立即油然而生“我见犹怜”的母爱之情，虽则罗斯福夫人仅比宋美龄大十五岁。罗斯福夫人在回忆录《永志难忘》（*This I Remember*）中说：“蒋夫人似乎很紧张、很痛苦的样子，她不能忍受任何东西碰到她的身体。有很长一段时间，医生无法缓解她的痛苦，我认为这大概是她长期紧张、焦虑和中国气候所造成的后果。”又说：“蒋夫人颇为娇小和纤弱，看到她躺在床上，我心里想如果她是我的女儿，我一定会帮助她、照顾她。”[16]宋美龄于十一月二十八

宋美龄和罗斯福夫人伊莲娜合影于白宫草坪。

日致电蒋介石，告诉她和罗斯福夫人见面的经过："今晨罗夫人准时到院，妹表示此次来美尽以私人看病，对美国政府并无任何要求。彼即谓美国朝野人民异口同声对妹极为仰慕，均认妹为全世界女界中第一人物，即彼与罗总统亦素钦羡，此次能有机会相晤，窃心庆幸。"[17]

宋美龄与罗斯福夫人不仅止于寒暄、问候，这两位第一夫人亦就中美关系和世局交换意见，宋美龄在致蒋电报中说："罗夫人遂谓应如何改变美人态度，而使美人感激我抗战对美之贡献。妹即谓中国之抗战，乃为全人类而牺牲，今罗夫人既与余不谋而合，真亦称忠。彼闻后极感动，即自动来亲妹颊，其谓希能做妹私人朋友。"[18]罗斯福夫人真的把宋美龄当作"私人朋友"，常到医院看她，两个人无话不谈；罗斯福夫人在写给友人的信中称宋美龄是个"很甜的人"，但颇有个性，亦很坚强，这些特色"使她和她的丈夫在中国最困难的时期并肩成为真正的伙伴"。宋美龄还多次邀请罗斯福夫人访问中国[19]。罗斯福夫人为解除宋美龄的烦闷，也曾带一些朋友去看她，陪她聊天[20]。

罗斯福夫人是个正直而诚恳的第一夫人，她对宋美龄的赞美乃发自内心，亦从不在背后说人闲话。但是，她的一些朋友却对她毫无保留地称赞宋美龄，觉得有些纳闷与不解，他们所知道的中国第一夫人是个爱打扮、喜用名贵物品、住院要用自备绸缎床单、对护士和佣人很高傲的人，显然与罗斯福夫人所形容的不太吻合。罗斯福夫人的私人秘书汤普生（Malvina "Tommy" Thompson）以及好友兼助理、财政部长摩根索的太太艾琳娜（Elinor Morgenthau），都曾在她面前批评过宋美龄，汤普生甚至警告罗斯福夫人："蒋夫人并不是穿着中国丝绸的圣德肋撒。”（Mme. Chiang was not a Saint Teresa in Chinese silk.）然而，被称颂为真正是“世界第一夫人”的罗斯福夫人，对这些批评却不置一词，她是从正面和肯定的角度来衡量宋美龄。进一步而言，她是以女性关怀女性的观点出发，认为宋美龄以“一介女流”周旋于战争政治和男人政治当中，犹能有所建树，可说是相当难能可贵的[21]。

尽管罗斯福夫人对宋美龄颇为体贴、照顾，她还是尝到了宋美龄有名的冷峻与锋利。一九四三年一月十四日至二十四日，罗斯福与丘吉尔在北非举行卡萨布兰卡会议，商讨对德、日战略，因斯大林反对，故未邀蒋介石赴会，斯大林则因苏德进行斯大林格勒之战而未能出席。中国政府对未获邀与会一事，异常不悦。罗斯福于一月三十一日自北非返回白宫，他出于善意，要求其妻转告宋美龄，他已和丘吉尔取得协议，英国答应改善中国缺乏飞机的问题。宋美龄听完罗斯福夫人的传话后，显然并不领情，两眼盯着罗斯福夫人，没有表示任何意见。一向善解人意的罗斯福夫人马上感觉到一股寒气，她好心地问宋美龄有没有听到蒋委员长提起卡萨布兰卡会议。宋美龄一开始不太愿意谈，过了不久却如河川决堤，说个不停，痛批美、英两国，把中国的不满和愤怒，完全宣泄出来。她说中国是联合国之一[22]，有关全球战略问题应

白宫摄影记者忙着为中美第一夫人拍照。

由联合国决定，至少也应由四强决定，而不应仅由两个国家决定后即强使其他国家实行，或是以口头通知他们，这不是同心协力的民主之道，如果在战时各国之间不能平等合作，则和平不可能企及。中国遵行大西洋宪章，并为四大自由而战，不是为自己而战。她和蒋委员长曾告诉中国人民，中国在国际上和各国皆平等相对，如今中国却受不平等待遇，那么中国何必继续作战呢[23]！

## 特殊礼遇　做客海德公园

罗斯福夫人静静地聆听宋美龄的抱怨，她是个极有度量的国际主义者，她想到了“白人至上主义”的阴影，同情中国的处境，也了解宋美龄的立场。她问道，蒋委员长是否愿意选一个靠近中国的地方与罗斯福总统会面？宋美龄回答说，那只是两人会议，我们有四强；罗斯福夫人说，斯大林也许会担心日本对苏宣战而与会，宋美龄却说这是一个难题，不过中美英元首先聚会也可。宋美龄拐弯抹角的谈话，乃是因蒋介石并不愿和斯大林见面。翌日，罗斯福夫人与罗斯福谈到与宋美龄对话内容，罗斯福仍坚持卡萨布兰卡会议主题与中国无关，唯一有关的是武器供应问题（以飞机为主），美国陆军航空司令阿诺德将军（Gen. H. H. Arnold）正前往重庆商谈飞机问题。罗斯福说，要让中国列入四强之一，还有一个阻碍，丘吉尔一直反对把中国列为强国，他担心强大的中国将会威胁英国在远东的帝国地位[24]。

宋美龄在医院进行疗养一直住到一九四三年二月十二日，总共十一个礼拜，在哥大医学院教授兼附设长老会医学中心医生罗布（Robert F. Loeb）的医疗下，拔掉了智齿、治愈了鼻窦炎，身体逐渐康复。罗斯福夫妇对宋美龄表现了极为慷慨好客的风度，邀请她前往纽约上州海德公园（Hyde Park）罗斯福的老家休息。距纽约市约一个半小时车程的罗斯福住宅，邻近哈德逊河，环境极为清幽，一九三九年英王乔治六世及王后访美时亦曾在海德公园做客。

宋美龄在海德公园待了五天，一面补足元气，一面忙着为国会众议院的演讲做最后的润色，以及思考在未来几个月内如何面对美国朝野和媒体；这是关系中国抗战前途、国际声望与中美关系的旅程，她必须冷静地运筹帷幄。蒋介石对宋美龄在国会和美国各大城市的演说极为重视，三番两次拍电报给她，叮嘱她应涵盖什么内容，宋美龄于二月十六日回电说："所告卓见非常感佩。妹向国会及各地演词，当予分别遵照电示，总以维持我国家尊严，宣扬抗战对全世界之贡献，及阐明中美传统友好关系为原则。私人谈判，当晓谕美国当局以我国抗战之重要性；公开演讲，则避免细节，专从大处着眼，以世界眼光说明战后合作之必要。"[25]宋美龄是个完美主义者（perfectionist），演讲稿经常一稿数改，甚至多达七八遍，使得海德公园和白宫的打字小姐不胜其烦[26]。

## 白宫以国宾礼迎宋美龄

一九四三年二月十七日，宋美龄一行（包括国民党中宣部副部长董显光、随从秘书长孔令侃、孔二小姐及护士）自海德公园搭乘火车于下午五时十分抵达华府联合车站，车站内外万头攒

1943 年 2 月 17 日，宋美龄自纽约海德公园搭乘火车抵达华盛顿，患有小儿麻痹症而不良于行的罗斯福总统迎于座车内。

动，挤满欢迎人潮，车站大厅亦布置了欢迎宋美龄的各种旗帜和装饰品。中国驻美公使刘锴于下午三时余始接到白宫电话，告以罗斯福总统夫妇将到车站迎接，刘锴再通知美东华侨救国会，白宫将以国宾之礼欢迎宋美龄，如同四年前接待英王乔治六世的礼节[27]。

罗斯福因患有严重的小儿麻痹症，不良于行[28]，留在车内，其夫人则到月台欢迎宋美龄。中国驻美大使魏道明夫妇、公使刘锴、前驻美大使施肇基、宋子文夫人张乐怡等国府代表均迎于车站。罗斯福夫人进入车厢陪宋美龄下车，再到贵宾室小憩五分钟。宋美龄与罗斯福总统见面的第一句话是："总统先生，您好吗？"（How do you do？ Mr. President.）车队浩浩荡荡开往白宫，从车站到白宫的路上，无数的美国人和华侨争相向宋美龄挥手、欢呼，和罗斯福夫妇同车的宋美龄在车内亦频频挥手还礼。宋美龄精神极好、神采奕奕，与三个月前来美时的一脸病容，判若两人。总统座车特别大，罗斯福的黑色卷毛爱犬"法拉"（Fala）亦坐在车里。到了白宫稍事休息后，罗斯福夫妇以便餐款待宋美龄、孔令侃和孔二小姐。宋美龄和孔家兄妹、护士将在白宫居停至二月二十八日[29]。

宋美龄抵达华府第二天，二月十八日，可说是她生命史上的

1943年2月18日，宋美龄向美国众议院发表演说，图为众院议长山姆·雷朋向众议员介绍宋美龄。

一个大日子，她要在众议院发表一篇相当重要的演说，这篇演说只许成功、不许失败，它不仅会影响到中美关系的现状和前景，亦将左右美国人民对中国的看法。更要紧的是，她必须把中国人民奋力抗战的情况，生动地介绍给美国国会和美国人民，以唤起美国朝野对中国的同情与更进一步的支持。此外，就宋美龄个人而言，这不仅是她一生中最重大的一次演讲，也是最具关键性的一次公关活动，她个人的形象和中国的声望，端看她在国会山庄的表现。

那天中午，罗斯福夫人陪同宋美龄至国会，以参院多数党领袖巴克莱（Alben W. Barkley）为首的迎驾小组护送宋美龄进入参院议事厅，议员和旁听席上皆座无虚席，宋美龄向鼓掌欢迎的参议员微笑颔首，副总统兼参院议长华莱士（Henry A. Wallace）先做简短介绍，继由宋美龄致辞。宋美龄原仅计划向众议院发表演说，抵华府前始接获华莱士之邀向参院“说几句话”。宋美龄一开始即说：“余本非善于致辞之演说家，其实余并非演说家；然余亦非绝无勇气。盖数日前，余在海德公园时，曾参观总统之图书室，其中所见，于余有所鼓励，使余感觉诸君对于余之临时发言，或不致期望过奢。诸君试思余在该处所见者，究为何物？余所见之物颇多，其最令余发生兴趣者，即玻璃窗内有一总统一篇演词之

众议员凝神贯注地聆听宋美龄演讲，美国媒体和朝野对宋美龄带有南方口音的英语和动人的讲词，大为倾倒。

初稿，第二次稿，直至第六次稿。昨日偶与总统提及此事，谓知名而公认为优良之演说家如阁下者，其演说草稿之次数，尚须如此之多，殊使余有以自慰。总统答称，彼演说词草稿有多至十二次者。准此而论，余今日在此临时发言，诸君当能谅我。”[30]这段开场白获得了如雷掌声。

## 国会山庄演说　留名青史

宋美龄在参院的演说，举出了美国飞行员杜立德（James H. Doolittle）上校一九四二年四月率队轰炸日本后，数名飞行员在回航时降落中国山区获中国人民热烈欢迎，以及“磨砖成镜”的故事。她说：“余在贵国度过余身心长育之时期。余操诸君之语言，不但操诸君内心之语言，且操诸君口头之语言。故今兹来此，亦有如见家人之感。”[31]

参院演讲结束后，宋美龄即至众议院议事厅，众院议长雷朋（Sam Rayburn）向众议员热情颂赞宋美龄。这是众院第二次邀请女性发表演说，荷兰女王威莲敏娜（Queen Wilhelmina）曾于一九四二年八月首获殊荣。宋美龄说："无论何时，余得向贵国国会致辞，实属荣幸；尤在今日，余得向一庄严伟大之国体，对于世界命运之形成有绝大影响如贵院者致辞，尤属特别荣幸。余向贵国国会演说，实际上即系向美国人民演说。贵国第七十七届国会，从代表美国人民之资格，对侵略者宣战，已尽其人民所信托之义务与责任。此为人民代表之一部分职责，早已在一九四一年履行。诸君当前之要务，乃系协助争取胜利，并创建与维护一种永久之和平，俾此次遭受侵略者之一切牺牲与痛苦，具有意义。"[32]

宋美龄演说的重点是：（一）强调中美两国长期友谊与美军的参战贡献；（二）宣扬中国军民抗战之艰苦与决心；（三）陈述中国历史文化之悠久；（四）控诉日军暴行；（五）主张先击败日本再对付纳粹；（六）阐扬正义必胜之道；（七）各国携手重建战后和平。宋美龄日后在美、加各大城市的演说内容皆以这七大重点为主。

宋美龄告诉众议员："中国著名兵家孙子有言，'知彼知己，胜乃不殆。'吾人另有一谚语云：'看人挑担不吃力。'此等名言，来自明哲久远之古代，实乃每一民族所共有，然而仍有一种轻视吾敌人力量之趋势。当一九三七年日本军阀发动其全面对华战争时，各国军事专家，咸认中国无一线之希望。但日本并不能如其所曾夸称，迫使中国屈膝；于是举世人士，对此现象，深感慰藉，并谓当初对于日本武力，估计过高。"[33]遗憾的是，宋美龄提到"看人挑担不吃力"（It takes little effort to watch the other fellow carry the load）这句话时，众议员显然不了解其含义，《时代》周刊说，全场出现了"尴尬的沉默"（embarrassed silence）[34]。

宋美龄向众议员表示："'手足'一词，在中国恒用以表示兄弟间之关系。国际间之相互信赖，今既已如此普遍承认，吾人岂不能亦谓一切国家应成为一集合体之分子乎？吾中、美两大民族间一百六十年来之传统友谊，从未染有误会之污痕，此在世界历史中，诚无出其右者。余亦能确告诸君，吾人渴望并准备与诸君及其他民族合作，共同奠定一种真实与持久之基础，以建设一合理而进步之世界社会，使任何态肆骄狂或劫持成性之邻国，不复能使后世之人，再遭流血之惨剧。”[35]

发表过无数次演讲的宋美龄，当然知道“恭维”的重要性，她向众议员赞扬美国军人：“余首愿确告诸君，美国人民对于分布全球各地之美国作战壮士实足以自豪。”但她又暗示这批“作战壮士”（fighting men）并非每天与敌相斗，她说：“贵国若干壮士，必须用临时赶筑之机场，飞行海面，经数百小时之久，以搜寻敌方之潜艇，往往一无所遇，废然而返。贵国此辈健儿，以及其他壮士，均系做单调乏味之守候，日复一日之守候。”部分媒体和一些众议员似乎并不欣赏这句话[36]。

众议员对宋美龄轻描淡写美军在中途岛及珊瑚海之役的胜利，显然难以苟同，因这两大胜利乃是太平洋战争的转折点。宋美龄说：“美国海军在中途岛及珊瑚海所获得之胜利，其为向正确方向之前进步骤，显然无疑，唯亦仅为向正确方向之前进步骤而已。”但众议员赞同击败日本和打垮希特勒不应有先后之分，宋美龄说：“……就现时流行之意见而言，则又认为击败日本，为目前比较次要之事，而吾人首应对付者，则为希特勒。但事实证明，并不如此。且即为联合国整个利益着想，吾人亦不宜继续纵容日本使其不独为一主要之潜伏威胁……”众议员对这段话予以近五分钟的热烈掌声。

宋美龄在结语中的一句话，获得了满堂彩，她斩钉截铁地说：“我中国人民根据五年又半之经验，确信光明正大之甘冒失败，较诸卑鄙可耻之接受失败，更为明智。（From five and a half years of experience we in China are convinced that it is the better part of wisdom not to accept failure ignominiously, but to risk it gloriously.）[37]众院议事厅爆出了历久不歇的掌声，一名议员说他从来没有见过这样的场面，宋美龄差点让他掉下眼泪[38]。演说结束后，宋美龄和罗斯福夫人出席了参院外交委员会主席康纳利和众院外交委员会主席布鲁姆共同招待的午餐会。

除了宣扬中国抗战之外，宋美龄美国之行的最大目的乃是希望获得美国政府和人民的“有形”援助。宋美龄是个一流的演说家，也是高明的“乞讨者”，她在讲词中丝毫不露乞怜和乞援的痕迹，但是，众议员以及在收音机旁聆听宋美龄演讲的美国人民，立刻同声一致要求美国政府加速援华，而民众亦慷慨大度地乐捐助华抗战，即连罗斯福总统亦不得不公开表示会加快军援中国的速度。

一位住在新泽西州东奥伦奇（East Orange）市的家庭主妇，寄了一张三块钱的汇票和一张上海难童在火车站哭泣的剪报至白宫，要求代为转给宋美龄。这位美国太太说：“三块钱汇票是我的三个女儿合送给那位在火车站哭泣的小朋友的。”[39]这是宋美龄的国会演说经由收音机转播全美，打动千千万万美国人心田的最佳证明。每天有数百封来自全美各地的信件寄至白宫，收信人是宋美龄。写过《林肯传》的诗人兼记者卡尔·桑德堡（Carl Sandburg）在《华盛顿邮报》上写道：“她所要的是什么，是为了整个地球上的人类。”[40]

## 记者会上　词锋咄咄逼人

在国会演讲后的第二天，宋美龄和罗斯福夫妇一起召开记者会，这是一场面对媒体的重头戏，其重要性与影响力并不亚于国会演讲。记者会在白宫总统椭圆形办公室举行，一百七十二名记者挤满了办公室，连女记者也获准参加[41]，大家一面采访宋美龄，一面争睹亚洲第一夫人的风采，同时亦首次领略她的机智与锐利。在记者会上，宋美龄坐中间，罗斯福在右，罗斯福夫人居左。《时代》周刊说，宋美龄有如初次登台演出的少女一样，总统一直在抽烟，总统夫人的一只手放在宋美龄的椅子上，状似护卫着她。罗斯福一月底自卡萨布兰卡会议归来时的记者会，参加人数犹比这次少了二十三人。主持过数以千计记者会的罗斯福像个纵容的叔叔介绍他美丽的侄女，他说"宋美龄是个与众不同的特使"，他要求记者不要问难以回答的问题[42]。

穿着一袭黑色旗袍，胸前别了一支中国空军军徽的宋美龄，一开口就不同凡响。她说，她在中国战场访问过前线无数次，不知惧怕为何物，但此刻看到记者的笔不停地挥动，心里面不知道是怕还是不怕，"然而，我看到你们的脸上都闪烁着笑容，我感觉到我是你们的朋友……"记者热烈鼓掌。尽管如此，美国

罗斯福在白宫发表广播演说，宋美龄、总统顾问霍普金斯和总统表妹三杆"烟枪"，持烟旁听。

记者开门见山就提出一系列尖锐问题，有个记者问她：听说中国并没有充分运用其人力？脸上露出不悦之色的宋美龄提高声调回答说，中国在人力上已尽全力，但缺少军火，中国不缺训练有素的飞行员，但没有足够的飞机和汽油。一个记者马上追问：中国如何获得军火？宋美龄很技巧地把难题推给罗斯福，她恭恭敬敬地转向罗斯福说道，总统解决过许多重要问题，度过许多危机，她觉得最好由总统来回答这个问题。记者群微笑着看罗斯福如何“接球”，面对多次类似场面的罗斯福马上接腔说，要把飞机和军需品运到中国去，可说是一件极为困难的事，但美国政府正勠力以赴把这些重要物资送到中国。他说，如果他是中国政府成员，也会问：什么时候运来中国？为什么不多送一些？作为美国政府一分子，他将会回答：我们将尽上帝所允许的那么快。罗斯福说完后，脸上露出得意的表情[43]。

一位记者立即问宋美龄，她对加速美国军火运华一事，有何建议？宋美龄站起来，两眼盯着前方，然后转向罗斯福总统，徐徐说道，他刚刚说过将尽上帝所允许的那么快，“但我提醒大家要记住：‘自助者天助之。（the lord helps those who help themselves.）”罗斯福听了大笑，并说他非常同意“自助”乃是一件了不起的事，不过，有些记者觉得宋美龄有点咄咄逼人之势。有位记者问及飞虎队在中国表现如何？宋美龄大加赞扬美国志愿飞行员对中国抗战的贡献。“老政客”罗斯福知道记者会如果继续开下去，宋美龄的风头会比他还健，于是宣布散会。专栏作家克莱伯（Raymond Clapper）承认这场记者会使他大呼过瘾，他说，也许有一天要让影星海伦海丝（Helen Hayes）来演这个角色，不过，她演得再好也比不上真实生活中的宋美龄[44]。还有位记者匆匆向宋

罗斯福夫妇陪同宋美龄向美国建国之父乔治·华盛顿陵墓致敬。

美龄问道："蒋"（Chiang）这个字应如何发音？宋美龄答，有中国式和美国式两种发音，美国式为Chee-ang，中国国语则近似Johng[45]。

宋美龄在白宫休息了几天后，一九四三年二月二十二日由罗斯福夫妇陪同前往阿灵顿国家公墓向无名英雄墓献花，然后再到弗吉尼亚州佛农山庄美国国父乔治·华盛顿故居参观，当天适逢华盛顿诞生二一一年纪念日，一行人又向华盛顿墓献花致敬。返回华府后，罗斯福夫妇在白宫为宋美龄开了一个茶会，副总统华莱士夫妇和内阁阁员皆应邀与会。二月二十四日，罗斯福夫人邀请宋美龄参加她每周一次、专为女记者召开的记者会，宋美龄在会上侃侃而谈中国抗日的决心以及遭遇到的一些难题，如粮食运送的困难、飞机和零件的缺乏等；她说中国虽穷，却是一个有志气的国家，不需要别人的怜悯和供应食物；她也谈到女权问题，认为男人既然要女人撑起人类一半的责任，故女人应和男人同享平等，她幽默地说："我从不知头脑有任何性别。"有位女记者问她，蒋委员长是否从短波收音机听到她在众院的演说，宋美龄说道，蒋委员长听不懂英语，但演讲过后她得悉蒋委员长已知其内容。美国女记者在会后咸认宋美龄对国际问题的了解在当今世界妇女领袖中无出其右者[46]。

二月二十六日，中国驻美大使魏道明及其夫人郑毓秀联名在华府舒安姆（Shoreham）大饭店举行欢迎宋美龄酒会，内阁阁员、各国驻美使节、国会议员、高级军官、社交名流等二千三百多人（一说四千余人）参加了这项华府有史以来最盛大的酒会。宋美龄为保持体力，采取坐在沙发椅上以点头答礼的方式欢迎嘉宾，她把右手放在一个黑貂皮暖手筒（sable muff）里，客人就会知道她不能握手，如看到极熟的友人，她还是会把手伸出来。陪宋美龄一起会见宾客的是魏道明夫妇、孔令侃、孔令杰、孔二小姐，在华府访问的中国外交部长宋子文夫妇亦在场招待嘉宾[47]。

宋美龄的魅力和聪慧席卷了华府，她的游说力量使联合参谋首长会议大为紧张，他们担心美国将改变作战方针，但罗斯福总统还是坚持“德国第一”的原则。霍普金斯在备忘录中写道：“蒋介石夫人要我在星期六下午去看她，我和她做了一个半小时的谈话。虽然她声称她和总统的对话还不错，并预期明天和总统的会谈亦会让她满意地结束此行，但我察觉到她对这趟访问不是很愉快。她非常坚持提供给新成立的第十五（第十四）航空队的飞机必须准时送到，并说：‘我们不想要那些无从兑现的诺言。总统曾告诉我那批飞机会准时到（中国），他绝不能使我无法向蒋委员长交代。’她又向我详细说明她对战后世界的看法，第一个主旨是我们可以确信中国在和平会议桌上一定会跟我们做伙伴，因中国对罗斯福和他的政策有信心，基于这种信心，中国愿意先做承诺。她告诉我说，她认为应尽快采取一些行动俾使四强讨论战后事务，而罗斯福应为这项会议的主席。”

霍普金斯又说：“蒋夫人一直要我去中国访问；她说蒋委员长亦曾打电话给她催她邀我访华。我告诉她如果罗斯福夫人不久要去中国的话，那我就没有必要去了，除非有真正的理由，否则我并不想去；我已了解蒋委员长需要什么，我同情他的观点，我会尽全力做到，因我认为他的看法是对的。她对我的说法似乎不太同意。她看起来疲倦，还有点无精打采。星期天上午我告诉总统有关我和宋美龄的谈话，以及她渴望把闷在心里的话全部向总统倾吐出来。总统显然认为他过去和宋美龄的谈话已足够涵盖一切了，但我仍力请总统今天下午和宋美龄见面时，听她说些什么，并让她畅所欲言。星期天下午四时至五时三十分，总统和宋美龄举行会谈，结束后我去见总统，他告诉我谈话毫无新意，但尽量让她陈述，总统似乎很满意她来访的总成绩。她在回中国之前还会再来白宫住一两个晚上。宋子文博士私下告诉我，蒋委员长不希望她去英国访问，她也曾对我说她在美国演说行程结束后即马上回国。”[48]

## “蒋夫人旋风”席卷新大陆

二月二十八日晚上，宋美龄一行坐火车离开华府，前往纽约，展开她在美国和加拿大忙碌而紧凑的“征服美国”演说行程。

三月一日上午八时四十分，宋美龄抵达纽约宾夕法尼亚车站（Penn. Station），纽约市长拉瓜迪亚（Fiorell H. La Guardia）和中国驻纽约总领事于焌吉等近百名中美人士至车站迎接，并接受林如斯（林语堂之女）、赵秀澳（侨领赵鼎荣之女）两位少女献花[49]。二十部车组成之车队开往华尔道夫大饭店，宋美龄住第四十二层套房，此后在纽约居停期间即以此大饭店为其“行宫”[50]。稍事休息后，宋美龄即前往纽约市政厅接受市长的正式欢迎礼，在市政厅内，

1943 年 3 月 1 日上午，宋美龄自华盛顿抵达纽约火车站，接受华埠少女赵秀澳及林语堂之女林如斯献花。右为纽约市长拉瓜迪亚。

宋美龄因体力不济，几乎晕倒，经护士照拂后，坚持继续参与预定节目，市长授予纽约荣誉市民头衔。离开市政厅后再由市长陪同至附近华埠勿街（Mott Street）华侨公立学校礼堂向华侨致意。有一半华人血统的作家布鲁斯·何（Bruce Edward Hall）说，五千多人系着有宋美龄画像的徽章挤在唐人街，争睹来自祖国的委员长夫人，一个小孩向她的哥哥叫道："你看到她了吗？好漂亮！"不仅是小女孩有这个观感，纽约各报亦都竞相以宋美龄的美貌和入时的打扮为题材，大事报道中国第一夫人莅埠访问[51]。

三月二日晚上八时三十分，纽约各界和东北部八州州长在麦迪逊体育馆（Madison Square Garden）举行盛大晚会欢迎宋美龄，约二万人与会，盛况空前，由约翰·洛克菲勒主持，到会者有《时代》周刊创办人鲁斯、前共和党总统候选人威尔基、陆军航空队司令阿诺德及纽约州长杜威等名人。杜威、威尔基、阿诺德及洛克菲勒均致欢迎词。会场正中竖立了一个中文"凯"字标志，以象征中国抗战胜利。在体育馆的演讲，被认为是宋美龄在美国的第二次重要演说，因纽约为全美首善之地，又是媒体中心，关注宋美龄言行的人也特别多[52]。有些报纸甚至将宋美龄的访美盛况与一九二七年飞行家林白单人驾机飞越大西洋的历史性事件，相互媲美。

三月三日纽约下大雪，下午二时三十分至五时，三千多侨胞

中国驻美大使魏道明（左一）为宋美龄举办了一场盛况空前的酒会。站在宋美龄两侧的是魏道明夫人郑毓秀和宋美龄的外甥孔令侃。孙令侃以“护花使者”身份全程陪同姨妈的官式访问活动。

在曼哈顿西五十七街卡内基大会堂聆听宋美龄以国语致辞。三月四日晚上，于焌吉总领事在华尔道夫大饭店举行酒会招待各界；三月五日宋美龄召开记者会，有人问宋美龄回国路径，机智的宋美龄答以不能透露，否则会让日本知道，全场大笑[53]。

三月六日，宋美龄在大雪中坐火车到波士顿南站，再驱车转往已暌违近二十六年的母校韦思礼学院，当晚和同届毕业的八十名同学共话校园往事，不少人从好几百里以外赶来。第二天向全校师生、校友演讲，因太过激动，宋美龄开始致辞时几乎晕厥。她说：“心坎中之感情，辄尝令人不易达其真意者，故今日余亦未易充分发表其感情。”[54]三月八日，宋美龄“打破校规”着长裤在雪中逛校园，吸引无数学生，并促成学生要求学校今后推行穿长裤的有趣风波[55]。

## 好莱坞影星　踊跃捐巨款

三月八日深夜宋美龄回到纽约休息一阵，十九日再启程赴芝加哥演讲。二十二日搭乘罗斯福总统的专用火车车厢驶向旧金山[56]，二十五日抵达加州奥克兰（侨社称屋仑，Oakland），在湾区五天受到中美人士热烈欢迎，并敦劝华侨妇女教导子女学会说国语[57]。三月三十日晚上抵洛杉矶（罗省）。宋美龄此行最受瞩目的是在好莱坞（侨社译为荷李活）露天大会场（Hollywood Bowl）发表来美的第三次重要演说，以及会见两百多位支持中国抗日的影剧界人士。为中国人所熟知的大牌影星如劳勃泰勒、亨佛莱鲍嘉、鲍勃霍伯、贾利古柏、英格丽褒曼、拉纳透娜、凯萨琳赫本、泰隆鲍华、亨利方达、丽塔海华丝、秀兰邓波儿、史宾塞屈赛等都和宋美龄寒暄，宋美龄对好莱坞电影的熟稔，不但使影星惊喜，亦使影剧记者大为佩服。参加欢迎会的影星关切中国抗战，且踊跃输将，捐巨款给中国。卡莱葛伦早在一九四一年即曾捐五千美元给“中国救济联合会”（United China Relief）[58]。四月四日，宋美龄于好莱坞露天广场向三万听众发表演讲，呼吁大家支持中国抗战。盛会在乐队演奏“蒋夫人进行曲”中落幕，正式结束了宋美龄在美国的官式活动[59]。

三万加州民众于 1943 年 3 月 31 日群集好莱坞露天剧场（Hollywood Bowl）欢迎宋美龄。这项盛会为宋美龄的历史性美国之行画下了句点。

四月十一日，宋美龄仍搭乘罗斯福总统的专用车厢横贯美国返回纽约。六月十五日，宋美龄又应加拿大政府之邀，乘坐加国政府特派火车自纽约抵达渥太华访问三天，不过，宋美龄此行却遇到一桩极为尴尬的事，加拿大政府显要在渥太华车站隆重欢迎宋美龄，当演奏中国国歌时，唱片所放的竟是中国的流行小调歌曲，中国驻加拿大公使刘师舜说："知者无不大发一噱，但又不能不随班肃立或举手致敬，窘不可言。"[60]而宋美龄因身体违和，在刘公使举办的欢迎酒会上，与会宾客入场未及半数，宋美龄即回旅馆休息，一千二百多位来宾大失所望[61]。

宋美龄于二月二十八日离开华府后，曾两度造访白宫[62]。六月二十九日从美国南部搭乘来美时所乘的同一架飞机返国，历时七个月大有斩获的新大陆之行，戛然告终[63]。

一九四三年七月四日，宋美龄返抵重庆；七月十一日，重庆各界在夫子池新生活运动广场隆重举行欢迎宋美龄访美凯旋归国大会[64]。

划时代的"夫人外交"为中美合作抗战写下辉煌的一页，对促进美国朝野了解和支持中国抗战，更发挥了石破天惊之功。美国人民和旅美华侨援助中国抗日圣战的慷慨解囊，非唯赤忱感人，宋美龄此行以中国第一夫人之尊所受到的热烈欢迎，在中美关系史上，尤属空前绝后矣！

## 注释

① Bruce Cumings,*The Origins of the Korean War*,2 Vols.,New Jervey：Princeton University Press，1900；林博文《那一场遥远的战争——朝鲜战争四十周年述往》，台北：《中国时报》人间副刊，一九九〇年六月二十五日。

② Wenhell. Willkie，*One World*，New York：Simon and Schuster，1943，140~141；Seagrave，376~377。当时陪同威尔基访华的爱奥华《狄摩因纪事报》（*Des Moines Register*）记者、《展望》（*LOOK*）杂志创办人迈克·考尔斯（Mike Cowles）在其未公开发行的回忆录《迈克回望》（*Mike Looks Back*）中透露，在一次蒋介石为他们举行的盛大招待会中，威尔基偷偷溜走和宋美龄到重庆市中心妇幼医院的顶楼公寓“幽会”。威尔基与宋美龄自招待会消失后一段时间，蒋介石曾愤怒地到处寻觅威尔基而不获。威尔基半夜时分返回宿处告诉考尔斯说，他将携宋美龄同机返美，考尔斯力劝不可。翌日上午，考尔斯奉威尔基之命告诉宋美龄，威尔基不能带她去美国，宋美龄愤怒之下，用长指甲狂抓考尔斯的面颊，爪痕在他脸上留了一个星期。四个多月后，宋美龄利用访美机会特邀考尔斯在纽约华尔道夫大饭店共餐。席间，宋美龄劝考尔斯放弃新闻工作，全力协助威尔基参与一九四四年总统选举，并愿负担考尔斯的全部助选费用。宋美龄对考尔斯说：“迈克，你可知道，万一温德尔（威尔基之名）当选，他和我就将统治整个世界。我统治东方，温德尔统治西方。”威尔基参加威斯康辛州共和党初选失利后即退出选战，罗斯福曾秘密邀其投靠民主党并答应提名他为副总统候选人，考尔斯力劝威尔基不可造次。一九四四年十月威尔基因心脏病突发去世，终年五十二岁。

事实上，最早披露宋美龄与威尔基有染的是美国著名内幕专栏作家皮尔逊（Drew Pearson）。他在一九五七年六月十三日日记（一九七四年始出版）中对蒋、威情史的记载与考尔斯所述略有不同。皮尔逊说，蒋介石曾派六十名军警搜寻宋美龄和威尔基；又称威尔基离渝当天，再度与宋美龄辟室密令一小时二十分钟，并在飞机场拥吻。

曾任国府新闻局纽约办事处主任的陆以正说，宋美龄当年获悉皮尔逊日记披露她和威尔基的“婚外情”后，极度愤怒，准备在美国各大报刊登驳斥启事（其时皮尔逊已逝），经陆劝阻后，改向纽约法院控告出版公司，缠讼经年，双方达成庭外协议。不过，陆以正回忆说，他向当年陪同威尔基访华的考尔斯查证蒋、威有无风流情事，考尔斯说：“这是不可能的事，绝对没有！”考尔斯并应陆之请口授一信交陆带走，作为打官司证据。令人不解的是，口称“绝无此事”的考尔斯，却在一九八五年出版的回忆录中，大谈特谈宋美龄与威尔基的露水姻缘。

以上参看。Gardner（Mike）Cowles，*Mike Looks Back：The Memoirs of Gardner Cowles*，*Founder of Look Magazine*，New York：Gardner Cowles，1985，85~91；李敖《蒋介石捉奸记》，收入《蒋介石研究》第三集，台北：天元图书公司，二五三～二六四页。Tyler Abell，ed *Drew Pearson Diaries*，1949—1959，New York：Holt，Rinehart and Winston，1974，387~388；郑丽园《陆以正大使忆当年——还史实清白》，纽约：《世界日报》上下古今版，一九九九年十月二十三日至二十六日。考尔斯的前妻芙洛尔·考尔斯（Fleur Cowles，宋美龄为其取中文名“美花”）于一九九六年出版的《交友录》（*She Made Friends and Kept Them*，New York：Harper Collins）中，证实宋美龄和威尔基确曾“一夜风流”，一八四～一八六页。张紫葛则认为威尔

基与宋美龄偷情事为不可能，见《在宋美龄身边的日子》，二六页。

③同前。

④《蒋夫人游美纪念册》，旧金山：美洲《国民日报》编制，一九四三年，三五页。

⑤ Seagrave，378。

⑥前引，380。

⑦前引，381。

⑧ Robert E. Sherwood，*Roosevelt and Hopkins-An Intimate History*，New York：Harper and Brothers，1948，644；矶野富士子整理、吴心伯译《蒋介石的政治顾问——欧文·拉铁摩尔回忆录》，上海：复旦大学出版社，一九九七年三月第二次印刷，一五九页。

⑨ Sherwood，644。

⑩《中华民国重要史料初编——对日抗战时期》，第三编：战时外交，（一）中美关系，秦孝仪主编，台北：中国国民党中央委员会党史委员会，一九八一年，七八一页。

⑪ Sherwood，660；Seagrave，381。萧顿飞行技术不错，宋美龄坚持以后凡是赴海外访问，专机都由他驾驶。萧顿过去在拉丁美洲专飞没有地面导航的飞机，他一直想在拉丁美洲成立航空公司，宋美龄知道他的愿望后，借他二十五万美元创立一家制造飞机上使用的移动座椅的公司，孔令杰掌管财务，宋美龄持有百分之五十股权。

⑫ Mitchel Field 位于纽约长岛，为一军用机场，美国空军于一九六一年关闭此机场，原址辟建为 Hofstra 大学、Nassau 社区学院和 Nassau 体育馆。Seagrave 在《宋家王朝》将机场名称误拼为 Mitchell，见原书 p.382。

⑬ Seagrare，382~383。

⑭ Sherwood，660~661。

⑮见注⑩，七八四～七八五页。

⑯ Eleanor Roosevelt ,*This I Remember*，New York：Harper and Brothers，1949，282~283。

⑰见注⑩，七八二～七八三页。

⑱同前。

⑲同注⑯；Joseph P. Lash，*Eleanor and Franklin*，New York：W. W. Norton，1971，657~677。

⑳同注⑯。罗斯福夫人是个很替别人着想的人，她带朋友去探望宋美龄，固然是这些朋友一直想见中国的第一夫人，但罗斯福夫人的真正用意是担心宋美龄看她看腻了。

㉑ Sherwood，675~676。

㉒联合国（United Nations）虽在一九四五年十月二十四日《联合国宪章》生效时，始告正式成立，但于一九四二年一月一日美、英、俄、中等二十六国代表在华盛顿签订《联合国宣言》，“联合国”一词已首次出现。参看陈胜《瞄准联合国》，台北：新新闻文化事业公司，一九九五年，四四～五〇页；Stanley Meisler，*United Nations-The First Fifty Years*，New York：The Atlantic Monthly Press，1995，1~20。

㉓ Sherwood，676。

㉔前引，677。有些史家认为罗斯福总统希望把中国列为四强之一，乃是基于一种“私心”和“设计”，即人口众多的中国战后成为美国的盟国，两个国家合作将无敌于天下。在一九四四年敦巴顿橡园会议期间，英、苏皆反对把中国列为四强之一，在他们的心目中，中国

不是一个强国。见《瞄准联合国》，四八页。

㉕见注⑩，七九二～七九三页。

㉖ Seagrave，384。

㉗见注④，二四页。

㉘罗斯福于三十九岁（一九二一）时得了小儿麻痹症，两腿不良于行，终生要靠拐杖或轮椅代步，但报章杂志从未登他坐轮椅的照片，亦未提及他不能走路，故当时绝大部分美国人民并不知道他们的总统有这种缺陷，媒体亦助其掩饰。参看 Doris Kearns Goodwin，*No Ordinary Time-Fanklin and Eleanor Roosevelt*：*The Home Front in World War II*，New York：Simon and Schuster，1994。

㉙宋美龄的一九四二年美国之行虽为战时中国争取无上光彩，但她和孔令侃、孔二小姐在白宫居停期间的傲慢态度，日后却成为谈论不休的话题。宋美龄的先遣小组到白宫“指示”白宫勤务人员应如何照顾宋美龄，罗斯福夫人对此很不高兴。宋美龄自己携带一批丝绸床单，即使在床上躺几分钟亦要求白宫侍仆更换两个枕头套、两层床单和丝被，一天换个好几次。宋美龄和孔家兄妹皆住白宫二楼，宋美龄抵达当天，罗斯福夫人特地准备了陈年（据称有百年之久）好茶招待她，宋美龄品茗之后并未表示意见，罗斯福夫人忍不住告诉她那是百年老茶，宋美龄答道：“在我们国家，保存那么久的茶叶是当药用的。”两名护士在宋美龄卧室隔壁的小房间日夜值班，另有一名女仆侍候她。宋美龄常常显示对仆佣的不悦，需要佣人时即拍掌叫人，而不摇铃，白宫佣人皆认为她很难侍候。罗斯福夫人说，宋美龄住在白宫时，她看到了中国第一夫人的另外一面。她说，和宋美龄接触过的男人皆说她聪明、有魅力，但他们都有点怕她；只要是谈论的议题有关中国和她丈夫的政权，她就会变得头脑冷静而沉着。她的纤纤小手和柔软的声音隐藏着钢铁般的意志。罗斯福夫人常向其丈夫描述宋美龄的温和、亲切，但有时宋美龄所展现的冷酷无情，让她大吃一惊；有次在晚餐时谈到美国工会头子约翰·路易士（John Lewis），罗斯福总统问宋美龄：“你在中国会如何处理像约翰·路易士这种工会领袖？”宋美龄一语不发地举起她的小手在脖子上划了一道，罗斯福向他太太瞧了一眼，意味：你看到了吧！事后，罗斯福取笑其妻说：“你那个温和、亲切的人怎么样？”罗斯福夫人说，宋美龄谈起民主政治的理论和原则时，说得头头是道，但要她实践民主则是另外一回事。有一次宋美龄与罗斯福谈话后离开房间，明知罗斯福无法自行起身站立的宋美龄却漫不经心地对罗斯福说：“你不用站起来。”令在场美方人士都皱眉头。

孔令侃和孔令伟（孔二小姐）在白宫的作风，使上自罗斯福夫人下至仆人皆大摇其头。罗斯福夫人说，这对兄妹并没有遵行他们应守的本分。尤其是孔二小姐，一住进白宫即抱怨分配给她的房间不够好，并向国务院抱怨，国务院只好在五月花旅馆为她订了一间套房。孔二小姐的女扮男装，使白宫上下都被弄糊涂了，罗斯福夫妇和仆人皆以为她是男生，仆人帮她打开行李时才发现她是女儿身。罗斯福总统甚至喊她“My Boy”，孔二小姐还以白眼，机智的总统马上自我解嘲说：“我都叫年轻人 My Boy。”罗斯福的亲信霍普金斯赶紧在记事本上写道：“孔令伟是孔小姐。”

罗斯福夫人表示，孔家兄妹可能认为美国人（包括罗斯福夫妇在内）都把中国人当作洗衣工人，因此为了要显示他们的不同身份乃故示傲慢、摆摆架子。孔二小姐在一次白宫晚宴中向霍普金斯宣称她是孔夫子第七十六代后裔，霍普金斯听了有点惊讶和怀疑。孔家兄妹对白宫的种种规定感到不满，他们也不照规矩办事，例如，他们请一位纽约医生专程到白宫为宋美龄看病，但事先未通知门警，以致这位医生在白宫大门等候良久。极不懂事的孔二小姐凡事都去找罗斯福夫人，使她不胜其烦，有天罗斯福夫人对白宫大总管克林姆（Howard G. Crim）说："你去告诉孔小姐，她若需要什么，应该来找你，否则她一天敲十几次我的门。"美国人民踊跃捐款支持中国抗日，然而他们看到宋美龄的穿着太华丽了，有人在报上投书说，中国那么穷苦，她为什么有那么多貂皮大衣？宋美龄访美时向英订购了好几箱英国上好香烟，遭纽约海关扣留，她要白宫门房长于（一九四三年）二月二十五日打电话给财政部长摩根索电令海关放行。摩根索说："罗斯福总统想把孔家兄妹撵出美国，都快想疯了！"见 Eleanor Roosevelt，*This I Remember*，282~285；Eleanor Roosevelt，*On My Own*，New York：Cutis Publishing Co.，1958，131；Elliott Roosevelt，*A Rendezvous with Destiny*：*The Roosevelts of the White House*，New York：Putnum，1975，334~335；Alonzo Fields，*My 21 years in the White House*，New York：Coward-McCann，1961，96~97；J. B. West，*Upstairs at the White House*：*My Life with the First Ladies*，New York：Coward，McCann & Geoghegan，1973，43~44；John Morton Blum，From the Morgenthau Diaties，Years of War，1941—1945，Boston：Houghton Mifflin，1967，106。

㉚《蒋夫人思想言论集》，台北："中央"文物供应社，一九六六，卷二，一四九～一五七页。

㉛同前。

㉜同前。

㉝同前。

㉞ *TIME*，March 1，1943，P.23。

㉟同注㉙。

㊱同注㉙、㉝。

㊲同注㉙；*The First Lady of China*：*The Historic Wartime Visit of Mme. Chiang Kai-shek to the United States in 1943*，pub. by IBM，1943；*TIME*，March 1，1943，P.23。

㊳同注㉝。

㊴ Tuchman，349。

㊵前引，㉟。

㊶ *First Lady of China*。

㊷同注㉝，P.9。

㊸前引，PP.9~10。

㊹前引，P.10。

㊺前引，P.23。

㊻同注㊳。

㊼同前；《蒋夫人游美纪念册》，二四页。魏道明夫人郑毓秀，曾任律师，为宋蔼龄和宋美龄的桥牌牌友。据蒋匀田说，魏道明担任台湾省主席时（一九四七～一九四八），郑毓秀曾涉嫌走私，见蒋匀田《中国近代史转捩点》，二三〇页。郑死于一九五九年，魏卒于一九七八年。

㊽ Sherwood，706~707。

㊾纽约市皇后区拉瓜迪亚机场即纪念此位意大利裔市长。林语堂于一九四〇年夏偕妻女返国，蒋介石夫妇曾于一九四〇年八月十八日在重庆黄山官邸宴请林语堂夫妇和林如斯、林无双、林太乙三姐妹。林如斯向宋美龄献花时约十八岁。参看林如斯等著《战时重庆风光》，重庆出

版社重印，一九八六年，一七一～一七五页。林如斯于一九七一年元月十九日任职台北故宫博物院时，自缢身亡。

㊿据罗斯福的儿子艾略特（Elliott）说，宋美龄住华尔道夫大饭店套房数月的费用以及在曼哈顿最高级商店购物费，全由美国政府负担，总共超过一百万美元。见 Elliott Roosevelt，*A Rendezvous with Destiny：The Roosevelts of the White House*，335。

51 Bruce Edward Hall，*Tea That Burns*，New York：Free Press，1998，224~225。

52晚会虽于八时三十分开始，宋美龄迟至九时四十六分始到场，见《一代风流宋美龄》，二〇五页。自驻美大使职位下台不久的胡适，亦到麦迪逊体育馆听宋美龄演讲，他在三月二日的日记中说："晚上到 Madison Square Garden 听宋美龄的演说，到者约有两万人，同情与热心是有的。但她的演说实在不像样子，不知说些什么！"三月四日胡适又参加欢迎宋美龄酒会，在日记中写道："她一股虚骄之气，使我做恶心。"参看《胡适的日记》手稿本第十五册，一九四三年三月二日、三月四日条。

53《蒋夫人游美纪念册》，三五页。

54前引，五五页。

55 Seagrave，388~389。

56宋美龄的火车在半夜经过犹他州一个小镇，全镇居民（包括五十名小学生）在车站守候终宵，希望能一睹宋美龄的风采。火车紧急停车后，宋美龄仍在睡觉，一个中国女佣打扮成宋美龄的样子，穿着她的披肩，走到月台上，频频向群众颔首微笑，这位完全不懂英语的女佣平时看多了女主人的神态，再经过一番指点，乡下人都以为她就是宋美龄，一直叫道："就是她！就是她！"Seagrave，389。

57同注㊼，八十页。宋美龄向旧金山（三藩市）六个妇女团体领袖讲话，宋先询以用国语抑或英语，众人答以用英语。宋说："闲的时候，与其聚着打麻雀，不如学好而有益的事，对青年子女，要教他们学国语、学中文。许多华侨青年，学了工程、科学，回到中国去，因为不懂国语、不识中文，生活无法习惯，仍然跑到海外去当车夫，无法发挥自己的才能，这是很可惜的事。战时及战后，中国都亟须各种人才，希望妇女界注意使子女学习国语中文，妇女本身如果有可能，亦要努力学国语。希望下一次来到三藩市，可以用国语向妇女界谈话。"旧金山唐人街竖起牌楼欢迎宋美龄，牌楼中央为"联军胜利"，两旁是"为国家宣劳推崇女杰"、"联民族抗战保卫人群"。中华总会馆门口对联则为："到美议院慷慨陈词，舌粲莲花；令友邦奋起增援，救民水火"、"向我华侨殷勤宣慰，情深梓桑；愿群众赞勷抗战，还我河山"。

58夏晋麟《我五度参加外交工作的回顾》，台北：传记文学出版社，一九七八年，七四页。

59同注㊼，一〇七～一〇八页；seagrave，390；David Thomson，*Showman：The Life of David O. Selxnick*，New York；Alfred A. Knopt，1992，386~390。

宋美龄在好莱坞的盛会，系由《时代》与《生活》创办人鲁斯夫妇游说名制片家大卫·塞兹尼克出面筹备（塞兹尼克即电影《乱世佳人》制片人）；一九四三年十二月，塞兹尼克夫妇赠送十八万二千五百粒多种维他命给宋美龄，请她分发给"五百名十岁至十二岁的孩童或一千名一岁至三岁的幼童"，这批维他命足供他们服用一年。

60刘师舜《出使加拿大回忆》，台北：传记文学出版社，一九七二年，三二页。

61前引，三三～三四页。宋美龄访问美、加各大城市，最忙碌的首推中国外交官。当时驻美大使魏道明、公使刘锴、驻纽约总领事于焌吉、驻芝加哥总领事陈长乐、驻旧金山总领事冯执正、驻洛杉矶总领事张紫常、驻加拿大（渥太华）公使刘师舜，都必须为宋美龄的到访张罗一切。除了孔令侃（号称随团秘书长）、孔令杰、孔二小姐全程陪同外，魏道明夫人郑毓秀和刘锴亦常陪同宋美龄与外宾周旋。驻英大使顾维钧则在美西加入陪同行列，并和宋美龄一道坐火车自洛杉矶遄返纽约。

㊷在白宫当了二十一年首席仆役长的菲尔兹（A. Fields）说，宋美龄最后一次离开白宫那天是一九四三年五月五日。宋美龄自西岸旅行归来后向罗斯福夫人抱怨说太累了。宋美龄访问西岸不久，罗斯福夫人和秘书汤咪（Tommy，即汤普生）亦坐火车去了西岸，宋美龄很仔细地问汤咪，她们如何打包、接电话、处理信件和电报、收拾衣服以及安全问题。汤咪答复说，完全由她和罗斯福夫人两个人互相帮忙料理，一切有条不紊，亦无安全问题，自己“保护”自己。宋美龄一行四十人，但事情多得好像永远处理不完。见 *This I Remember*，286；*My 21 Years in the White House*，97。

㊸ Seagrave，391；《一代风流宋美龄》，二一〇页；Graham Peck，*Two Kinds of Time*，Boston：Houghton Mifflin，Sentry Edition，1967。宋美龄专机返国途中经过巴西和大西洋上空，两次在空中几乎和另一架飞机相撞；飞抵印度时，油箱漏油，又和地面失去联络，差点误降日军占领的缅甸。专机在印度阿萨姆机场降落加油并卸下过重行李，改由美国陆军运输机运至重庆，一个大型柳条木箱不小心砸坏了，一堆化妆品、皮大衣、睡衣、高级物品滚落出来，在机场工作的美军看到这批奢侈品，不禁火冒三丈，在尘土上脚踢这批行李。

㊹《一代风流宋美龄》，二一〇页。宋美龄返国后一个多月，即与蒋介石吵架，宋美龄一气之下搬至孔夫人宋蔼龄公馆住，蒋往劝数次，欲接其返回官邸，皆不为所动。据称蒋在日记中批评孔家，被宋美龄看到；另一原因是蒋欲由宋子文接阁揆，宋美龄则属意孔祥熙。见《在蒋介石身边八年——侍从室高级幕僚唐纵日记》，三七三页。

# 第七章

# 中美英三巨头开罗高峰会

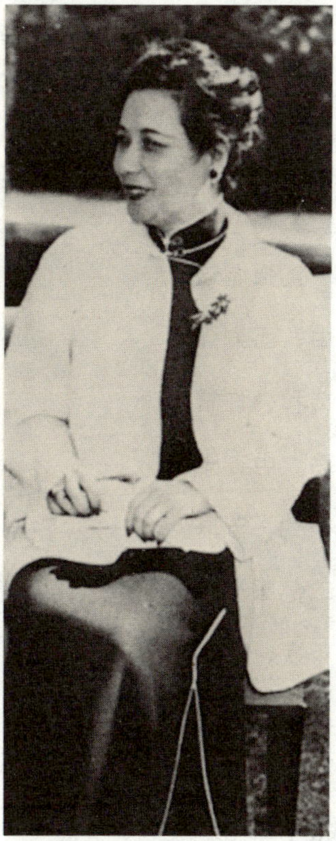

自一九三七年七七抗战开始至一九四一年十二月七日珍珠港事变的四年半载里，中国真正是孤军奋战，宋美龄在美国国会和各大城市的演说亦一直强调这一点。在独力苦撑待变的岁月中，西方强权给予中国的是同情、道义支持和少许贷款，唯一全力支援中国的是苏联。中苏于一九三七年八月签署互不侵犯条约，苏联派遣志愿飞行员来华，予中国二亿五千万美元低利贷款。至一九三九年年底，苏联已向中国提供了一千架飞机、二千名飞行员和五百名军事顾问；苏联的援华，并不是虚假的，一些著名的军方杰出人才（如朱可夫、伏罗希洛夫等）皆参与援华计划[①]。

## 美国间接助日侵略中国

同一时期西方对中国的援助则是微不足道的，其因在于美国的孤立主义和欧洲局势的不利发展。西方强权总共给予中国二亿六千三百五十万美元贷款，其中美国提供一亿二千万美元作为军事采购费用，五千万美元为稳定币值；英国贷华七千八百五十万美元，法国为一千五百万美元。不过，在七七抗战爆发前后，美国以二亿五千二百万美元向中国购买了三亿五千万盎司白银，间接减轻了中国战事开支的负担。但是，直至一九三九年七月美日废弃商务条约为止，美国一直向日本购买大量生丝，同时

深恐中国统一强大的丘吉尔。

亦输出大批原油、废铁、汽车零件给日本；不仅此也，日本所需的金属、棉花和木质纸浆，百分之四十皆来自美国。战史家早已指出，美国售予日本的这批物资，直接和间接地协助日本侵略中国[②]。宋美龄访美时曾向罗斯福夫妇和霍普金斯转达此意。

一九三九年九月欧战爆发，外国援华计划发生剧变，苏联由逐渐减少终而全面停止；英法两国因不敢得罪日本，竟然退缩；法国在日本的压力下，于一九四〇年六月中断越南至云南的铁路通行，一个月后，英国关闭了滇缅公路，使中国陷入完全孤立的状态。所幸就在此时，美日关系恶化而使美国对华援助向前迈进了一步。一九四一年三月，罗斯福总统批准租借法案适用于中国[③]，虽则中国在一九四一年获二千六百万美元之助，仅占租借法案全部支出的百分之一点七，但这代表了一项有深远意义的开端。此外，美英两国亦协助中国稳定币值和外汇。

一九四一年十二月七日，日本偷袭珍珠港，彻底改变了中国抗战的局势与国际战略架构，亦使外援情况有了根本变化；美英两国的对日宣战以及中国对抗轴心国的行动，使亚洲地区的战事纳入全球反击法西斯战争的一环。自一九四二年一月五日开始，同盟国成立了中缅印战区（C.B.I. Theater），蒋介石为中国战区最高统帅。曾在北平当过语言教官的史迪威（Joseph Stilwell）将军，获陆军参谋长马歇尔（George C. Marshall）的推荐，出任中国战区参谋长。自一九四一年八月即已来华助战的一群美国志愿飞行员（俗称的飞虎队），于一九四二年七月四日并入美国第十四航空队，陈纳德（Claire L. Chennault）将军担任司令。自一九四二年至一九四五年战争结束，美国对中国的信用贷款达到史无前例的五亿美元；租借法案下的援助亦升至十三亿美元，如加上一九四一年的二千六百万美元和一九四六年的二亿一千万美元，则中国自租借法案中总共得到了十五亿四千万美元，占该法案援外的百分之三[4]。

对中国颇为友好的美国陆军部长史汀生（Henry Stimson）[5]告诉罗斯福说："中国在过去和现在所表现的卓越抗战，以及对共同理想的贡献，殊值吾人所能给予的全心支持。"[6]华盛顿不仅提供中国三亿美元以稳定货币，且劝说英国于一九四三年一月十一日，一起宣布放弃上一世纪与中国所签订的所有不平等条约[7]。

## 美国鼎力助华跻身四强

美国对中国的支持，不但涵盖军事与经济援助，最重要的是，罗斯福和国务卿赫尔（Cordell Hull）不顾英、苏的反对，决心要使中国成为四强（Big Four）之一。英国外相艾登（Anthony Eden）说他："不喜欢让中国人纵横太平洋"[8]，苏联外长莫洛托夫（V.Molotov）则表示中国在欧洲无利益可言，但美国坚持要使中国进入四强行列，英、苏终于俯首。一九四三年十月三十日，中国成为《莫斯科宣言》（又称《四国普遍安全宣言》或《四国协定》）的四个签署国之一，中国签字代表为驻苏大使傅秉常。这项宣言的重点为四强将持续战斗至获得最后胜利，任何一国不能单方面与敌签订和约[9]。

外交家顾维钧说："中国得以四强之一之地位，参加此历史性之高峰会议（开罗会议），实有赖于罗斯福……一九四六年，予移节美京后，尝问赫尔前国务卿之疾于华府海军医院，赫尔亦告予：莫斯科会议中，伊为中国争取四强地位之经过。赫氏曰：吾奉罗斯福总统命，向苏俄力陈中国必须列入四强之理由，莫洛托夫不肯赞同；斯大林又不即约晤，乃电总统请示。总统电复谓，中国四强地位，在所必争，倘在电到日之夜，犹未能得苏联之同意，则应当夜离苏，以示坚决。吾既奉此密令，遂一面催问斯大林之约见，一面亦明请准备离苏之车位，当晚十二时，斯大林卒予接见，中国四强地位问题，亦遂在此一席谈话中得到决定。由此而观，足见罗斯福对予所做重视中国之谈话，实出至诚。至其后中美关系之未能圆满，则其中殆由于英国之垄断政策，英美军事幕僚之暗中梗阻，与驻华美国外交官员之播弄有以致之，非罗斯福之本意也。”[10]

罗斯福是个喜欢与各国领袖面对面会谈的国际主义者兼谋略家。他口才极好，谈锋健、反应快，且机智风趣，又颇有亲和力；他也酷爱在不同的高峰会议中为战争与未来的和平制定大方针。同样地，世界各国领袖亦渴望和他会晤，以期获得更多的美援。罗斯福亟欲和蒋介石、斯大林会谈，但蒋不愿和斯见面，因日苏于一九四一年签订了中立化条约，而蒋又怀疑苏联支持中共，斯大林亦拒绝与蒋同席开会。

事实上，开罗会议之前，罗斯福即曾表示愿单独会蒋，蒋却未利用此一机缘而一再推托，史家黄仁宇称蒋的“一再推托”为“殊难索解”[11]。罗斯福于一九四三年六月四日告诉宋子文，他和蒋可先行单独会面，蒋回电称罗、丘、斯可先期会谈，他和罗之会商可临时再约[12]。随后罗斯福又向宋美龄提及美中元首提前会晤一事，并于七月四日电蒋，建议于重庆与华盛顿之中途（阿拉斯加）见面，蒋嗣以赴阿拉斯加须经过西伯利亚，如不拜会斯大林，“则于中俄与国际皆受不利影响”，而他不愿与斯晤面，故此议又行不通。八月中旬，霍普金斯建议蒋直接飞华盛顿会罗斯福，蒋更加反对，他电告宋子文要宋向美方表示此与蒋“平生之性情”相违，必无接受之可能[13]。面对如此头痛的“见面”问题，罗斯福和丘吉尔乃决定蒋、罗、丘三首脑先在开罗聚会，罗、丘、斯三人则稍后在德黑兰晤面。

同盟国的大战略是欧洲第一、太平洋第二、中国第三。然而，对中国极有成见的丘吉尔，担心罗斯福对中国的好感，可能会使他做出慷慨大度的承诺而疏忽了欧洲战场，丘翁乃要求与罗先行见面，但罗斯福认为丘翁的建议必会引起中国和苏联的疑心，乃直接去开罗，未与丘翁单独晤面[14]。

由于中苏两国元首“王不见王”的忌讳，以及后勤问题，一直到一九四三年十一月中旬始确立在英国殖民地埃及开罗举行中美英三国会议，其时距会期仅十余日，重庆政府对会议议案之准备，“殊感迫促”[15]。

一九四三年十一月二十二日至二十六日的开罗之会，乃是近代中国国家元首首次参与国际性的高峰会议。

一九四三年十一月十八日，蒋介石夫妇率领的中国代表团分乘两架飞机自重庆白市驿军用机场起飞，经五小时飞行到印度阿萨姆茶埠机场，在美军营房休息后登机续飞，当晚宿于印度阿格拉[16]。十九日游览世界奇景之一的泰姬陵（Taj Mahal）[17]，再飞卡拉齐，二十一日上午七时飞抵开罗郊外之培因机场，罗、丘仍未到达。中国战区参谋长史迪威已先行抵达开罗，他是蒋的部属，但蒋宋抵达时，并未到机场迎接，史家梁敬錞斥之为“有简傲慢上之形迹”[18]。蒋宋下机后，由陈纳德开车引导至会议地点米纳

1943 年 11 月下旬，中美英三国领袖于埃及开罗举行高峰会，会议地点在金字塔与人面狮身像附近的米纳饭店（Mena House Hotel）。

饭店，旋由英军带往别墅第一号，幕僚人员分住二十六、二十七别墅[19]。

## 三国首脑　聚会金字塔下

自重庆飞往埃及途中，须越过喜马拉雅山，随行之国防最高委员会秘书长王宠惠，因年高体弱，一度昏厥。宋美龄目疾未愈，抱病远行，到了开罗后，英国中东事务大臣加赛欲为宋美龄代约医生治疗眼睛，蒋嘱王宠惠婉谢之[20]。会议期间，宋美龄身体违和，丘吉尔的私人医生莫兰（Lord Moran）为她检查身体，当天晚上莫兰在日记上写道："她不再年轻了，但她有一种高贵的气质，也有一些憔悴的魅力。"检查完后，宋美龄问医生："有什么毛病？"医生答道："没有。"宋再问："没有？你认为我不久就会好吗？"医生说："夫人，只有放松你的紧张生活之后，你才会好转。"[21]

开罗会议期间，蒋介石的首席顾问、法学家王宠惠（左）。

开罗会议的重点包含政治及军事两部分。政治方面即如何在战后惩处日本，军事方面则是如何进行反攻缅甸计划。蒋介石出发前曾在日记上写道："余此去与罗、丘会谈，本'无所求、无所予'之精神，与之开诚交换军事、政治、经济之各种意见，勿存一毫得失之见则几矣。"又说："余此去与罗、丘会谈，应以淡泊自得、无求于人为唯一方针，总使不辱其身也。对日处置提案与赔偿损失等事，当待英、美先提，切勿由我主动自提；英、美当知敬我毫无私心于世界大战也。"[22]

蒋介石虽抱持"无所求、无所予"的"无私心"态度，但对如此重大的会议，还是要有所准备，而且中国实际上是"有所求"的。他命令国防最高委员会参事室、秘书厅及史迪威各提出方案，经整理后，中国将在开罗会议上提出：甲、战略方面之主要提案：（一）反攻缅甸海陆军同时出动之总计划；（二）成立中美英三国联合参谋会议。乙、政治方面之提案：（一）东北四省与台湾、澎湖应归还我国；（二）保证朝鲜战后独立；（三）保证泰国独立及中南半岛各国与华侨之地位。丙、筹建战后有力之国际和平机构。丁、对日本投降后处置之方案。戊、中美经济合作之提议。已、对美租借物资之提案[23]。

1943年11月25日中午时分，出席开罗会议的中美英首脑及高级幕僚摄影留念。罗斯福、丘吉尔和蒋介石三巨头先行拍照，随后宋美龄加入合影。中国第一夫人与丘翁在会场内外频频斗智、互别苗头。参与摄影的中国高级幕僚有王宠惠、商震、林蔚。

会议地点米纳饭店位于金字塔附近，会场四周戒备严密，设有高射炮及雷达阵地，并有英军一旅负责警卫。在五天的会议中，蒋罗丘三巨头高峰会一次[24]、蒋罗对谈四次、蒋丘会晤三次。蒋丘除讨论缅甸作战计划，大部分时间属应酬性质；蒋罗会谈则涉及战后国际政治、战时军事经济以及敌国占领处置，范围甚广，内容亦最丰赡，中美幕僚间之接触以及蒋介石夫妇对美方重要人员之招待与商榷，亦远较中英之间为亲切。这是蒋首次见到罗丘，他与罗“倾谈甚欢，推许其为一具有远略之政治家，风度超脱，一见如故”[25]。认为“丘吉尔为一现实的英国式之老政治家，实不失为盎格鲁撒克逊民族之典型人物”、“其深谋远虑老成持重，于现代政治家中，实所罕见”。并称对丘的“印象较之平时想象为佳”[26]。

开罗会议全是男人的天下，唯独宋美龄“母仪开罗”，与蒋罗丘平起平坐，三巨头高峰会变成四巨头会议，官方照片即有三巨头与四巨头两种。她的穿着、谈吐和举止可说是会场附近的金字塔和人面狮身像以外，最生动、鲜明的展现。

全程参与三巨头高峰会以及蒋罗、蒋丘对谈的宋美龄，在会议期间扮演了极为吃重的角色。中国代表团重要成员虽皆能操英语，如王宠惠、郭斌佳、董显光、朱世明等人，但宋美龄嫌他们为蒋所做的口译不够好，“无法转述委员长思想的全部意义”，常亲自重译蒋的声明和对方的谈话[27]。蒋罗、蒋丘以及蒋和其他高级代表（如美方马歇尔、英方蒙巴顿）的对话，皆由宋美龄挑大梁，口译兼阐释，工作颇为辛苦。蒋介石在会议最后一天的日记上写道：“今日夫人自十一时往访罗斯福总统商谈经济问题以后，直至霍氏（霍普金斯）离去，在此十小时间几无一息之暇，且时时皆聚精会神，未能有一语之松弛，故至十时已疲乏不堪，从未见其有如此情状也。”[28]丘吉尔对蒋罗漫长而又亲切的对话和宋美龄毫无瑕疵的英语，感到颇不自在，他说：“英美代表团的对谈不幸被中国之情节搅乱，此情节复杂冗长而又无关大局……总统（罗斯福）立即与蒋委员长闭门长谈。（我们）希望劝说蒋及其妻去参观金字塔、开心一下，等我们从德黑兰回来以后再谈的计划，

罗斯福的主要助手哈利·霍普金斯（左）在会议休闲时间偕子游览金字塔古迹。

丘吉尔不在的时刻，蒋氏夫妇与罗斯福就显得轻松多了。

皆成泡影。”[29]但丘吉尔表面上对蒋宋还算客气，蒋在日记上说：“宴会中丘氏与夫人谈笑，夫人亦以幽默言态应之……”[30]丘翁问宋美龄：“夫人是否认为我是一个很老的人？”宋答：“我真的不知道。阁下相信殖民主义，我不相信。”不久，丘又问宋对其看法如何？宋答曰：“我认为阁下说的时候比做的时候要凶。”[31]

## 蒋罗会　中美关系分水岭

丘吉尔在回忆录中提及他对蒋介石的正面看法，他说：“这是我第一次见到蒋介石。他的冷静、含蓄和敏捷的性格给我留下了深刻的印象。此刻是他的权力与名望臻至顶峰之际。在美国人的眼中，他是世界最显赫的角色之一。他是‘新亚洲’的龙头。”丘翁说他和宋美龄曾有颇为愉快的对话，“可看出她是一个非常特殊亦极有魅力的人”；他告诉宋美龄上次在美国未能晤面，实感遗憾[32]。

蒋介石与罗斯福的会谈，双方皆颇有收获，尤以战后对中国领土的收复与日本国体问题，罗皆尊重蒋之主张[33]。关于军事方面，反攻缅甸仅限缅北，但蒋要求陆海军协同作战，英美答允攻占仰光西南、孟加拉湾之安达曼群岛。蒋与英国蒙巴顿元帅曾就空运物资一事有过激辩，蒋坚持在缅甸战役同时，驼峰（Hump，即喜马拉雅山）的物资运输量必须保持每月一万吨，同时需五百三十五架飞机。蒙帅向蒋解释即使能有那么多飞机，但要运如此多的物资飞越驼峰是不大可能的事，况且又有雨季（monsoon）阻挠。蒋仍然坚持，担任翻译的宋美龄对蒙帅说："你相不相信，他不知道雨季是怎么一回事。"[34]争执不下时，罗斯福慨然应允每月运华物资增至一万两千吨[35]。

罗斯福说，蒋介石是他所看到的"第一个真正的东方人"。这句话的含意乃是罗斯福过去所接触到的东方人，尤其是亚洲政治家和知识分子，几乎全受过英美教育，多多少少带一点洋化，唯独蒋介石是个十足的"难以理解的东方君主"。但在一九四五年春天，罗斯福告诉记者斯诺说："开罗会议期间，我无从对蒋有任何看法。我后来想一想，才了解到我所知道的有关蒋的事情和他的想法，全都是宋美龄告诉我的。她老是在那儿回答所有的问题，我了解她，但不了解蒋这个家伙！我根本没办法识透他。"[36]

罗斯福至少在表面上颇尊重蒋，处处以四强之一的地位看待蒋，且建议英国应把香港归还给中国，并告蒋："现在成问题者，就是英国不欲使中国成为强国之丘吉尔态度，事关将来东西民族融谐，颇可忧虑。"蒋则答以"时代总是前进"的[37]。罗斯福亦对中国内部团结问题（国共合作）颇为关切，他显然不太谅解国府屯兵陕北、围堵中共的措施，蒋告以中共并未真正抗日，罗似乎并不相信。罗希望蒋在抗日战争结束以前，邀请中共组织"统一而更民主之政府"。蒋则表示苏联如能尊重东北四省之中国主权，可在制宪以前，组织国共统一政府[38]。

梁敬錞认为开罗会议“自始即各怀机心，而会后之沆瀣，即就中美关系而论，亦转不如会议以前之亲挚……”；英美“先欧后亚”战略及美国“重苏轻华”政策，则使开罗会议成为中美关系之“分水岭”[39]。尤有进者，“空军代替陆军”与“海上航舰代替陆上基地”的战略转移，使中国战场的地位陡降，英美在开罗会议上对中国所做之军事承诺（如夹击缅甸），乃成空头支票[40]。盟国放弃中缅印战区反攻日本之策略，反而看重苏联参战远东的前景，显示了美苏关系重于中美关系。

美国女史家塔克曼分析罗斯福在参加德黑兰会议（一九四三年十一月二十八日至十二月一日）后，对蒋介石的态度已有重大改变，原因在于斯大林承允击败德国后六个月对日作战，至此蒋与中国即失去重要性[41]。

黄仁宇的看法则为蒋氏夫妇在开罗会议的最大失策是和罗斯福的接触。他说：“蒋介石见罗斯福时绝对的自信罗对他的处境完全同情，有求必应。蒋夫人宋美龄接待艾略特（罗斯福之子）时过度的殷勤奉承。”[42]艾略特问其父亲对蒋介石印象如何？罗斯福耸耸肩说：“我想就和我所预期的差不多。他和宋美龄昨夜在这儿用晚餐，待到十一点左右。他知道他想要什么，他也知道他不可能全都得到。但我们会想办法解决。”罗又说：“我昨晚和蒋谈话远比和联合参谋团的四小时会议，了解得更多。”艾略特问他：“了解更多什么？”罗说：“知道更多没有打的仗以及为什么没打。蒋的部队根本没打仗——尽管报纸上有战事的报道。他声称他的部队没有训练、缺乏装备——那是很容易理解的。但这无法解释他为什么费那么大的力气要阻止史迪威训练中国军队。这也无法解释他为什么要把成千成万的军队摆在西北和中共交界的地方。”[43]

会议期间适逢感恩节，但蒋氏夫妇不克参加晚宴，他们先行拜访罗斯福，在花园帐篷下饮茶。艾略特说，大部分的时间由宋美龄发言，她说到改革中国文字，使其简化成一千二百个或一千五百个“基本中文”，她也提及中国的未来。在蒋氏夫妇告辞前，宋美龄为蒋介石翻译了他们日前已达成的国共合作问题[44]。

## 宋美龄刻意亲近艾略特

蒋氏夫妇有一次在行邸举行鸡尾酒会，艾略特代父参加，丘吉尔之女亦与会。艾略特说：“蒋夫人走到我们身旁，一下子把我带到两张椅子上坐下。我觉得她像一位老练的演员。在半个多小时里，她生动、风趣、热心地谈着——而她老是设法以我为谈话中心。这种恭维与魅惑功夫是多少年来别人在我身上所施展不开的。她谈到她的国家，但所谈的范围只是限于劝我在战后移居到那儿去。她问我是否对牧场有兴趣？那么中国的西北是我的理想去处。她为我描绘出一个有能力、有决心的人在中国的苦力劳动中所能聚集的财富的金色画面以后，就把身子向前靠，闪亮的眼睛看着我，赞同我所说的每一句话，把她的手牢牢地放在我的膝上。在最初几分钟，我极力对自己说：这位夫人只是对我们之间的谈话感到浓厚的兴趣，而在她的心中并无其他进一步的动机。可是在她的神态中却有一种与纯粹的真挚并不相融的锐利之光。我完全不相信她会认为我是如此重要而必须征服我，俾使我很快地变成她的好友，作为将来某种目的而用。不过我却相信宋美龄多少年来始终是以一种征服人的魅力与假装对对方的谈话发生兴趣的方式来应付人——尤其是男人——这种方式现已变成她的第二性格。我会害怕看到她的第一性格发作；老实说，那会吓坏我。”[45]在酒会中，艾略特亦与蒋介石寒暄几句。

酒会结束后，罗斯福问他的儿子酒会如何，特别是对蒋氏夫妇的观感。罗斯福皱着眉头听完艾略特的描述后说道：“我不知道我会不会像你一样反应那么强烈。她确实是个机会主义者（opportunist）。我当然不愿在她的国家变成她的敌人。然而，在目前的中国，谁能取代蒋的位子？就是没有新的领导人。尽管他们有那么多缺点，我们还是要依恃蒋氏夫妇。”[46]

开罗宣言的最初起草人为霍普金斯与王宠惠，其后英国副外相贾德干（Sir Alexander Cadogan）参与起草，最后则采用英国稿之文字[47]。王宠惠将草稿译成中文后呈蒋核阅、研究，认为应可同意，但军令部第二厅厅长杨宣诚海军中将向王宠惠表示，宣言上没有明确指出应归还澎湖是不妥的；因当年《马关条约》上，台湾与澎湖并列，如宣言未明言澎湖，则可能会引起纠纷，杨宣诚的细心，获蒋称赞[48]。王宠惠又将“包括满洲与台澎”改为“如满洲、台湾与澎湖列岛”。定稿后由英国外相艾登在三国领袖会议上朗读全文，读毕，蒋罗丘都赞同，开罗宣言稿始确定。此一宣言须经斯大林过目和同意，故延至十二月一日始正式公布，当天适逢蒋介石夫妇返抵重庆，全国军民欢欣鼓舞、热烈庆祝。抗战胜利虽仍遥无可期，然开罗宣言之发表，中国与美英同享光辉，收复失土、日本投降之日，仿佛已在眼前；中国军民的民族荣誉感和蒋介石夫妇的声望，几臻沸点。

蒋介石本人对会议之成果，自难掩其得意之色。他说：“此次在开罗逗留七日，其间以政治收获为第一，军事次之，经济又次之，然皆获得相当成就。本月大部精力，皆用于会议之准备与提案之计划，慎重斟酌，未尝掉以轻心。故会议时各种交涉之进行，其结果乃能出于预期，此固为革命事业中之一项重要成就，而内子为余传译与布置，其协助之功，亦甚伟也。”[49]

中国在开罗会议的国际声望，虽达到了抗战以来的最高峰，且被列为四强之一，但在国力上仍属“地大人多”的弱国。中国抗战迈向了国际化，成为整个太平洋和东南亚战争的一环；不过，在美英两国的战略布局里，仍视中国战区为一消极的“牵制（tie down）日军”战场，其目的乃在于“使中国继续作战”（keep China in the war）。

《宋家王朝》作者西格雷夫声称开罗会议乃是宋美龄的政治生涯攀登顶峰而蒋介石开始走下坡的分界点[50]。这是不正确的说法，蒋宋的政治生涯是一致的，升则同升、降则同降，没有蒋介石的政治力量，何来宋美龄的政治生涯？但西格雷夫指出了一点，“宋家王朝”（亦为“蒋家王朝”）虽于一九四九年败于毛泽东，其实在一九四三年开罗会议、美国卷入中国内政之前即已失去统治中国的“天命”（Mandate of Heaven）[51]。

## 十亿美元借款——一大败笔

史家认为蒋氏夫妇在开罗会议的败笔之一为向罗斯福提出借款十亿美元的要求。秦孝仪主编的《总统蒋公大事长编初稿》记载：“蒋夫人衔命往访罗斯福总统，会商十亿美元借款计划，罗斯福氏表示对我经济危急情形至为了解，当即面允借助。（十一月二十六日）下午三时，公偕夫人再访罗斯福总统，对其允予设法借款，而致谢意。”[52]讽刺的是，罗斯福在十天后即面告史迪威，十亿借款不可能在国会通过；而蒋介石为奖励宋美龄在开罗会议的表现以及“借款之功”，返回重庆后不久即颁赠青天白日勋章给她[53]。

十亿借款之要求，在华府高层引起强烈反弹。财政部长摩根索、陆军部长史汀生本为对华友好的古道热肠之士，听到蒋氏夫妇提出十亿美元借款，均表示对蒋宋的反感。摩根索指出，一九四二年对华贷款五亿美元，中国尚有一半还未动用，更多的美元贷款也无法遏制中国的通货膨胀。美国驻华大使高思（Clarence Gauss）提出报告说，中国集结大量外汇；而美国财政部消息亦称，已有八千余万美元外汇转入孔令侃等私人账户[54]。

一九四三年十二月七日，罗斯福自开罗致电蒋介石，告以原打算用于孟加拉湾之登陆舰艇刻已调离，蒋可以立即反攻缅甸，然无海军呼应，似可将攻势延至一九四四年雨季之后。蒋复电表示将采取后者，但提及中国情况危迫，恐难再支撑六个月，为维系士气人心起见，“望批准借款十亿”，并增强空运。蒋介石的复电，被华府认为是一种政治敲诈[55]。

从另一个角度来看，自珍珠港事变、宋美龄访美以至开罗会议，中美关系之密切、热络殆为亘古所未有，但亦种下了美国介入错综复杂之中国事务，并导致蒋介石与史迪威失和、马歇尔调处国共冲突失败的“毁灭的种子”[56]。

## 注释

① Immanuel C.Y. Hsü，*The Rise of Modern China*，New York：Oxford University Press，1970，696；*First Lady of China.*

② Hsü，697；Sherwood，660~661.

③美国国会于一九四一年三月经过激辩之后通过《租借法案》（Lend-Lease Act），美国开始成为“民主国家的兵工厂”（Arsenal of Democracy）。

④ Hsü，697。

⑤史汀生（1867—1950）两度做过陆军部长（Secretary of War），第一次于一九一一至一九一三，塔虎脱（William Howard Taft）政府时代；第二次为一九四〇至一九四五，罗斯福与杜鲁门政府时代。美国于一九四七年制定《国家安全法》，成立国防部，陆军部的名称即从 Dept. of War 改成 Dept. of Army。史汀生亦曾于胡佛政府时代担任国务卿（一九二九至一九三三），任内发表了著名的《史汀生主义》（Stimson Doctrine），拒绝承认日本并吞中国东北。

⑥ Hsü，698。

⑦同前。

⑧同前。艾登说他“did not like the idea of the Chinese running up and down the Pacific.”

⑨同前；刘绍唐主编《民国大事日志》（第二册），台北：传记文学出版社，一九七九年，六八〇页；Herbert Feis，*The China Tangle*：*The American Effort in China from Pearl Harbor to the Marshall Mission*，New Jersey：Princeton University Press，1972（Paperback Edition），99~102；*The China Tangle* 中译本名称为《谁之过？中美战时外交关系探源——自珍珠港事变到马歇尔调处》，梅寅生译，新竹：枫城出版社，一九八一年，一一二～一一四页。

⑩梁敬錞《开罗会议》，台北：台湾商务印书馆出版，一九七八年四版，顾维钧序，Ⅶ～Ⅷ页。

⑪黄仁宇《从大历史的角度读蒋介石日记》，台北：时报文化出版公司，一九九四年，三四三页。

⑫同前。

⑬前引，三四三～三四四页。

⑭ Hsü，698~699。

⑮《开罗会议》，四五、五一页。

⑯前引，六七页。参加开罗会议的杨宣诚于一九六一年二月一日在台北《自由谈》杂志（第十二卷第二期）撰文称飞机分两批出发，第一批十八日起飞，第二批十九日晨八时起飞，他随蒋宋搭第二批飞机，当晚十二时抵印度阿格拉（Agra）。

⑰泰姬陵（又称义王陵），在印度北部名城阿格拉，系十七世纪莫卧儿帝国皇帝 Shah Jahan 为其妃 Mumtaz Mahal 建造的陵墓。

⑱见注⑩，六八页。

⑲前引，六九～七〇页、八二～八三页。中国代表团除蒋氏夫妇，其他代表为：王宠惠（国防最高委员会秘书长）、商震（军事委员会办公厅主任）、周至柔（军事委员会航委会主任）、林蔚（侍从室第一处主任）、董显光（宣传部副部长）、杨宣诚（军令部第二厅厅长）、郭斌

佳（外交部参事）、俞济时（侍卫长）、朱世明（驻美军事代表团副团长）、蔡文治（驻美军事代表团团员）、黄仁霖（军事委员会战地服务团总干事）、陈希曾（侍从室组长）、陈平阶（侍从武官）、俞国华（侍从秘书）、左维明（随从医官）、陈纯廉（蒋夫人英文秘书），以及官邸内务和副官蒋孝镇、施绍恺、蔡祺贞（蔡妈，宋美龄女佣）等。俞济时在回忆录《八十虚度追忆》（台北："国防部"史政局出版，一九八三年）中说，侍从医官熊丸亦随行（七一页），但《熊丸先生访问纪录》中并未提及此事。俞济时透露了一桩"内幕故事"，他说："……（十一月）二十三日下午七时许，蒋公命陈武官传召商震、林蔚两位将军，适均外出未归，半小时后，蒋公由余及武官陈平阶、副官施绍恺随从至商、林将军下榻之宾馆，见彼等公文皮包放置桌上，蒋公即命陈武官携回。商、林将军回馆后，遍寻公文包不获，焦急万分，经余告知，公文包在委员长处，商、林将军乃晋见蒋公，蒋公谓：'公文包重要，必须自己携带保管。'蒋公并强调敌人间谍无孔不入，我等必须随时随地提高警觉等语。"（七一页）。

⑳见注⑩，七一、八四页。

㉑ Seagrave，412。

㉒秦孝仪主编《总统蒋公大事长编初稿》，台北：中国国民党党史会出版，一九七八年。一九四三年十一月十三日、十一月十七日日记。

㉓见注⑩，五一～六〇页。

㉔前引，九七页。

㉕前引，一〇四页。

㉖同前。蒋介石赠丘翁一幅明代古画当见面礼，见 Mary Soames（丘翁之女），ed. Winston and Clementine：The Personal Letters of the Churchills，Boston：Houghton Mifflin，1999，487。

㉗ Tuchman，403。

㉘见注⑪，三四五页。

㉙前引，三四七页；HSü，699。

㉚见注⑪，二四六页。

㉛《一代风流宋美龄》，二一三页。

㉜ Winston S. Churchill，*Closing the Ring*，The Second World War（Vol. Five），Boston：Houghton Mifflin Co.，1951，328~329。宋美龄于一九四三年上半年访美时，适值丘吉尔亦赴美访问，双双因各摆架子，故始终未晤面。蒋介石曾于一九四三年五月十四日致电宋美龄："丘吉尔即到华府，如能与其相见面，则于公私皆有益。此正吾人政治家应有之风度，不必计较其个人过去之态度，更不必存意气。但应必须不失吾人之荣誉与立场。"见《中华民国重要史料初编——对日抗战时期》第三编：战时外交——（一）中美关系，八三九页。

一九五五年三月十九日，《纽约时报》外交专栏作家索尔兹伯格（C. L. Sulzberger）访问台湾，在高雄西子湾与蒋氏夫妇长谈世局。一九五六年七月十日，索氏到英国访问丘吉尔夫妇，话题转到蒋介石夫妇。丘吉尔夫人问道："蒋夫人是否美丽如昔？"索氏答道："蒋夫人的脸上已出现岁月的痕迹。"丘翁夫人听了大乐，并马上说了一段宋美龄的坏话。她说，她永远不会忘记罗斯福夫人告诉她的故事：一九四三年的一天，宋美龄访问纽约，罗斯福夫人和她一起参加宴会后送她回旅馆，结果发现保护宋美龄的两名联邦调查局干员竟然在宋美龄的套房门外睡着了。第二天，宋美龄问罗斯福夫人，那两名干员如何处置？罗斯福夫人说："可能已被惩戒了。"宋美龄接着说："如果是在中国的话，早就杀头了。"一面说着，一面用手在脖子上划了一下。

丘吉尔夫人对索尔兹伯格说："蒋夫人不是对她的女主人太过无礼吗？" 丘吉尔夫人又谈了蒋夫人与丘翁的一段往事。她说，（一九四三年）有一天罗斯福总统对丘吉尔说："我想介绍你见见蒋夫人，她是一位漂亮的女人。" 罗斯福立即打电话给蒋夫人，邀她第二天到白宫来与丘吉尔一道午餐，但宋美龄拒绝了，她说，丘吉尔要先打电话请她，她才会答应，午饭终于没有吃成。索尔兹伯格和丘翁夫人聊天时，坐在一旁的丘吉尔有时喃喃自语，有时口齿不清地说道："福尔摩沙（Formosa）？是什么？在哪里？哦！我知道了。" 参看 C. L. Sulzberger，The Last of the Giants，New York：The Macmillan Co.，1970，151~155，301；林博文《她曾经说过："我就是中华民国！"——蒋中正的太太蒋宋美龄》，载《新新闻》周刊，第一九六期，一九九〇年十二月十日，三十页。

㉝见注⑩，一一一～一一二页。会议主题之一的日本皇室存废问题，罗斯福曾一再征询蒋的意见。蒋表示，此次日本战争祸首实只几个军阀，应先将军阀打倒，至于国体问题，宜由日本人民自己解决，以免构成民族间永久之错误。罗再问：应否提出会议讨论，蒋答不必，罗同意。但第二天下午霍普金斯所拟之开罗宣言初稿，仍有废除天皇制度文句，经王宠惠核出，呈蒋转请修正。关于军事占领日本问题，罗斯福意欲中国居于领导地位，蒋告以中国尚乏担当此任务之力量，请美国主持，中国尽力襄助；关于琉球问题，罗斯福再三询问，中国是否欲得琉球？蒋答以中国愿将琉球先由中美占领，再按国际托管办法，交由中美共同管理；关于日本对华赔偿问题，蒋建议应由日本以工业机器、军舰、商船、铁路、车头等实物抵偿，罗立予同意；关于中国失地回复问题，东北四省（满洲国）、台湾、澎湖及辽东半岛之大连、旅顺两港口，罗皆同意交还中国，并主张英国应将香港交还中国，由中国宣布为自由港，蒋同意将香港宣布为自由港，即请罗斯福向英交涉；罗亦主张将大连亦改为自由港，俾使苏联在远东得一不冻港，并愿在德黑兰会议中向斯大林提及。结果，战后中国未要求日本赔偿，香港亦未归还中国。

㉞ Tuchman，404。宋美龄有时会在外国人面前用英语"糗"一下蒋介石，一九三九年十二月，项美丽在重庆初访宋美龄，蒋不知夫人有客，穿着拖鞋走进会客室，蒋极为尴尬，哼了几声"好、好、好"即匆匆离开。宋美龄对项美丽说："他忘了戴上假牙！" 见 Ken Cuthbertson，181。

㉟见注⑪，三四五页。

㊱ Snow，347。

㊲见注⑩，一五五页。

㊳前引，一一五页；Elliott Rooseuelt，*As He Saw It*，Westport：Greenwood Press，1974（1946），164。

㊴见注⑩，自序，Ⅸ～Ⅹ页。

㊵前引，一五九、一八九、二〇五、二三五页。梁敬錞说，美英食言而肥并对中国影响最剧者为：九十个师装备训练案、十亿美金借款案、南缅英海军出动案。

㊶见注⑪，三四九页；Tuchman，407。

㊷见注⑪，三四八页。

㊸ Elliott Roosevelt，152。

㊹前引，158。

㊺前引，152；《蒋介石评传》，五四八～五四九页。

㊻ Elliott Roosevelt，153~154。罗斯福共有一女四子（另一个在襁褓时期去世），均已物故，这五个子女婚姻记录皆"欠佳"，结婚共达十七次之多，其中以次子艾略特（Elliott）的五次居冠。

艾略特最获母亲伊莲娜（Eleanor）之宠，嗜酒，出版过十四本书，其中包括三本传记；并以其母为主角，写过一系列玄秘小说。做过迈阿密海滩市长，一九九〇以八十高龄去世。参看 Doris Kearus Goodwin's *No Ordinary Time*，635~636。

㊼见注⑩，一三九、一四六～一四七页。

开罗宣言全文如下：

罗斯福总统、蒋介石委员长、丘吉尔首相，偕同各该国军事与外交顾问，已在北非举行会议完毕，特发表宣言如下：

三国军事方面人员，关于今后对日作战计划，已获得一致意见。三大盟国决以不松弛之压力，从海陆空各方面加诸残暴之敌人，此项压力，已经在增长之中。我三大盟国此次进行战争之目的，在制止及惩罚日本之侵略，三国决不为自己图利亦无拓展疆土之意思。三国之宗旨，在剥夺日本自一九一四年第一次世界大战开始后，在太平洋上所夺得或占领之一切岛屿，及使日本在中国所窃取之领土，如东北四省、台湾、澎湖列岛等归还中华民国。其他日本以武力或贪欲所攫取之土地，亦务将日本驱逐出境。我三大盟国稔知朝鲜人民所受之奴隶待遇，决定在相当时期使朝鲜自由独立。基于以上各项目的，三大盟国将继续坚忍进行其重大而长期之战斗，以获得日本无条件之投降。

开罗宣言发表以来，该宣言所称台湾归还中华民国一事，受到不少人的挑战，并有“台湾地位未定论”之说法。

㊽见注⑩，一四〇页；见注⑪，三四五页；参看依吾《杨宣诚与澎湖主权》，载《人物》杂志（一九九五年第一期），北京出版，十五～二十页。杨宣诚虽表现不错，但史迪威却批评与会中国将领“无能”、“不足共商战略”（见《开罗会议》，一三一页）；会议上有人问起云南远征军近况，中方无人能答，赖史迪威解围；中方亦不知如何提问题，“表现极差”（terrible performance），参看 *The Stilwell Papers*，Ed. by Theodore H. White，New York：Schochen Book，1972（1948），244~247。中方发言不慎，问英军部队有多少白种人，见《从大历史的角度读蒋介石日记》，三四五页；又见《蒋介石评传》，五一八页。

㊾见注⑪，三四五页。

㊿ Seagrave，393。

51前引，394。

52见注⑪，三四九页。

53前引，三五〇页。

54前引，三五〇～三五一页。

55前引，三五〇页。

56此处借用已故伊利诺大学中国近代史教授易劳逸（Lloyd E. Eastman）的书名 *Seeds of Destruction：Nationalist China in War and Revolution*，1937—1949，Stanford：Stanford University Press，1984。

# 第八章 蒋介石与史迪威将帅失和

史迪威事件是二次大战中美关系史上最不愉快的一段插曲。这桩震撼重庆与华府的“将帅失和”事件，不仅直接波及到中美合作抗日和中国战场的军心士气，且间接影响战后国共冲突与中美外交。

珍珠港事变后，罗斯福和丘吉尔于华府重申“先欧后亚”战略，并议定联合国宣言草案，二十六国加盟，美英苏中被列为四强，中国独力抗日的局面从此转为同盟国合作对抗日本。一九四一年十二月三十一日，罗斯福代表同盟国致电蒋介石委员长，建议成立中国战区最高统帅部，公推蒋为中国战区最高统帅。蒋于一九四二年一月二日复电同意接受，并电嘱在华府的外交部长宋子文请罗斯福派其“亲信之高级军官”（蒋介石语）出任中国战区参谋长①。蒋在电文中表示参谋长不一定要熟谙东方情况，只需品学兼优的热心将领即可，以中将为宜。

参谋长的人选及其角色定位问题，一开始即铸成大错，终导致此后两年多中美关系紧绷、蒋介石饱尝“遇人不淑”的极大苦痛。

## 参谋长职权　风暴导火线

蒋介石曾电令宋子文将参谋长地位与权限，和美方先做界定，蒋认为中国战区参谋长须受中国战区统帅之命令；美方则认为中国战区参谋长除兼任中缅印战区美军司令官之外，并有权监督租借法案，甚至可以指挥部分中国军队。宋子文在这项争议中所扮演的角色，史学界有两种不同看法，梁敬錞、黄仁宇认为宋子文不但未弄清楚美方对参谋长任务的定位，亦未将蒋委员长的意旨转告美方，使得中美双方及史迪威自己日后为参谋长职权问题，屡生冲突，闹得不可开交；陈立文则认为这些争执皆系罗斯福总统特使居里（Lauchlin Currie）为袒护史迪威而借题发挥，将责任推给宋子文[2]。

然而，真正使事件扩大、恶化迄至不可收拾的局面，乃是史迪威本人的个性、脾气、作风与思想问题。易言之，史迪威在一个错误的时代和错误的环境中，担负了错误的角色，而使他成为中美战时外交纠纷中的头号主角[3]。

美国陆军参谋长马歇尔舍资深将领不用，而挑选较资浅的史迪威担当大任，固然是因史迪威为其旧识兼旧属，但史迪威的中国背景，才是他能够雀屏中选的主要原因。毕业于西点军校的史迪威，于一九一一年自美赴菲律宾驻地时，曾在中国逗留十七天，目睹了辛亥革命；一九一九年至一九二二年被派往北京担任美军语言教官（史氏精通法文、西班牙文），并学会了中文，为自己取了中国名字“史迪威”（Joseph W. Stilwell），在华期间躬逢中国五四运动；一九二六年至一九二八年三度到中国，出任天津租界美军第十五步兵团营长（马歇尔时任该团团长），亲见五卅运动及国民革命军北伐；一九三七年至一九三九年，第四度来华，担任美国驻华大使馆武官，这段时期正逢日本分离华北和卢沟桥事变。史氏服役中国时，常到大江南北旅行，对中国历史、政治、文化、军事、社会和风俗习惯皆颇熟稔④。

史迪威虽拥有远较一般美军军官丰富的中国知识，但他的固执己见、难以相处、善忤上司、得理不饶人、过分坦率和疾恶如仇的个性，却不适宜担任必须具有外交手腕和政治意识的中国战区参谋长。就军事背景而言，史迪威长于训练与战术，能和士兵同甘共苦，亦善待部属，然缺乏实战经验。中国战区参谋长的职位是个涵盖军事、政治与外交的综合性任务，在复杂的中美英三角关系中负协调之功。

## ▶ “酸醋乔”VS.“花生米”

外号“酸醋乔”（Vinegar Joe）的史迪威，言语泼辣犀利、脾气倔强耿直；更糟糕的是，史迪威太了解中国，更了解国民党统治下动乱、落后的中国；他与中国军民的实际接触以及他对是非善恶的独特认知，使他看不起国民党政府和蒋介石，他为蒋介石取了一个极不敬的绰号："花生米"（peanut）。他对蒋介石和国民党的成见，使他很容易与重庆美国大使馆的一些自由派和具"左倾思想"的年轻外交官亲近，而深切影响到他对国共对峙的看法与立场[5]。平心而论，史迪威根本不适宜出任这项"军事外交官"的职务，他的膺选，冥冥中已注定会在中国战区上演一出悲剧[6]。

一九四二年三月史迪威来华时，身兼六职：（一）美军驻华军事代表；（二）中英美军驻缅司令官；（三）对华租借物资管理统制官；（四）滇缅公路监督官；（五）在华美国空军指挥官；（六）中国战区参谋长[7]。史氏抵渝未久，蒋介石即发现他没有实战经验又缺乏军事基础素养，蒋虽引以为忧，然为形势所迫，仍不得不派他为战区参谋长并授以入缅远征军总指挥的重任。果然，史迪威初上战场指挥作战即在缅甸同古（Toungoo）尝到败绩。史氏铩羽而归，回到重庆后，将战败的责任归咎于统帅的遥制和军权之不足，向蒋请辞，蒋予慰留并赋予更多的权责。

史迪威和他所赏识的孙立人。

史迪威获蒋更大授权以后即督率全军激战于中缅甸，孙立人领军的第三十八师在仁安羌（Yenangyaung）解救被日军包围的七千英军及其司令亚历山大将军，此即抗战史上有名的仁安羌大捷[8]。但左翼遭日军猛攻，牵及全线，史迪威指挥失当，溃不成军，部队分两路撤退，一自畹町退入云南，一越过野人山退入印度，士兵饥寒劳瘁，数千人牺牲，史迪威的表现显然并非马歇尔所称“在美国军官中没有人比史迪威对日军的优劣点摸得更清楚”[9]。史氏撤往印度期间，除一通电报外，毫无只字半语向战区最高统帅蒋介石报告详情，蒋在文件上写道：“史蒂华（史迪威）脱离我军擅赴印度时只来此电文作为通报不知军纪”[10]。

中国战区参谋部副参谋长兼中国驻美军事代表熊式辉，于一九四二年四月二十四日率驻美大使馆陆军武官朱世明拜访马歇尔，马帅对熊式辉说：“风传史迪威与蒋委员长不协，如有必要，可为调整，将史迪威召回，请君电蒋，询其真意，俾便处理。”熊说：“我当晚电渝请示，越时三周，未得复音。五月十五日，再电催询，亦无回信……”梁敬錞的说法是：“当时史氏跋扈阴谋，事迹未著，而缅甸前线，正在鏖战，临阵易帅，兵家所忌，故委员长尚不能遽做撤调之决定也。”[11]

“当我们同在一起”。1942 年 4 月，蒋介石夫妇和史迪威在缅甸梅苗的快乐时光。在欢笑的背后，已隐然埋下蒋史对抗的因子。

缅战失败后，史迪威于一九四二年六月四日见蒋，蒋询以失败之因，史答以“空军不足”，并抨击第五十五师师长、九十六师师长、第五军军长、第五军兵站总监，但赞扬第三十八师师长孙立人和第二百师师长戴安澜；第三次蒋史谈话时，史再度要求撤换第五军军长杜聿明，先保罗卓英，后保孙立人、廖耀湘，蒋均未答应[12]。此项谈话后两天，驻防中国战区之美国第十路轰炸机在未告知统帅部的情况下突全调埃及助英作战，引起蒋史之间第一次正面冲突[13]。宋美龄愤怒地对史迪威说："每次英国军事失利，辄夺我军备，或强取拨归我国之器材，如此事不中止，实不知中国抗战有何裨益。"又说："委员长必须于七月七日中国抗战五周年时演讲，他必须对中国人民报告实情，亲日派现正活跃。委员长必须有一个是与否的答复，盟国对中国战区是否认为必要，愿否对之支持。"[14]蒋介石在一九四二年六月二十六日日记中说："史迪威参谋长称空军第十军派赴埃及增援，而置中国于不顾：心殊愤慨，而不愿表示于颜色使之自悟。余妻则不假颜色，亦甚当也。"[15]蒋又说："予深愿详知英美是否尚以中国战区为同盟国之战区……中国为同盟国之利益，已贡献其最大之努力，且以最忠诚之态度，尽其应尽之义务；五年抗战，固为中国求生存，亦为同盟做奋斗，倘英美以中国之实力尚有保持之必要，则绝不应一再无视中国之利益。"蒋又说："罗斯福总统所允援华物资之数量，执行者十不得一。"[16]史迪威承认是英美不对，但不满蒋宋暗责他须为此事负责。

## 宋美龄抗议　白宫遣调入

白宫接到宋美龄抗议"盟国轻视中国战区"的讯息后，再加上蒋史不和，华府早有所闻，即有意派人到重庆解释。一九四〇年春天曾以罗斯福特使身份访华，后为租借法案中国部门负责人的居里乃毛遂自荐出任调人[17]。居里于一九四二年七月二十一日抵重庆，八月七日返美，与蒋谈话十四次，其中七次涉及史迪威。居里对蒋说："史迪威军事声望甚高，为马歇尔最亲信之人员，如无在华必要，马帅可将其调派他处服务。史的双重任务，以及管理租借物资权限，皆经宋子文与史汀生所商定，有交换函件可据，宋子文未将史（汀生）宋交换函件呈报，又不将罗斯福总统七月三日支持史迪威之电文转呈委员长，皆非史氏之咎；至于史迪威未将委员长五百架飞机之要求转向华盛顿申请，又不肯将中航公司飞机两架拨归航空委员会使用，亦皆有其理由。今三星期未蒙委员长召谒，数次上书又不获答；史本是急功好动之人，深感郁闷，对外不免怨望，现似有三种补救办法：（一）将其调回美国；（二）取消其双重任务；（三）在所拟作战计划中明定其地位与权限。"[18]

蒋介石亦向居里述说了许多史迪威的不对之处。他说，史应否调回，则系美政府之事，他绝不表示意见；并称在史氏身份未表明以前，不便与他见面，如欲商讨租借器材之事，可与何应钦等接洽。居里返美后，建议罗斯福将史迪威调走，并提议美驻华大使高思（Clarence E. Gauss）与蒋委员长驻美代表宋子文亦应他调[19]。然因马歇尔的反对，史迪威仍安然无恙。马帅所持理由为反攻缅甸非美国将领莫办，也无人能比史迪威做得更好。华府且盛传居里主张撤换史迪威与高思，系因他自己想当驻华大使[20]。

不久，蒋向史提出维持中国战场三项最低需求的手谕，嘱史编入作战总计划，此三项为：（一）请美国于八九月间调陆军三师到印，协助中国军队恢复缅甸交通线；（二）自八月起应经常保持中国战区第一线飞机五百架；（三）自八月起每月应保持中印空运五千吨之数量[21]。

此时，宋子文获悉史迪威向美国陆军部所提出之负面报告，使他“在美洽商空运及飞机械弹进行异常阻滞”，宋乃建议撤换史，并称史汀生已表示“如以史迪威不适当，务请直言无隐，俾得更换”。蒋则主张容忍，也许蒋已知史迪威与马歇尔关系密切，而不愿得罪权倾一时的马帅[22]。

## ▶ 穿梭美国政要　手腕一流

蒋介石与史迪威的冲突，宋美龄和宋子文皆扮演了相当重要而又充满戏剧性的角色，这对兄妹虽百分之百站在蒋介石这一边，但兄妹之间却在史迪威事件上展开扑朔迷离的宫廷式斗争。

史迪威过去在美国驻华大使馆当武官时即已认识宋美龄。一九三八年九月，史氏在汉口拜访宋美龄，对宋印象很好，称她“极有魅力、相当聪慧且有诚意”，尽管她“吹嘘一大堆政府如何照顾老百姓”，但还算做得不错。美国女史家塔克曼说，宋美龄施展的“媚功”从未失败过，尤其是应付一个美国武官。史迪威访问宋美龄后，即送她鲜花[23]。

宋美龄在美国人面前擅长玩弄两面手法，自罗斯福以降，霍普金斯、马歇尔、史迪威、艾索普和重庆美国记者皆深知宋美龄的这项“特长”。一九四二年春天，第一次缅甸战役全面失利之前，史迪威曾因指挥权问题向蒋介石抱怨，蒋虽不悦，但为安抚这位新上任的中国战区参谋长，在宋美龄的劝说下，蒋同意和她同至缅甸前线腊戍（Lashio）、梅苗（Maymyo）等战场向中国将领宣布史迪威拥有指挥、调度与奖惩全权，并与史氏和英军指挥官亚历山大商讨战机。临走时，宋美龄留下了一罐果酱和一封信给史迪威，信中说，罐中的食品代表着生活的甘苦，她向史迪威保证："我支持你……摆在你前面的是一项男人的事业，而你是个男子汉，但我要再加一句——你是个出色的男子汉！"塔克曼讽刺地说，宋美龄也许认为和西方人打交道时，不必太拐弯抹角[24]。

然而，宋美龄于一九四二年十一月底飞美就医，从纽约机场驶往医院的路上，却向罗斯福的亲信兼左右手霍普金斯痛批史迪威、盛赞陈纳德[25]。

一九四二年五月，罗斯福与丘吉尔在华府举行代号为"三叉会议（Trident Conference）的军事会谈，从五月十二日开到二十三日，专事讨论西西里与缅甸战役；史迪威与陈纳德同被邀请参加，宋子文亦获邀列席，正在美国访问的宋美龄则于会议期间盘桓华府，相机与罗斯福磋商中国战场所遇到的种种问题。

在会议上，史迪威、陈纳德各为自己的军种和不同战略唇枪舌剑，史为陆战派，陈则是空战派。脾气火暴的史迪威官阶比陈纳德大，算是陈的上司，开会时，史咆哮道："就是因为有地面部队在泥淖中挣扎前进，在战壕中与敌人对峙，我们才能获得胜利。"陈纳德亦非省油的灯，他反击说："去你的，史迪威，战壕里面根本

水火不容的史迪威（左）与陈纳德。

就没有兵。”[26]蒋介石的基本立场是支持陈纳德的空军攻势，陈预计在华中及华东发动攻势六个月即可掌握制空权，进而轰炸日本本土，但蒋又不愿放弃反攻缅甸计划，攻缅需增强在云南的中国军队（又称 Y 部队），会削弱陈纳德的空战计划[27]。史迪威则认为侵华日军遭到大量空军轰炸后，必以地面部队搜索空军基地，中国军队既无大炮，又乏坦克，如何能守？其结果必至丧失机场，危及大局[28]。

史迪威在英美组成的联合参谋团开会时反对蒋的意见，又批评中国军队之腐败，并怀疑保卫机场的能力，遂与宋子文展开一场对辩。散会后，主席李海（William Leahy）海军上将对史迪威的态度甚不以为然，他对宋子文说，史为中国战区参谋长，蒋为中国战区统帅，应尊重统帅意见为是[29]。

宋美龄在白宫与罗斯福讨论缅甸战局，罗希望取消反攻缅甸计划，宋美龄力陈反对意见，罗态度稍软化，改以缩小缅战（仅收复缅北）方案代之。宋致电蒋介石告以攻缅计划的改变，蒋得报后，即电令宋子文力争：“反攻缅甸计划，必须照卡港（北非摩洛哥卡萨布兰卡）会议及重庆会议完全实施，倘仅占取缅北至曼德勒（Mandalay）为止，不特无补中国战场，且徒牺牲兵士，中国决不再蹈去岁覆辙，望以坚决反对之意，通知英美当局。”[30]宋子文在参谋首长会议中舌战群雄，与丘吉尔激辩。丘翁一向反对缅甸作战，他曾向英国将领说：“到沼泽丛林打日本人，就等于到水里和鲨鱼搏斗。”[31]最后决定之攻缅方案，蒋的愿望被打折扣[32]。

## 史迪威抨蒋　罗斯福反感

三叉会议表面上看似史迪威占上风，既有马歇尔和陆军部的撑腰，又向报界发表对蒋介石不利之言论[33]；然而，在罗斯福召见他和陈纳德的谈话中，他对蒋的抨击，颇引起罗的反感。据陈纳德回忆说，罗斯福曾问他们对蒋的人格与个性的看法，史迪威说，蒋是“一个意见反复、狡滑而不可靠之老无赖，所说之话，全不能算数”[34]。同时又在罗的面前及参谋团会议中，两次公开讥评蒋[35]。其实，在三叉会前两三个月，罗斯福已看到史迪威写给马歇尔的信，信中大骂蒋介石，罗很不以为然，即致电马帅表示不满，罗斯福说：“承转来史迪威二月九日来函副本……予深觉史迪威所提对待蒋委员长之办法，大有错误。蒋是中国人，岂可以所拟之办法相待。史迪威谓蒋‘性情躁急’不易应付，虽然不错，而伊（史）所拟使用‘更严厉声口’之方法，则大误也。吾人须知蒋委员长几历艰辛，始进为四万万人之领袖，此四万万人之中，有各式各样领导人物，军人、教育家、科学家、卫生家、技术家，在各省或中央方面，各事奋斗，冀出头地，此乃一二百年未易得到之事业，而蒋委员长于短期中竟得之。蒋委员长自有其保持优越地位之必要，此点如尔我处伊环境，亦必相同。他是一位行政首长而兼大元帅，岂可用对待摩洛哥首长之办法，向其做严厉之声口或要挟……”[36]

蒋介石对史迪威来华以后的跋扈、任性与不合作表现，殊感痛苦，他也风闻史在华府、在会议上以及在罗斯福面前诋毁他的消息，他曾电告在美国的宋美龄“史迪威甚难共事”，又说史：“时加诬陷与胁制令人难堪；而且出言无信，随说随变，随时图赖……”

并称国军将领不愿听其指挥，望她转告罗斯福，以免中美传统友爱之精神受其影响[37]。但宋美龄电告蒋，如照此意旨提出，“恐碍联系”，希望深思之后再做指示。此时因反攻缅甸计划与训练装备三十师之事务正赖推进，恐因人事变换发生顿挫，蒋乃电宋美龄："不谈亦可”[38]。

## 宋子文活动 撤换史迪威

蒋介石虽未对史迪威的去留问题做决定，但在华府的宋子文则极力游说，希望美国调回史迪威，蒋必然知悉并默许宋的这项行动，及至一九四三年九月，宋与霍普金斯已取得默契，只要蒋正式要求，美政府将会把史调离中国战区，史汀生与马歇尔亦不再阻挠。据称，马帅准备调史为第四军军长，防地为阿拉斯加，遗缺打算由陆军供应部长索摩维尔（Brehon B. Somervell）将军接任[39]。

《吴国桢传》说："蒋对美国史迪威将军，在一九四三年年初就感觉不满，有密令与宋，饬其在白宫方面活动将史撤换，宋活动颇为积极。”[40]蒋对撤换史迪威一事，因感兹事体大，故仍举棋不定。然而，一九四三年九月六日，史建议蒋撤除西北胡宗南部队对中共的封锁，并起用中共组成的第十八集团军，在晋绥一带牵制日军，以减轻平汉路、陇海路日军之压力[41]。美国驻华大使馆估计，至少有二十个师（约四十万人）的精锐部队，被蒋用来封锁共区。史迪威的建议，多多少少受到其政治顾问戴维斯（John Paton Davis，Jr.）和美国大使馆亲共官员的影响，如纯就军事观点而言，史的建议乃是良策，但这是一桩政治敏感度极强的问题，蒋认为史非但干涉内政，且同情共产党，准备要求华府召回史迪威，却又被宋美龄劝阻了，理由是这种做法肯定会引起美方的不满[42]。

就在宋子文勠力促使美方召回史迪威，并获华府高层默许之际，重庆的孔祥熙夫人宋蔼龄和宋美龄却突然向史迪威大送秋波，希望他留下来，她们姐妹会和他站在同一线上。虽然史迪威对宋氏姐妹的印象已由好变坏，但这对权力姐妹向他示好的举动，仍使粗线条的“酸醋乔”心中窃喜。史迪威在一九四三年九月十三日日记上写道：“May（蒋夫人）和Sis（孔夫人）找我到新开市孔公馆，她们说：‘为什么不来看我们?’很显然地，在马歇尔的督促下，T. V.（宋子文）告诉她们最好支持我，与我合作。”九月十八日日记：“和May午餐，她很会表演，说她希望做个男人……痛骂何应钦和他那一伙人。”九月二十日日记：“夜晚十时到孔公馆，May和Ella（孔夫人）在。她们一直对花生米（蒋介石）下功夫，Ella今午向他告状说，那一伙人造我的谣，并解释我为什么签名‘美国陆军中将’……May说何应钦是个‘无足挂齿的人’（unmetionable）……”九月二十五日日记：“到新开市看Ella与May……我愈来愈相信这两位聪明的夫人（一）得到宋子文的嘱咐支持美国；（二）这个家族比花生米还了解问题的

宋庆龄支持史迪威与蒋介石对抗。

严重性……May一直说‘花生米’很难应付，必须在适当的时间找他，他常以一些小证据来构筑他的意见，‘他们’常告诉他有关我的坏话，也说我‘傲慢’、‘反华’，以美国军官身份签名以及骂中国人不好、轻视中国人。……”九月二十八日日记：“May说和‘花生米’一起生活很苦恼，没有人会告诉她真话，所以她常和他起争执……”十月十七日日记：“夜八时May叫我去，Ella在，她们确是一对斗士。Ella说釜底抽薪为时未晚。我不动声色，只说不愿处在人家不欢迎的地方。她们以‘中国’与责任相劝，叫我放大胸襟，贯彻始终。Ella说要是过了这一关，我的地位会较前强固得多。‘你的将星高照。’她们叫我去告诉‘花生米’，我只有一个目的，无非想要中国好，如有过失乃无心之错，我将尽全力合作。我犹豫了一段长时间。但她们劝说得如此有力，我最后说好吧。May提议我们立刻就去。我去了，装腔作势照说一遍。‘花生米’尽力表现不念旧恶。他提出两点：（一）我要知道指挥官与参谋长职责（之差异）；（二）我应避免优越感。这是一派胡言，但我恭敬地听着，‘花生米’说既然如此，我们可以重新和谐地合作。”

## 宋家王朝主角 操弄其间

史迪威又说：“只有一点，Ella何以有把握（我见蒋之事），一定会有圆满结局？今日下午她还曾指责‘花生米’。他拂袖而去。这是多大的侮辱，但她等待着，他终于回来。她和May都愿为我效劳，或如她们所说，她们已将他改变了一半，另一半由我来完成……May说她结婚后，大家都说一年之内她和‘花生米’就会离婚。May 和 Ella 都说她们已把家中珠宝赌在我头上，今后将会继续支持我。”[43]

《总统蒋公大事长编初稿》十月十七日条说：“美军供应部长索摩维尔再次来谒，续谈史迪威去留问题。既出，公嘱宋美龄约见史迪威，告以此时回美，恐于其个人不无损失。如表示悔改，则公或有宽假之可能。史迪威来谒公自陈，表示其护卫中国原出至诚，如有误会，皆出无心，此后极愿合作。公告以统帅与参谋长之主从关系。史亦矢言，此后绝不再有凌越与专擅之情事云。”十月十八日条：“与美军供应部长索摩维尔续谈史迪威事，公告以准予史迪威悔过自新，取消昨日之议，索氏欣然，甚感公对史之始终宽大也。”[44]

史迪威最初以为是宋子文嘱蔼龄和美龄出面助他渡过难关，后来始获悉宋子文才是在幕后推动撤换他的黑手，他一向把 T. V. 当朋友，没想到却被其“出卖”，极为生气。史迪威在九月中旬即已接获华府朋友密报有人排挤他，索摩维尔来华途中路过印度时，遇到自美返国的宋子文，宋告诉他史将被调职，由他接任。索摩维尔担心任命发表后，史会见怪，抵达重庆后即透露消息予史迪威，史颇为紧张[45]。正好孔夫人与宋美龄此时倾力拉拢他，他虽怀疑这对姐妹是“两个阴谋家”，但为了保护权位，乃欣然“入彀”。国民党官方记录和蒋氏日记皆记载十月十七日史迪威由宋美龄陪同向蒋“自陈赤诚护卫中国”，但有意不提孔夫人宋蔼龄所扮演的重要角色。

不过，《吴国桢传》却有完全相反的说法，该传说：“史迪威获得华府友人通知，嘱其在重庆方面疏通。史迪威个人，在此时曾设法接近孔祥熙夫人宋蔼龄，并由（因）孔夫人（之关系）

常与宋美龄在孔家茶叙，史迪威也常送吴夫人黄卓群尼龙丝袜，吴曾当面谢史迪威，他说替宋美龄与孔夫人带来甚多，此是其中一部分。”[46]

在蒋史言归于好的前一天，宋子文却为了史迪威问题与蒋介石大吵一顿，而且严重到遭蒋软禁，甚至传出将被枪毙的谣言[47]。

《吴国桢传》说：“恰在此时，宋已活动成熟，飞渝报告，只要蒋电罗斯福总统请求换史迪威，即可实现。而出宋意外，蒋已改变主张，决仍留史迪威。在此情况下，宋必气愤，谓经过多少困难，始能完成使命。且一朝改变，使其如何对得起美方友人，如何能使白宫再对其具有信心，坚持必须发电。”[48]

宋子文于一九四三年十月十一日返回重庆，在侍从室工作的唐纵于十月十六日日记中说：“宋部长不知因何使委座见气，委座摔破饭碗，大怒不已。近年来罕观之事。”十月二十一日日记有：“日来委座火气甚大，宋子文不知因何碰壁，恐系孔、宋间之问题，否则无此火气也。”到了十一月五日，唐纵终于明了蒋宋为何吵架：“据古秘书（侍从室秘书古达程）云，此次宋部长与委座意见冲突，闻系为史迪威事。当初委座欲换史参谋长，宋部长不赞成，其后宋部长已向美方交涉撤换。委座以情形变化，不换。宋部长表示难于接受，态度倔强，其中所说何话不知。但委座因而大怒，至今尚未与宋见面。”[49]

## 蒋宋反目　子文遽遭冷落

《吴国桢传》又说：“宋初回重庆之日，其牛角沱私寓前车如流水，人如潮涌。但第二日，吴再往视宋，则外间似已得知其与蒋发生不快，来客已减大半。以后逐日消沉，有一时间，每日中午前往只二人而已。蒋对外交部之政务有必须处置者，其惯例于宋不在国内期间，则直接打电话与吴，或下手令则书‘吴次长’字样。若宋在国内，则多打电话与宋，下手令则书‘宋部长、吴次长’。此次则似对宋视之若未曾回，所有外交部事务，若有电话，即直接与吴。若有手令，则只书‘吴次长’。此事发生后第二日，陈芷町、李惟果、俞国华（全为侍从室秘书）皆在吴家照旧聚餐，大家都异常沉默，最后还是陈芷町忍不住了，向吴问：‘外交部有何消息？’吴答：‘外交部一点都不知道，侍从室呢？’大家都明白此一问一答的意义，彼此又相对无言。还是陈芷町再出口说：‘侍从室只听说先生大发脾气，把茶碗摔在地下打碎。宋部长出门，把门重重一关，声音全栋房屋都听到。除这两点，无他见闻。’后来经过相当期间吴才知道蒋宋争执的真相。”

宋子文与蒋介石争吵，倒霉的当然是宋。宋每日无心上班，心境极坏，办公室墙上挂一黑板，用粉笔写一行英文字为自己打气：“这个，也将过去。”（This，too，will pass away.）然而，享惯权力的人突遭冷落，苦水难咽。蒋亦有意再施下马威，不久，宋子文的机要秘书邓勉仁因涉嫌利用职权走私被捕，军法总监何成濬向前来关说的宋子文表示，邓勉仁罪不至死，但蒋委员长坚持处死，不能求情[50]。

吴国桢看他神情沮丧，即问他：“为什么不找你的妹妹替你说项？”宋答：“你知道，我平生不做这种事的！”于是，吴建议他写信向蒋道歉，并推荐陈芷町捉刀。几天后，陈芷町告诉吴国桢：“你知道吗？委员长正在见你的宋部长。……委员长一接见宋部长，侍从室马上就传遍了，可是只有一个人知道这来由，就是区区在下。我不告诉别人，可是我要告诉你，你常说我是天下第一刀笔，这一回，我承认你说对了。不知道什么人向 T. V. 推荐了我，他前两天请我到他寓处，要我替他拟一私函，由他自己亲笔缮写送呈委员长。我拟就，他照抄。委员长看了，今天就召见了他，我对这封信稿，得意得很……”其起首数句为：“介兄钧鉴：文于钧座，情同骨肉，谊实君臣……”[51]

如从“后见之明”的角度来看，蒋介石此次对史态度软化，固然反映了性格上欠缺果断作风和“家国不分”的短处；端就事件本身的处理而言，亦为一大失策，因史迪威根本没有“悔改”诚意。

## 史迪威狂想　图谋刺蒋?

一九四三年十二月一日，开罗会议结束后，史迪威仍留在开罗，采访会议的《纽约时报》外交记者索尔兹伯格说，史迪威突然造访他，跟他谈了两小时，痛批蒋介石的“腐化、无能和过度的野心”[52]。又据史迪威的部属杜恩（Frank Dorn）上校透露，史在开罗会议结束后到昆明，召杜恩密谈，自称接到某上司口头密令，欲以暗杀手段除去蒋委员长，嘱杜恩在一周内拟具暗杀方案数种密呈，杜虽大为震惊，但仍如期拟具三种方式（用毒、兵变、坠机），史选择了“坠机”，叫他准备，候令施行，但后来不了了之。杜恩的说法，迄未有其他资料可资佐证[53]。不过亦不能排除所谓“上司指使”，乃是史迪威自己的说法。

时序进入了一九四四年，这一年也是史迪威在华的关键年。反攻缅甸虽经重庆会议（一九四三年十月十九日）决定于一九四四年三月展开，但孙立人的第三十八师已在一九四三年十一月派出一部，自雷多（Ledo）进发，沿途掩护修筑雷多公路，反攻缅甸之役于焉提前开打。国军、英军与美军突击志愿队三千人并肩作战，于十二月底克复于邦，造成缅北第一次大捷。一九四四年一月，第三十八师、第二十二师（皆属驻印军）与美国突击志愿队收复孟关。东南亚盟军统帅蒙巴顿亲赴前线嘉勉慰劳，国军乘胜收复瓦拉盆，攻下坚布山要隘，进入孟拱河作战。云南远征军亦出动加入战斗，经一个多月鏖战，终占领密支那（Myitkyina）机场，掩护空运部队到达；史迪威率第五十师、第十四师一部主力飞抵密支那。六月一日，第二十三师突破印康加塘阵地，包围日军第十八师团，卒将田中新一所部击溃，史迪威终于前雪一九四二年第一次缅甸战役失利之耻[54]。

正当反攻缅甸战役方酣之际，日军于一九四四年春发动“一号作战”[55]，试图自华北至华南和中南半岛打开一条“大陆走廊”。国民党史家及陈纳德怪罪史迪威为了进行缅战，飞越驼峰的物资“皆为缅事所占，中国其他部队之武器以及陈纳德空军之物资，悉不能得适当之补给，遂使日敌‘一号作战’之战略，得横行于豫鄂湘桂之间，造出一九四四年中国东战场空前之挫失”[56]。不仅极具战略价值的空军基地沦陷，重庆之安全亦受威胁，史迪威再次提出动用中共部队的建议，蒋介石予以峻拒，认为中共不可靠，并怀疑苏联对东北、蒙古和新疆有所图[57]。

罗斯福极为关切国共及中苏关系，特派副总统华莱士（Henry A. Wallce）访华，并指示驻苏大使哈里曼（Averell Harriman）向

1944年6月下旬，美国副总统华莱士访问重庆，进一步了解到蒋史纠纷的严重性。宋美龄背后着西服者为外交部政务次长吴国桢。

斯大林表示中苏友好关系的必要性。

一九四四年六月下旬，蒋介石向华莱士强烈指控史迪威的不合作以及判断力的欠缺，他希望罗斯福总统派一位特使常驻重庆，俾能和白宫直接联系，而不必经由国务院和陆军部转达。华莱士和蒋谈话三次后说他自己：“深深地被一个痛苦之人的哀号所感动。”[58]

日军攻势逼近重庆时，美军参谋首长会议接受史迪威的建议，要求蒋介石把中国军队（包括共军）的指挥权交给史。蒋的自尊受到极大伤害，他电告罗斯福，如果三项条件符合其意，他可以交出军队指挥权，这三项条件是：（一）清楚地界定史迪威的权限；（二）中共军队不能让史迪威指挥；（三）由蒋全面控制和支配租借法案权力。罗斯福看到蒋的电报后对参谋首长会议表示，蒋很明显地不愿放弃权力[59]。

蒋史间的矛盾愈来愈严重，史汀生与马歇尔乃向罗斯福推荐胡佛政府时代的陆军部长赫尔利（Patrick J. Hurley）以总统特使身份赴华调解蒋史纠纷。赫尔利于一九四四年九月六日与史迪威自印度新德里飞抵重庆，进行协调，但史迪威仍继续向美军参谋首长会议表达对蒋的不满。

九月十九日，史迪威收到两则转致蒋介石的电报，一为罗斯福、丘吉尔联衔报告第二次魁北克会议后之计划，一为罗斯福指示史迪威亲自呈递蒋的电报。罗在电报中以极其严厉的语气训斥蒋。这封在口气上“以上对下”的露骨电报，即连美国史家亦认为充满了种族优越感，谓罗不可能对一个白人领袖发出类似的电报[60]。他警告蒋，如中国调远征军回云南或不立即补充缅北部队或不派生力军援助怒江战事，“则阁下必须准备接受必然之结果，担负全部之责任”，并指责蒋“延搁委派史迪威将军指挥中国全部军队，致中国东部之重要土地为之损失”，又言“阁下必须立采行动，方能保存阁下数年来英勇抗战所得之果实，与吾人援助中国之效果，否则政治上、军事上种种策划，皆将因军事之崩溃完全消失”。罗斯福最后要求蒋“必须立即委任史迪威将军，授以全权，指挥中国全部军队。此步骤之实现，将更增美国援华之决心”[61]。

## 天威震怒　史迪威卷铺盖

史迪威看到罗斯福斥蒋电报，极为兴奋，立刻于下午四时到重庆对岸黄山蒋介石官邸递信，当时蒋和宋子文、何应钦、朱世明、赫尔利正在开会，商议史迪威新职（中华民国陆空军前线总司令）发布之文告与手续，侍卫报告史迪威来访，请见委员长。蒋请其参加会议，史要求先与赫尔利单独在外谈话，赫出去后，史即拿出罗斯福电报给他过目。赫看完电报，劝史不要转达，先让他和蒋谈判，史不肯；赫又劝史不要自己面递，由他代递，史又不愿。于是赫、史一同进去，史说他有罗斯福的电报命他面递，便将电报交给朱世明，嘱他翻译。赫尔利认为在蒋不知其内容之前，当着中国外交（宋子文）、军事（何应钦）高级官员面前译出这样的电报，会使蒋极度难堪，乃问史有无中文译本，史答有，赫遂嘱史取出面递蒋。蒋看过后，脸色大变，缓缓说道："我知道了。"即伸手把茶杯盖子翻过来，史迪威马上了解这个动作，就用中国话说："这是不是端茶送客的意思？"有人答道："是的。"赫、史乃离开。赫尔利后来说，蒋看到电报后的反应，"犹如太阳穴被打了一拳"[62]。赫、史等人走后，蒋告诉宋子文，他已决定请美国另派将领来华取代史迪威。当晚，蒋与赫尔利共进晚餐时，向赫表达此意，赫劝蒋再三考虑，蒋答以"史迪威在华一日，中美商谈一日不能进展"。宋子文则怀疑罗斯福的电报系出自史迪威手笔。蒋在日记上写道："此实为余平生最大之耻辱也。"宋子文后来告诉艾索普，当天下午众人都走了以后，蒋曾痛哭失声[63]。

九月二十三日，史获悉蒋撤换他的意志已决，急欲转圜，向赫尔利、何应钦提出让步说帖，表示不使用中共军队并放弃控制租借物资[64]。但对史迪威来说，一切已嫌太晚了。

蒋向赫尔利解释史迪威来华后的表现，并由宋子文写一英文备忘录交给赫[65]，转请罗斯福另派富于合作精神的美国将领接替史迪威。备忘录发出后，蒋另致电在美国的宋美龄、孔祥熙，告以详情。美国政府获悉蒋决定赶走史迪威的消息后，反应不一，有的主张反驳蒋，有的建议向蒋道歉，中美外交顿时陷入了愁云惨雾，无人能预料将会有何种结局。十月一日，孔祥熙在华府约见霍普金斯，告以中国抗日所以能独力支撑七年而不败，蒋委员长的领袖声望与中国军人的民族意识，实为最大因素[66]。如以史迪威为统帅，此两种因素将受到损害。但马歇尔仍继续支持史迪威，蒋则坚持必须换人。赫尔利在僵局中写了一封信给罗斯福，这封信终于促成了罗斯福召回史迪威的决心，赫尔利说："史迪威与蒋委员长之性格，恰不相容，又失去共信之基础……史迪威在政治上亦不能与蒋委员长合作，其一言一动皆以压迫蒋氏为出发点……”又说：“蒋委员长对史迪威谋合作，史迪威对蒋委员长则谋屈服，史迪威之误，在想屈服一革命家，而此革命家，乃能率带装备陋劣之军队与日本鏖战七年之人物，窃以为如我总统支持史迪威将军则将失去蒋委员长，甚至还可能失去了中国。”[67]

向罗斯福总统建议召回史迪威的赫尔利，在延安机场陪同毛泽东飞赴重庆与国民党进行谈判。

罗斯福同意赫尔利的看法，史的命运已定。美方电请蒋选择美籍将领三人，再由罗斯福决定。蒋提出三人，罗决定从中挑选深具战略素养、性情温和的魏德迈（Albert C. Wedemeyer）取代史迪威[68]。史返美前向宋庆龄告辞，宋为之伤感流涕[69]；（一九四四年）十月二十日向蒋介石辞行，赫尔利、宋子文和侍从室第一处主任林蔚在座，由宋子文担任翻译。蒋感谢史迪威训练和指导中国军队，对过去的事情表示遗憾，希望史写信给他，继续做中国之友人。史迪威向蒋表示，他所做的都是为中国好，并用中国话祝蒋“获最后胜利”。第二天，

史迪威被召回国内后，在加州卡美尔（Carmel）住所附近海滩上与爱犬散步。

史离开重庆，宋子文、何应钦等人到机场送行[70]。《纽约时报》大肆报道史迪威被召回事件，震撼美国军政界，蒋介石政府备受抨击。两年后，一九四六年十月十三日，史迪威因肝疾病逝，终年六十三；中国政府于十月十九日在南京国防部召开追悼会，蒋亲临致奠，并送挽联[71]。讽刺的是，史迪威的最大靠山马歇尔，此时正以特使身份在华调处国共冲突，马帅亦参加了追悼会[72]。

史迪威事件是中国近代史上的一桩大事，也是中美关系史上一件错综复杂的公案。其间涉及到的不仅是蒋史二人的正面斗争、中美军事战略与政治策略的扞格，以及东西文化的矛盾抵触和个性的差异，但最主要的还是权力的冲突。对付共产党及掌握军队，乃是蒋介石维护其政权与个人政治生命的两大支柱，绝不容他人侵蚀和分享权力，而史迪威竟以“洋将”之身份，企图分一杯羹，非唯触犯大忌，且引发蒋之猜忌，冲突自然难以避免。进一步而言，蒋虽需要美国的军经援助和军队助战，但他是一个彻头彻尾的民族主义者，他的脑海里，还是停留在“夷狄入华夏则华夏之”的观念。即使高级将领来华出任重要职务，亦须“入境随俗”，听从中国统帅的指挥。蒋介石坚持民族独立、不向美国人屈服的态度，在撤守台湾以后，也未因环境不同而有所软化。

## 注释

①梁敬錞《史迪威事件》（增订二版），台北：台湾商务印书馆，一九八八年，一页。

②《史迪威事件》，二页；黄仁宇《从大历史的角度读蒋介石日记》，台北：时报文化出版公司，一九九四年，二九四～二九五页；陈立文《宋子文与战时外交》，台北："国史馆"印行，一九九一年，三五八～三六九页。

③《史迪威事件》，十八～十九页。中国战区参谋长人选，陆军部长史汀生属意较资深的庄兰姆（Hugh A. Drum），陆军参谋长马歇尔则以史迪威为优先。庄兰姆在第一次世界大战时与马帅同隶欧洲远征军总司令潘兴（John J. Pershing）麾下，并曾任潘兴之参谋长、第一军军长，与马帅相处欠融洽。一九四二年一月二日，庄兰姆曾至华府与史汀生、马帅分别晤谈，庄主张自缅甸攻泰、越，占领河内及海防，打开通往中国的运输路线，建立强大在华空军。马帅则告以美国尚无大批军事援华的准备，亦无法立即打开对华运输线，美国政策为训练和装备中国军队，"使中国继续作战"（keep China in the war）。

④《史迪威事件》，二、十九～二十、二八页；Tuchman，118，183。

⑤《史迪威事件》，二二五页。

⑥青年党领袖兼史家李璜说："在抗日战争的后期，美国罗斯福总统派来与中国统帅部合作指挥的第一个史迪威将军，就是标准的躁进人物，与中国的统帅蒋委员长完全闹翻，不欢而散。第二个派来的赫尔利将军，虽比第一个完全躁进的性格好一点，然而急功近利，也足以偾事……"又说："史迪威竟欲将国民政府完全换过一班人来干（其最后报告结论称：'倘蒋氏无力负担此一任务，则吾人尽可支持其他分子之能完成此一任务者'），则真是看法未免太简单了——像史迪威的这一种急躁的动作及其对蒋氏的漠视态度，又焉有不与蒋闹翻之理！"参看李璜《学钝室回忆录》，香港：《明报月刊》丛书，一九八二年，五九四、五九八页。

⑦《史迪威事件》，二四页。

⑧许逖《百战军魂——孙立人将军》（上册），台北：懋联文化基金出版，一九八九年，一一九～一三二页。

⑨前引，一二一页。

⑩《史迪威事件》，五二页。李璜说，史迪威"又自己聘用中国高级知识分子去组织自己对敌人的侦察情报机构。在这一点上，已大犯国民党当权派的疑忌！好几位我的朋友和同志（都是留学生）被史迪威所聘用，而派往安南、缅甸、香港等地去打探日军消息，直接供以情报。我知道，这班一心要为国家想有所贡献的忠贞分子，便大受国民党的嫉视，而'中统'竟疑其为中共同路人，一律加以监视。幸有王芃生任史迪威的侦察情报组的副手，其人为'军统'（戴笠所统率的军事特务组织）分子，为戴笠所信任，还能调护其间，使这班为史迪威做情报工作的高级知识分子勉强能够有点真正的贡献"。参看《学钝室回忆录》（下册，增订本），五九六页。

⑪前引，五三～五四页。

⑫前引，五八页。史迪威退往印度，第二百师在缅北苦战，该师师长戴安澜（黄埔三期）

中弹阵亡，终年仅三十八岁。杜聿明（一九〇五～一九八一），黄埔一期，一九四九年一月淮海战役（徐蚌会战）战败被俘，一九五九年十二月获释，其女婿为诺贝尔物理奖得主杨振宁（妻杜致礼）。

⑬前引，六十页。

⑭《从大历史的角度读蒋介石日记》，三一四页；Tnchman，311~312。

⑮《从大历史的角度读蒋介石日记》，三一三页。

⑯前引，三一一～三一二页；《史迪威事件》，六〇～六一页。

⑰《史迪威事件》，八九页。

⑱前引，八九～九一页。

⑲前引，九一～九二页。

⑳《从大历史的角度读蒋介石日记》，三一六页。

㉑《史迪威事件》，六七页。

㉒《从大历史的角度读蒋介石日记》，三一四页。

㉓ Tnchman，193。

㉔前引，281。

㉕ Sherwood，661。

㉖ C. L. Sulzberger，*The American Heritage Picture History of World War II*，New York：American Heritage，1966，331。

㉗《从大历史的角度读蒋介石日记》，三三三～三三四页。

㉘《史迪威事件》，一二八页。

㉙前引，一三二页。

㉚同前。

㉛ Sulzberger，331。

㉜《史迪威事件》，一四一～一四二页。

三叉会议最后决议之重点为（一）尽量先集中可用物资于阿萨姆、缅甸区域内，以建立（及加强）通达中国之地面设备，期于秋初达到每月一万吨之运输量，同时扩大阿萨姆航空设备，使达到下列目的：（1）加紧在缅对日空战；（2）增强（维持）驻华空军；（3）支持对华空军补给物资。（二）陆军有力攻势之作战，将于一九四三年雨季结束后开始，中美军队由阿萨姆经雷多、英坊进攻缅甸，中国军队同时由云南进攻，其目的在尽量牵制（或吸引）日本部队，保护对华航空路线，并作为打通滇缅路之一重要步骤。（三）以海陆军攻击缅甸海岸，其目的为阻绝日本自海岸与其北境前线间之交通。（四）阻遏日本在缅海上交通。（五）采取各种可能方法，用足够之武力，以获取孟加拉湾之制海权，除受时间及环境影响外，对于上述作战，并无任何限制，俾达到解救中国被围之目的。然而，这项决议案并无片言只字提及仰光（蒋一直坚持英美应维持以前协议，即控制孟加拉湾、克复仰光），未提海军舰数，更未提南北缅是否同时出击之规定与指挥权谁属。

㉝ Tnchman，372~373。

㉞《从大历史的角度读蒋介石日记》，三三〇页。

㉟《史迪威事件》，一四三页。

㊱前引，一二三～一二四页。

㊲前引，一五四页。

㊳前引，一四三页；《从大历史的角度读蒋介石日记》，三三〇页。

㊴《从大历史的角度读蒋介石日记》，三三五页。

㊵《吴国桢传》（下册），三九八页。

㊶《史迪威事件》，一六七页；Hsü，699。

㊷ Hsü，699~700。

㊸ *The Stilwell Papers*，224，226，232~233；《从大历史的角度读蒋介石日记》，三三六～三三七页。

㊹《从大历史的角度读蒋介石日记》，三三六页。

㊺《史迪威事件》，一七一页。

㊻《吴国桢传》，三九八页。

㊼ Alsop，226。

㊽《吴国桢传》，三九七～三九八页。

㊾《在蒋介石身边八年——侍从室高级幕僚唐纵日记》，三八六～三八七、三八九页。

㊿《吴国桢传》（下册），四〇二～四〇三页。

51前引，四〇五～四〇六页。

52 C. L. Sulzberger，*A Long Row of Candles*，New York：The Macmillan Co.，1969，224。

53 Frank Dorn，*Walkout with Stilwell in Burma*，New York：Pyramid Books，1973，116~122；《史迪威事件》，一九六～一九七页。

54《史迪威事件》，二〇五～二〇七页。

55前引，二〇七页。

56同前。

57 Hsü，700。

58 Hsü，701。

59蒋介石答复罗斯福的电文为：“……所提将史迪威置予直辖之下，指挥全部华军与美军，原则赞成，但中国军队与政治内容不若他国之简单，全部统率之情形，亦非缅北少数军队所可比，故非有一准备之时期，不能使史将军指挥顺利以副尊望！余甚望阁下能派一富有远大政治见解而得阁下完全信任之全权代表来渝，调整予与史迪威间之关系，以增进中美之合作。……”见《史迪威事件》，二六九页。又参看 Herbert Feis，*The China Tangle*，172；Hsü，701。李璜说：“美国人未免天真幼稚！要蒋介石委员长将中国军队交予美国人去指挥，又哪能真的办得到！蒋氏以军人起家，他的军队乃是他政治的本钱。他自来把这个本钱是握得很紧的：将军队指挥权交与他亲信的部下，他还有时不放心，故他从来打内战起都是自己亲自指挥；这回打日本，战场这么大，他一身兼党、政、军，且要应付各党派的国民参政会（如曾身兼参政会的议长，以至还兼任四川省政府的主席），一切大权均要紧握在自己手中，又岂肯容许外国人来溷乃公之事！其所以‘彼在最初，立即准备同意史迪威所为关于委派统帅之建议’，乃无非是对来客一种礼貌的表示，并非真心。这一点，美国人便简直不仅得。”李又说：“在我们与蒋先生接触过的客人，都早已了解，成为常识。我们都知道，向蒋先生陈述意见，而立即得到他的‘很好、很好’的答词，这绝不是蒋便真的赞成或应允你的建议的。‘很好、很好’，在于蒋，已成为一种应酬的口头禅，其中毫无实质的承诺可言也。至于史迪威将军还要在此客套的同意的礼貌虚词上，去推论到‘不啻对于中共军队，亦得加以指挥’，那真是中国古语所谓‘一心以为鸿鹄将至’了！”李璜指出：“何况史迪威将军一来与中国军政各方合作，他便把中国人都当作美国人一样，必须动作快捷，而讲求高度效率。因此他见到中国军政人员一律慢动作的情形，非常着急，有时竟发了怒，出口骂中国的陆军大员都只是行尸走肉，令重庆的大官们难以忍受，且弄得小官们手忙脚乱。”参看《学钝室回忆录》（下册，增订本），五九六页。

⑩ Tuchman，492。

⑪《史迪威事件》，二八一～二八二页。

⑫《吴国桢传》，（下册），四一二页；Peis，190~191；*The Stilwell Papers*，333。

⑬ Alsop，241；《从大历史的角度读蒋介石日记》，四一〇～四一一页。

⑭《史迪威事件》，二八四页。

⑮宋子文打电话给艾索普，请他到中国银行总经理贝祖诒寓所审核一份英文草稿和蒋致罗的中文信英译。艾索普表示皆欠妥当，乃助宋草拟一措辞强烈的备忘录，后经赫尔利过目，认太过尖锐，乃加以冲淡。参看 Alsop，241~242。艾索普于五六十年代成为美国最有名的右翼专栏作家之一。

⑯前引，二九二页。孔祥熙对霍普金斯所说的话，系孔令侃于一九七〇年二月在华盛顿告诉梁敬錞。参看 *The Stilwell Papers*，339。

⑰前引，二九九～三〇〇页。

⑱蒋介石一度打听欧洲盟军统帅艾森豪威尔是否可能出任中国战区参谋长，美国陆军部亦曾考虑陈纳德，最后决定电请蒋选择三名美籍将领。蒋提出魏德迈、派曲（Alexander Patch）和古鲁格（Wheeler Kruger）三人。见《史迪威事件》，三〇〇页。

⑲ Tuchman，503。

⑳《史迪威事件》，三〇二页；《从大历史的角度读蒋介石日记》，四一五页；*The Stilwell Papers*，346~347。

㉑蒋介石送史迪威的挽联为：危难仗匡扶，荡扫倭氛，帷幄谋谟资擘划；交期存久远，忽传噩耗，海天风雨吊英灵。见《史迪威事件》，三一七页。

㉒《史迪威事件》，三〇五页。有关史迪威事件的中英文著作，仍以塔克曼（Barbara W. Tuchman，1912—1989》于一九七一年出版、厚达六二一页的《史迪威和美国人在华经验，一九一一至一九四五》（*Stilwell and the American Experience in China*，1911—1945）为最佳。黄仁宇称塔克曼此书“所引用原始资料，仍包含着很多对蒋介石及中国之谴责与谩骂。作者行文极为流畅，因为每章每页都有激情之资料在后支持，所以能如长江大川，一发不可遏止”。黄氏又说：“站在相反的方面，梁敬錞在台北出版之《史迪威事件》与《美国人在华经验》同年发行，其激情论调则又远过之。”黄仁宇对梁敬錞特别获准使用“总统府”大溪档案而成书的《史迪威事件》之评语，允称公正；王于黄氏所称塔克曼著作“行文极为流畅”、“所以能如长江大川”，乃是因“每章每页都有激情之资料在支持”；事实上，塔克曼是个著作等身的第一流通俗历史家，文笔极佳，出版了十一本书，其中六本为畅销书，《八月的枪炮》和《史迪威传》这两本书分获一九六三、一九七二年普立兹奖。为了撰写《史迪威传》，塔克曼曾于六十年代数度到台湾蒐集资料，访问相关人物，其中包括抗战时担任兵工署长的俞大维，以及孙立人新三十八师老部属。当时台湾仍受孙立人事件影响，这些新三十八师老兵皆要求塔克曼隐匿他们的名字，见该书致谢语。《纽约时报》老板索尔兹伯格家族女强人伊

斐珍·欧克斯·索尔兹伯格（Iphigene Ochs Sulzberger）在其回忆录中对其好友塔克曼过度批评她的哥伦比亚大学同学、国民党中宣部副部长董显光表示不满，乃向塔克曼提出异议。塔克曼承认她对董显光的酷评系受史迪威的观点所左右。参看 Susan W. Dryfoos，*Iphigene*：*Memoirs of Iphigene Ochs Sulzberger of the New York Times Family*，New York：Dodd，Mead & Co.，1981，210~211。

# 第九章

# 马歇尔特使调处国共冲突

史迪威与蒋介石的决裂，为美国介入中国内部事务开创了不祥的预兆；而马歇尔调处国共冲突的失败，不仅注定了蒋介石政权“金陵王气黯然收”的命运，更标志了美国在战后所设计之“联华制苏”大战略的全盘崩溃。

## ▸ 赫尔利特使　扮演鲁仲连

罗斯福总统于一九四四年九月派遣胡佛政府时代的陆军部长赫尔利将军来华，其主要任务即试图缓和蒋介石与史迪威之间的关系，次要目的则为调解国共纷争。在赫尔利的建议下，罗斯福终于召回桀骜不驯的史迪威；蒋、史的不和，虽涉及指挥权、战略主张与性格差异的问题，但双方对使用中共部队的争执，殆为蒋、史决裂的导火线。史迪威已去，赫尔利乃专心致志调停国共之争，期使中国对日作战的努力以及战后国家统一与重建工作，不致受到损害。一九四四年十一月七日，赫尔利获蒋介石和美国参谋本部的同意，飞赴延安与毛泽东进行两天会谈，中共给予热烈欢迎，意气风发的赫尔利在欢迎晚会上大跳印第安巢克图族（Choctaw）舞，以回报中共的秧歌舞[①]。

赫尔利与毛泽东于十一月十日签订了《五项协议》，内容包括：国民政府改组为联合政府，军事委员会改组为联合军事委员会；联合政府一本三民主义，创设一民治、民享、民有的政府，提倡进步与民主，保障人民的各种自由权：联合政府及联合军事委员会承认一切抗日军队，此项军队应服从联合政府及联合军事委员会命令；所有中国得自友邦的供应品，应公平分配；联合政府承认国民党、中共与一切抗日政党的合法地位。毛泽东以中共中央主席名义签署协议，赫尔利则以“美国总统私人代表”签名（美国国务院后来声称赫尔利只是以“见证人”身份签名[②]）。毛泽东于签署《五项协议》当天曾致函罗斯福表示：“中共一向希望与蒋介石主席达成有利于中国人民的协议，经由赫尔利将军的努力，我们终于看到了这项协议获诸实现的希望。”[③]天真的赫尔利认为：“国民党政府所坚持的原则与中国共产党所坚持的原则，即使有什么不同，其差异亦不大。”[④]

十一月十一日，周恩来偕赫尔利飞抵重庆，继续磋商。蒋介石拒绝了《五项协议》（一称《五项协商意见书》），另提三项建议：整编共军，列为正规国军；承认中共为合法政党，中共应全力拥护国民政府抗战及战后建国，将一切军队交国民政府军事委员会管辖，中共将领得参加军事委员会；国民政府之目标为实现三民主义，建立民有、民享、民治的国家，除为对日作战之安全所必要者外，对于人民自由均加保障。中共对这三项“反建议”，大为不满，周恩来遂于十二月九日离渝返回延安；在赫尔利的一再敦促下，周于一九四五年一月二十日再赴重庆[⑤]。热心调解国共歧见的赫尔利已于一九四四年十一月十七日正式出任美国驻华大使，取代了高思。

在舆论的压力和美国的忠告下，蒋介石于一九四五年二月三日允准邀请各政党代表及无党派社会领袖，组织政治协商会议，考虑结束训政，实行宪政步骤及施政纲领与军队统一问题。但中共不同意，周恩来于二月十五日发表声明，说明中共拒绝政府提议的原因，一为中共移交政府，等于移交国民党；二为国民党不愿结束其一党专政，所谓让步无何意义；并批评政府拒绝建立联合政府及联合统帅部[⑥]。

易言之，国共争执的关键在于毛泽东坚持联合政府主张，蒋介石则认为中共仍欲推翻国民党政权，也不将军队交出，一旦苏联对日作战，必支持中共。蒋未与中共磋商，迳于三月一日宣布将于十一月十二日召开国民大会，还政于民，不能还政于联合政府，一俟中共同意改编共军，交还地方政权，即予以合法地位。此时中共对于雅尔塔会议（一九四五年二月）内情已有所闻，获悉不久苏联将宣布对日开战，周恩来于三月九日分函政府代表及赫尔利，反对召开国民党控制的国民大会，必须召开党派会议，成立联合政府[⑦]。一九四五年四月二十四日，毛泽东发表《论联合政府》，批评国民党一党专政是团结的破坏者，是抗日失败的负责者，毛说："这些人（指蒋和国民党强硬派）向共产党人说：你交出军队，我给你自由。根据这个学说，没有军队的党应该有自由了。但是一九二四年至一九二七年，中国共产党只有很少一点军队，国民党政府的'清党'政策和屠杀政策一来，自由也就光了。现在的中国民主同盟和中国国民党的民主分子并没有军队，同时也没有自由。十八年中，在国民党政府统治下的工人、农民、学生以及一切要求进步的文化界、教育界、产业界，他们一概没有军队，同时也一概没有自由。"[⑧]

## 马帅退休次日　奉命使华

中国局势的急遽恶化，迫使杜鲁门总统必须选派一个勋高望重、足以服人的特使前往中国调停严重的国共争执。农业部长安德生（Clinton Anderson）在十一月二十七日举行的内阁会议上，向他推荐刚退休的陆军参谋长、五星上将马歇尔（George C. Marshall）。

被丘吉尔誉为二次大战“胜利之组织者”（Organizer of Victory）的马帅，自一九三九年九月一日至一九四五年十一月二十六日担任美国陆军参谋长，当时尚无参谋首长联席会议之设置，马帅的职权即等于参谋首长联席会议主席。罗斯福总统对他倚赖极深，杜鲁门总统则称他为美国“有史以来所产生的最伟大军人”[⑨]，几乎所有的战史家皆认为马帅的运筹帷幄，乃是奠定同盟国获得最后胜利的基石。

一九〇一年毕业于弗吉尼亚军校的马帅，服役军旅四十四年后，于一九四五年十一月二十六日在五角大厦的军乐欢送下，告别袍泽，回到弗吉尼亚州李斯堡（Leesburg）老家，准备与老妻凯莎琳（Katherine）平静安谧地度过晚年，一偿凯莎琳多年夙愿。隔天下午，马宅电话铃响，马帅接电话，马夫人亦听到电话铃声，但因太过疲倦乃到楼上睡午觉。马夫人睡醒后听到收音机报告新闻，始悉杜鲁门总统已任命马歇尔将军为调停中国内部纠纷的特使，并将立刻动身赴华。马帅后来说，那通电话是杜鲁门总统打来的，首先抱歉打乱他的退休计划，接着要求他以总统特使身份前往中国，马帅简单地答道：“是的，总统先生。”马夫人对马帅退休不到一天即复出，极为气愤，她的怨气经过一段长时间之后，才慢慢平息[10]。

国民党CC系头子陈立夫说：“（一九四五年）十一月下旬某日，委员长约我至重庆汪山（按：应为黄山）官邸午餐，同席有经国同志。餐毕，外交部王世杰部长有要事晋谒，报告美政府派马歇尔将军来华调停国共间问题。我听完报告，即对委员长率直而肯定地说：‘此事不妥，任何人来，比马歇尔将军为佳！’委员长问：‘何以见得？’我说：‘国共间问题，宜直接商诸苏联，反易解决，若由美国出任居间，使苏面子过不去，徒增阻碍，此其一。照我观察，共方利于拖延，俾有时间整军以对我。美方对于共党问题，见解不深，易受其欺，此其二。国共问题，据我推测，调解之机会极少，马歇尔将军英雄人物，为世所称，此番出任调人，只能成功不能失败，一旦失败，如何下场？其咎若诿之于我方，我又将何以自处？此其三。有此三者，我所以认为马将军不相宜。’委员长听了，似有所动，即向王部长问道：‘同意的电报，已经发出否？’王答：‘已经发出。’（其实那天是星期六，要退回电报，还来得及。）并谓：‘美方对中共问题不太了解，参加和解，当可增加认识。’委员长默然不语，我续道：‘将来得不偿失，悔之晚矣。’”[11]

1946年4月29日出版的《新闻周刊》，以蒋介石夫妇和马歇尔为封面故事。

## 魏德迈直言 国共难合作

一九四五年十二月二十日，马歇尔飞抵上海江湾机场，何应钦、魏德迈及美国驻华代办饶伯森（Walter Robertson）在场迎接，魏、饶陪马帅至汇中饭店休息并会商调停任务。魏德迈称，马帅抵沪当天脾气不大好，精神亦差；他坦率告诉马帅，国共不可能合作；他说，马帅在战时的权位使他坚信自己会成功。马帅不高兴地大声回答魏德迈："我会完成使命，你一定要帮我忙。"[12]饶伯森则说，他向马帅报告国共纠纷的政治问题，魏则说明军事部分，不过，两个人皆一致表示国共没有合作的基础，国民党要继续掌权，中共则要夺权。饶伯森说，马帅很注意听并提出问题，但未透露他如何评占局势，华府决策者显然期待马帅会完成使命，但他和魏德迈都认为不可能[13]。

一九四五年十二月二十一日，马帅飞赴南京，蒋介石亲往机场欢迎。当晚，马与蒋举行首度会谈，宋美龄、王世杰、饶伯森及魏德迈皆在座，马帅表达美国企望中国和平之意愿，蒋表示中共之自主军队使政治上的统一不可能达成。十二月二十二日，马帅飞抵重庆，周恩来、叶剑英、王若飞等在机场欢迎；翌日，马帅与周、叶及董必武会谈，马帅表达对中国内战之关切，

1945年10月，蒋介石与毛泽东合影于重庆。

并称中国统一对世界和平颇具重要性；周恩来则表示应先无条件停战，而军队国家化的前提应为政治民主化[14]。

马帅来华调处的主要目标乃是：（一）国共停止内战；（二）国共成立联合政府；（三）军队国家化，即中共军队应纳入国军系统；（四）召开政治协商会议；（五）促进中国之和平统一与民主改革；（六）中国按照上述途径向和平之路迈进之际，美国即协助国民政府从事建设，改善经济；（七）美国不对中国进行任何直接军事介入[15]。

马歇尔的崇高声望、协助中国走向和平统一之热忱，以及美国的影响力，使国共双方暂时压下敌视和猜忌。马歇尔、周恩来和张群组成的三人会议[16]，于一九四六年一月十日获致协议：召开政协会议、立即停火、恢复交通、在北平成立军事调处执行部，由国府、中共和美国代表各一人组成。政协会议于一月十日开始举行，有三十六名代表参加（张君劢、莫德惠缺席），蒋介石担任会议主席，在致辞中表示政治协商会议为全世界舆情所注目，且亦为中国人民祈求之目标，“余自内心深处，希望会议之成功。”周恩来接着致辞，开头即称：“我们伸出友谊之手，希望协商成功，达到和平建国之路。”[17]

马歇尔与国民党代表张群（左）、中共代表周恩来（右）在重庆签署停战协定。

马帅对政协的召开，颇为满意，战后的中国似乎呈现了和平与建国的希望。一九四六年三月十一日，马帅返

马歇尔特使于1946年3月访问延安。左起为：周恩来、马帅、朱德、国民党将领张治中、毛泽东。

美向进出口银行洽商五亿美元对华贷款。在马帅返美期间，国共和解的诚意面临严峻考验，双方在东北开打了。一九四六年三月以后，中共逐渐不信任马歇尔，认为他的态度不公，但国民党同样不满马帅，指责他偏袒中共。

## 国民党内部　黑脸对白脸

政协开会以后，重庆不断发生反对派与拥护派的打斗事件，《新华日报》被捣毁、职员被殴伤，马帅怀疑是国民党顽固派有意破坏协议[18]。六月，上海各界和平请愿代表在南京被殴辱；七月，民主同盟领袖李公朴、闻一多在昆明遭暗杀，更加深了马帅对国民党的反感[19]。立法院长孙科曾对政协代表说，国民党内部分两派，一派希望会谈成功，一派则希望会谈失败。孙科、邵力子和吴铁城等人属开明派；陈立夫、陈布雷和张厉生为死硬派[20]。《大公报》负责人之一胡霖亦说，国民党内的死硬派与和平派斗争激烈[21]。周恩来则公开指责国民党CC系发动游行示威和使用暴力[22]。

青年党领袖李璜说："蒋先生在此有一矛盾心情（在需要美国的物资帮助下不得不照着马歇尔所主张的办一办，但马氏主张与其平日的反共见地及灭共决心大相冲突），人是异常烦恼的。故其亲信左右便表示出其不能忍耐的闷苦。……如果没有蒋先生向其左右亲信表示并不赞成马氏所主催的政治协商会议的心腹话，则二陈系（陈果夫、陈立夫兄弟的 CC）等党（当）权派绝对不敢发动‘校场口事件’，使民盟的‘左’倾分子挨一顿打，而从此美国舆论愈对蒋先生的左右不满。无论在当时焦头烂额的调解人的马歇尔口中，及后来在温和的司徒雷登或魏德迈两人所各发表的回忆录中，我们都看得出这一‘不满’之词。”[23]

谈判不忘娱乐。马帅在重庆和国府教育部次长杭立武夫人陈越梅拥舞。

李璜又说：“我自一九四五年年底自美回国后……复到陪都重庆，晤见张岳军（张群），他在偶然与我单独闲谈时，便谈到蒋先生很不高兴马歇尔将军向他本人施压力，强迫他对共党停战，以致贻误戡乱军机。”李璜即向张群表示：“蒋先生既决心要消灭共军，则不应敷衍美国而表示可以和谈，大可以与马歇尔将军公开摊牌，让他回美国去，万不宜有这样的拖泥带水的做法！因为美国人是青年民族，相当坦白直率，然而往往自以为是，而不瞻前顾后的；将来事如无成，他是容易怪到政府的头上，认为政府对他没有诚意的啊！”[24]

一九四六年春天，国府在军事上属于优势，并于七月三日宣布将在十一月十二日召开国民大会，准备实施宪政以抵制联合政府。不久，苏北战事爆发[25]，蒋介石自南京赴庐山，似有意避开与马帅接触。马帅对调处工作虽已抱存悲观，尚不欲放弃，七月十八日偕新任美国驻华大使司徒雷登（John Leighton Stuart）前往庐山[26]。此后两个月内，六十六岁的马帅八次奔波于南京、庐山之间，为中国的和平而努力，此即中美外交史上著名的“八上庐山”[27]。

周恩来以苏北共军处境不利，要求先行停战，再商政府改组，蒋介石以军事得手，拒之。马帅建议组成五人会议商讨政府改组事宜，蒋虽同意，但要求中共必须于六星期内将苏北、山东、热河、东北、山西共军后撤，恢复交通、整编军队、实施政协会议决议。周恩来仍坚持停战、重开政协、改组政府。马帅与司徒大使于八月十日发表联合声明，宣称国共战事已臻无法控制地步。九月十七日，国军攻下苏北共军基地淮阴，周宣布暂时退出南京谈判，谴责美国政策。九月下旬，国军进攻张家口，周分函蒋与马帅表示，如不停止对张家口的攻势，即意谓谈判全面破裂[28]。

一九四六年十月八日，中共代表、周恩来的副手王炳南向司徒雷登口头转述了周对国民党数日前所提十天休战建议的三点答复：（一）休战应无时间限制，国民党军队撤回原阵地；（二）三人小组和五人小组的议题不应受蒋介石建议的限制；（三）中共不准备立刻答复蒋介石十月二日的备忘录，周已无返回南京之必要[29]。但马帅仍抱一线希望，于十月九日秘密飞往上海，与周进行了一次长时间的会谈。这次会谈乃透过马帅的副手吉伦（Alvan C. Gillem）将军请周吃午饭、而马帅“突然”出现，然马帅并未能说服周[30]。周恩来、邓颖超、李维汉等十五人于十一月十九日搭乘美国大使馆专机飞返延安[31]。

## 国共恶斗 马帅痛心疾首

1947 年 1 月 8 日，马帅返美出任国务卿，蒋介石夫妇亲往南京明故宫机场送行。

在“谈谈打打、打打谈谈”之下，马帅对国共双方毫不妥协的态度、根深蒂固的仇视，痛心疾首到极点。一九四七年一月六日，杜鲁门总统宣布召回马帅出任国务卿；马帅向蒋介石报告将于一月八日返美，蒋两度邀请马帅担任他的最高顾问，愿把全部权力交给他，马帅婉拒[32]。疲倦、绝望的马帅于八日告别中国，蒋介石夫妇亲到南京明故宫机场送行。离华前夕，马帅发表声明，总结其一年调处国共冲突的感想，他说：“和平最大之障碍，厥为国共两方彼此完全以猜疑相对。”又说：“双方均利用曲解以中伤对方。……余认为最近谈判决裂最重要之因素如下：在国民政府实际上亦即国民党方面，其最有势力之反动集团，对于余促成真正联合政府之一切努力，几无不加以反对，往往以政治或党的行动为掩护……在中共方面，余相信内有激烈分子亦有自由分子……至于真正极端之共产党徒，则不惜任何激烈之手段以求达到其目的，例如破坏交通，以便破坏中国之经济，而造成有利于推翻政府之局面……中共手段中之极有害及煽动性的方面则为宣传文字。”马帅说，中国的希望，乃在于“唯有使政府中与小党派中之自由分子居于领导者的地位，此种自由分子为优秀人物集合，唯仍缺乏政治权力以发挥其起支配作用的影响”。[33]

李璜说："我深知国民党的当权者都无意与共党言和；但是我又深忧战后国军已疲惫了，敌不过共军的凶猛纠缠，何况后面还有苏俄实力在支持着，因此我又特别去晤见当时掌握军事机构的主持人陈诚，在讯问他川军复员的办法之后，我顺便向他说到共军之不易对付与国军已疲乏的这一见地。不料陈诚竟面红筋胀地答复我道：'李先生不要去信共匪的宣传！国军六个月内便足能消灭共军，请放心！'陈诚这两句话，使我无法再说下去，我总感到他太矜骄一点了。"[34]

马歇尔与中国的缘分始于二十年代。一九二四年九月七日，马歇尔中校和他的原配在秦皇岛上岸[35]，马中校奉命出任美国第十五步兵团团长，任务是保护天津租界，史迪威和当过朝鲜战争联军统帅的李奇威（Matthew B. Ridgway）皆为其麾下。马歇尔在天津学会了一些中国话，自称比他的法语还好，他不像史迪威花很多时间研究中国语文和风俗习惯。马氏夫妇在华三年，一九二七年五月返美。十八年后马氏偕其继室重回中国[36]。

蒋介石夫妇必然了解马帅使华的重要性，尽管马帅过去一直力保史迪威，从国府的观点而言，对中国不甚友好，而陈立夫又对马帅的调处任务向蒋进"谗言"[37]；但杜鲁门选派军声崇隆的马帅使华，非仅显示华府极端关切中国内战危机，更尊重蒋介石的领导地位。

## 宋美龄与马帅建立私谊

马帅是个含蓄、低调和寡言的军人绅士，他在南京与蒋介石夫妇见面，会谈的第一天，在态度上就对蒋显得颇为恭敬。宋美龄是个政治警觉性极高的女人，她深悟有利于她的丈夫即有利于中国的道理，她花尽心血、用尽心机讨好马帅，试图“动之以情”，帮国府说话。结果在国共双方俱不妥协的大气候中，马帅有志难展，宋美龄和马帅夫妇建立的友情却永未褪色[38]。

与宋美龄关系良好的美国知名之士，不可胜数，然以私人情谊而论，显然无人能与马歇尔相提并论。按说以马帅在史迪威事件中大力支持史、调处国共冲突铩羽而归且遭国民党当权派与右翼挞伐，以及马帅本人对蒋介石和国府的成见，宋美龄似乎不大可能与马帅发展友谊，但马、宋的私交不仅超越政治与外交的鸿沟，而且一直持续至一九五九年马帅去世。倘若宋美龄纯粹是为了蒋介石和国府的政治利益而交好马帅，则大可不必在马帅归隐林下、安享晚年期间，仍和他保持密切关系[39]。

马歇尔和宋美龄首次见面是在一九四三年上半年宋做客白宫之际，而宋于一九四二年十一月赴美就医所搭乘的专机，即是马帅所安排。一九四三年十一月开罗会议，马、宋有了进一步的认识，在罗斯福总统为蒋介石夫妇举行的茶会上，马帅首次见到蒋，以往都是经由史迪威发回华府痛批蒋的报告中“了解”蒋。马帅对蒋的第一印象是，蒋看起来不太像主宰数亿人民命运的军政强人，反倒像个中国的传统读书人和修道者，其审慎自持的态度和说得一口漂亮英语的宋美龄，恰成强烈对比。马帅认为宋美龄似远较蒋介石更果断，注意每一个步骤，不时纠正译员的翻译并加以阐释，有人怀疑她的“阐释”似乎是在补充蒋的原意[40]。

在开罗会议中，马帅和史迪威都相当不满英国将领刻意贬低中国战区的重要性，在一次激辩中，马帅说：“希望我们就这个问题再聚在一起讨论。”宋美龄听到这句话，身体向前倾，纤纤玉手放在马帅的膝上，柔声说道：“将军，你和我随时可以聚在一起。”㊶

“偷得浮生半日闲。”宋美龄与马帅在牯岭对弈。

深受西方文化熏陶的中国第一夫人，跟美国要人接触时，知道如何与他们相处、如何把自己最具吸引力的特质展现出来，而使这些显贵之士为她着迷，陈纳德、威尔基和鲁斯都曾经是“蒋夫人迷”，尤其是陈纳德和威尔基。马帅以特使身份使华，宋美龄对他极为照拂，要求擅长办理后勤工作的黄仁霖到庐山牯岭为马帅租赁一幢好别墅；在马帅生日时，嘱黄仁霖办一个温馨的生日宴会㊷。

马帅每次和蒋介石单独会谈时，都由宋美龄传译。一九四六年三月中旬，马帅返美安排对华贷款，国共对峙情势陡然升高，要求马帅尽速回中国调停的电报像雪片似的涌到华府，其中催驾最力的即是宋美龄。宋美龄于四月二日致电马帅说，吉伦将军已尽力而为，但情势告急，“我认为我必须坦诚地告诉你，如欲进一步磋商，你的与会乃是关键。我不想说‘我早就告诉过你’这句话，然而即使你短暂地离开此地，已证明我以往常对你说的——中国需要你……早点回到我们身边吧，顺便带马歇尔夫人一道来。”㊸马帅夫妇于四月十七日飞返中国，宋美龄不仅对马帅照顾备至，对马帅夫人亦相当体贴，马夫人年轻时在英国学过戏剧，亦曾在职业剧团做过演员，与喜爱戏剧的宋美龄很聊得来。马帅在写给友人的信中说，宋美龄对凯莎琳“颇为敬慕”[44]。马帅大蒋介石七岁，凯莎琳则比宋美龄大十七岁。

一九四六年五月十二日至十六日，宋美龄偕马帅夫人到上海玩了四天，结果中国报界却大肆报道马帅夫妻吵架失和，马帅夫人由宋美龄陪同“离家出走”；又说马帅从南京追到上海，但夫人拒绝见他，躺在医院里，生气又生病。“失和”谣言传得很厉害，马帅不得不在六月中写封信向陆军参谋长艾森豪威尔（刚在五月访问过南京）抱怨中国媒体的无中生有。他说他和夫人好端端的，根本没有所谓吵架，两位夫人到上海散散心、购物、吃馆子，过了愉快的四天之后，他到上海接她们回南京，如此而已[45]。

## 马帅劝蒋聘公关打形象

随着中国局势的恶化，美国媒体对蒋介石和国民党的批评愈来愈尖锐，马帅在重庆时即一再建议蒋聘用一位美国公关专家为蒋打形象，同时亦可随时向蒋解说一些美国观念，蒋即嘱马帅返美述职时帮他找个公关顾问。《时代》周刊创办人鲁斯向他推荐该刊华府分社编辑比尔（John Robinson Beal）。马帅对比尔的工作指示只有一句话：“不要让中国人给美国添麻烦”[46]。

一九四六年十二月一日，马帅与司徒雷登和蒋介石进行了三小时的会谈，由宋美龄翻译，蒋告诉马帅和司徒，中共从未打算与政府合作，其目的在瓦解政府，他有信心在八到十个月内消灭共军[47]。就在这次会谈中，马帅很严肃地对宋美龄说：“我要告诉你几句话，这些话很不客气，也许你不愿意翻译。如你认为太过火就不用翻。”马帅随即对蒋说：“你已经破坏协议，你也曾抗拒订妥的计划。人家说你是现代乔治·华盛顿，经过这些事情以后，他们不会再如此称呼你了。”宋美龄向马帅点点头说：“我要他听听这些话。”随即忠实地译出来，蒋听了，面无表情，只是晃着腿，这是他不高兴时的特别动作[48]。不过，宋美龄还是经常将她和马帅的谈话内容以及马帅对蒋与国民党的不满，告诉蒋介石[49]。

一九四六年十二月二十四日晚上，蒋在官邸庆祝圣诞，宋美龄为染患感冒、心情欠佳的马帅调了一杯马丁尼。马帅心情不好的原因是，北平发生了一件美军涉嫌强暴中国女学生沈崇事件，引起各大城市学生的反美示威，一批南京大学生到马帅住处集结抗议，向马帅讨公道[50]。一九四七年元旦，蒋介石获悉司徒雷登会去探望卧病在床的马帅，蒋亦一道去。比尔说，这是蒋唯一一次去看马帅[51]。

## 宋美龄赞同起用张学良

马帅二十年代驻防天津时学会的一些中国话，虽已完全生锈，不过还能分辨出在中国出生的前燕京大学校长司徒雷登的国语（普通话）说得比宋美龄好。[52]马帅说，他刚到中国调停时，蒋介石对他半信半疑，为了要让蒋对他有信心，就请司徒雷登当大使，司徒了解中美两国，亦能分析他的建议，用中国话向蒋解说[53]。

马帅在华调停期间，国共双方在东北打起来，不少人提醒他向蒋介石建议起用被软禁的少帅张学良以收揽东北民心，甚至连宋美龄亦向他表示同样看法。马帅说他在二十年代即跟张作霖、张学良父子很熟，但他不愿介入这件棘手的事，故从未向蒋提起[54]。

马帅于一九四七年至一九四九年担任国务卿，一九五〇年至一九五一年出任国防部长；担任国务卿期间推出战后欧洲复兴计划（俗称“马歇尔计划”），而于一九五三年荣获诺贝尔和平奖。

已出任国务卿的马歇尔建议杜鲁门总统派遣熟悉中国军政事务的魏德迈将军来华考察中国政治、经济与军事情况，以制订援华计划，魏德迈于战时曾接替史迪威担任中国战区参谋长。魏氏（着西服者）于1947年7月22日飞抵南京明故宫机场，其时京沪一带报纸称其为“崔护重来”或“前度刘郎今又来”。

一九四八年十二月，马帅因肾脏病住进华府华特·里德（Walter Reed）医院开刀，全球政要几乎都写信或致电慰问马帅，连毛泽东、周恩来亦打电报表示关切。马帅的幕僚注意到蒋介石的慰问电并没有宋美龄的签名，他们疑心是不是因中国情势的恶化，宋美龄怪罪马帅未对国府伸以援手而不愿签名？事实并非如此，马帅的幕僚太过敏感了[55]。

据司徒雷登说，一九四八年感恩节下午，宋美龄兴奋地打电话给他，要他即刻去看她。司徒到了官邸，宋美龄告诉他刚和马歇尔通了越洋电话，谈论她即将启程的美国之行。宋美龄此行是为了争取美援，司徒说，他极想劝她取消赴美计划，因势必徒劳无功，但司徒不仅未敢开口，反而不得不协助她安排行程，俾使她能够尽快动身。后来，蒋介石问司徒，宋美龄是否曾征求他的意见，司徒答没有。蒋说她应该问问大使的意见，又说他对宋美龄此行甚不以为然[56]。宋美龄于一九四八年十一月二十八日自南京飞美，十一月三十日抵旧金山，十二月一日飞至华府，马帅夫人在机场接她，直接到医院探望马帅，顺便向他告状说司徒大使企图促使国府与中共和谈[57]。马帅夫人邀宋美龄下榻弗吉尼亚州李斯堡马帅的住宅多多纳庄园（Dodona Manor）。美国传记作家莫斯里（Leonard Mosley）说，宋美龄并没有在马歇尔夫人凯莎琳面前掩饰过她对马帅的“一片情”，她要和凯莎琳“共享”对马帅的感情[58]。

宋美龄在马宅住了一阵，与凯莎琳一起下厨，一起在偌大的花园摘花、剪枝；两位夫人的话题都是以马帅为主，凯莎琳向宋美龄倾吐有关马帅的种种轶事，并透露马帅小时候有一撮头发老是盖住前额，因此养成快速甩头的习惯，大家就叫他 Flicker。马帅于十二月七日开刀，宋美龄到医院看他好几次，有一次写了一封长信给他，信封上幽默地写着：“送呈 Flicker 将军报告。极机密。阅毕即毁。”莫斯里说，这大概是任何人所收到最不寻常的一封“祝早日康复”的慰问信。宋美龄在这封长信中尽情撒娇，说她在马家花园做苦力，而他则“躺在丝绸床单上”享受，又说她费了极大的力气种植“荷兰种的大口径水仙花”、“除草以防霜敌”；经过这些“令人腰酸背痛”的工作之后，又在厨房“度过悲惨的时刻”，“削马铃薯、煮罐头牛肉、发明了不起的新沙拉，尝起来味道像泥巴——在密接战斗中肯定可以困扰敌人”。[59]

宋美龄以“一介小兵”的身份向“总司令”马帅告状：“一再向副总司令（凯莎琳）要求加薪，却被当作耳边风，反而指责小兵在此宿营后，两颊晒黑了，肤色好看了，腰围亦显著加大。故任何有关财务上的要求一概无效。然而，小兵认为副总司令的答复既不民主，亦欠公正，且有歧视之嫌；所谓肤色好转也许是因结核病而泛红，体重增加可能是患有水肿或是不健康的暴饮暴食症，亦即举世皆知的‘大肚子’（bay window）毛病，这必须加以留意。到底有无公正可言？”以“小兵”自居的宋美龄向马帅喋喋不休：“现向总司令提出 SOS 讯号，赶快撤离丝绸床单！甜蜜的家庭绝不是像这个样子。小兵请求上天对如此非中国式的招待予以做证。我的好友家用调温器经常胡搞一通，忽冷忽热。我要求国会立即按照康纳利参议员的指示关照此事，因有人在清教徒妈妈（宋美龄故意把 Pilgrim Fathers 写成 Pilgrim Mothers）的土地上做奴工。宋美龄 敬呈”[60]

## 宋美龄情意独钟马歇尔

马帅看完宋美龄的长信，不禁大笑，并回信给宋美龄说，他绝不会让第三者看到这封信，不然会损害她的“中国皇太后”声名[61]。

从这封看似游戏文章、字里行间却流露真情的信中，可以察觉宋美龄与平时不苟言笑的马帅，确实存在超乎一般人想象的交情。常被批评者形容为中国最专横、傲慢的第一夫人，竟会写出如此融合情爱与娇嗔的信函，而且对象是国民党当局视为失去大陆的祸首马歇尔，一方面固然显示了宋美龄能够把私谊和公事分得一清二楚，一方面亦凸出了在众多近代美国军政要人中，宋美龄独钟于马帅一人。

宋美龄在马宅长住了两次，马宅客厅所悬挂的名贵大壁画，即是她送的[62]。一九四九年八月五日，美国国务院发表《美国与中国的关系：特别着重一九四四年至一九四九年阶段》（俗称《中美关系白皮书》），向美国人民说明美国对华政策，并对蒋介石政府多所指责，国府极为愤怒[63]。白皮书发表时，宋美龄正和马帅夫妇在纽约市以北的风景区阿迪朗代克（Adirondacks）一起徜徉山水，宋美龄向美国媒体表示系马帅夫妇邀她度假，与白皮书无关[64]。过了一个月，宋美龄在纽约公寓请马帅夫妇吃饭，饭后同往百老汇观赏《南太平洋》舞台剧[65]。

讽刺的是，宋美龄与马歇尔密切交往之际，国府在美的一名特务却于一九四九年八月二十四日自华府向台北发出电报说："过去这一年我对马歇尔特别容忍，但他丝毫未改变其态度。不过我想还是不要攻击他，以避免与美国政府当局直接闹翻。"[66]

一九五〇年七月三十一日，朝鲜战争联军统帅麦克阿瑟在危急时刻访问台北，商讨台湾出兵的可能性，蒋介石夫妇极为兴奋。五个月前，麦帅曾邀孙立人访问东京，期勉孙负起防卫台湾之责[67]。麦帅在松山机场以他的特殊方式向蒋介石致意，一面用右手与蒋握手，一面用左手拍蒋的肩膀，两位反共老将首次见面，格外热络。风度翩翩的麦帅也对宋美龄行吻手礼。蒋为麦帅召开国府军事首长会议，宋美龄全程参与，麦帅返回东京总部以后，向参谋首长联席会议发了一份简略的报告。国府驻美大使顾维钧引述《纽约邮报》的报道说，麦帅私下联络台北，而国务院和五角大厦犹被蒙在鼓里时，宋美龄已告知了马帅；后来又把麦帅在台北与蒋介石的谈话内容报告马歇尔。邮报说，宋美龄写给马帅的信"长达三页，单行打字，把麦帅和蒋介石的会议重点，一五一十和盘托出。如此大事，麦帅竟然不向华府报告，殊不知马帅已知晓一切，而且消息来源竟是宋美龄这等权威人士"。宋美龄不但向马帅详述麦帅的随员到北投洗温泉，并把军事会议的细节禀告马帅，这些细节对即将出长五角大厦的马帅而言，颇有价值[68]。

宋美龄在信中说，蒋介石告诉马帅，来自各地（包括中国大陆游击队）的消息，建议她领导大陆游击运动，蒋问麦帅有何看法，麦帅说："不错"，理由是领导地下游击工作的人最好是敌人不会怀疑的人，"而我是最不会被敌人怀疑的人"。不过，麦帅离台时在松山机场对宋美龄说，从事游击运动的人一旦被捕将会被拷打致死，"我不希望看到你身历险境"。马帅回信给宋美龄："你告诉我有关麦克阿瑟将军访台一事，我自然很感兴趣，但我更关心的是你要领导大陆游击运动一事。这是一桩很危险的任务，就你不稳定的身体状况来看，领导游击队的艰苦生活，将会使你的健康严重受损。"[69]

马歇尔调处国共冲突失败，国民党骂他，共产党批他。远来的"洋和尚"难念"中国经"，马帅之败，咎不在他，而在国共两党。马帅说他试图讨好国共双方，到后来却没有人相信他[70]。马帅于一九五二年夏天自天津写信给他的老长官潘兴（John J. Pershing）将军，这封信虽是批评中国的军阀政治，但亦说明了他无法平息四十年代国共斗争的根本原因。马歇尔说，中国的谜团几乎不可能解开，"双方都做了这么多的恶事，在一个权力和一个党派之间有这么多黑暗的事；这些人的内心深处充满着这么多的仇恨而又涉及这么多的重大商业利益，一个正常的解决方法是永远找不到的。"[71]

马帅离华后，于 1947 年 1 月 9 日偕老伴在檀香山度假。

## 注释

①Immanuel C. Y. Hsü，*The Rise of Modern China*，702；Barbara W. Tuchman，*Stilwell and the American Experience in China*，*1911—1945*，397。赫尔利（Patrick Hurley）是个妙趣横生的俄克拉荷马人，出身寒微，一次大战时于役海外，擅长幕后协调牵线工作。赫尔利是共和党人，罗斯福擢用他的部分原因是为了选举政治。在延安欢迎晚会上，个子高大、长相英俊而又蓄着胡子的赫尔利，边跳印第安战舞，边喊Yahoo！

②Hsü，703；郭廷以《近代中国史纲》（下册），香港：中文大学出版社，一九八六年（第三版），七一七页。

③Hsü，703。

④同上。

⑤《近代中国史纲》，七一八页。

⑥前引，七一八～七一九页。

⑦前引，七一九页。

⑧《毛泽东选集》，北京：人民出版社，一九六九年，九七三～九七四页。一九四五年九月，毛泽东在重庆对民社党领袖蒋匀田说，民社党主席张君劢曾写一封公开信给他，要求他将中共军队交给蒋（介石）先生。毛宣称："老实说，没有我们这几十万条破枪，我们固然不能生存，你们也无人理睬。若教我将军队交给政府，理犹可说，教我交军队予蒋先生个人，更不可解。最近蒋先生曾对周恩来同志说：盼告诉润之（毛先生号），要和，就照这条件和，不然，请他回延安带兵来打。我异日拜会蒋先生，当面对他说，现在打，我实打不过你，但我可以对日敌之办法对你，你占点线，我占面，以乡村包围城市。你看交军队予个人，能解决问题吗？"参看蒋匀田《中国近代史转捩点》，三页。

⑨Forrest C. Pogue，*George C. Marshall*：*Statesman*，*1945—1959*，New York：Viking，1987，1。

⑩前行，3。

⑪陈立夫《成败之鉴——陈立夫回忆录》，台北：正中书局，一九九四年，三四三～三四四页。一九六三年陈立夫赴台奔丧后回美，路过东京答复记者说："（国民党）失败所以如此之快，乃缘于无知。"过了两年，即一九六五年秋天，陈立夫于自营之新泽西州湖木（Lakewood）农场接待蒋匀田夫妇，蒋匀田说："谈及往事，及失败如彼之快的原因，立夫先生坦诚相告，失败的原因，缘于无知，而他个人的措施，多系代人负过，可以证明他已'知今是而昨非'了。"参看《中国近代史转捩点》，页二〇。

⑫Pogue，75；Albert C. Wedemeyer，*Wedemeyer Reports*，New York：Henry Holt Co.，1958，363。

⑬Pogue，75。

⑭《中国近代史转捩点》，七四页。蒋匀田称，"军队国家化"必须以"政治民主化"为前提的口号，乃是民社党最早提出而非中共。

⑮《近代中国史纲》，七三三～七三四页；Hsü，721。

⑯ Pogue，81；《中国近代史转捩点》，一一六页。一九四八年冬天，蒋匀田在华府访晤已出任国务卿的马歇尔，马帅对蒋说："国民党中能是周恩来对手的，只有张群一人。"

⑰《中国近代史转捩点》，七一八页。

⑱马帅认为反对他调停工作最力的人就是陈立夫，见 Pogue，82。一九四六年二月十日，国民党重庆市党部纠集群众于校场口，游行示威，高呼反对苏俄插足于东北的经济建设；二月二十二日，七千重庆学生又举行反苏反共示威游行。校场口示威事件翌日晚上，周恩来在其驻渝办事处邀宴民盟人士时表示，国民党特工化装学生在校场口的游行示威，口号虽反对苏俄，其实是对国民党内部而言，系反对政学系（张群、吴铁城、张嘉璈等），而真正的目的则想破坏政协会议的结果。周又说，校场口示威之际，陈立夫即坐在社会部内亲自指挥，因此警察、宪兵皆未加干涉。参看《中国近代史转捩点》，六六～六七页。

⑲社会大学创办人李公朴于一九四六年七月十一日晚上遭国民党特务刺杀于昆明学院坡；四天后（七月十五日），西南联大教授闻一多参加李公朴追悼会，回家后在西南联大西仓坡教员宿舍又遭国民党特务狙击。下令杀害李、闻的是云南警备总司令霍揆彰。参看沈醉《军统内幕》，北京：文史资料出版社，一九八四年，三九六～三九八页。

⑳《中国近代史转捩点》，页六七～六八、九五，蒋匀田曾向司徒雷登大使表示："我们现在与中共联系，目的即在造成能勉与专政多年的国民党对立平衡，以为中国实践民主的必要保证力量。既需要平衡对立的政党，我们当然无意摧毁国民党。可是国民党内的顽固派，不了解我们的用心，反说我们是中共的同路人，对我们的建议，皆听若罔闻，置诸不理。"

㉑前引，一四六页。

㉒前引，六六～六七页。

㉓《学钝室回忆录》，六〇〇页。

㉔前引，五九二页。

㉕前引，一一五页。

㉖《近代中国史纲》，七四五页。马歇尔本推荐魏德迈将军为驻华大使，因中共反对，马帅改荐燕京大学校长、驻华半个世纪的"中国通"司徒雷登。但另一说法是，马帅确曾和魏德迈商讨派其出任驻华大使问题，但在一九四六年一月国共停战协定未能履行后，马帅即改变主意，不愿再提名魏。马帅认为中共可能会以魏与国府关系密切（魏为蒋的战时参谋长）而拒绝其任命。魏德迈获悉马帅未拔擢他，愤怒异常，著书、撰文攻击他，称他赴华调处国共冲突时，"身体上和心智上已疲惫至无法正确评估情况的地步"。参看 Ed Cray，*General of the Army—George C. Marshall*：*Soldier and Statesman*，New York：Simon Schuster，1990，576。

㉗同前。马帅八上庐山日期为（均在一九四六年）：七月十八日至二十日、七月二十七日至三十日、八月三日至八日、八月十五日至二十日、八月二十三日至二十七日、八月三十日至九月三日、九月六日至十日、九月十三日至十七日。参看陆铿《陆铿回忆与忏悔录》，台北：时报文化出版公司，一九九七年，一一七～一三〇页。

㉘《中国近代史转捩点》，八一～八二、八九～九〇页；《陆铿回忆与忏悔录》，一二三～一二四页。周恩来曾对蒋匀田说："毛主席也参加国府委员会为委员。毛主席将住在扬州，开会即到宁（南京）参与，会毕即回扬州。俾国府内多几位守正不阿、坦诚敢言之士，以发扬民主风气。即以此点衡之，当时中共对苏北边区，何等重视，岂能轻允放弃乎？"

㉙牛军《从赫尔利到马歇尔——美国调处国共矛盾始末》，福建人民出版社，一九九二年（二

刷），二五四页；《马歇尔使华——美国特使马歇尔出使中国报告书》，中国社会科学院近代史研究所编译室译，北京：中华书局，一九八一年，三一页。

㉚《从赫尔利到马歇尔》，二五四页。

㉛《中国近代史转捩点》，一五〇页。

㉜ Pogue，141；王成勉《马歇尔使华调处日志（一九四五年十一月～一九四七年一月）》，台北国史馆，一九九二年，一八六～一八七页。

㉝《国共谈判文献资料选辑，一九四五·八～一九四七·三》，中共代表团梅园新村纪念馆编，江苏人民出版社，一九八四年（第二版，增订本），五一五～五一九页。

㉞《学钝室回忆录》，五九三页。

㉟ Cray，28~30，96，103~104，108~109。马歇尔一生结婚两次，原配是伊莉莎白（Elizabeth Carter Coles Marshall），二十年代陪马歇尔赴天津，比马大六岁，一九二七年九月因病去世，自天津返美才四个月。终年五十三岁，死亡证书则写四十四岁，以示马歇尔对夫人“虚报”年龄的尊重，马氏与伊莉莎白无子嗣。一九三〇年十月，马氏与寡妇凯莎琳结婚（凯莎琳的前夫为一富裕律师，被谋杀而死，有三个子女），马氏比凯莎琳大两岁，两个人无所出，马氏以凯莎琳的三个子女为继子和继女。

㊱前引，96~102。

㊲《成败之鉴——陈立夫回忆录》，三四三～三四四页。

㊳ Pogue，111。

㊴ Leonard Mosley，Marshall：*Hero for Our Times*，New York：Hearst Books，1982，宋美龄的照片说明。

㊵ Forrest C. Pogue，*George C. Marshall*：*Organizer of Victory*，*1943—1945*，New York：The Viking Press，1973，304~305。波格（Pogue）是研究马歇尔的权威之一，著有《马歇尔全传》四册，一九七七年曾到台湾蒐集资料、访问与马帅接触过的要人，如张群、王世杰、陈立夫、俞大维、叶公超。Pogue 说，他到台湾做研究时，并未事先联络，纽约圣若望大学史学教授梁敬錞获悉他要去台湾，立刻告知“总统府”秘书长张群，“国府”即特别招待他，提供翻译兼向导、汽车、司机，安排访问、与要人聚餐、阅看档案，并代付旅馆费用，而使得 Pogue 在台湾省下的费用可移作欧洲采访之用。见 Pogue，Marshall：Statesman，534。Pogue 于一九九六年十月六日病逝于肯塔基州，享年八十四岁。

㊶ Mosley，262。宋美龄说：“General，you and I can get together anytime.”

㊷《黄仁霖回忆录》，一三九～一四七页。黄仁霖当时担任战地服务团团长，马帅来华皆住服务团在各地所设的招待所。黄说：“马歇尔将军是一位沉默寡言但善于观察的人。”又说，马帅尝言：“在中国有两位优秀的将军：一位是孙立人将军，是弗吉尼亚军事学校的毕业生，亦是超群出众的指挥官；另一位是黄仁霖将军，一位伟大的供应者，也是后勤补给军官。”黄仁霖与蒋介石夫妇的关系颇为密切，后担任联勤总司令、招商局董事长、驻巴拿马大使，不少人对他伺候蒋宋的“逢迎拍马”态度，颇有微词。黄的原配（余庆寿）之父即是为蒋宋证婚的基督教青年会总干事余日章。黄于一九八三年病逝华府。

㊸ Pogue，（*Statesman*），110。宋美龄对马帅说：“China needs you.”

㊹前引，11。

㊺ Larry I. Bland ed.，*George C. Marshall's Mediation Mission to China*，*December*

*1945-January 1947*，Lexington，Virginia：George C. Marshall Foundation，1998，340，575。

㊻ Pogue，（*Statesman*），111；John Robinson Beal，*Marshall in China*，New York：Donbleday& Co.，1970，4。马帅对比尔的指示为：To Keep the Chinese out of trouble with the United States.

㊼ Pogue，（*Statesman*），133；《马歇尔使华调处日志》，一七三页。

㊽ Cray，582。

㊾ Bland，160；秦孝仪编《总统蒋公大事长编初稿》，一九七八，第六卷，第一部分，二四页。

㊿ Pogue，（*Statesman*），137。

(51)前引，139。

(52) Larry I. Bland ed.，*George C. Marshall：Interviews and Reminiscences for Forrest C. Pogue*，Lexington，Virginia：George C. Marshall Research Foundation，1991，607。司徒雷登在其回忆录《在华五十年》（*Fifty Years in China*-The Memoirs of John Leighton Stuart：Missionary and Ambassador）中，曾谈到他如何学中文，82~85。

(53)同前。

(54)前引，367。

(55) Mosley，434~435。

(56) John Leighton Stuart，*Fifty years in China*，New York：Rondom House，1954，202~203。

(57) Yu-ming Shaw（邵玉铭），*An American Missionary in China：John Leighton Stuart and Chinese- American Relations*，Cambridge，Mass.：Harvard University Press，1992，240。

(58) Mosley，435。

(59)前引，435~436。

(60)前引，436。

(61)前引，436~437。

(62) Cray，752。

(63)陈之迈《艾奇逊与中美关系白皮书》，收入《患难中的美国友人》，台北：传记文学出版社，一九七九年，一五七～一七四页。

(64) Cray，675。

(65)前引，676。

(66)前引，675。

(67)屈山河《美国一度想在台湾搞政变！》，台北：《新新闻》周刊，第三六一、三六二合刊本，一九九四年二月六日出版，二二页。

(68) Mosley，460；《顾维钧回忆录》第八分册，中国社会科学院近代史研究所译，北京：中华书局，一九八九年，一三一～一三二页。

(69) Mosley，460~461。

(70) Cray，585。Mosley在其著作中特辟一章称马帅赴华调处任务为"不可能的任务"（Mission Impossible），347。

(71)前引，100。李璜在《学钝室回忆录》中说："美国在中国抗日战争的后半期，对中国的热心扶助，如租借法案，如救济物资，如在印度为中国训练新军，如在国际会议上将中国捧为四巨强之一（我于一九四五年三月乘美国军机自重庆飞美去参加旧金山联合国大会时，沿站美空军基地餐厅中皆悬有罗斯福、丘吉尔、斯大林、蒋介石四人的半身大相片），凡此不能说美国政府对中国政府的扶助没有真正的诚意。然而以美国这个青年民族的躁急性格，凡事均认为可以立即照他的办法主张做很好，就不大留意环境的复杂，条件的具否，与他合作的对方是否能赶得上他的脚步。因之，美国政治界在外交上或与一个老民族的国家讲友谊合作上，便往往要碰钉子，花钱贴米，热心合作，其结果会弄到彼此不欢，反留下无穷遗憾。”见该书第五九四页。

# 第十章 孔祥熙与宋子文郎舅斗争

孔宋家族经由婚姻关系而获得“姐妹弟兄皆列土”的无上特权，成为近代中国政治舞台上炙手可热的家族集团。然这个阀阅之家却充满着矛盾与猜忌、对抗与冲突，其中尤以宋家大女婿孔祥熙和宋家大少爷宋子文的争斗，最令人侧目，同时亦与蒋介石政权的起伏兴衰具有密切的连锁关系。

## ▶ 孔宋郎舅　个性南辕北辙

孔祥熙与宋子文的个性及作风完全不同，孔圆融、宽厚、平易近人，蒋介石说他"休休有容"[①]；宋则傲慢、自大、有棱有角，蒋介石称他"不讲道义"[②]。由于孔祥熙（字庸之）善察风向、为人随和，其一生始终能与蒋介石维持水乳交融的连襟与君臣关系；反之，宋子文和蒋介石经常摩擦，甚至剧烈争吵、恶言相向[③]。除了个性率直之外，宋子文当年大力反对蒋介石娶幺妹美龄，蒋耿耿于怀，或许是他们一直未能"肝胆相照"的原因[④]。在孔宋郎舅的长期斗法中，宋美龄因与大姐蔼龄感情弥笃，故全力支持大姐夫孔祥熙与大哥相斗。

西方媒体称孔祥熙的造型为"漫画家的最爱"。

当过孔祥熙多年秘书的谭光说："孔和宋子文比较，一般人认为宋精明而孔庸碌，其实并不如此。孔有时装糊涂，都为应付一时环境，他的精明厉害处比宋有过之而无不及。宋一派欧美作风，孔却是‘中西合璧’，待人接物，因人而施。特别是对蒋的逢迎谄媚，既有内线，更借外力，所以蒋宋迭起风波，蒋孔则始终如一。孔和各派系纠纷，蒋不惜纡尊调护；宋子文如果不是借美国总统罗斯福的力量是无法取孔而代之的。”⑤

自二十年代至四十年代，国民政府的财经部门与金融机构，全由孔宋二人轮番“做庄”、轮流把持，郎舅二人迭膺重寄，皆做过中央银行总裁、中国银行董事长、财政部长、行政院副院长和院长，宋亦曾任外交部长、广东省主席。蒋介石的治国之术首须掌握军权与财政大权，因此他个人牢控军权，财政大权则由亲属孔宋护盘，在其心目中，唯有孔宋熟谙财政，而且安全可靠⑥。就因孔宋在官场上所担任的职位相若，数十年来所培植的利害关系纵横交错，又不忘假公济私、巧取豪夺，为自己谋取最大利益⑦。于是，在争宠、争权与争利的“三争”之下，孔宋之间乃展开了一场连绵不绝、至死未休的恶斗。

孔宋早年都在美国人办的教会学校读书，及长又先后赴美留学，孔就读俄亥俄州欧柏林学院及康州耶鲁大学，宋则负笈哈佛与哥伦比亚大学⑧。孔比宋大十岁，一九一四年春，孔与宋蔼龄在日本结婚时，宋仍在哈佛肄业。一九三三年以前，孔宋之斗尚未表面化，但已暗萌裂痕，谭光说：“南京国民政府成立后，孔出任工商部长，后农工两部合并，又继任实业部长；这段时期孔、宋之间暗斗甚烈，相互诋毁。有一年国庆节，上海英文《大陆报》出庆祝特刊，孔发表一篇《回顾》说：‘建设方面不能有所成就，是财政当局不给经费之故。’宋子文见而大怒，拿了报纸去找大姐说：‘自己人如此指责，无怪外间反对，太无道理。’其时孔在南京，宋蔼龄打长途电话来责问，孔只好推在英文秘书许建屏身上。由是暗斗反而转到明争，双方各执势力，互不相让。”[9]

一九三三年四月，宋子文因蒋介石对军费需索无度，一再要求预算之外另拨经费，乃主动辞去中央银行总裁职务，由孔继任；同年十月，宋在剿共抗日孰先孰后以及预算问题上与蒋介石、汪精卫发生严重分歧，愤而辞卸财政部长和行政院副院长，此二职亦由孔接任[10]。据国民党老胡汉民透露，宋子文曾私下对人说：“当财政部长无异做蒋介石的走狗，从现在起我要做人而不是做一条狗。”[11]其时在四省农民银行供职的一位人士回忆说：“一九三三年，当时在国民党政权中，宋子文掌握财政大权，蒋、宋之间存在着矛盾，蒋用钱时，往往受到宋的制约，不大方便，所以蒋介石自己开办银行，从这个角度讲，也可以说，农民银行的成立是国民党派系斗争的产物。”[12]

## 宋不讲情面　孔唯命是从

宋是个办事不讲情面、但注重效率的人，他在财政开支上的“不通融”，可说是蒋在内心深处不喜欢他的最大原因；孔则对蒋唯命是从，绝不拂逆蒋的旨意，孔尝言：“我们今天完全是由蒋先生的支持而上来，蒋哪天不相信我，我哪天就完蛋……”[13]蒋既然唯有孔宋可用，“宋去孔来”的局面，也就一再出现于蒋政权内。

美国学者柯伯尔（Parks M. Coble，Jr.）在《上海资本家与国民政府，一九二七～一九三七》一书中指出：“从政治上来说，宋子文之所以极力培植上海资本家的势力，乃是为了加强自己的地位。宋子文任财政部长期间，在控制预算和限制军费等问题上与蒋介石及其他国民党领袖争吵不休。宋子文的重要目标是结束北伐期间混乱的预算程序，俾在日后能够实施事先编妥的中央预算。对宋子文而言，不幸的是，蒋介石对经济的了解极有限，并把军事问题过度地置于优先地位。”[14]

西安事变爆发前，蒋宋夫妇与孔祥熙合影。蒋孔关系历久弥坚的最大原因为宋蔼龄与宋美龄两人牢不可破的姐妹之情。

一九三六年十二月十二日西安事变发生后，为了抢救蒋介石，孔宋暂时抛开两人之间的私怨与公仇，连同宋美龄一起进行救蒋计划，孔坐镇南京，与张学良有交情的宋子文则两度飞至西安（第二次与宋美龄同往），和少帅达成释蒋协议[15]。抗战时期，孔曾在一次闲谈中提到宋子文，他说：“西安事变时，我们主张他陪宋美龄去西安，是想借危难中缨冠往救，来恢复他同蒋的感情，总算做到。不料今天会落井下石地联合外人倒我。”[16]

一九三八年一月，国民政府行政院改组，孔祥熙出任行政院院长兼财政部长和中央银行总裁。孔此时已臻位极人臣的高峰，但不满其施政作风和个人操守的反对力量此起彼落，国民参政会在汉口开会时，有人主张换掉他；参政会移师重庆后，反对声浪依旧不歇，不过，蒋介石仍支持孔[17]。

在孔宋斗争中，孔祥熙的大儿子孔令侃（字刚父）扮演了一个为“父”作伥、挑拨离间的角色，并网罗眼线为其献策与搜集有关宋子文的情报。一九三八年一月，孔出任行政院长，孔令侃即于一月五日致电其父称宋子文在外面到处说孔内阁是“妥协内阁”，以及觊觎中国银行[18]。

蒋介石虽利用孔宋之争对这两个姻亲进行相互制衡，但亦常为郎舅争执之激烈而烦恼不已。一九三八年二月十日，蒋密电孔祥熙（由孔令侃转）对孔宋金融意见不和，“甚为悲观，不胜系念”，“务须乘庸兄在港期间，由两兄尽量商讨决定具体之整饬办法。如此次仍无切实办法，则不特谣言更多，人心动摇，且军事亦必受影响，为公为私，均不能不希望两兄为我分责。此时无论如何困苦艰难，吾人唯有共同担当，集中力量，即使见解上之异同，均当委曲求全，以利大局，想见两兄必有以慰我之忧念也。”[19]

一九三九年下半年财政赤字和通货膨胀日趋严重，陈诚、白崇禧等军头“均对孔庸之极表不满，并深感财政前途之危机，将向蒋先生有所陈述”[20]。傅斯年等四十余名参政员向国民参政会提出动议，对孔不信任，要求国府重新考虑财政部长及行政院长人选，王世杰向蒋建议起用宋子文为财长，但宋表示须以解除孔的央行总裁职务为复出条件，蒋拒之。蒋对王世杰说：“你们都不了解孔祥熙！孔祥熙这个人做人很有中国人的风度，他自己不要钱。至于宋子文这个人则是西洋人作风，并不讲道义！”[21]一九三九年九月七日，唐纵在日记上说：“宋子文来重庆。外间谣言甚多，谓政府将改组，宋有任行政院长说。此次宋之来，系委座一再催促，其将有所借重，自不待论。唯宋不愿居孔之下，宋孔亦难相容。外间之责难于孔者亦多，故宋之声望，仅见重于人民也。”[22]一九三九年十二月，孔辞卸阁揆之职，不过仍以副阁揆兼任财长和央行总裁，显示蒋对孔的信任并未衰退，对宋仍有戒心[23]。

## 大后方学子声讨孔祥熙

抗战时代，孔祥熙摄于重庆嘉陵宾馆前。

一九四一年十一月重庆《大公报》在一篇改革政风的评论中，揭发孔家自香港运载洋狗至重庆一事，引起了后方大学生的强烈反弹。西南联大学生开会决定声讨孔祥熙；一九四二年一月六日，昆明三千余大学生游行示威反孔，唐纵在一月二十七日的日记上记载："近来学潮愈闹愈广，委座对此甚为震怒，曾命康泽赴昆明调查，结果与国社党无关，委座怒不可遏。但今日报载，孔副院长病愈视事，这无异激励青年学生，增加委座之困难。也许孔故意为此，使委座不得不为之解脱，而彼得以一劳永逸也。然天下人无不叹息委座为之受过也。闻为此事，委座与夫人闹意气者多日。自古姻戚无不影响政治，委座不能例外，难矣哉！"一月二十八日日记又写道："我与芷町（陈方）谈学潮问题，认为直接压抑，不会有何效果，因为孔之为人莫不痛恨，为孔辩护者，均将遭受责难。布雷先生表示异议，谓大凡一种运动，无不假用美名，如以其号召为有理由而不取缔，则误矣。余曰，有效之方法，莫若孔氏表示辞职。布雷先生曰，孔不但不辞职，而且要登报，表示病愈视事。旋即叹曰，孔氏对朋友对领袖对亲戚，均不宜有如此忍心害理之举。"㉔

坐了近七年冷板凳的宋子文，于一九四〇年六月以蒋介石私人代表身份持节华府，对美进行正常管道之外的私人外交，积极争取对华军经援助和提升中国的国际地位。宋子文“钦差大臣”的地位以及毫不尊重驻美大使胡适的态度，固然使胡适极度不悦[25]，然不可否认其对中国战时外交的卓越贡献。一九四一年年底，宋出任外交部长，仍继续留在华府工作[26]。

胡适担任驻美大使期间（1938—1942），以言论报国，到处演讲宣扬中国文化和抗日，却引起重庆方面不满。以蒋委员长特使身份驻美的宋子文，极为『看扁』胡适，认为他是一介书生，不懂外交。

一九四四年初夏，重庆舆论严厉抨击孔祥熙，要求他下台，蒋的侍从室幕僚亦在谈论孔的去留问题，唐纵认为重要人事和政策或许有所兴革，陈方则表示不可能，并问唐：“总裁能将孔罢免以大快人心否？”唐答：“孔在抗战期间，不会有何变动，且以夫人之关系，时机亦未成熟。”[27]五月二十一日，唐纵在日记上写道：“孔副院长鉴于社会人士之责难，向主席提出辞呈。主席嘱布雷先生将原件退回并慰留。主席问布雷先生，究外间对孔之舆论如何？布云，普遍的批评，孔做生意。在北京政府时代买办与官僚结合，南京政府时代买办与官僚结合，尚有平津京沪之距离；今者官僚、资本家、买办都在重庆合而为一，党内的批评，孔不了解党的政策，违背政府政策行事。委座云，现在没有适当的人接替。……布公云，委座没有彻底改革决心！”[28]

## 孔遭贬抑　子文跃登龙门

一九四四年十一月，俞鸿钧取代孔祥熙出任财政部长；同年十二月，宋被任命为行政院代院长兼外长。胡适看到美国报纸报道，在日记上写道："如此自私自利的小人，任此大事，怎么得了！"[29]一九四五年五月，孔辞去行政院副院长，宋子文则宦途得意，出任行政院院长；两个月后，财长俞鸿钧又接替孔兼任央行总裁，孔的身价跌至谷底。

这段期间，孔遽降、宋骤升的主因乃在于宋抓到孔主持财政部期间发行美金储券公债的弊端，以及孔家卷入黄金舞弊案，美国一面支持宋向蒋揭发孔及其妻子、儿女的不法行为；一面向国府表示这些弊案妨碍美国继续援华的进程。宋并要求严惩涉及弊案的当事人，借以向美国政府和舆论界展现国府除弊兴利的诚意与决心，蒋乃下定决心贬孔[30]。

宋子文虽如愿以偿地坐上宰辅的宝座，但经过八年抗战及国共内战的复发，民生凋敝，国内财经情况沉疴深重、无可救药。一九四六年春，国民党举行二中全会，检讨财经政策时，阁揆宋子文、经济部长翁文灏、财政部长俞鸿钧皆饱受攻击，并有人要求宋、翁辞职[31]。唐纵在三月八日日记上写道："大会，政治报告及检讨。下午宋子文未至，为全会所不满，电话召其至会，聆取批评，责难备至！……宋之上海官腔，使人听不懂，答辩时，甚愤慨，其手发抖！"[32]一九四六年年底和一九四七年年初，宋子文主导的外汇政策及黄金政策宣告失败，不仅导致大量外汇流失、黄金套购，更引发了整个社会经济秩序的严重失控[33]。青年党领袖李璜（幼椿）指出："……宋子文主持财政，一再抛售黄金以收缩通货，其弊尤甚于美钞公债。因美钞只有懂得外汇价值的少数人才去投机，而黄金则人人皆爱，其引起投机垄断的心理更为普遍。尤其在三十五年至三十六年（一九四六至一九四七）的下半年期内，大量抛售黄金，引起戡乱的前方军头、几个总司令，将军饷大部扣留不发，运往后方来做黄金的投机买卖，有奸商银行家专为他们包办其事。据我当时在上海亲见亲闻者，以东北剿匪总司令卫立煌、华北第二兵团司令李延年，所做的黄金投机生意最为大宗……”[34]又说：“像宋子文于三十四年（一九四五）六月再度主持财政，至为大胆，随意提高金价，扰乱金融，使政府信用扫地以尽，其后的通货膨胀政策，也漫无计划，足使民心丧失，军心解体，大小文武官吏均因之而丧失廉洁，故大陆的沦陷，直称为理财无方的原因，也不为过。”[35]

孔宋二人理财能力的评估，以贬孔褒宋居多，宋与西方关系尤较孔为佳，一九四四年十二月十八日出版的美国《时代》周刊以宋子文为封面人物，将他和美国开国时期首任财政部长亚历山大·汉弥尔顿（Alexander Hamilton）相比，称他为“中国的汉弥尔顿”；亦有人誉他为“中国的JP摩根”[36]。

1945年8月，行政院长宋子文偕其长女宋琼颐（Laurette）自莫斯科飞抵华盛顿。

一九三四年下半年，中国亟欲获得英国贷款，其时宋已离开权力中心，但英方要求与宋子文直接谈判贷款问题，而不愿与孔洽商，蒋、孔(时任副阁揆兼财长)只得让宋出面与英谈判[37]。一九三八上半年，中英继续接洽借款事宜，英国驻华大使卡尔（Archibald J.K.Clark Kerr）曾两度要求蒋以宋子文取代孔祥熙为财政部长，宣称宋复出与否将是英方考虑贷款的条件之一，蒋皆予以拒绝，并表示他无法与宋合作，如英方坚持以宋代孔，他宁可放弃借款[38]。

## ▶ 中西方对孔宋褒贬不一

美国记者斯诺认为宋子文的头脑是宋家最好的一个，受过很好的训练，并充分掌握现代银行知识[39]。二次大战期间与宋子文接触最多的美国财政部长摩根索之子，称其父对宋子文的印象远比宋美龄为佳[40]；罗斯福的亲信霍普金斯亦与宋建立了热络的私人关系[41]。

相反地，一般人对孔祥熙的评价颇低，咸认其欠缺现代银行知识，中英平准基金委员会英籍委员罗杰士（Cyril Rogers）对斯诺说："孔祥熙的心智等于十二岁小孩。如我把我们两个人有关银行作业的对话录音在海外播放出来，没有人会把蒋介石政府再当一回事。"因此蒋不得不偶尔找宋子文出来解决烂摊子[42]。一九四三年十一月十六日，孔祥熙告诉蒋介石的头号文胆陈布雷："财政经济在书生看来甚为复杂，其实很简单，即是生意经而已。"孔又说，他是做生意出身，故能领略此道也。蒋介石的秘书唐纵批评孔的谈话："怪哉此论也！"[43]

对孔持肯定态度的华裔学者汪一驹，认为孔的理财成就优于宋，尤其是削弱旅华外人的政经力量以及增进国府在外国的信用，孔的表现超过宋[44]。史学家吴相湘称："不论如何，孔祥熙掌理国家财政十一年，是非功过，人言言殊，难得持平，但其能任劳任怨十一年，应为不争事实。"[45]曾任外交部次长、驻苏大使和司法院副院长的傅秉常表示，孔度量大，"较宋子文尚略胜一筹，宋则常蛮不讲理"[46]。

每次有人攻击孔祥熙，要求其下台，蒋介石必曲予维护，他对陈布雷说："现在没有适当的人接替。"[47]傅斯年在参政会要求孔下台，蒋问他："孔部长去职后谁继？"[48]对蒋介石忠心耿耿的陈布雷，有次在行政院预算会议上听到孔祥熙大发牢骚，批评蒋介石，极不以为然，其"神经甚受刺激，精神极不愉快……"[49]陈布雷对唐纵说，蒋介石处理政治如同处理家事，事事要亲自处理，个人辛苦固不辞，但国家大政，不与各主管官员商定，恐将脱节[50]。

一九四二年七月，行政院举行院会时，行政院秘书长陈仪（字公侠）为奉行蒋手令事曾和副院长孔祥熙拍桌互骂，声震屋瓦，孔责陈失态，陈亦不甘示弱，唐纵称："陈敢与孔拍桌，尚不失为军人本色。"[51]

## 子文傲慢自大　人人厌恶

宋子文为人傲慢自大的一面，李璜在其《学钝室回忆录》中，有一段精彩的描述。一九四五年四月，李获选为出席旧金山联合国制宪大会代表之一[52]，与宋子文同搭一架美军运输机飞美。李璜说："四月六日晨自渝起飞，以十一个钟头，经驼峰而飞抵加里格达（加尔各答）后，休息一日，即在‘中国之居’（China Home）这旅舍中，与代表团顾问张忠绂（子缨，时任外交部美洲司司长）、秘书李惟果（四川人，外交部总务司长）谈唉消遣……八日偕子缨，并七日赶到之女代表吴贻芳等五人同飞……在格加蚩（今巴基斯坦卡拉齐）机场美军特设之宿舍中睡至半夜，宋子文与贝崧生（任中央银行总裁[53]）所坐之巨型运输机赶到，为减少美国运输机师之麻烦起见，乃将我们一行送上宋首席代表之专机，在午后二时又复起飞。从此与宋子文同行，其‘大少爷’之生活习惯，在天空中仍不能改，一人以橡皮气垫铺于运输机中间，长卧其上，使我们坐于两侧吊椅之同行者脚都不能伸出，而他则卧在我们脚下，或看书或喝白兰地酒下火腿与花生米，旁若无人，令我厌恶！”[54]

令李璜“厌恶”的运输机事件，目击者与受害者之一的张忠绂也有一段深刻的描写。张氏在其自传《迷惘集》中说：“宋子文与同行者美顾问 Nelson Adler、贝淞荪、吴秘书及宋之保镖张某六人所乘之专机亦抵达新德里机场。郭斌佳（外交部官员）因宋等所搭之机较大，且可直飞美国，不须在非洲换机，故往机场迎宋，宋嘱郭转告我所陪同的一批人员同乘他的飞机赴美。我们的行李虽已放妥在另一飞机上，但因部长的命令与关照，自不便拒绝。李璜先生不愿与宋同机，我亦无意与美军运输机再行交涉，以增加彼方麻烦。因碍于宋部长之命，终获得李璜先生之同意，并商请美军运输机办事处勉为其难，将我陪同的一批人员的行李搬到宋部长所搭乘的机上。安排就绪后，我与李璜先生饭后在房中略事休息。约在午夜十二时，郭斌佳自住所楼下打电话给我，叫我下楼，说有要事商谈。他告诉我，宋部长又吩咐，不要我们和他乘一飞机，因为他们六人要在飞机上睡觉，床位且已铺好（实则并无此事，且不可能）。”

张忠绂又说：“这使我非常为难。我明知这是一项不合理的乱令。我们搭乘美军运输机，原由于美方的善意……我老实不客气地告诉斌佳，我可以陪伴他去，但我无颜与对方交涉。斌佳也非奴才，然此时却无法卸责，只得向运输机主持人交涉。果然，美方主持人说，宋子文所将乘的飞机并非包机，不可能开铺睡觉。纵然他愿包机，也得向华盛顿方面交涉。运输机有自己的规则，任何人不得破坏。假若你们的部长不要你们同乘，我们还是要派美兵加入，凑足二十余人的。斌佳知道对方的理由充足，碰了钉子极为气愤，乃给宋子文打电话，由吴秘书收听。斌佳直言拜上。宋既知道美军运输机按例办事，他不可能用势力压迫，又想到与美兵同座，倒不如与中国人或他的部属同座，也只好作罢。中国的大员就这样，明知不合情理的事，偏要做。也许这是由对国人惯用势力，而不讲道理所养成的习惯。其奈贻羞外人何！”[55]

## 子文任性自恣　大失国体

外交耆宿张忠绂亦揭露了宋子文在国际外交讲坛上的表现。张氏说：“因宋系部长，且升任院长，而又亲贵，于是与大会无丝毫关系者，亦假观光为名，而来金山活动。有运动调驻阿根廷大使者（陈介）；有运动任国际法庭中国候选人者（徐谟）；不一而足。首席代表宋子文素喜一意孤行，更喜人伺候周到。怒，则可在旅馆电梯中当英国、南美代表前，以粗俗语句，责骂中国代表团新闻专员。后者难于忍受，因而泣涕辞职（经人劝解，未果）。喜，则以国家名器酬庸所好，而不顾及成例。因是而会后有出任联合国副秘书长者（中国为五强之一，可有副秘书长一人），有不次升迁而任外部高级官吏。”张氏又说：“联合国大会开会前，因苏联坚持俄文必须为联合国正式语文之一（一九一九年巴黎和会时之正式语文，只有英法二种），乃决定以英、法、俄、中、西班牙五种语文为正式语文。不意宋于大会中代表中国首次演说，竟用英文而不用中文。嗣后顾代表（顾维钧）亦相继效尤，遂使中文徒有正式语文之名，无人采用。……至于宋之演词，更使人为之气短。全文只短短一纸，毫无内容。抗战八年，中国政府与人民的英勇与努力，以及国内政争未息，百废待举，在在需要世人的同情或了解。宋氏在演词中竟一字不提，使世人只感觉到国民政府无目的、无计划。……后来我方知道，原来宋的演讲词是一位美国青年律师（Mr.Youngman）代作的，连王宠惠、顾维钧事前都未得与闻。在公布前，仅由顾氏拿出，交各代表传阅而已。王宠惠认为不妥，力争的结果，也只能改动两处最大的失言。”[56]

驻美武官朱世明（字公亮）告诉唐纵，宋子文的为人和他所想象的完全不同，他在美国和宋相处，本以为宋很豪迈，其实不是；原以为宋很有气魄，其实不是；又以为宋很爱挥霍，其实不是[57]。戴笠说，宋子文好玩、不谙人情世故[58]。

二次大战期间曾在史迪威麾下担任参谋的杜恩（Frank Dorn）准将透露，一九四二年至一九四三年的冬天，宋子文曾试图发动政变以迫使蒋介石下台，并准备“拥戴”第九战区司令长官薛岳将军取蒋而代之。宋子文要求杜恩向史迪威转达他的政变意图，然史、杜二人皆未置可否，对宋子文举荐薛岳，则大表失望，史、杜对薛的印象很坏，宋子文的政变计划卒胎死腹中。杜恩说，事

1942年6月2日，宋子文与美国国务卿赫尔在华府签署租借法案后，手持法案留影。

隔多年，他仍清楚记得宋子文在他面前咬牙切齿地大骂蒋介石的情景[59]。

其实，宋子文并没有资格骂蒋介石。蒋在出山时固然靠宋子文与江浙财团的关系及其理财能力始脱颖而出；但宋子文在政界的炙手可热、在财经金融界的巧取豪夺，皆为蒋所“赐予”。

美国女史家塔克曼认为宋子文的终极目的乃是取代蒋介石，希图以“中国的明治天皇”之地位与角色，吸收西方技术，使中国迈向现代化之路[60]。揆诸蒋介石对党政军特控制的严密，宋子文显然不可能发动政变、夺取江山；他是个颇有政治野心的自负之士，也许在内心深处藐视蒋的保守封建，但如欲取代蒋，则谈何容易。

## 宋氏兄妹互斗　家丑外扬

一九四三年五月，美英首脑在华府举行极为重要的“三叉会议”，商讨东西战事。会议期间，宋美龄虽向罗斯福大力游说加强援华，但罗斯福知道如何对付她、奉承她，向她兜售的不过是其远亲表弟艾索普所说的“金砖”（gold brick，意即空头支票）[61]。

1943 年 3 月 2 日，纽约市各界于麦迪逊室内体育馆欢迎宋美龄。宋子文夫人张乐怡受到美国陆军航空队司令阿诺德（左）与共和党政客威尔基（右）的奉承。

当时以宋子文“中国国防用品公司”（China Defense Supplies）顾问名义在华府观察三叉会议的艾索普透露，会议时，宋子文和宋美龄兄妹相互争权，令美国高层人士对中国统治阶层大搞“宫廷阴谋”和大闹“家务事”，皆大摇其头。宋美龄对霍普金斯说，以后任何事情皆与她联络，不要通过其兄，她说她对蒋有影响力，而宋子文所作所为皆无价值可言。有一次，宋美龄到华府 V 街中国国防用品公司总部时，曾大叫：“我为中国争取胜利了；我已为委员长得到他想要的所有东西。”宋子文听到宋美龄在走道上尖声大叫，赶紧请她到办公室谈谈，兄妹两人闭门谈了一小时，宋美龄趾高气扬地走了。中国国防用品公司职员打听到罗斯福对宋美龄保证将直接提供飞机给中国空军一事乃是“骗局”之后，均要求宋子文向委员长报告宋美龄被罗斯福耍了，但宋子文不敢。宋子文说，拆穿宋美龄受骗，是件危险的事，宋子文说到激动处，不禁掉下眼泪[62]。

宋子文必定知道，如果他和宋美龄对立，他将被委员长周围的人认为他企图牺牲其妹以扩张自己的权力与地位；即使他成功地说服委员长，宋美龄亦会大怒[63]。令人费解的是，艾索普说，罗斯福总统曾收到蒋介石的一封私人电报，声称宋美龄无权代表他谈判[64]。

史学家黄仁宇说：“现已发表的蒋日记，提及三叉会议之部分及来往缄电，显示着中国的外交过于人身化，蒋日记云：‘华盛顿之罗丘会议事若其不邀中国代表参加会议，是为我在外交上最大之失败。故深切研索，唯有直接告知罗斯福总统，凡罗丘会议有关中国之事可约吾妻与子文参加之意，使其不能不约会也。’（一九四三年五月十五日）”黄仁宇称:“蒋宋美龄未参加罗丘会议。但蒋介石以姻兄为外交部长兼个人代表不足，又使乃妻在海外一再介入国际间高层之协定。从各种电文看来既有‘文兄’、‘三妹’（蒋宋美龄），又牵入‘大姐’（孔宋蔼龄），甚至孔令侃亦在传递消息。不久之后，重庆发生政潮，外人认为由于宋家兄妹酿成，不可谓非由来有因。”[65]黄氏又说：“外交而又涉及‘宫闱’，亦无非国家最高主权不能合理化，其决心又不便公开之表现。蒋介石对付史迪威，尴尬隍杌，程度因国事蜩螗而加深。……有如他之引用宋子文之积极政策不得，又从而将就孔祥熙。至于发动宋氏姐妹向外宾做说客则为最后一着。”[66]

史迪威事件中，宋蔼龄和宋美龄姐妹一度暗中化解史迪威与蒋介石的紧张关系，俾使蒋打消撤换史的念头。两姐妹的动机之一是和她们的兄弟宋子文进行权力斗争。宋子文一向视对美关系为其势力范围，不容他人染指，宋美龄亦视中美关系为其特长，屡次插手，故联合乃姐联手出击，但亦有人认为真正出主意的是宋蔼龄。动机之二是宋家姐妹唯恐宋子文因史迪威事件有功而跃上行政院长职位，不利孔祥熙。宋美龄于一九四三年七月四日自美返国后，即曾两度为了姐夫孔祥熙未能出任阁揆而与蒋吵架，负气出走，宿于孔公馆数周不归[67]，两位夫人交好史迪威之际，正是宋美龄离家出走时期。宋蔼龄对史迪威说，她“必须在自己骨肉（T. V.）以及对中国有利之间做一选择”[68]，以宋蔼龄的习性而言，这句话未免太过矫情。动机之三是宋家姐妹自蒋、史不和以来即一直不赞成撤换史迪威，深恐史的靠山马歇尔会断绝援华，对蒋不利，对孔宋家族亦不利，因此她们试图缓和蒋、史纠纷。

## 孔宋误国　蒋负最大责任

一九四六年夏天，一群采访马歇尔调处国共冲突的中国记者在庐山牯岭小学访问宋美龄，有位记者问她：宋子文和孔祥熙做了那么大的官为何还要经商赚钱？宋美龄不高兴地答道：“经商赚钱有什么罪过呢？你们难道没有看见美国的高官不少出身于商界。”[69]

曾在蒋介石侍从室任职并历任外交部总务司长、国民党中宣部长和行政院秘书长的李惟果，一九八八年在美国宾州一所养老院告诉老记者陆铿说，蒋介石的缺点就是耳朵太软，容易被亲属和佞臣包围，“譬如孔、宋之贪婪，举国皆知，老先生不但不给以惩治，反而处处加以掩护。就以你三十六年在《中央日报》上的揭发为例，老先生首先想到的不是惩办孔、宋，而是惩办你……后来老先生与孔、宋渐渐疏离了，可能也有所醒悟。”[70]

李璜指出：“蒋先生的头脑中，并且欠缺法治观念，而以其所习，家族主义在其思想中仍相当浓厚，故在国民政府成立后，以至于抗战期间，国家财政皆委托于其亲戚宋子文与孔祥熙二人。”[71]前北大教务长兼代理校长傅斯年（孟真），一九四七年二月十五日在《世纪评论》发表掷地有声的《这个样子的宋子文非走开不可》，引起社会上极大的反响，傅斯年说："国民政府自从广东打出来以后，曾办了两件大事：一、打倒军阀（这也是就大体说）；二、抗战胜利。至于说到政治，如果不承认失败，是谁也不相信的。政治的失败不止一事，而用这样的行政院长，前有孔祥熙，后有宋子文，真是不可救药的事。今天的政治严重性不在党派、不在国际，而在自己。要做的事多极了，而第一件事便是请走宋子文，并且要彻底肃清孔宋二家侵蚀国家的势力，否则政府必然垮台。"[72]傅斯年的文章刊出后半个月，宋子文即辞去阁揆职务；两年多以后，蒋介石的江山基业就"垮台"了。这篇正义凛然的文章，正是孔宋二人历史地位的盖棺论定[73]。

抗战胜利不到四年，中国半壁江山已"赤焰遍天"。任教圣塔芭芭拉加州大学的华裔史学家徐中约认为导致国民党失去中国大陆的主要原因有五：军事失利；通货膨胀与经济崩溃；失去民心；美国调停与援助的失败；以及社会与经济改革的迟滞难行[74]。亦有不少政治观察家表示大陆之所以变色并非共产党打败国民党，而是国民党自己打败自己。国民党的自我戕害[75]，孔宋家族的营私误国，无疑占极大的因素。

孔宋家族视国事如家事、把国家当私产，政治、外交、经济、金融无不插足，固令人咬牙切齿，然蒋介石允准孔宋触须盘绕政府方针大政的作为，尤须负完全责任。

## 国民党退踞台湾　孔宋遁居纽约

国民党退踞台湾，孔宋的避风港自然是他们所熟悉的金元王国。一九四七年秋天，孔祥熙以接获其妻宋蔼龄在美患病的电报为由[76]，匆匆永别了中国，落户纽约，展开“白华”生涯，协助反共亲蒋的共和党政客如杜威、尼克松等人竞选，参与“中国游说团”活动，为台湾政府争取同情和舆论支持。孔祥熙基本上是生意人，在美国做寓公当然不忘投资地产、股票，他的两个儿子孔令侃和孔令杰也都是活动力很强的商贾。孔于一九六二年十月自美赴台长住，一九六六年二月返美疗疾[77]，一九六七年八月十五日因心脏病发去世，终年八十七岁（生于一八八〇年）。八月十七日下午，宋美龄由蒋纬国及一支五人仪仗队陪同，搭乘专机奔赴纽约襄助大姐料理孔之后事。八月二十日于曼哈顿麦迪逊大道和八十一街的坎波殡仪馆（Frank E.  Campbell Funeral Chapel）大殓，八月二十二日上午十时在曼哈顿第五大道 Marble Collegiate 教堂举行追思仪式，美国前副总统尼克松、纽约枢机主教史培尔曼（Cardinal Spellman）等美国要人及孔氏亲友数百人参加，最引人瞩目的是宋子文居然未亮相。孔的遗体安厝于纽约市郊哈斯代尔（Hartsdale）的高级室内墓园风可利夫（Ferncliff，又译风崖、佛恩崖墓园）。

孔去世翌日，《纽约时报》在讣闻中称他是个争论性人物，并引述一位老部属对孔的印象：“孔是很难共事的人，喜欢高谈阔论，东扯西拉，要你办事时，从不会给你明确的指示。他的能力就像那些精明的山西票号掌柜，并不像一般具有政治家水准的财经专家。”讣闻又说，《时代》周刊战时驻华记者白修德（Teddy White）形容孔的长相是“漫画家的最爱”（Cartoonist's Delight）[78]。

宋子文的三个女儿摄于1946年秋天。长女琼颐（左，18岁）就读华盛顿三一学院；次女曼颐（中，Mary Jane，16岁）和幼女瑞颐（右，Katherine，15岁）分别在巴铁摩尔与长岛上学。

台北官方于一九六七年九月三日开追悼会，蒋介石并发表《孔庸之先生事略》，对孔之为人和事功大加赞扬[79]。

宋子文偕其妻张乐怡于一九四九年一月移居香港，三月底返回广东、奉化溪口数日，与蒋介石、孙科等国民党人晤谈；五月十六日赴巴黎，六月十日抵纽约，三年前即已定居纽约的三个女儿到机场迎接她们的父母[80]。宋子文步孔祥熙之后，亦在纽约当起了寓公[81]，但他比孔更加忙碌，经常与驻美大使顾维钧、驻联合国大使蒋廷黻和其他旅居纽约的国府党政学界过气要人聚会，讨论如何力挽狂澜、拯救国府；如何再组织飞虎队协助国府对抗中共；如何促使美国加强援华；如何筹组一个由留美学者领军的内阁。宋子文认为"新内阁"以胡适来领导最为理想，他说："局势迫使我们不得不行动，只得把死马当活马医。"又说，蒋介石本不想让他出国，他是以一个公民的身份来美尽自己的力量[82]。然而，中国整个形势已急遽逆转，已不是任何人或美国的力量可以回天了。

国府败退台湾后，宋子文对政治仍未忘情，甚至想东山再起，到台湾襄助蒋介石推动政务，但遭蒋浇以冷水[83]。一九六三年二月，宋子文第二次赴台（第一次为一九五九年）[84]，港台报纸对他的动静充满了揣测之词；事实上，孔宋的时代已经过去了，蒋介石到台湾后力图整顿，全力改造党务，孔宋二人与国民党之败有密切关联，蒋不可能再像以往委以重任，他们和陈果夫、陈立夫兄弟一样，成为不得人心的“负国之臣”。台湾政坛属于另外一批人的天下，即使这批人过去曾经是孔宋的班底和亲信（如魏道明、俞鸿钧、陈诚），但蒋介石已决心开创新局，并培养蒋经国为接班人。

## 作古异域　老死不相往来

一九七一年四二十五日，宋子文在旧金山的一场晚宴中因食物哽住气管而呛死，终年七十七岁（生于一八九四年）。五月一日，在纽约一座教堂举行追思礼拜，宋子文的遗孀张乐怡和女儿宋琼颐（Laurette，婿冯彦达）、宋曼颐（Mary Jane，婿余经鹏）、宋瑞颐（Katherine，婿杨成竹），以及宋子良、顾维钧、刘锴等数百人参加[85]，蒋介石仅颁了一块“勋猷永念”的挽额，以追怀这位和他有过多年合作与扞格的姻亲。尼克松在国家安全顾问基辛格的催促下，发了一通唁电给宋美龄，电文说：“他报效其家国的辉煌生涯，特别是在第二次世界大战期间为我们共同的伟大事业所做之贡献，将永为美国友人铭记不忘。我们和你一样，对他的逝世同感伤悼。”[86]然而，当时在纽约的宋美龄、宋蔼龄及其子女皆未参加宋子文的葬礼和追思礼拜。

《纽约时报》于一九七一年四月二十六日、二十七日连续两天刊登美联社发自旧金山的宋子文死讯及讣闻，称他是“生财有道之人”（a financial wizard），并说他和其郎舅孔祥熙、妹婿蒋介石“聚集了可观的财富”（accumulated immense wealth）。讣闻又报道：“自一九五〇年以来，宋即过着深居简出的生活，甚少在公众场所露面。”[87]

宋美龄尝对美国女作家项美丽（Emily Hahn）说，她在九岁以前都是穿哥哥子文穿过的衣服，因子文发育快，每两三个月就要换衣服，穿过的就给她[88]。子文在哈佛读书时常到韦思礼学院探望美龄，质朴的兄妹之情，长大后却因政治、私利与狭隘的胸襟而水火不容，死后亦拒绝问吊。宋家虽为基督教家庭，宽容、友爱的信条显然并未在家里生根。

孔宋郎舅之间的宿仇积怨，严重到“老死不相往来”的地步；讽刺的是，他们死后，遗体皆安厝于风可利夫墓园的室内灵殿。

孔宋郎舅生前争权争宠、缠斗不休，死后却共眠于纽约市郊风可利夫（Ferncliff）高级墓园室内墓柜。

不少中国近代名人亦停柩于这个高级谧静的室内墓园，如顾维钧、胡世泽夫妇、刘瑞恒夫妇、杨云竹夫妇、温毓庆、侯继明、诗人徐志摩原配张幼仪、顾维钧之婿钱家骐、宋子良夫妇及其女儿[89]，以及生前协助父亲与“文舅”作对的孔令侃和他的弟弟孔令杰、妹妹孔令伟[90]。也许孔宋依然可以在异域灵殿中再度轮番组阁，或在另一个世界赓续他们的郎舅之斗[91]。

宋蔼龄（上）与孔祥熙（下）之墓柜。

宋子文、张乐怡夫妇墓柜。

孔祥熙、宋蔼龄夫妻在旧楼的墓柜，1994 年 8 月 9 日连同长子孔令侃的墓柜一起移至新厦孔家墓室。

孔家私人墓室，里面有六个墓柜，最上一层空置，墓柜（自上至下）依序为：孔令杰、孔令伟、宋蔼龄、孔祥熙、孔令侃。

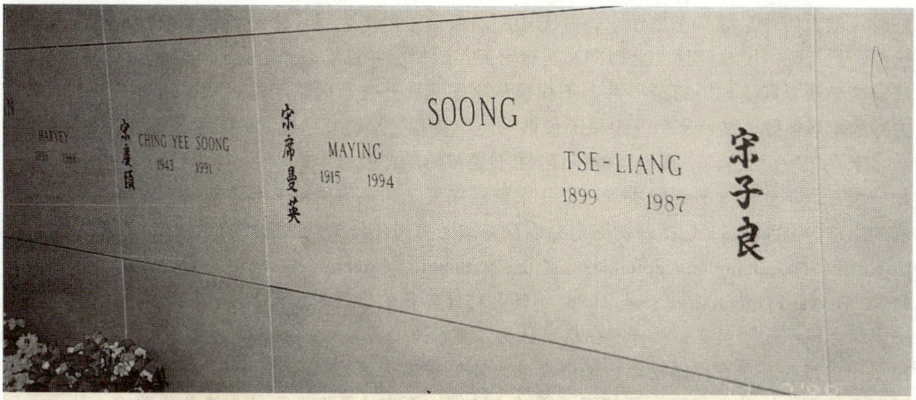


宋子良、席曼英夫妇墓柜。

## 注释

①蒋介石《孔庸之先生事略》，收入孟天祯《从政前之孔庸之先生》，台北：传记文学出版社，一九六九年，一七六页。名报人龚选舞说："人称相国的孔祥熙先生更是有若小丑般的好玩，此公在校区（按：重庆中央政治学校）对岸公路旁一下车便当众撩衣解了一次小便，然后在讲台上指着自己的肥头大耳的浑圆面孔，严肃地说：'你们骂我是财神，我就是财神，如果我不是财神，大家便没有饱饭好吃……"参看《龚选舞回忆》二〇九页。

②《杭立武先生访问纪录》，访问：王萍，记录：官曼莉，台湾"中央研究院"近代史研究所口述历史丛书（23），一九九〇年，八七页。

③ Joseph W.Alsop 的回忆录：*"I've seen the Best of It"*（W. W. Northon，1992）一书，对宋子文与蒋介石的争执，叙述甚详；唐纵日记对蒋宋不睦有不少记载；一九四四年十二月十八日出版之《时代》（*TIME*）亦提到蒋宋关系的起伏。

④宋庆龄和宋子文强烈反对宋美龄嫁给蒋介石，孔祥熙和宋蔼龄则积极撮合，蔼龄和美龄乃央求宋母倪太夫人挽请谭延闿劝说子文。参看王松、蒋仕民、饶方尧《孔祥熙和宋蔼龄》，郑州：河南人民出版社，一九九二年，一三五页；谭光《我所知道的孔祥熙》，收入《孔祥熙其人其事》，北京：中国文史出版社，一九八七年，三页。蒋宋婚事，参看本书第三章。

⑤《我所知道的孔祥熙》，五页；专栏作家艾索普（Alsop）说，孔祥熙的"圆滑贪婪程度"（a degree of oily rapacity），是他平生所仅见，见 *"I've seen the Best of It"*，162。

⑥李璜指出："国民政府自民十七（一九二八）在全国统一之下建都南京以来，一向是一党专政，既无民意机构去监督政府，而专政之党权又未能注意到国家财政须公开于党的中央；故虽有审计部的设置，而无预决算的严格执行与公布。是国家的会计制度并未真正确立，而财权仍握于专政之党的领袖一人之手，这就仍旧不免于过去历史习惯有把国家财富视为个人私产之病。"又说："当蒋先生北伐至于上海及其统一全国时期，是即其最盛时代，多半由宋子文任财政部长，而其时财政大半靠江浙银行家予以支持；此一支持办法，仍一如革命前的军阀作风，临时筹款，用完又要；予取予求，并无限制。但这样取来之财，又是如何用去的，也无人加以过问，是足征国民政府建立之初期乃是有财而无政的。并且取来之财，无论是税收与临时筹措，皆未能与国家经济建设打成一片，不积极从事于实业开发，以奠定建国基础，而多半专以供打内战的军事需要，故终不免于财聚而民散……"参看《学钝室回忆录》，六五四页。

⑦孔宋一面做官、一面发财的行径，主要是依恃其在政府中的权力、与银行和金融界的关系。如一九三六年夏宁粤分裂解决以后，孔宋家族接管了广东省的私人经济部分，宋子文为私人谋利的活动，项目繁多，包括开发海南岛以及夺取上海南洋兄弟烟草公司控制权等。参看 Parks M. Coble Jr. The Shanghai Capitalists and the Nationalist Government，1927—1937，Cambridge，Mass: Harvard University Press，1986；追随孔祥熙多年的山西人孟天祯在《从政前之孔庸之先生》一书中亦承认："其实，孔祥熙在从事社会改革、兴学传教、服务桑梓之余，他还是贸迁有术，赚了不少钱的。早在民国初年，他便看准火油生意大有可为，设立了一个'祥记公司'，支付英商亚细亚火油公司保证金两万五千英镑，取得山西省的亚细亚壳牌火油总代理权，从尽元到抗战爆发的民国二十六年，此一独占性质的营业，使孔祥熙每年获得庞大的盈利，孔祥熙自己

曾硬性订定，每年提出其中的百分之四十，兴学并举办公益事项。”见《从政前之孔庸之先生》，一七四页。

⑧孔祥熙据称是孔子第七十五代裔孙，一八九〇年就读美国传教士创办的华美公学，毕业后进入直隶省通州教会设立的潞河学院（或称华北协和大学），日后潞河学院、汇文大学及华北协和女大等三校合并为燕京大学。一九〇一年秋赴美，获欧柏林学院学士、耶鲁大学理科硕士，一九〇七年返国。宋子文毕业于上海圣约翰大学，一九一二年赴美就读哈佛，从大二念起，主修经济，一九一五年毕业，后至纽约华尔街银行上班，并在哥伦比亚大学进修。由于孔宋家族成员几皆受过西方教育，故英语成为第一语言。宋美龄一生说英语比说国语或上海话要自然多多，宋子文也是满口洋文，仅看英文公文，据称中文公文须英译。参看 Y. C. Wang，Chinese Intellectuals and the West，1872—1949，Chapel Hill，N. C.：The University of North Carolina Press，1966，441；又参看此书中译本（梅寅生译，台北久大文化，一九九一年），一八二页，注⑩。

⑨《我所知道的孔祥熙》，四页。

⑩ Coble，131。

⑪艾萌《两朝国舅宋子文秘史》，十八页，转引自王松、蒋仕民、饶方尧《宋子文传》，武汉出版社，一九九三年，八三～八四页。Coblo 著作亦引用宋子文这句话，见该书一三一页。

⑫《中华民国货币史资料》第二辑，上海人民出版社，一九九一年，七九页；转引自吴景平《孔祥熙宋子文郎舅关系与政治恩怨——从中枢重要职务彼此取代到老死不相往来》，台北：《传记文学》杂志，第六十六卷第五期（总三九六期），一九九五年五月号，六一页。

⑬《我所知道的孔祥熙》，五页。

⑭ Coble，48

⑮《孔祥熙宋子文郎舅关系与政治恩怨》，六三页。原资料系刊《周恩来选集》（上卷），人民出版社，一九八〇年，七一页及《周恩来传》，人民出版社、中央文献出版社，一九八九年，三三八页。

⑯《我所知道的孔祥熙》，七页。

⑰《孔祥熙宋子文郎舅关系与政治恩怨》，六三页。

⑱《有关抗战初期孔祥熙与宋子文之争文电一组》，民国档案，一九九八年第二期（总第五二期），南京中国第二历史档案馆主办，九页。

⑲前引，十页。

⑳《王世杰日记》手稿本第二册第一三二页（一九三九年八月十一日），转引自《孔祥熙宋子文郎舅关系与政治恩怨》，六三页。

㉑《杭立武先生访问纪录》，八七页。当时担任参政员的黄宇人说，有次饭后聊天时，孔祥熙向他暗示其某些作为，“都是为了供应蒋校长（蒋介石）的需要，不得不如此。”又说，孔“是笑骂由他笑骂，好官我自为之的典型人物”。宋子文出任阁揆后，物价飞涨，有次在黄宇人的质询下恼羞成怒答道：“我只能如此，哪位如有好办法，最好请他来负责。”事后并向蒋告黄宇人的状。黄称孔之为人较宋“略胜一筹”，见《我的小故事》上册，三二一、三二五页。蒋匀田亦说宋的个性是“只知有我”。见《中国近代史转捩点》，二〇九页。

㉒《在蒋介石身边八年——侍从室高级幕僚唐纵日记》，九七页。

㉓胡适于一九三九年十一月二十七日致电陈布雷反对宋子文出任财政部长：“介公兼长行政院，报纸传说各部将改组。上月拉西蒙（Rajachman）飞来美国，即屡对人说宋子文先生

将任要职，近日报纸又有子文将长财部或贸部之说。弟向不满于孔庸之一家，此兄所深知，然弟在美观察此一年中庸之对陈光甫事事合作，处处尊重光甫意见，实为借款购货之所以能有如许成绩之一大原因，盖庸之与光甫为三十年老友，性格虽不同，而私交甚笃，一年来光甫在美所办各事业所以能放手做去，无内顾之忧者，多因庸之绝对合作……鄙意对行政各部改组消息，颇有顾虑：（一）虑子文个性太强，恐难与光甫合作。（二）虑报纸所传贸易委员会改由宋子文代光甫之说如属实，则光甫所办事业恐不能如向来之顺利。（三）子文今年夏间曾向美财政部重提米麦借款，美国认为有意另起炉灶，印象颇不佳。”参看胡颂平编著《胡适之先生年谱长编初稿》第五册，台北：联经出版事业公司，一九八四年，一六八八页；吴相湘《胡适“但开风气不为师”》，收入《民国百人传》第一册，台北：传记文学出版社，一九七一年，一八六～一八七页。

㉔《在蒋介石身边八年》，二五二～二五三页。蒋介石怀疑反孔学潮为国社党罗隆基在背后操纵鼓动。

㉕陈立文指出：“与宋子文最先有职务冲突的是当时的驻美大使胡适。胡适是著名的学者，中美对其均甚尊重，他在美国的外交方式重学界而轻官场，主张不宣传、不借款、不置军火、不办救济事业；宋与他政见不同，个性互异，无形中自易产生摩擦，偏偏两人有一样相同，就是硬脾气，遂至格格不相入。”见氏著《宋子文与战时外交》，台北“国史馆”，一九九一年，三五一页。宋子文于一九四〇年七月十二日当面对胡适说：“你莫怪我直言，因为很多人说你演讲太多，太不管事了。你还是多管管正事吧！”胡适在一九四〇年八月十五日日记上写道：“S. K. H.（国务院远东司司长洪贝克 Hornbeck）告我：今天财长（摩根索）约宋子文兄与外部（国务院）代表（S. K. H.）会谈，说要面告子文，借款事现无望。此是意料之事。我当初所以不愿政府派子文来，只是因为我知道子文毫无耐心，又有立功的野心，来了若无大功可立，必大怨望。”胡适于一九四〇年九月二十四日日记说道：“看（S. K. H.），他今天大生气，说‘好（不）容易把借款办成，你们的宋子文先生偏不肯让我们发表，说他要等重庆回电！他不知道，这么一耽搁，借款的精神作用怕要丧失了！”胡适忍让宋子文的苦心，在他的驻美大使日记中，随处可见。如一九四一年一月二十三日，纽约“中国协会”同时邀请胡、宋二人发表演说，胡只说了几句话而存心让心胸狭窄的宋子文单独做主讲人。一九四一年四月二十一日胡适的日记写道：“忽得 Morgenthau（摩根索）电话，约子文与我三点十五分去谈。我们进他的屋子，见在座有财次长 Bell……并有速记生一人。形势甚严重。是日所见是一场大风波。M（摩根索）忽然大发牢骚，对 S（宋子文）大生气，痛责他不应该勾结政客（有名的权力掮客柯克兰 Tommy Corcoran），用压力来高压他（M）！他说话时，声色俱厉，大概是几个月的积愤，一齐涌出来了。”宋的秘书薛观澜说，一九四一年十二月七日珍珠港事变之际，日本驻美大使被美国国务卿赫尔以“不守信义”为由逐出会客室，美国记者问讯于胡，胡正盥洗于浴室，匆匆之间，对来访记者答以“向无所闻”。次日见报后，宋子文当面质问胡，胡一怒之下提出辞呈，蒋批“勉为其难”，加以挽留。参看《宋子文与战时外交》，三五二～三五三页。胡适于一九四二年五月十九日日记写道：“自从宋子文做部长以来（去年十二月以来），他从不曾给我看一个国内来的电报。他曾命令本馆，凡是馆中、外部和政府往来的电报，每日抄送一份给他。但他从不送一份电报给我看。有时蒋先生来电给我和他两人的，他也不送给我看，就单独答复了（他手下的施植之对人说的）。昨天我复雪艇（王世杰）一长电，特别抄了送给子文看，并且亲笔写信告诉他，意在问他如何答复。他今天回我这封短信，说：“I replied much in the same view！”他竟不把

他的电文给我看！记此一事，为后人留一点史料而已。”王世杰曾于一九四一年写信劝慰胡适："宋君为人有能干而不尽识大体，弟亦知兄与其相处不无格格。唯兄素宽大，想必终能善处之。”胡适终无法与宋“善处之”，于一九四二年九月辞职。参看张忠栋《胡适五论》，台北：允晨文化，一九九〇年；张忠栋选注《胡适驻美大使日记》，香港《明报月刊》，一九八九年一月号，一〇二～一一二页；叶一舟《胡适与宋子文的“过节”》，《美洲时报周刊》，第二九〇期，一九九〇年九月十五日出版，八六～八七页。胡适亦曾记载宋子文“贬华媚外”行径，宋对曾任外交部次长的甘介侯说：“我吩咐过，外国人打电话直接接上来，中国人打电话，要先问了我，再接上来。”甘氏将这句话转告胡适。见胡适一九四七年九月十日日记。

㉖《吴国桢传》三七五～三七九页。宋子文以外长兼蒋之私人代表身份驻美，外交部政务次长吴国桢在重庆代理部务，吴称蒋廷黻凭其和孔祥熙之交情以为必可出任外交部政次，要求外交部总务司长李惟果代其寻觅官舍。

㉗《在蒋介石身边八年》，四二六页。

㉘前引，四三二页。

㉙胡适一九四四年十二月四日日记。

㉚《孔祥熙宋子文郎舅关系与政治恩怨》，六四～六五页。

㉛《在蒋介石身边八年》，五九六页。

㉜前引，五九七页。

㉝《孔祥熙宋子文郎舅关系与政治恩怨》，六五页。

㉞《学钝室回忆录》（下卷，增订本），六六五页。

㉟前引，六五六页。

㊱ *TIME*，一九四四年十二月十八日出版，封面故事，三八页；J. P. Morgan（1837—1913）为美国著名银行家，见 Howard L. Boorman ed；*Biographical Dictionary of Republican China*，Vol. 3，New York：Columbia University Press，1970，153。一九四一年三月二十四日出版的《生活》（*LIFE*）杂志以八页篇幅介绍“蒋介石的神秘妻舅”宋子文，有褒无贬，说他和孔祥熙不讲话，该文又称宋收藏不少中国国画和古董。PP.90~97。

㊲《孔祥熙宋子文郎舅关系与政治恩怨》，六二页。

㊳前引，六三页；Arthur N. Young，*China and the Helping Hand*，1937—1945，Cambridge，Mass.：Harvard University Press，1963，73~74。

㊴ Edgar Snow，*Journey to the Beginning*，216。

㊵ Henry Morgenthau Ⅲ，*Mostly Morgenthaus*：*A Family History*，New York：Ticknor & Field，1991，399。

㊶ Robert E. Sherwood，*Roosevelt and Hopkins*，408。

㊷ Snow，216。

㊸《在蒋介石身边八年》，三九〇页。

㊹ Y. C. Wang，444，457；梅寅生中译本，一七七、一八一页。

㊺吴相湘《孔祥熙任劳任怨》，收入《民国人物列传》，台北：传记文学出版社，一九八六年，二六七页。孔祥熙于一九四四年十一月二十六日发表《财政部长孔祥熙任内政绩交代比较表叙言》，胪列其政绩为：（甲）抗战前财政上重要措施：一、减轻田赋附加，废除苛捐杂税；二、创办直接税；三、增进国家银行机能；四、实行法币政策；五、整理旧债。（乙）抗战时期财

政上重要措施：一、改订财政收支系统；二、田赋收归中央接管并征收实物；三、实施公库法建立国库网；四、改进战时税制；五、举办专卖；六、举借外债与租借物资；七、加强管制金融；八、实施管理外汇；九、争取及管制物质。参看李茂盛《孔祥熙传》，北京：中国广播电视出版社，一九九二年，附录一，一八八～一九八页。

㊻《傅秉常先生访问纪录》，沈云龙访问、谢文孙记录，台北："中央研究院"近代史研究所口述历史丛书（45），一九九三年，一〇二页。

㊼《在蒋介石身边八年》，四三二页。

㊽《有关抗战初期孔祥熙与宋子文之争文电一组》，十五页。

㊾《在蒋介石身边八年》，三九九页。

㊿前引，四五一页。

51前引，二八七页。

52李璜说："（一九四五年四月）二日我自成都飞抵重庆后，始知政府的决策，是要在这次国际会议席上，摆出各党各派均有的一个真正民主国家的姿态，去符合美国对我这个四召集国之一的希望，因之不但有青年党的一员，而且有民社党的张君劢，共产党的董必武，与无党无派的胡适之、胡政之，并有一无党派之女代表吴贻芳，政府党则在十人中只占四人：首席代表宋子文与代表王宠惠、顾维钧、魏道明。"见《学钝室回忆录》（下卷，增订本）五三八页。张忠绂说："代表团组成的用意原在表示全国统一合作，而实权则操于宋顾二人之手。其他代表均有名无实……"见氏著《迷惘集》，一八四页，香港：吴兴记总经销。（无出版年代，应为八十年代初；七十年代初此书曾在台出版。）

53贝祖诒（一八九三～一九八二），字淞荪，为名建筑师贝聿铭的父亲，逝于纽约。

54《学钝室回忆录》（下卷，增订本），五三八～五三九页。

55《迷惘集》，一八二～一八四页。

56前引，一九八～二〇〇页。

57《在蒋介石身边八年》，三八四页。

58前引，三四〇页。宋子文的好色，不亚其姐夫孔祥熙。戴笠为拉拢宋，曾在香港找了一位年仅十六岁的容姓少女当宋的小情妇，而容姓少女的母亲则是戴笠的姘头。后来宋夫人张乐怡和宋美龄知道宋子文金屋藏娇的事，曾掀起一阵风波。参看《在蒋介石身边八年》，四五三～四五四页。

59 Frank Dorn，*Walkout：With Stilwell in Burma*，New York：Pyramid Books，1973，122 ~ 123。

60 Tuchman，390。

61 Alsop，216。

62前引，216~217。

63前引，217。

64同前。

65黄仁宇《从大历史的角度读蒋介石日记》，三三三页。

66前引，三四二～三四三页。

67《在蒋介石身边八年》，三七三、三八四页。

68 *The Stilwell Papers*，234。

⑲《陆铿回忆与忏悔录》，一二二页。

⑳陆铿《拒作贰臣盼望统一的李惟果先生》，载《传记文学》第五十四卷第一期，一九八九年一月号，七二～七三页。

㉑《学钝室回忆录》，六五四页。

㉒《宋子文传》，二五六页。

㉓吴相湘认为傅斯年批评孔宋的文章，“不免偏激”。见氏著《孔祥熙任劳任怨》，二六七页。

㉔ Immanuel C. Y. Hsü，734~738。

㉕前国民党中宣部长李惟果指出：“再如二陈（陈果夫、陈立夫兄弟）之排除异己，连布雷先生都摇头。汪精卫之叛国，汪本人的政治野心固有以致之，殊无疑义，而陈氏兄弟他们在老先生面前进行挑拨，从组织上加以打击，也是重要的影响。”见陆铿《拒作贰臣盼望统一的李惟果先生》，七三页。

㉖《孔祥熙传》，一四二～一四三页；《孔祥熙和宋蔼龄》，三三八页。

㉗熊丸说：“以前孔院长病重时，我替他看完病后又送他回美国，便在他家住了六天。那六天当中，每天早上的水果都是孔夫人亲自削的……我在她家顿顿都吃鱼翅，所以从她家出来后，直到现在我还不喜欢吃鱼翅。”见《熊丸先生访问纪录》，一七二页。

㉘一九六七年八月十六日《纽约时报》讣闻版。梁敬錞对《时报》的孔氏讣闻小传表示极度不满，称该报“凭吊之余，暗放冷箭，冲淡他改革币制的功劳，挖苦他算账精明，怀疑他是近于市侩而不是政治家”。梁敬錞《敬悼孔庸之先生》，转引自孟天祯《从政前之孔庸之先生》，页一（刘绍唐《写在前面的几句话》）。因台湾时间较美东快十二小时，故台湾报刊报道孔逝世于八月十二日。

㉙国民党秘书长谷凤翔在追悼会中宣读蒋介石所撰的《孔庸之先生事略》，蒋大力为孔辩护：“及至第二次世界大战告终，即我抗战结束之初……矛头乃集中于庸之先生一人，使其无法久安于位，而不得不出于辞职之一途，唯当其正式交卸于其后任时，其在国库者，实存有外汇九亿余万美元，而其他金银镍等各种硬币，所值美金一亿三千万余元，尚不在此数之内，以上两项合计，实值美金十亿美元以上，乃可谓中国财政有史以来唯一辉煌之政绩。……至此当可以事实证明，其为贪污乎？其为清廉乎？其为无能乎？其为有能乎？自不待明辩而晓然矣！然当其辞职以后，国家之财政经济与金融事业，竟皆由此江河日下，一落千丈，卒至不可收拾，于是未及三年……更足证明孔前院长在其任职期间，自北伐剿共以至抗战胜利为止之二十年中，不辞劳怨，不辩枉屈，而一心竭智尽瘁，报效党国，其革命之精神，自是为吾辈与后世崇敬难忘者也。”见《从政前之孔庸之先生》，附录一。

㉚见一九四六年九月二十三日及一九四九年六月二十日出版的《时代》周刊。

㉛孔祥熙和宋蔼龄于四十年代即在巴西和美国置产、投资，一九四三年向前美国驻苏大使、纽约州长哈里曼（W. Averell Harriman）夫妇的女儿购买长岛蝗虫谷拉丁镇（Lattingtown）费克斯小径（Feeks Lane）九十五号的三十七英亩房产。三层庄园住宅建于一九一三年，占地约一万两千平方英尺，外观并不特殊，共有十五间卧室、六个壁炉、八间浴室。孔宋及其子女常川住此，宋美龄于一九七五秋赴美后亦以此为家。九十年代后，宋美龄移居曼哈顿，蝗虫谷巨厦久无人居，一年地税和维持费约需二十万美元，孔家大小姐孔令仪亦已老迈，乃决定出售；上市一年多后，于一九九八年八月中旬完成过户手续，以低于市价的二百八十多万美元售予纽约营建商史蒂门（Stillman），见一九九八年八月十七日纽约《世界日报》。二十世纪一十年

代至三十年代，一批大富豪在长岛北岸兴建了六百至七百栋豪华住宅，至九十年代仍有二百至三百栋存在。当时长岛北岸被称为“黄金海岸”（Gold Coast），长岛则有“美国蒙地卡罗”（America's Monte Carlo）之称。老罗斯福故居即在北岸牡蛎湾（Oyster bay）之沙加摩丘（Sagamore Hill），银行家摩根（J. P. Morgan）、珠宝商第凡内（Lewis C. Tiffany）、百货业大亨伍渥斯（F. W. Woolworth）和报业巨子赫斯特（William Randolph Hearst）等人在北岸皆拥有金碧辉煌的庄园巨厦。小说家费兹杰罗（F. Scott Fitzgerald）亦在北岸住过，其名著《大亨小传》（*The Great Gatsby*）即描述北岸巨富生活。参与孔家出售房产的纽约地产商狄凯小姐（Joan Helen de Kay）说，孔宅就具有《大亨小传》中的气派，但她认为外间所报道之二百八十万美元售价“偏低”。见 *New York Times*，August 18，1998，P.B2；“Mansions of Long Island's Gold Coast”，*in The New York Times Weekends*，New York：Macmillan，1997，45 ~ 51。《美国政治中的中国游说团》及《宋家王朝》等英文著作常提及的孔祥熙在纽约布朗士区（Bronx）利佛岱尔（Riverdale）的高级住宅，据孔令仪告诉《世界日报》记者傅依杰，该处为租赁而非孔宋拥有（一九九八年九月八日傅电话告作者）。孔家历年出售新罕布什尔州渡假屋及佛罗里达房产，佛州房产卖了两千多万美元，部分捐给孔祥熙和宋家三姐妹的母校俄亥俄州欧柏林学院、耶鲁大学、佐治亚州卫斯理安学院和纽约史隆—凯特林（Sloan-Kettering）癌症中心。

宋子文四十年代先以华府豪华旅馆舒安姆（Shoreham）为家，后在华府近郊 Chevy Chase 康涅狄格大道置产，再搬至 Woodland Ave.；定居美国后出售华府住宅，于曼哈顿公园大道一一三三号购一高级公寓，日后陆续在长岛北岸之 Sands Point 以及纽约近郊之 Harrison Scarsdale 购屋。

㉜参看《顾维钧回忆录》第七分册，中国社会科学院近代史研究所译，北京：中华书局，一九八八。

㉝《宋子文传》，二九三 ~ 二九四页；Seagrave 根据《纽约时报》报道称蒋曾于一九五〇年两度电邀宋子文赴台，宋拒绝，见 *The Soong Dynasty*，451 ~ 452。

㉞陈俊编著《海南近代人物志》，台北：传记文学出版社经销，一九九一年，二〇三页。

㉟顾维钧在追悼会上致辞：“宋先生猝然逝世，我们莫不震惊，不论在国内或在国际，宋氏名誉将永垂不朽！宋先生对废除清廷与外国签订的治外法权及领事裁判权等不平等条约的贡献，是最值得赞美。”一九四五年旧金山联合国制宪大会助宋撰写英文讲稿的 Youngman 亦在会中致悼词。见《海南近代人物志》，二〇三页。

㊱ Seagrave，454 ~ 455。

㊲一九七一年四月二十六日及四月二十七日《纽约时报》讣闻版。

㊳ Emily Hahn,41。

㊴中国抗战的时候，出现过“前方吃紧、后方紧吃”的情况；朝鲜战争时，这种怪现状再告发生，而扮演“后方紧吃”的，又是一批中国人，其中的主角就是宋美龄的弟弟宋子良。

一九五〇年六月朝鲜战争爆发前夕，五十六位住在美国和港台的中国人囤积了数量惊人的大豆，准备发“战争财”。这批投机者看准了朝鲜战争开打之后，大豆势将奇货可居，乃操纵国际市场，获利达三千万美元。据特立独行的美国新闻怪杰史东（I. F. Stone）报道，中国商人所串演的“大豆事件”，是在一九五一年十月美国国会举行的麦克阿瑟将军听证会上，首次被揭发出来。麦马洪参议员质问国务卿艾奇逊是否知道一九五〇年六月大豆市场所发生的事情？艾奇逊答道：“是的，我记得有这件事。一群中国商人以囤积大豆的方式制造了非常严重的情况，他们控制了大豆的价格。”

一九五三年国会召开麦加锡参议员听证会时，抖出了更多大豆事件的内幕。据美国农业部期货交易管理局的调查报告，五十六名中国商人参与大豆投机生意，从一九五〇年六月中旬开始到六月二十五日战事爆发前，大豆价格暴涨。投机商里面，以宋子良最有名。纽约《前锋论坛报》说:“中国东北是大豆生长的重要地方，假如朝鲜战争爆发，则世界大豆市场一定会缺货。李承晚与台湾蒋介石政府关系密切，这使人很容易联想到在美国的中国人可能已经先获得了朝鲜战争将爆发的讯息，因而从中牟利。”期货交易管理局说，中国投机商垄断了市场一半的大豆，有些中国商人还有香港的地址。

宋子良生于一八九九年，一九八七年在纽约去世。宋家六个兄弟姐妹中，子良排行第五，其“搞钱”的本领并不亚于兄姐。抗战时代，宋子良在美国负责处理租借法案中运送至中国的所有物资。据一些记载，许多物资根本未运抵中国，在美国本土即“神秘失踪”。《宋家王朝》的作者西格雷夫说，由宋子文和宋子良兄弟所控制的租借法案援华物资，多达三十五亿美元。为了载运美援物资，宋子良自己又开设了西南运输公司，拥有卡车六百辆，独霸战时后方运输业。

著名的“扒粪”专栏作家皮尔逊在五十年代的一篇专栏中说，宋子良的儿子（Eugene）和孔祥熙的次子孔令杰曾合作出售大批贵重的锡予中共。参看 I. F. Stone，*The Hidden History of the Korean War*，*1950—1951*，Boston：Little，Brown：1952，1988，xiv~xv，350；Drew Pearson，*Diaries*，*1949—1959*，ed. by Tyler Abell，New York：Holt，Rinehant Winston，1974，250。

宋子良（一八九九～一九八七）与其妻宋席曼英（一九一五～一九九四）的灵柩同置一墓柜内，紧邻其女儿宋庆颐（一九四三～一九九一）之墓柜。

⑳风可利夫墓园位于纽约北郊之哈斯代尔(Hartsdale)，占地颇宽、环境清幽，为一高级墓园。墓园又分室内灵殿和室外坟场。室内灵殿旧建筑物为二层楼，近几年又加盖新灵殿三层；室内灵殿除存放骨灰，大部分系在墙内放置灵棺（如橱柜式），外面罩以刻有死者名字与生卒年的大理石板。其存放灵棺的方式有如中国人所称的“暂厝”，但美国人则是富有的人始暂厝室内灵殿，一般人在户外“入土为安”。风可利夫墓园室内墓柜一个二三万元，土葬墓地四五千美元。一些美国名人亦埋骨室外坟场，如自杀身亡的女影歌星茱蒂迦伦、电视综艺节目主持人艾迪·苏利文以及遇刺身亡的黑人激进派领袖 Malcolm X 等。“落户”风可利夫墓园的华人不少，绝大部分停厝于室内灵殿，为尊重中国人习俗，墓园管理单位特别准许家属在室内祭祀水果、烧香、诵经和烧冥纸，但规定不得外带盆景和塑胶花，鲜花须向墓园购买。令人惊异的是，中国近代史的一些主角和赫赫有名的人物亦以此墓园为最后归宿之地。

孔家在三十余年前即已购妥五层墓柜，在旧灵殿进门左侧；孔家所购的独立式五层墓柜，当时约值十万美元，九十年代初同样规格的需二三十万美元。孔家因嫌邻近大门，进出人多，有碍致悼哀思，乃将五个旧墓柜售予风可利夫墓园当局，另在新建灵堂三楼购一房间式的私人墓室，墓室内有六个墓柜。此一私人墓室约为三十万美元。一九九四年八月九日，孔祥熙、宋蔼龄和孔令侃的灵棺移至新墓室，孔令伟、孔令杰死后亦陆续迁入。孔家私人墓室六层墓柜，最上一层空置，孔令杰占第二层、孔令伟第三层、孔祥熙第四层、宋蔼龄第五层、孔令侃最底层。据墓园职员透露，孔家墓室隔壁的另一间私人墓室，亦已由孔家买下，将作为宋美龄的长眠之地。

死者家属如觉墓柜位置欠理想，可将旧墓位回售墓园当局而另换墓位，如同买卖房屋。顾维钧家属因嫌其墓柜位置欠佳，乃移至二楼楼梯附近最上一层，孔家私人墓室即在三楼楼梯旁，适在顾墓之上。宋子文、张乐怡（Laura Chang Soong，1909—1988）夫妇墓柜在二楼靠窗角落，墓板上刻有中文“宋”字印符。宋子良夫妇及其女儿墓柜则在三楼另一端。

㉑孔宋二人皆未留下回忆录，宋子文家属多年前把他们所保存的宋子文档案捐给加州斯坦福大学胡佛研究所档案馆，其中包括一九二〇年至一九六八年的中英文文件和信函，分装五十七箱（另附一个大箱），两个装有文件的信封、三箱照片、两卷显微底片和纪念品。在五十八箱的档案里，英文占四十箱，中文占十八箱。宋家规定，第三十六箱至三十九箱的英文档案（一九三四～一九四八）以及第六箱至十八箱的中文档案（一九四〇～一九四八），皆属机密文件，禁止阅览，直至一九九五年四月一日才能开放，宋家以为到那时候相关人物也许均已物故。未受限的档案多年来已被中外学者所充分利用。

一九九五年四月一日，四箱英文档案和十三箱中文档案的保密期限到了，胡佛研究所档案馆为了慎重起见，对这批档案内容进行再审查，并征询宋氏家人和亲属对开放机密档案的意见。结果宋家改变初衷，要求胡佛档案馆继续密藏这批档案，不得开放，须俟宋美龄“蒙主宠召”后方能公开。作者于一九九六年年初获得消息，不愿这十七箱中英文档案如期曝光的人，就是宋美龄。参看林博文《宋子文档案》，一九九六年一月十九日，台北：《中国时报》人间副刊“三少四壮集”。

史学家吴相湘说：“孔祥熙资料，其子女原拟送胡佛档案馆，但孔子女要求辟一专室。档案馆以无此先例，故未有成议。亦未送藏耶鲁大学。……”（见《孔祥熙任劳任怨》，二六七页）。查纽约哥伦比亚大学搜藏有一批孔祥熙文件。

# 第十一章

## 精明的大姐和左派的二姐

自二十年代中期直至四十年代末期，宋家三姐妹可说是全世界最有名的“中国姐妹花”。她们在一个“山雨欲来风满楼”的时代，选择了各自的对象，而使她们的命运与时代相浮沉。

## 姐妹婚姻　造成家族分裂

宋氏家族因三姐妹的婚姻关系而逐步进入中国政治的权力核心，但也因三姐妹的婚姻关系而造成家族的分裂。宋庆龄不顾父母、蔼龄和其他亲友的激烈反对，坚持嫁给孙中山，使宋家出现裂痕；她日后在政治思想上和政党活动上的倾向共产党，以及她对美龄与蒋介石结婚的强烈反对，使宋家走上了永恒的“家庭分裂”（house divided）。宋家的分裂，亦即近代中国分裂的缩影。

二十世纪二十年代宋家姐妹：由左至右为蔼龄、庆龄、美龄。三姐妹的婚姻关系，使宋家成为近代中国最显赫的家族。

宋庆龄与孙中山的婚姻，使宋氏家族从买办家庭变成权势家族、从区区上海宋家跃为中国统治家族。孙宋联姻，开启了宋家的“盛世王朝”，从此在中国的政治景观上展示了耀眼的地标；没有孙宋联姻，宋家成员不可能步上政治坦途，蒋介石也许不会热烈追求宋美龄，中国近、现代史或将改写[①]。

二十世纪四十年代初以《宋家姐妹》（*The Soong Sisters*）一书而成名的美国女作家项美丽（Emily Hahn）。

项美丽旅华多年，曾与诗人邵洵美同居，邵鼓励她写宋家姐妹，并予大力协助。

项美丽于1997年2月18日病逝纽约，享年92岁。

结合政治、权力与财富的婚姻，成就了近代中国最著名、同时亦最为人所诟病的孔宋家族。

宋家三姐妹的错综复杂关系，八九十年来一直是中外人士瞩目的焦点。她们的恩怨与爱恨，引发了中外作家和媒体历久不衰的好奇及灵感，产生了无数的作品与报道。

三姐妹中，最精明干练的是大姐蔼龄。跟她打过交道以及深知其为人的中外人士，皆异口同声地表示，宋蔼龄是个极厉害的角色，孔宋财富的搜刮累聚，几乎是由她发号施令，她是孔宋家族贪渎枉法、与民争利的幕后大黑手、主要的策划者[②]。她不仅完全控制孔祥熙，即连宋美龄亦听命于她，被她操纵[③]。绰号“哈哈孔”（H. H. Kung）的孔祥熙是她的“走狗”（puppet）[④]，在她的强悍个性、贪婪之心和宋美龄的庇护下，她的丈夫利用官

重庆居民好奇地观看头戴大笠帽的宋家姐妹，自左至右为蔼龄、美龄、庆龄。

位职权席卷财富，她的四个子女利用特殊尽情享受特权，尤其是长子孔令侃、次子孔令杰和外号“孔二小姐”的孔令伟，凭恃姨妈宋美龄的撑腰，滥用权势、目无国法，谱成了中国近、现代史上最臭名昭彰的一页[5]。三四十年代，中国官场和民间流传的一首顺口溜，最能代表当时“四大家族”不可一世的盛况，那就是：“蒋家天下陈家党，宋家姐妹孔家财。”

## “孔家犬”搭机　仗势欺人

在美国媒体和政界颇具影响力的保守派专栏作家艾索普（Joseph W. Alsop），一九四三年冬天在重庆和宋子文一道散步时，曾经问宋子文：“假如大姐（宋蔼龄）是男人的话，将会是怎么样的情况？”宋子文想了好一阵子后答道：“如果大姐是个男人，委员长可能已丧命了，她也许在十五年前即已统治中国。”[6]抗战期间，发生过两次飞机“载狗不载人”的大新闻，这两次丑闻皆与孔家有关。据《孔祥熙和宋蔼龄》一书说：“一九四一年十二月八日，日本偷袭珍珠港，并在东南亚、中部及南部太平洋地区发动了广泛的攻击，太平洋战争正式爆发。此时，正住在香港的一位《大公报》负责人，紧急向国民党政府求救，蒋介石遂电告香港当局，派飞机将《大公报》的这位负责人送回国内。十二月九日，《大公报》派人到重庆珊瑚坝机场守候迎接。谁知当由港飞渝的最后一班飞机降落后，并没有将那位报社负责人接回，而是运来大批箱笼、几条洋狗和几位老妈，由穿着男式西装的孔二小姐接运而去。《大公报》的编辑、记者们听此消息，十分气愤。”

十二月二十二日，《大公报》发表了一篇《拥护修明政治案》的社评，指出："最要紧的一点，就是肃官箴、儆官邪。譬如，最近太平洋战争爆发，逃难的飞机竟装来了箱笼、老妈与洋狗，而多少应该内渡的人尚危悬海外。善于持盈保泰者，本应该敛锋谦退，现竟这样不识大体。又如某部长在重庆已有几处住宅，最近竟用六十五万元公款买了一所公馆。"这篇社评一发表，震撼战时陪都[7]。

无独有偶的是，《大公报》负责人被拒载于前，艾索普亦碰到同样倒霉之事。艾索普说他担心日军攻进香港，即订妥机票准备离港飞赴重庆，却于十二月十二日起飞当天，接获航空公司通知称，孔夫人宋蔼龄将携带一只大狗上机，他的座位已让给"孔家犬"。艾索普虽跟"飞虎将军"陈纳德交情不错，仍无法保住位子，只得在盛怒下被迫放弃机位，与那位《大公报》负责人一样"被孔家犬欺"[8]！

帮孔宋家族成员做过事的徐家涵说："孔妻宋蔼龄，在幕后操纵国内政治经济以及国际金融投机市场。蒋介石、宋子文、孔祥熙三个家族内部发生摩擦，闹得不可开交时，只有她这个大姐姐可以出面仲裁解决。她平日深居简出，不像宋美龄那样欢喜抛头露面。可是她的势力，直接可以影响国家大事，连蒋介石遇事也要让她三分。她是唯一不用什么'总裁'、'委员长'等头衔称呼蒋介石的人，喊蒋'介兄'；在公共集会、外交场所，蒋介石对她恭恭敬敬。"[9]徐家涵称蒋介石对宋蔼龄"也要让她三分"，并非虚语，蒋介石的侄孙、曾在侍从室做过侍卫官和副官的蒋孝镇，曾对军统头子戴笠沉痛地道出了蒋宋孔这三个统治家族的病因，他说："委座之病，唯宋可医；夫人之病，唯孔可医；孔之病则无人可治。"[10]这句话的意思是说，蒋介石的痛苦与烦恼，只有宋

孔宋家族中最精明、最厉害的人乃是孔祥熙的妻子宋蔼龄，连蒋介石亦畏她三分。蒋介石的侄孙兼副官蒋孝镇说："委座之病，唯夫人可医；夫人之病，唯孔可医；孔之病，无人可治。"图为蒋介石手挽宋蔼龄。

美龄可以解决；宋美龄的痛苦与烦恼，只有大姐蔼龄可以应付；孔家无底洞的贪婪和搜刮以及对社会、国家所造成的伤害，则无药可医、没有人能够惩治。

在孔祥熙官邸秘书处担任秘书的夏晋熊回忆说，宋蔼龄是个很工于心计的女人，待人接物故作矜持，"我刚去范庄（孔宅）时，宋在我的印象中是一个喜欢欧化生活享受的'阔太太'。她一年中有很多时间住在香港，每天要睡到午饭时才起床，晚上爱打桥牌，经常的搭子是徐堪、陈行、郭景琨等，一打就到深宵一两点，后来有次我在香港跟她直接接触一件事情，使我感到这个女子除了生活享受之外，很会玩弄政治。"这件事就是一九四一年春天，名作家海明威夫妇在香港与宋蔼龄接触，希望到中国采访战地生活，宋决定由夏晋熊负责接待。有一天，宋蔼龄要求夏晋熊找《泰晤士报》驻远东记者麦克唐纳访问她，夏称他不认识麦克唐纳，宋蔼龄则说可告诉麦氏海明威将应孔祥熙夫妇之邀赴华采访，麦氏后来访问了宋蔼龄，宋大谈其夫主持中国财政的贡献。夏晋熊说："这时我才恍然大悟，宋为什么要见麦克唐纳的道理。"[11]

## 大姐蔼龄幕后发号施令

孔祥熙与宋蔼龄利用职权与特权聚敛财富，是属于“夫妻档”，孔家子女长大成人后，即步武父母之后，而形成无所不贪的“孔家党”；再加上宋美龄，西方人称之为“宫廷派”，宫廷派的首脑非宋蔼龄莫属，蔼龄通过美龄来左右蒋介石[12]。宋蔼龄巧取豪夺的行径是惊人的，这就是“前方吃紧、后方紧吃”的写照，孔祥熙担任财政部长期间，国民政府购买军用飞机，宋蔼龄每次都抽取佣金[13]。孔宋及其子女的搜括和暴敛，宋美龄在私下是否分一杯羹，因缺乏档案证据，无法证明，但在重庆、南京时代不乏蔼龄、美龄两姐妹联手牟利的说法，即利用孔祥熙以套取外汇、操纵公债和投机银价[14]。

孔宋家族在许多方面代表了上层阶级腐化、堕落的一面。除了贪财好货，孔家上下均“不安于室”，在“饱暖”之后，大“思淫欲”。重庆党政高层和美国外交人员都很清楚孔家男女令人侧目的私生活。在蒋介石手边任职的陈希曾有一次在侍从室同仁的聚餐会上侃侃而谈孔家秽事，他说，孔夫人宋蔼龄有个姘夫，而这个姘夫的妻子又勾搭上孔家公子，唐纵说：“恶恶相报，丑孰甚焉！”[15]艾索普亦说，盛传宋蔼龄外遇甚多，“通奸极频繁”（to cuckold with generous frequency），而使孔祥熙常戴绿帽[16]。不过，“孔哈哈”亦非弱者，同样在外寻找目标，侍从室幕僚中，文章写得最好的陈方（芷町）曾对唐纵说，孔二小姐（孔令伟）在外面找女人，为其父拉皮条以孝敬其父，并利用此“功劳”趁机操纵中央银行。搞情报的唐纵对这骇人听闻之事半信半疑，即问陈方：“真的吗？”陈答曰：“有可靠之来源。”这两位蒋介石的幕僚乃“相与叹息”！[17]

宋蔼龄对吴国桢似乎亦有兴趣，《吴国桢传》有如下记载：“一日，忽得电话，谓孔院长（孔时已由副院长升任院长）请赴其公馆谈话。范庄有两栋房屋，孔会客多在前栋。后栋则为其私宅，在此会客时甚少。吴那日走到前栋寂焉无人，只有一副官，见吴即称，请往后栋。吴到后栋，则仆人请入客厅，吴问：‘院长今日不在前栋见客？’他答：‘院长到行政院去了，是夫人请您来的。’吴正讶异，孔夫人业已下楼。初次见面，孔夫人时年五十左右，盛装之下，若不知其背景，很可能误认为三十许人。吴想她或有特殊事件，与外交有关，要同其商量，乃正襟危坐。但坐有一刻许，她所谈询，均是嘘寒问暖，无关紧要之词。吴则有问必答，最后想，也许要其问她，她才会说。吴就开口说：‘夫人有什么事，要我去做？’孔夫人笑说：‘没有什么。’但立刻拿起纸笔，写了些字，继续说：‘这是我的私人电话，你打这电话，只有我接，你有什么事可以打电话给我。’吴拿过来，谢谢她，就告辞而行。出了范庄大门，坐上汽车，打开那纸一看，果然是一电话号码。但是吴这一生，未曾打过那电话。”吴国桢说他一生只见过孔夫人三次，“不晓得她为什么要把那私人电话给他，也猜不出，若用了那私人电话，会有什么结果。”[18]

一九七三年十月十九日，宋蔼龄因癌症病逝纽约，终年实岁八十四。

宋家三姐妹中，老二庆龄比较特立独行，她的思想进步、左倾，富理想主义、不摆架子。政治立场的殊异，使三姐妹起了内讧，蔼龄与美龄组成联合阵线，庆龄则孤军奋战。

孙中山和宋庆龄的联姻，对宋家和中国而言，都是一桩影响

1924 年 12 月 4 日，形容憔悴、身体违和的孙中山，偕宋庆龄摄于天津日轮“北岭丸”甲板上。三个多月后孙中山即病逝北京。

极为深远的大事。他们的结合虽受到各方的反对、批评和嘲讽，然而，孙宋的十载婚姻生活（一九一五至一九二五）却是宋庆龄一生中最愉快、最幸福、最满足的岁月。教育背景的相等、对人生与理想的执著以及对革命与建国的热忱，使庆龄成为孙中山最信任的伴侣、知己和助手。这十年是孙中山政治运途最坎坷颠沛的年代，他常年仆仆风尘于广州和上海之间，以对抗“野火烧不尽”的军阀豪勇，而且必须忍受和排解政治上及军事上的横逆与挫折。在这十年中，孙宋夫唱妇随，但庆龄并不参与实际政治活动、不干政揽权、不发表任何政治性谈话，她默默地做一个革命家的贤内助。

孙中山的革命风范和宋庆龄的端雅自持，使建国大业平添罗曼蒂克的色彩。宋庆龄虽和家人恢复关系，但不可否认的是，她和家人已不再像过去那样亲密，只有宋子文比较理解她的心情。

与孙中山的结合，改变了宋庆龄的一生；孙中山的壮年殂殒，则使宋庆龄面临另一个更剧烈的变化。一九二五年三月十二日上午九时三十分，孙中山病逝于北京东城铁狮子胡同五号，享年五十九岁。临终前一天，孙中山特地把宋庆龄嘱托给何香凝等人，再三叮咛说，在他死后要“善视孙夫人”、“弗以其夫人无产而轻视”[19]。一代革命家在家事遗嘱中留言：“余因尽瘁国事，不治家产。

其所遗之书籍、衣物、住宅等，一切均付吾妻宋庆龄，以为纪念。余之儿女已长成，能自立，望各自爱，以继余志。”[20]廖仲恺的遗孀何香凝在上海举行的孙中山追悼会上，特别提及宋庆龄的劬劳，她说：“在先生病榻之旁，三月未离一步，衣不解带，食不知味，以先生之精神为精神，使吾人永念不忘者，则为孙夫人。夫人之精神与劳苦，为吾辈所当敬爱。先生日语夫人，盼同志继续努力革命；今先生死矣，夫人尚在。我辈当念先生之言，随夫人之后，共同奋斗。”[21]

孙中山死后，宋庆龄的处境骤然改变。由于她的身份和地位，以及国民党内部的派系斗争，迫使她必须担负更积极、更凸显的政治性角色。

## 孙夫人认同国民党左派

对宋庆龄而言，一九二七年是她生命史上的第三个转捩点[22]。这一年，宋庆龄已很明显地认同国民党左派，她认为国民党左派才是真正继承孙中山的精神和思想。同时，也就是这一年，在庆龄的大力反对下，幺妹美龄却在大姐蔼龄的倾力撮合及宋母有条件的祝福中，与中国党政军界的“明日之星”蒋介石结婚。这场政治味道极为浓厚的婚姻，正式完成了宋家姐妹与近代中国风云人物的权力大组合。

一九二七年以后，宋家姐妹的感情已受到难以弥补的创伤。蔼龄与美龄属于蒋介石派，庆龄则成为反蒋派大将。国民党内部斗争加剧，宁（南京）、汉（汉口）分裂，宋庆龄、宋子文姐弟皆为武汉政府要员，但宋子文不久即弃汉投宁，助蒋筹措军费。武汉随后进行清党，中共宣布退出武汉政府，宋庆龄则日夜与左派人士为伍。

抗战军兴，宋家姐妹抱持同仇敌忾之心，爱国救国的热忱暂时拉近了三姐妹的距离。一九三八年六月，宋庆龄在香港成立“保卫中国同盟”，从事战时医药救济与儿童福利工作，但许多医药救济品转运至中共控制的地区。蔼龄与美龄则组织“妇女指导委员会”，并致力“全国儿童福利会”工作，推销战时公债[23]。一九四〇年二月，宋美龄自重庆飞至香港，住在沙逊路蔼龄寓所，其时庆龄与子文皆住在九龙嘉连边道，美龄来港后，便和蔼龄邀庆龄到沙逊路同住，三姐妹已甚久未在一起用英语和上海话“共话桑麻”了。三姐妹在香港公共场所的出现，引起了国际媒体的注意和议论，敏感的新闻界都预测孔宋家族将团结一致抗日。

中华民族的浴血抗战不仅导致国共第二次合作，亦促成宋家姐妹暂时抛开私怨与公仇，携手抗日。宋美龄（中）在重庆郊外向大姐、二姐说明防空洞设施。

一九四〇年三月三十一日，三姐妹从启德机场搭DC-3客机联袂飞往重庆，这是蔼龄、庆龄首次踏足陪都。三姐妹一道走访医院，慰劳伤患、孤儿和学生，参观防空设施、巡视重庆市区。宋美龄在

抗战期间，宋蔼龄（右）与宋美龄在重庆与罗斯福夫人通越洋电话。大姐与小妹感情最好，而使得孔祥熙夫妇和孔家子女在蒋介石政府中扮演“上下其手”的角色。

黄山官邸举行一次盛大的“为欢迎孙、孔两夫人莅渝”酒会，美龄首先致辞说：“我不是演讲，今天开这个会，是为了欢迎孙夫人和孔夫人，同时介绍两位夫人和大家见面。孙夫人和孔夫人不仅是我的姐姐，而且是全国姐妹们的同志。”蒋委员长亦在会上发表欢迎词，此为蒋首次在公开场合向孙夫人致敬。五月九日，蔼龄、庆龄结束陪都之行，返回香港。三姐妹在重庆一个多月的时间，国内外媒体竞相报道她们激励士气、促进团结、勠力救国的活动，这是最佳的抗日宣传[24]。

一九四一年十二月中旬，香港情势危殆，蔼龄、庆龄又避祸重庆。由于宋庆龄曾就年初发生的“新四军事件”（又称“皖南事变”），谴责国府当局，要求国府“今后必须绝对停止以武力攻击共产党”[25]；因此，宋庆龄此次赴渝不但未受到国府的欢迎，且遭到刻意冷淡，一些国民党大佬看不过去，乃由覃振等人央请国府主席林森出面，召开一个非正式的欢迎会。事实上，宋庆龄在重庆受到了软禁，住处周围和行动都受到军统便衣的监视，蒋介石和国民党特务机构对这位“共产党同路人”的“国母”，颇为头痛，蔼龄和美龄亦甚少和她来往。庆龄所接触的人绝大多数为中共驻渝人员和自由派人士，对国府的一些负面措施，常提出批评，有时亦向美国外交官和媒体提供孔宋家族的黑暗内幕[26]。

美龄（后）与庆龄的姐妹情因婚姻与政治而发生裂痕。

宋庆龄打算到美国旅行，重睹她已离开将近三十年的新大陆，但蒋介石和宋美龄担心她在海外唱反调，抨击国民政府和蒋家，不让她成行，连宋子文亦警告她要特别注意安全，以防暗杀[27]。陈纳德的政治顾问艾索普说，孔宋家族分成了三派，蔼龄与美龄属于宫廷派（官邸派），但蔼龄又是反动派兼保守派的老大；宋子文为现代派；宋庆龄则是共产党派，并且是中共在重庆的首席传声筒；蔼龄、美龄经常联手对付庆龄和子文[28]。艾索普是个极端反共的人，他说国民党高层的阴谋诡计和令人无法理解的权力斗争，主要是孔宋家族引发的，这两个家族的每一个成员都有其特色。然而，与其他国家的政治家族做一比较，孔宋家族的野心和事事“务必占先”的斗性，未免太强了[29]。

一九四九年五月下旬上海被中共占领后，第三野战军司令员兼政委陈毅立刻找中共地下党组织负责人打听宋庆龄的下落，决定马上把她接到安全地方，并派部队在其住处警卫。毛泽东三番两次写信给宋庆龄，敦促她“命驾北来，参加此一人民历史伟大的事业”、“全国革命胜利在即，建设大计，亟待商筹”、“敬希命驾莅平，以便就近请教”。周恩来则在信中说：“敢借颖超专程迎迓之便，谨陈渴望先生北上之情。敬希命驾北上，实为至幸。”[30]国府代总统李宗仁亦拉拢宋庆龄，于一九四九年一月二十二日派人送专函给她，信中说：“……尤赖夫人出为领导，共策进行，俾和平得以早日实现……”[31]

1961年5月11日毛泽东到上海宋寓看望宋庆龄。

宋庆龄当然不可能去台湾，但中共亦担心她远走海外或对新政权保持距离。在中共最高领导人的一再敦促下，宋庆龄于八月二十六日由邓颖超、廖梦醒（廖承志的姐姐）陪同，乘火车离沪赴平，二十八日抵达北平前门车站，受到毛泽东、周恩来、朱德、林伯渠、董必武、李济深、何香凝、郭沫若、柳亚子、沈钧儒、廖承志等人的热烈欢迎。新政协第一届会议，宋庆龄被选为大会主席团常务委员，毛泽东被选为中央人民政府主席，宋庆龄和朱德、刘少奇、李济深、张澜、高岗同被选为副主席。一九八一年病重之际，她加入共产党，并担任中华人民共和国名誉主席。

宋庆龄病危时，住在纽约州的二弟宋子良拍了一通慰问电给乃姐，电文说：“获悉你患病在身，不胜难过。为你康复而祈祷。”小妹美龄并未致电慰问，但据说曾为二姐落泪、祈祷。庆龄收到子良的电报后一个礼拜即病逝，时为一九八一年五月二十九日[32]。宋庆龄生前，美国一家出版公司曾表示愿出五十万美元买她的传记版权，被她谢绝了。也有不少美国出版商以高价邀请宋庆龄撰写回忆录，一些学者和传记作家亦向宋庆龄表示亟愿为她写“钦定”传记，她也都婉拒了。

## 注释

① *Biographical Dictionary of Republican China*, ed. by Howard L. Boorman and Richard C. Howard, New York: Columbia University Press, 1970; Vol.3, 140。

② Joseph W. Alsop (with Adam Platt), *"I've seen the Best of It"—Memoirs*, New York: W.W. Norton, 1992, 220; Seagrave, 8, 258~259, 407。西方人尝言宋家三姐妹中，老大蔼龄爱钱、老二庆龄爱中国、老三美龄爱权力；另一说法是，蔼龄爱权力（power）、庆龄爱人民（people）、美龄爱政治（politics）。

③ Alsop, 221。熊丸说："蒋夫人有时候还会耍点小姐脾气，但对她的大姐却像对母亲一样，很听孔夫人的话。夫人也很听总统的话，但若孔夫人对总统所说的话有意见时，总统往往也无第二句话。"见《熊丸先生访问纪录》，一七二页。

④ Robert W. Merry, *Taking on the World: Joseph and Stewart Alsop-Guardians of the American Century*, New York: Viking, 1996, 134。

⑤《我所知道的孔祥熙》，四页。

⑥ Alsop, 227; Seagrave, 411; Seagrave 误为宋庆龄说这句话。艾索普死于一九八九年。

⑦《孔祥熙和宋蔼龄》，三二七～三二八页。《大公报》负责人系胡霖（政之），《大公报》社评中所指的"某部长"乃是外交部长郭泰祺。当时正值国民党召开五届九中全会，蒋介石提议将郭泰祺撤职，而以宋子文继任外交部长，社评《拥护修明政治案》，系由王芸生执笔。见王芸生、曹谷冰合撰《大公报评论飞机洋狗事件》，收入《孔祥熙其人其事》，二六二～二六四页。唐纵《在蒋介石身边八年》日记也有关于此事之记载，一九四二年一月二十二日条："《大公报》去年做了一篇社评，拥护政治修明案，论及飞机载洋狗一事，致昆明学生罢课示威，打倒孔祥熙，事情无法收拾，《大公报》又为文声明，洋狗系飞机师所为，希图平泄学生愤怒。解铃系铃，《大公报》甚感立言之苦。"与宋蔼龄熟稔的项美丽于一九七四年告诉美国学者易社强（John Israel）说，宋蔼龄对狗毛有过敏症，绝不可能携犬上机。见 John Israel, *Lianda: A Chinese University in War and Revolution*, Stanford, University Press, 1998, 299。

⑧ Alsop, 184; Merry, 99。

⑨徐家涵《孔祥熙家族与中央信托局》，收入《孔祥熙其人其事》，八五页。

⑩《在蒋介石身边八年》，九九～一〇〇页。

⑪夏晋熊《在孔祥熙官邸的见闻》，收入《孔祥熙其人其事》，二七页。夏晋熊所说的陪宋蔼龄打桥牌的徐堪、陈行二人，皆为近代财经界闻人，徐追随孔祥熙甚久，历任钱币司长、财政部常务及政务次长、粮食部长、财政部长、中央银行总裁，一九六九年卒于台北；陈行曾任中央银行副总裁。抗战时期，中国财经情况困窘，时人以"四不"讥之："孔祥熙不祥、徐堪不堪、陈行不行、宋子良不良。"宋子良当时为中国国货银行总经理。见李茂盛《孔祥熙传》，北京：中国广播电视出版社，一九九二年，一五二页；徐家涵《孔祥熙家族与中央信托局》，八四页。

夏晋熊将海明威及其第三任妻子玛莎·葛尔洪访华日期误记为一九四三年，应为一九四一年三四月。参看林博文《海明威与抗战中国》，台北：《中国时报》，一九九九年七月十九日，第十三版；Michael Reynolds，*Hemingway*：*The Final Years*，New York：W.W. Norton，1999，37~43。

⑫ Barbara W. Tuchman，*Stilwell and the American Experience in China*，*1911—1945*，New York：The Macmillan Co.，1970，321.Tuchman，认为宋美龄因未生育，故对蒋的影响力有限。

⑬ 前引，148。

⑭同前。

⑮《在蒋介石身边八年》，一二二页。宋蔼龄的姘夫为清末官僚资本家盛宣怀的儿子、绰号盛老七的盛升颐（字苹臣），其妻姓魏（外号“白兰花”），据宓熙说，魏“虽徐娘半老，风韵犹存，妩媚动人，善于辞令，一望而知是交际场中能手，她是宋氏的挚友，也是她的智囊……”见宓熙《侍从孔祥熙、宋蔼龄点滴》，收入《孔祥熙其人其事》，二六七～二六八页；香港沦陷时，孔令侃被驱逐出境，孔前往菲律宾，携盛妻魏妇同往，魏比孔大十余岁，见谭光《我所知道的孔祥熙》，收入《孔祥熙其人其事》，十二～十三页。另有一说是，宋蔼龄的母亲倪太夫人曾在盛宣怀家做过照顾小孩的“养娘”，身份高于乳娘和佣人，而盛升颐又是宋蔼龄的干儿子。见恽慰甘《孔祥熙与盛升颐》，收入《孔祥熙其人其事》，三〇九页。

⑯ Alsop，162。

⑰《在蒋介石身边八年》，二四五页。

⑱《吴国桢传》，下册，三四三～三四四页。

⑲《宋庆龄传》，一二六页。

⑳前引，一二八～一二九页。孙中山留给宋庆龄两千多本书、一幢华侨捐赠的住宅和一些日用品。

㉑前引，一二六页；何香凝《在上海各公团孙中山先生追悼大会上的演说》，收入《双清文集》，上海：人民出版社，一九八五年，下卷，八页。

㉒一九一五年与孙中山结婚是第一个转捩点，一九二五年孙病逝为第二个转捩点。

㉓宋蔼龄、宋美龄推销战时公债亦不忘从中牟利，见注⑭。

㉔三姐妹在陪都劳军、慰问伤患、探望学生的照片，可能是中国八年抗战中被渲染最多的名人照。

㉕对日抗战促成了国共第二次合作，中共红军在名义上接受国民政府领导，改编为八路军和新四军参加作战，并曾创下百团大战及平型关之役的佳绩。然共军实际上仍保持独立地位，与国民党军队时生摩擦。新四军的发展地区在长江下游，它在日军后方的扩张使国府深感不安。一九四〇年十二月，蒋介石下令长江以南的新四军一律移师黄河以北，新四军起初拒不从命，其后勉强北徙，但已逾当局所定之期限。一九四一年一月六日，新四军在行经安徽南部茂林山区时，被国民党第三战区（司令长官顾祝同）辖下第三十二集团军（总司令上官云相）包围袭击，伤亡惨重。激战八昼夜后，三千多人阵亡、四千多人被俘（包括军长叶挺）。叶被送往后方囚禁（抗战胜利后死于空难），副军长项英则在乱军中被杀，新四军至此几全军覆没。事件发生后，中外震惊，当时代表中共在重庆与国民党打交道的周恩来，亲在《新华日报》上挖空版面，手书“千古奇冤，江南一叶；同室操戈，相煎何急”几个大字。此后中共代表拒绝再出席国民参政会，两党虽于一九四三年三月重开谈判，但国共第二次合作已名存实亡。国共两党对“新四军事件”的解释，完全不同。

㉖ Alsop，163；Seagrave，406~408。

㉗ Seagrave，408~409。

㉘ Alsop，162~163。

㉙前引 101。

㉚《宋庆龄传》，五一一页。

㉛柯岩《永恒的魅力——一个诗人眼中的宋庆龄》，上海：百家出版社，一九八八年，一九二～一九三页。

㉜《宋庆龄传》，五八五页。

# 第十二章

# 恃宠而骄的孔家权贵子女

与蒋介石的结合，为宋美龄带来了权势与光芒，亦为孔宋家族开创了纵横捭阖的时代；与大姐蔼龄的亲密感情，则不仅为孔家制造了富可敌国的财力，也使宋美龄在孔家享受到真正的温情与天伦之乐。

除了政治、权力与金钱，孔家的四个子女可说是宋美龄一生的“最爱”。她溺爱他们、纵容他们、保护他们；使他们在战乱的中国丝毫不受兵燹的波及；使他们在苦难的中国完全未受贫穷的冲击；更使他们变成近代中国的头号聚敛财富之家。

孔家四个子女中，大女儿孔令仪较少公开活动；长子令侃、次子令杰、二女儿令伟则热衷“权与钱”，亦最会奉承小姨妈。在第一夫人蒋宋美龄的卵翼下，他们目中无人、为所欲为；他们引发了无数的争议与丑闻，也获得了中国人的最多白眼。

二十世纪四十年代末期以来，孔家子女一直在美国和台湾保持高度的神秘性，他们绝少与一般中国人来往，只有美国政客、华尔街大亨、地产商、企业家和证券商，以及一群来自江浙一带的“高级华人”与少数的至亲好友、幕僚，才是他们的圈内人。

## 孔令仪　老大姐行事低调

孔令仪（英文名字与其姨妈庆龄相同，Rosamond），一九一五年九月十九日生于山西太谷，曾就读上海沪江大学，后毕业于南京金陵女子大学[①]。在孔家四个姐妹兄弟中，令仪比较安分守己，有些著作描述她“个性倔强，有独立思考习惯，对官僚政治不感兴趣，爱好文学艺术，穿戴讲究，生活豪华”[②]。由于令仪为人低调，有关她的报道和传闻不多，早年的婚姻生活似乎波浪不少，宋美龄曾帮她找对象，卫立煌将军丧偶后，也有人为她做过续弦的媒。抗战前夕，孔祥熙拉拢军阀韩复榘的部属孙桐萱，李毓万擅自将孔令仪介绍给孙桐萱之弟孙桐岗，令仪大怒，由她的妹妹令伟出主意，印了一批结婚喜帖，喜帖上印着“李毓万之长女李淑媛和孙桐岗结婚”的字样，其时李毓万的女儿还是小女生，不知内幕者纷往李家道贺送礼，闹了一场风波[③]。

孔令仪后来挑上了弟弟孔令侃在圣约翰大学的同班同学陈继恩，但因陈父为上海一家舞厅的乐队指挥，令仪的父母亲认为门不当、户不对，不赞成此婚事，令仪坚持自己的决定，约同陈继恩一道赴美留学，两老只得默许，并“公器私用”，给予陈中央银行业务局副局长的名义出国，两人即在纽约结婚。一九四三年，宋蔼龄为令仪补办嫁妆，要求财政部直接税署署长高秉坊妻子主持的财政部妇女工作队日夜加工，精心置办了八大箱嫁妆，连同玩物珍宝，包了一架飞机准备运往美国，但飞机在重庆珊瑚坝机场起飞不久，即失事坠毁，嫁妆全数焚毁。宋蔼龄又为令仪另外赶办了六大箱嫁妆④。

一九四三年四月的长沙《大公报》在《谈孔小姐飞美结婚》一文中评论道：“（一）孔小姐乘机飞美之消耗（暂以损失的一架飞机计算），可以救济两千以上的河南饥民，使他们有饭吃、有衣穿，更可以配备一些维持生活的简单工具；把孔小姐婚礼的一切开支和原先损坏的八大箱嫁衣一并计算起来，那么一万个饥民可以破涕为笑了。（二）把孔小姐结婚所耗和因赶制嫁衣工作的财政部妇工队的工夫去制造前线战士所缺乏的服装，大约中国两师人的军衣不发生问题；去制兵站医院伤兵的衣服，那么五十个兵站医院的伤兵每人有一套新衣可穿。（三）依这笔款子开办一所设备齐全的大学，那么在决定了校长之后，只聘教授，出通告招生就行了。”⑤

多年后，孔令仪又单身了，二十世纪六十年代初她到台湾来探望蒋介石和宋美龄，姨丈与姨妈挑选了一个黄姓空军上校武官充当她的随从，陪她逛逛台湾，去了一趟日月潭之后，孔令仪对黄武官颇有好感，双方皆有双宿双飞之意，但黄武官已有妻室和小孩，孔令仪乃花钱拆散黄家。黄上校升任空军官校少将教育长，后被派赴美国担任驻美武官，在美国与孔结婚，后以少将之阶退役。这位黄武官就是出身清华大学航空工程系（一九三八）和航校十三期的黄雄盛[6]。孔令侃、孔令伟和孔令杰相继凋零后，就由孔令仪和黄雄盛负责照顾宋美龄，陪小姨妈度过寂寞的时光。就孔宋家族的标准来说，孔、黄都是很低调的人，他们的作风与孔家其他三个弟妹大相径庭。

九十年代中期以后，孔令仪变成孔家硕果仅存的第二代，也是宋美龄最亲密的晚辈。为了出售长岛蝗虫谷孔宅以及纽约地产商利用宋美龄名义拍卖孔宅物品及家具，使得八十余岁的孔令仪受到任意遗弃历史文物（包括孔家族谱、前台湾政府主席林森画像、宋美龄国画等）的指责。一九九九年一月三十一日纽约《明报》头版头条报道，老报人陆铿批评道："所谓的'孔宋豪门'要处理家产无可厚非，但是对具有历史意义的东西应有起码的尊重。……即使当败家子也要有谱，这种做法没有谱。"

孔祥熙、宋蔼龄夫妇与长女孔令仪早年合影。孔家四个子女中，年轻时最少抛头露面亦鲜为人所知的是孔令仪，在晚年却因出售长岛蝗虫谷孔宅而频频上报，并成为宋美龄的对外发言人。

## 蝗虫谷万头攒动观孔宅

一九九八年十二月十三日（星期日），一向幽静恬寂的长岛蝗虫谷小镇，突然涌来了上千名华人，欲一睹蒋宋美龄住过的旧宅和拍卖物品陈列会。川流不息的车队和人潮，把蝗虫谷“上等阶级”的白人居民吓坏了，他们向镇长、警长告状，警局出动大批警员、警车、骑警、摩托车和直升机维持秩序，驱散人潮，甚至封闭高速公路出口，并请华人代写“同胞们，路已封，请回吧”的中文警告牌。守规矩的和不守规矩的华人车队人潮，为开镇三百多年的蝗虫谷带来了前所未见的“黄祸”。这批华人专程到蝗虫谷朝圣，他们想看看美国的“士林官邸”！

讽刺的是，上千华人涌入蝗虫谷孔宅瞻仰宋美龄留下的痕迹之际，孔宅的老主人孔令仪却不屑地向纽约《世界日报》记者曾慧燕表示：“我们对那个地方都没有什么感情，你们为什么对它有感情？”又说：“我们的东西已全部拿走，剩下的都是毫无价值准备丢弃的物品。”孔大小姐大概忘了一九九八年夏天出售孔

孔令仪说：『蝗虫谷孔宅有着我们许多的回忆。』

宅时她向《世界日报》记者傅依杰说过："我母亲当年先来美时买下，随后父母在这里住了二三十年，弟弟令侃、令杰及妹妹令伟都常住；宋美龄过去二十多年来纽约时，也大多以此为家。这里有着我们许多的回忆。"总之，蝗虫谷孔宅物品未收拾干净，徒使地产商史蒂门（Stillman）顶着"蒋夫人旧居物品拍卖会"的招牌，招徕无数对孔宋家族仍充满好奇与仰慕的中外人士，发了一笔横财之外，亦让过去数十年极少出现媒体的孔令仪、黄雄盛这对老夫妻灰头土脸，招致责难。

## 富可敌国　孔家遍地生财

孔令仪晚年成为孔宋家族代言人，并需照顾孔家无以数计的财产，每年三月还得为长命百岁的宋美龄过生日。孔家财产之多，足以令所有在美华人"艳羡"，一九九七年年底变卖一部分佛罗里达州地产，得款二千多万美元捐给学校及医院（见本书第二章及第十章注⑧①）；一九九八年卖掉蝗虫谷旧宅，售价三百万美元左右；一九九九年年初又准备出售佛罗里达州"迪士尼世界"附近约四百多英亩土地，价值达数千万美元（一九九九年一月三日《世界日报》记者傅依杰报道）。孔令仪和她丈夫黄雄盛则住在曼哈顿中央公园旁第五大道的高级公寓。

孔家后人陆续将出售房产部分所得捐给孔宋家族的美国母校和医院，为什么从未想到捐给两岸学术和教育机构以及慈善事业？据"中央社"一九九七年十二月十八日发自华盛顿的报道，荣获一九九七年美国科学界最高荣誉国家科学奖章的哈佛大学数学系讲座教授、“中央研究院”院士丘成桐透露，他曾向“中研院”院长李远哲私下提议，希望能带美国国家科学院院长艾伯特去专程拜会宋美龄，请宋美龄捐款成立“中美”科学交流基金会，奖助优秀中国学者从事科学研究工作。宋美龄既与“孔家财”有密切关系，与其捐款孔宋家族的母校，何妨接受丘成桐建议资助中国学子钻研学术，则功德无量矣！

## 孔令侃 制造神秘与争议

孔令侃字刚父，英文名David，比孔令仪小一岁，一九一六年十二月十日生于上海，一九九二年八月一日因肺癌死于纽约，终年七十五足岁。

一九三五年国府成立中央信托局，孔祥熙以中央银行总裁身份兼任理事长，从此中信局成为孔家的禁脔。抗战初期，中信局迁至香港，二十出头的孔令侃以常务理事的资格直接掌控中信局的业务和人事，他在九龙弥敦道设立一个秘密电台，每天与孔祥熙官邸联络，报告香港及国外外汇、金银、公债证券、美国股票行情。据美国联邦调查局的档案，孔令侃和他的小舅舅宋子安合设的秘密电台，曾使孔夫人宋蔼龄在外汇、金融、股市赚进五千万美元。当中国人谴责日本人扰乱中国经济时，美国财政部驻上海调查员尼柯生（Martin R.

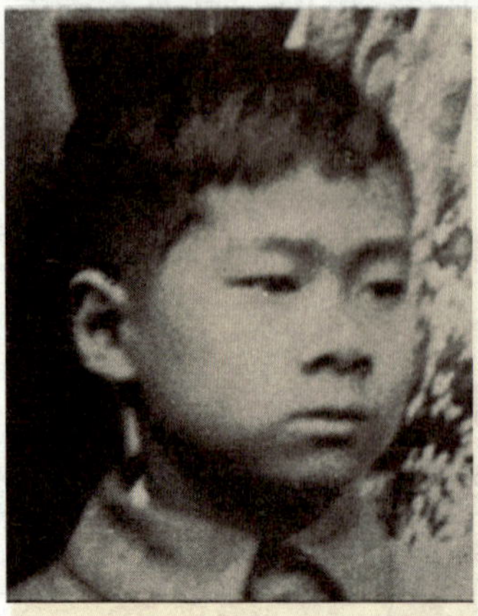
童年时代的孔令侃。

Nicholson）说：“伤害中国货币的不是日本，而是孔夫人。”（It's Mme. Kung，not Japan，who is killing the Chinese dollar.）[7]孔令侃的秘密电台遭香港英国当局查获后，孔即于一九三九年秋天被驱逐出境。

孔令侃在香港亦发了一笔军火财，谭光说：“当时任务除抢运已订军火外，还续订飞机械弹，这就给了孔令侃发财机会；同时利用香港自由商港，大量做私人进口买卖，扬子公司就是在那时奠定了基础。”[8]孔令侃于一九五九年五月在纽约面告老特务蔡孟坚说：“我在大陆仅任过中央信托局常董，在圣约翰大学毕业后，即发生抗战，我在战时经常秘密往返渝沪，我促成杜月笙说服上海银行及实业巨头，勿助汪伪为虐，如此秘密往返者有十数次。”[9]事实上，孔令侃也是抗战期间孔祥熙与日本进行秘密和谈的幕后负责人，以“孔主任”名义主持孔祥熙情报机构[10]。

一九四三年宋美龄访问美国，孔令侃、孔令伟（孔二小姐）和孔令杰全程陪同，从东岸到西岸，从华盛顿到好莱坞，孔令侃完全以“护花使者”姿态出现，在演讲会、酒会、募捐会和华侨欢迎会上，中外人士都对二十七岁西装革履的孔令侃和身着中国长衫、状似男童的孔二小姐，感到非常好奇，许多人以为他们是宋美龄的子女，又有不少人以为他们是宋美龄的特别助理。

1943 年宋美龄访美，孔家三个子女担任贴身随从，并和宋美龄下榻白宫，他们的趾高气扬引起白宫侍仆的普遍不满。自左至右：孔令杰、孔令伟（穿长衫者）、孔令侃。

一九四四年，罗斯福总统私人代表居里（Lauchlin Currie）到重庆和中国政府商议一些重要问题，夏晋熊负责照料居里生活。夏说：“因为相处比较熟了，居里在我面前大肆攻击中国政府的贪污腐败，特别提出中国要人的子女有一百七十多人，在战争期间，逃避兵役，在美国过着寓公生活，其中并点出孔的子女和孔手下红人徐堪的儿子。”⑪

孔令侃一生充满神秘与争议，其中最具震撼性的两件事为：（一）一九四七年其所主持的扬子建业公司伙同宋氏家族经营的孚中公司，利用特权方式套汇，经国民党《中央日报》揭发；（二）一九四八年扬子公司囤积居奇，遭蒋经国查获，孔令侃央求姨妈出面援救，导致在上海整顿财经的蒋“太子”铩羽而退，并蒙受“只拍苍蝇，不打老虎”之冷嘲热讽，而使小蒋与孔宋家族（尤其是孔家子女）结下深仇大恨。

这两件震动中外的“家丑”，爆发于国民党江山摇摇欲坠之际，非特象征了孔宋家族置国家兴亡于不顾的贪婪与自私，亦表露了国民党政权全盘崩溃的根本因素。

## 中央日报揭发孔宋弊案

一九四七年春天，南京国民参政会首先抖出宋子安的孚中公司和孔令侃的扬子公司运用特权向中央银行结汇，再从国外购买禁止进口的汽车、无线电器材，销售牟利，破坏进出口货物管制条例的丑闻。南京《中央日报》副总编辑兼采访主任陆铿指派财经记者漆敬尧采访这项大新闻。漆敬尧从经济部商业司司长邓翰良处获悉详情，写成报道刊于一九四七年七月二十九日《中央日报》第四版，其重点为：（一）孚中公司和扬子公司在一九四六年三月至十一月间八个月之内，共结汇三亿三千四百四十六万美元（孚中一亿五千三百多万，扬子一亿八千多万），占中央银行同期内售出三亿八千一百五十五万二千四百六十一美元中的百分之八十八，足可称之为特权机构。（二）孚中公司购买卡迪拉克轿车二辆，厂价超出规定，如自用则为奢侈，如运回国内出售，即意图牟取高利。同时，在政府明令禁止奢侈品进口前，孚中公司已订购二百辆吉普车，在禁令后又增订五百八十辆，由海关护航进口。此外，在禁令后，孚中公司凭关系获得许可证进口无线电设备一〇八箱，内有收音机四十台。（三）扬子公司订购五十辆奥斯汀轿车，运回国内销售牟利，在禁令后又凭特权进口无线电设备[12]。

国民党机关报揭发孔宋家族贪腐特权的新闻，立刻惊传全国，外电亦纷纷加以报道，并认为是陈果夫、陈立夫为首的CC所控制的《中央日报》向孔宋家族宣战。宋美龄在上海看到英文报纸大事刊登此新闻，愤怒地打电话质问蒋介石，并延期返回南京[13]。在《中央日报》总主笔陶希圣的授意下，该报于七月三十一日刊登启事，故意说前日报载孚中、扬子及中国建设银公司结汇数目“漏列了小数点”，将这三家公司共结汇的三亿三千四百四十六万美元，一变而为三百三十四万美元，一口气减掉了三亿多美元。蒋介石要追查何人向《中央日报》泄露消息，终以“不处分”收场[14]。

三十八年后，《宋家王朝》作者再度揭发孔宋家族非法结汇的往事，孔令侃即在美国《世界日报》连登三则启事，宣称他当年仅结汇一百八十余万美元，并指《中央日报》膨胀其结汇数字。

孔大少全然不知史实并不像外汇一样可以随他任意调度、加减，真相终会有水落石出的一天[15]。

孔令侃在《声明启事》中说："扬子公司自开办伊始，业务悉遵法令，从未享受任何特权。"[16]孔大少大概忘了扬子公司特权不断、违法连连而导致他和"表哥"蒋经国正面冲突的往事。

一九四八年，国民党不仅在战场上节节败退，在经济上、社会上和人心上亦急速逆转。为了挽救恶劣的财经情况，蒋介石于八月宣布成立经济管制委员会，任命俞鸿钧、蒋经国为东南区经济督导员。立功心切的蒋经国推出"戡建大队"以整顿上海金融、物价，干劲十足的小蒋逮捕了杜月笙的儿子杜维屏等特权阶级，人心大快。但青帮老大杜月笙不甘儿子被惩处，而要求蒋经国检查扬子公司的仓库。担任过上海经济检查大队长的程义宽说，蒋经国命他派人至扬子公司整个仓库检查，查到了棉花、纱、布、日用百货、钢管、粮食等二万多吨囤积品，乃全部没收充公，并封闭仓库。孔令侃听到小蒋查封扬子公司的消息后，立即自上海赶赴南京向小姨妈宋美龄告状，请她要求姨丈下令淞沪警备司令宣铁吾不要查封扬子公司[17]。

当时正在东北督战的蒋介石，于十月七日经葫芦岛、塘沽到了北平，他对华北剿匪总司令傅作义说，第二天就要到上海，傅以为蒋去上海是为了发表双十节谈话，即劝蒋勿去，留在北平商讨北方战局。傅作义告诉蒋的爱将、黄埔一期的杜聿明，事后他才知道蒋经国在上海"打虎"，要惩办投机倒把、扰乱金融的孔令侃，蒋因得到宋美龄催驾的消息才急忙到上海处理"家事"。后来投共的傅作义感慨地说："蒋介石要美人不要江山，我们还给他干什么！这是我对蒋介石思想失去信仰的又一个重要原因。"[18]

## 蒋经国打老虎　出师不利

老报人朱振声（笔名戎马书生、退职记者）六十年代初回忆说："蒋介石到了上海后即下榻东平路行邸，蒋经国和上海市长吴国桢都一早九点前往晋谒，报告限价执行情况及市政措施。宋美龄亦陪同孔令侃驾车前来，第二天经上海各报一律以大字标题头条新闻刊载，上海市民阅报哗然，扬子公司一案遂亦虎头蛇尾，不了了之。蒋经国当时敢怒不敢言，内心的痛苦，事隔十四年后的今天思之，可能还有遗恨未消吧？"[19]

吴国桢多年后向作家江南（刘宜良）透露："扬子公司案发生后，蒋先生正在北平指挥关外的军事，曾给我一个电报。电报内容指定我去接办扬子案，并且要我'立即复命'。我却故意搁置。……到了第四天，宋美龄给我打来一个电话，问我电报收到没有？"吴又说："就在扬案高潮期间，有天，我接到一个电话，说是孔公馆打的，孔院长（孔祥熙）约我第二天下午去看他。接完电话，我感到有点奇突，孔祥熙不在国内，何以他到上海，事先一无所闻？第二天准时赴会……孔令侃出现了，但并没有孔祥熙的影子，我问他：'院长呢？''院长还没有回国。'于是我问：'那么是谁打电话呢？'他说：'是我打的。'我顿时感到受到一种欺骗，疾言厉色地指着他：'David，你这太不像话了，假使你有公事，可到市府来看我；有私事，请到我家。'说完拂袖而去。"江南说："吴国桢承认，扬子公司案是由宋美龄的干预，不了了之。"[20]

淞沪警备司令宣铁吾告诉程义宽说："总统骂我派人去查抄扬子公司，说是要造反了，总统明明知道这件事情是经国搞的，但如果对夫人说出是经国派人搞的话，恐引起孔家和夫人对经国不好，只好把责任推到我的身上。我知道总统的苦衷，只好一声不吭，由他骂了一顿，就辞出来了。我在南京待了半天，马上回上海告诉经国，劝他不要搞了，免得使总统为难。”程义宽说：“蒋经国叫我停止检查活动之后，所有原来查封的物资，自然而然地启封了，弄得虎头蛇尾。这些东西，大概在一九四八年年底以前统统运走了，扬子公司自己有轮船载运，听说大部分运到香港，也有一部分运往台湾。”一九四九年四月十一日出版的《生活》（*LIFE*）杂志登了一张刚运到基隆码头上的多部轿车，这份亲国民党的杂志说，这些车子大部分是孔令侃的[21]。

1948年年底，国民党政府败象毕露，自大陆逃难至台湾的人愈来愈多。在危急存亡之秋，有些人却大发国难财，《生活》杂志说，这批自上海运抵基隆码头的高级轿车，乃孔令侃所拥有。

## 违法乱纪却称中共诬攀

蔡孟坚获蒋介石资助周游世界，于一九五九年五月到了纽约，宋美龄请他吃中饭，孔令侃作陪，这是蔡、孔首次晤面。饭后，二人闲聊，蔡说：“久仰大名。”孔令侃问道：“是不是蒋经国在上海打老虎时知道我名字的？”又说：“那时在战后，中央发行金圆券，全国物价飞涨，经国奉命在上海平抑物价，严办囤积生活必需品大商大户，其时我开一家扬子贸易公司，专营美国进口机械零件，共产党查悉我有一公司，即利用舆论、报刊指我为孔宋财团囤积生活品的大本营来刺激蒋经国打老虎。天天见报后，经国查悉我经营实情，但上海有成千上万富商，老虎成群，无从下手，知难而退。但‘经国打老虎’——我‘孔令侃是老虎’的印象，仍留在人们心中。我在国内有此恶名，即将公司关闭，对外也从不对人申辩，即飞美哈佛大学深造。一面在美创办与中国无关实业，少与中国人往来，这是环境使我孔某改变做人做事方式，竟有人称我为‘神秘人物’，我也不加辩白。”[22]

包括孔令侃在内的孔宋家族成员，都把他们的贪腐误国归咎于共产党，本身没有丝毫悔意和愧色。孔令侃谴责《宋家王朝》作者与共产党统战政策“不谋而合”，称其企图“丑化”孙中山和蒋介石，以“动摇对国民党之信念，洎乎达到其颠覆中华民国为目的”。[23]

四十多年来，孔令侃在美国“默默”经营公司、投资股票和房地产[24]，低姿态的作风与过去的嚣张和跋扈，截然不同。但他是个不甘寂寞的人，一直在幕后为宋美龄代撰中英文讲稿文章与信函，以“总统府”“国策”顾问、“驻美大使馆”顾问和“中国游说团”成员身份，或明或暗地影响台湾及美国政治[25]。蒋经国在世时，经常接到宋美龄来自纽约的指示，对“国内外”大事提供许多应兴应革的建议，不胜其扰的蒋经国很纳闷宋美龄远隔重洋为什么如此了解台湾的情况，经查证之后，原来是孔令侃的杰作。孔大少爷闲来无事，极为注意台湾及美国政情，除了大量阅读书报杂志之外，还随时经由一些私人管道搜集资料，而他本人意见

孔令侃墓柜。

纽约市郊风可利夫墓园新厦。

又多，自认对很多事情有独特的看法，因此，宋美龄变成了他的“传声筒”[26]。据说，李登辉“总统”和“行政院长”李焕关系闹僵时，孔令侃即预测李会起用军头郝柏村[27]。

孔令侃终生未婚，他说：“美国是世界第一号民主自由的‘国’；但不是民主自由的‘家’。结了婚，不自由，终日闹家务，美国家庭，十家有五家以上闹分居、闹离婚，我何必自找麻烦。”又表示：“我现在是一个人，结了婚便成了半个人。”孔称，在休斯顿从事石油工业的弟弟孔令杰有一儿子，因此他不能算是“无后”[28]。

## 孔令伟——恶行与荒谬化身

孔家四个兄弟姐妹中，最出名的就是外号“孔二小姐”的孔令伟（原名孔令俊），英文名 Jeannette，生于一九一九年九月五日，一九九四年十一月八日因直肠癌卒于台北。

孔令伟虽有颇为女性化的英文名字，亦有“孔二小姐”的称

宋美龄和她视如己出的外甥、外甥女。自左至右：孔令杰、孔令伟、宋美龄、孔令侃。

号，但她一辈子女扮男装，舍"巾帼"而就"须眉"，是个彻头彻尾的同性恋，个性极其嚣张、跋扈、任性、自私和怪异。孔家四个子女和小姨妈虽都异常亲近，但宋美龄和孔令伟却情同母女，其亲密度犹胜过令伟和她母亲宋蔼龄。孔令伟得癌症后，宋美龄先于一九九三年十一月指派孔令仪代表她赴台探视；一九九四年九月宋美龄自己以九十五岁高龄，从纽约搭机专程到台北振兴医院探视已经失去意识的孔令伟，其亲情已非"视如己出"一词所能尽括。

宋蔼龄和宋美龄终生姐妹之情不渝，孔二小姐居间发挥了一个不可或缺的连锁作用[29]。她聪明、能干、利落，是宋美龄忠心耿耿的跟班、参谋、军师、顾问和无所不谈的心腹（confidant）。宋美龄需要她、依赖她，她也利用宋美龄为所欲为、有恃无恐。担任蒋介石、蒋经国父子"御医"达半世纪之久的熊丸说，孔二小姐"会不惜一切方法与手段为夫人做事，忠心不可置疑，却也连累了蒋夫人"。宋美龄"视二小姐如己出，二小姐也喊夫人为'阿娘'，不过她们并没有正式认女儿的仪式"[30]。

孔二小姐的故事永远说不尽、写不完，可悲的是，这些故事几乎全都是负面的。从上海、重庆、南京到纽约、台北，她留下太多太多的恶行和荒谬。

在孔祥熙身边做过多年秘书工作的谭光和夏晋熊，皆对孔二小姐有极为深刻的坏印象。谭光说：“孔家四个子女，一切显著劣迹都是令侃、令俊（令伟，孔二小姐）两人干的。”[31]夏晋熊则说：“孔有二子二女。在重庆时，横行不法、声名狼藉的要数次女令俊即孔二小姐。”夏氏又说：“孔令俊所做的事情，如非亲眼目睹，真令人难以置信。她经常穿男装，效法旧社会的男人‘讨小纳妾’。”[32]关于孔二小姐的同性恋，谭光说：“孔令俊从小男装，长大后不愿嫁人，却先后结交四川军阀范绍增的邓太太和顾祝同重庆办事处处长庞 ×× 的葛太太，邓不久病死，葛和孔令俊同居，俨同夫妇。她的公司里叫她为总经理，叫葛为太太。这真是荒唐之至。”[33]孔二小姐后来的“闺中腻友”里面，和她最要好的是一位有夫之妇萧太太，萧太太原姓王，在圆山大饭店做过事，人皆称其“王督导”[34]。

熊丸说，宋美龄曾告诉他，孔二小姐小时候到她家玩，身上长了一种皮肤疮，宋美龄即对宋蔼龄说：“你给她穿不透气的裙子，所以皮肤疮不容易好，不如穿一些宽松的裤子、衬衫。”孔夫人因此给二小姐穿上男装，从此孔令伟便不肯脱下男装，也影响她的个性。熊丸说：“此后夫人对二小姐一直存有几分歉意，许多地方都将就她，没想到也因而宠坏她。二小姐也很懂得利用夫人对她的宠爱，所以她平常很喜欢管事，弄得大家都怕她。”熊丸又说：“孔令伟因为长得其貌不扬，人又刁蛮，所以没人敢追她，但有两位‘红粉知己’都自认是二小姐的太太，和二小姐生活在一起，两位太太都对二小姐十分忠心，等于有点同性恋的味道……她们三个人的岁数差不多，萧太太姓王，原本有自己的家，有小孩、丈夫，但她连家都不管了……有一阵子萧太太也在圆山做事，大家都喊她‘王督导’。”另一位则未婚，如今已七十多岁，一直住在美国[35]。

徐家涵说，孔二小姐“从小不安分，一直女扮男装，有时西服革履，头戴礼帽；有时穿绸长衫，手摇纸扇，妖形怪状，行人侧目。在重庆和成都出外时，随带大批娇艳的女人和全副武装的副官，有一次曾在成都与空军飞行员大打出手”[36]。孔二小姐仗势欺人的事例多得不胜枚举，如开枪打死警察、开车撞伤交通警察、打宪兵耳光、街头拔枪滥射、吊打副官等，不一而足。军统特务沈醉说，孔二小姐有次为了开舞会招待美军，因电力不足，竟下令将重庆市郊所有商店、住户用电暂停，全部电力供孔宅舞会使用[37]。

孔二小姐骄横桀骜之外，亦深谙搜刮聚敛之道，经常从香港空运重庆缺乏的商品，出售牟利，她的货物一概由财政部总务司司长边定远出面作为收货人[38]。由于孔二小姐在孔祥熙官邸秘书处经常干预公事，秘书为了讨好她，常把重要公事先让她过目，她对人的任用、升迁和公文的流程，都有权力决定，有些人知道内情乃走孔二小姐的后门[39]。孔二小姐后来离开秘书处，专门替她父亲管理私营商业，把祥记公司、广茂新、晋丰泰三个旧商号改组为祥广晋联合总管理处。抗战胜利后，孔二小姐创立嘉陵公司，自任总经理，杜月笙为董事长，盛宣怀的第五子盛亨颐出任副董事长，助孔二小姐走私的边定远为副总经理。嘉陵公司规模较小，与孔令侃的扬子公司营业项目大都雷同，而其投机倒把、囤积居奇和套汇走私的勾当，亦与扬子不相上下[40]。

孔二小姐自称是上海圣约翰大学毕业，事实上她的文凭却是得之荒唐。宋霭龄自孔祥熙的部属中挑了几个有博士学位的留学生权充孔二小姐的西席，在重庆鬼混了一年，竟获颁圣约翰文凭[41]。

一九四三年孔二小姐、孔令侃、孔令杰随同宋美龄访美，居停白宫时，白宫仆人对孔二小姐的不懂礼节、不在餐厅用餐而要求把菜肴送至房间的作风，颇为反感[42]。

孔二小姐不但任意扣压或乱批她父亲的公事，甚至连蒋介石的公事，她也照样翻弄。有一次何应钦的一份重要报告被她取出后未归回原处，何应钦几次催询，蒋介石不知究竟，追查侍从室公文收发，确已呈蒋，查来查去才知道是孔二小姐惹的祸[43]。孔二小姐这种乱翻公事的恶习，一直未改，蒋介石晚年卧病在床，她也要翻阅蒋的病历表，甚至连医疗方式和处方也要管，使蒋的医疗小组不胜其烦[44]。

孔二小姐不知天高地厚的个性，使她爱管闲事、乱管正事，她经营圆山大饭店和管理振兴医院的不循正轨、不近人情，令其周围的人和属下咬牙切齿，敢怒而不敢言[45]。她是一个幼时被宠坏、长大被惯坏的典型例子，也是权贵子女胡作非为的最坏榜样。她有权有势、她纵情烟酒、她为小姨妈效劳到底、她活在她自己的世界里。她看什么都不顺眼，可能连对自己也看不顺眼。

孔二小姐的遗体从台北运回纽约，安放在曼哈顿东区八十一街和麦迪逊大道之交的坎波殡仪馆（Frank E. Campbell Funeral Chapel）。入殓时，一生女扮男装、骄蛮跋扈的孔令伟，静静地躺在铜棺里，恢复了“女儿身”，梳了一个有发髻的老太婆发型，殓衣是一袭旗袍，其模样与生前张牙舞爪的气势完全“判若两人”[46]。

坐落在曼哈顿东81街和麦迪逊大道之交的坎波（Campbell）殡仪馆，为众多名人和富人大殓，孔家丧事亦皆在此办理。

## 孔令杰——少校武官点子多

孔家老四孔令杰（Louis），一九二一年五月三十日生于上海，一九九六年十一月十日因癌症去世[47]。孔令杰的神秘性不亚乃兄，而其在政治上、商场上敢冲敢撞的投机冒险精神，更非乃兄所能及，可说颇具“母风”。孔令杰进过英国军校，亦在中国陆军大学受过训，但没打过仗，五十年代靠背景做过“驻联合国代表团”和“驻美大使馆”武官[48]。退伍时官拜陆军少校。

孔家墓室。

孔令杰、孔令伟墓柜。

前驻美大使顾维钧说，在一九五三年期间，孔令杰经常穿梭于台北与华府之间，凭藉宋美龄的护符，把鸡毛当令箭。孔令杰对顾维钧说，蒋要他返台加入军队，并要他完成一期军事课程，他谢绝了，理由是：“他不能和军队里的不同派系共事。”孔令杰又说，蒋希望他成立海岸防卫队，他也以同样理由谢绝[49]。

蒋介石欲仿效美国海岸防卫队（Coast Guard）的构想，终未实现，孔令杰亦未当成司令。然而，孔二少是个异想天开的人，他“谢绝”组建海岸防卫队，却想当“驻爱尔兰公使”，并要求顾维钧支持他。不过，台湾与爱尔兰建交未成，他的愿望落空了。孔令杰野心很大、胃口极旺，他虽屈居顾大使之下，在“大使馆”

挂个少校武官衔，然而大家都知道他可以“通天”，皆对他畏惧三分，顾大使对他尤其客气。当时，孔令杰最觊觎、最垂涎的位子就是俞大维的职务[50]。

二十世纪五十年代初期，“国府”在美的军事采购业务和争取美援工作，可谓一团糟，几成无政府状态。有空军采购组，也有装甲兵采购组，数十个采购单位，各买各的，贪污、浪费、浮报、回扣等黑幕自不在话下，终于爆发空军副总司令兼采购团团长毛邦初中将（蒋介石的亲戚）卷款千万美元逃亡墨西哥的大丑闻[51]。蒋介石为整顿采购工作，乃派遣为官清廉与讲究效率的前兵工署长、交通部长俞大维以“钦差大臣”身份持节“驻美大使馆”，公开职称是“大使特别助理”，实际上是负责统筹军购与美援业务，直接对蒋介石负责。

孔令杰对俞大维的职务所展示的“旺盛企图心”，是以两种方式表现出来的：一面拉拢顾维钧以孤立俞大维；一面伙同相关人员向蒋介石打小报告，告俞大维的状。

孔令杰讨好顾维钧的手法是有意泄露士林官邸内部有关顾的机密资料。其中最重要的是，孔对顾说，“有人”向“总统”打报告称顾大使经常不在华府而在纽约，台北官员到双橡园“大使馆”，常找不到“大使”。孔令杰说，“总统”非常不悦，但经过宋美龄和他一再向“总统”解释后，老先生方始释怀。宋美龄并以阳明山和台北两地来比喻华府和纽约的距离，以说明华府和纽约之间两头跑，并不花时间（宋美龄对蒋说：“只需一小时车程”，实际车程四小时左右），而且电话联系又方便。蒋对宋美龄的“比喻”，颇表满意，乃打消撤换顾维钧的念头[52]。

顾维钧常跑纽约的最主要原因是和在联合国“上班”的严幼

韵女士幽会，顾其时尚未与黄蕙兰离异，但夫妻已形同陌路。离婚后，顾、严即结婚，这是顾大使第四度做新郎[53]。顾维钧听了孔令杰的“知心话”之后，对孔更是言听计从。

孔令杰对付俞大维的方式则是直接向蒋介石告状，声称俞工作不力、争取美援未尽力、不让顾“大使”等人了解军购与军援详情、与美方关系不洽，等等。不仅孔令杰告状，李干也告状，蒋介石因此对俞大维颇为不满，打算以孔令杰取代之。在台北只有陈诚一个人力保俞大维[54]。

向蒋介石打小报告的人越来越多，挑拨的内容也越来越严重；同时，争取军援与军购又是旷日费时的工作，绝非一夜之间即能开花结果。蒋介石按捺不住了，下令俞大维返台述职，他要和俞当面谈谈。蒋、俞深谈了几次，蒋终于完全了解俞在美国的认真、卖力和尽责，于是立即命令孔令杰今后绝不可干预俞大维的工作。顾维钧回忆道：“他（俞）不想谈论反对他的人怎样背地里在“总统”面前进谗言。很明显，此人就是孔令杰。他对这种背后中伤采取不予理睬的策略。他说，他在重庆政府任职时，孔祥熙待他甚厚，所以他唯一的愿望是以德报德。既然他不可能以任何方式报答孔祥熙的恩情，他只能用好好对待孔的儿子孔令杰来作为回报。”[55]俞大维在这段期间的优异表现，加上陈诚的大力推荐，终被蒋介石拔擢为国防部长。孔令杰后来离开华府做生意去了，炒股票、投资房地产、经营制造飞机座椅的工厂[56]，并从事石油工业。

## 历史之神讪笑孔家子女

从五十年代开始，孔令杰成为孔家家族最活跃的一员，能力亦最突出，一九五〇年尼克松竞选参议员，住在纽约的孔祥熙派孔令杰带一笔钱到洛杉矶“犒赏”尼克松，并发动加州华人为尼克松助选[57]。他的加州之行，建立了孔家与尼克松的长久关系，尼克松是个见钱眼开的政客（当总统时曾逃税），有了孔家这棵“摇钱树”，当然也就不愁政治献金的来源了。尼克松在七十年代初抛弃台湾，但在四十年代末、五十年代初却是靠反共、靠“中国游说团”的支持而走红政界。尼克松是个出身寒门的人，法学院毕业后在南加州挂牌当律师，办一件案子仅收费五元。从政初期，阮囊羞涩，急需奥援，富甲一方的孔家也就扮演“孔方兄”的角色，全力支援“爱我中华”也“爱我钞票”的尼克松。对蒋家和孔宋家族而言，这也是一种长期性的政治投资。

孔令杰在美国出过两次“风头”，一次是娶了好莱坞“肉弹影星”狄波拉·贝姬（Debra Paget），生了一个儿子[58]，一九八一年离婚；另一次是花了一千八百万美元在休斯顿郊外盖了一座防核弹的“地下城堡”，遭一九八四年十二月号的《德州月刊》揭发出来[59]。

最袒护孔家兄妹的宋美龄于一九八六年十二月三日透过“中央社”发表长文，“畅说其年来之所思所感”，她引用了美国哲学家威廉·詹姆斯（William James，1842—1910）的一句话以警惕“国人”：“‘国家’的死敌并非外来的，他们来自萧墙之内。”对中国人而言，詹姆斯这句话真是一语中的。近代中国的死敌并非外来，他们部分来自孔宋家族的“萧墙之内”[60]！

## 注释

①李茂盛《孔祥熙传》，北京：中国广播电视出版社，一九九二年，一五七页。一说孔令仪毕业于之江大学。孔令仪说："早年在南京时，我念金陵女大附中，曾住在老总统、夫人官邸约五年，那时经国、纬国还不在他们身边。老总统他们不叫我名字，而叫我宝宝、宝宝，常带我出去逛街，把我当自己子女一样管教。"见一九九七年三月十七日纽约《世界日报》。

②同前，《孔祥熙和宋蔼龄》，三二三页。

③《孔祥熙和宋蔼龄》，三二三页；《我所知道的孔祥熙》，十二页。

④《孔祥熙和宋蔼龄》，三二四页。

⑤同前。

⑥王丰《孔二小姐秘录》，台北：慧众文化出版社，一九九四，页一四九～一五二；夏功权《夏功权先生访谈录》，台北："国史馆"，一九九五年，二二、七一页。

⑦《孔祥熙家族与中央信托局》，收入《孔祥熙其人其事》，八八～九一、一〇四页；Seagrave，262。

⑧《我所知道的孔祥熙》，十二页。

⑨蔡孟坚《唁"神秘人物"孔令侃并述所知其人其事》，载《传记文学》第六十一卷、第四期（总号第三六五期），台北出版，一九九二年十月号，二四页。

⑩《致孔令侃密电一组》，载《民国档案》一九九一年第二期（总第二十四期），南京出版，四五页。贾存德《孔祥熙与日本"和谈"的片断》，收入《孔祥熙其人其事》，一二一～一三一页。

⑪《在孔祥熙官邸的见闻》，三二页。

⑫漆敬尧《小数点的玄机化解一场政治风暴——独家采访孔宋家族利用特权结汇谋取暴利新闻的一段往事》，载《传记文学》第五十四卷第一期，台北出版，一九八九年一月号，页六三～六八；《陆铿回忆与忏悔录》，一五九～一六六页。

⑬《陆铿回忆与忏悔录》，一六五～一六六页。

⑭前引，一六六～一八〇页。《中央日报》总主笔陶希圣百般威胁陆铿，国民党中宣部长李惟果则暗自佩服陆铿保护新闻来源的报人精神，对他加以维护。蒋介石召见李、陆询问原委，陆慷慨陈词，李、陆双双自请处分，蒋最后连说："我什么人也不处分，我什么人也不处分。"

⑮一九八五年六月十一、十三日，七月九日，纽约《世界日报》第二版。

⑯一九八五年六月十一日，纽约《世界日报》第二版。

⑰郭旭《扬子公司查而未抄的内幕》，收入《孔祥熙其人其事》，二二九～二三二页。

⑱杜聿明《辽沈战役概述》，收入《辽沈战役亲历记（原国民党将领的回忆）》，北京：文史资料出版社，一九八五年，十七～十八页。杜聿明于一九四九年一月淮海战役（徐蚌会战）尾声时被俘，彼之身份为国府徐州"剿匪"总司令部中将副总司令兼前进指挥部主任，以战犯身份坐牢十年，一九五九年与溥仪等三十二人获释，一九八一年五月七日病逝北京。

⑲退职记者《哀江南》第六集，香港：振华出版社，一九六三年，三〇页。

⑳江南《一个历史见证人的身影——萨瓦娜访吴国桢》，收入丁依（江南）著《蒋经国传》，香港：文艺书屋，一九七五年，二五五～二六八页。

㉑《扬子公司查而未抄的内幕》，收入《孔祥熙其人其事》，二三二页；*LIFE*，April 11，1949，P.96。

㉒《唁"神秘人物"孔令侃并述所知其人其事》，二四～二五页。孔令侃的学历亦颇"神秘"，Seagrave的《宋家王朝》称其在耶鲁大学读过书；徐家涵则说孔令侃的哈佛大学经济学硕士学位，实际上是香港中信局职员吴方智以孔令侃之名在哈佛注册、上课，以两年时间为孔得一硕士学位。见《孔祥熙家族与中央信托局》，一〇五页。

㉓ *Biographical Dictionary of Republican China*，Vol. 2，268。

㉔见注⑨，孔令侃对蔡孟坚说，他"在伦敦创办一现代工厂专做各型飞机座椅，全供欧美飞机装设……"。

㉕孔令侃秘书告诉蔡孟坚，孔死前仍有"国府""驻美大使馆"顾问名义，见注⑨蔡文；据说孔令侃直至蒋介石死时仍按月自"国府"干领美元每月二十万（一说每年二十万）的在美活动费，见姚孔行《蒋宋孔三大家族》，载《传记文学》第六十一卷、第四期（总号第三六五号），一九九二年十月号，三三页。外传孔令侃中英文造诣不错，宋美龄的中英文文章、讲稿与信函，泰半出自其手，如一九七五年九月离台赴美前夕发表的《书勉全体国人》、一九八二年八月的《给廖承志公开信》、一九八四年二月的《致邓颖超公开信》、一九八六年十月的《我将再起》等。孔令侃学会宋美龄喜用英文僻词罕字的习惯，其中文文章亦充斥诘屈聱牙词句，以显示其国学造诣，如一九八五年于美国《世界日报》所登启事，即夹杂"獒猾狂吠"、"谰言欹倾"、"纵允漫肆"之词。孔令侃称其常邀美国国会议员访台，并寄送反共资料给他们，见蔡孟坚文。

㉖见注⑨。据说当时"国府"驻"纽约总领事"、其后调驻华府的北美协调会代表夏功权，亦常向宋美龄提供台北政情资料。一九八八年一月蒋经国去世后，国民党中常会推李登辉为国民党代主席，宋美龄有不同意见，向国民党中央发出一信建议延期推李为党代主席，改在十三全会时再决定，此议未被接受。宋美龄的信即由孔令侃执笔，见蔡文。

㉗见注⑨。孔令侃对蔡孟坚说："须知李'总统'是坚（持）己见、外柔内刚个性的人，看李焕与之多有牴牾，一定下台，外传蒋彦士、钱复是他爱将，有可能出来组阁，我不相信——李因恐予人对他有狭隘政治的批评，我认为他会从较为缓和的反主流派的权要中物色一人，为着推崇法治，可能推出'司法院'长林洋港出马，但又避免'总统'与'内阁'阁揆同属台籍之嫌，若他以治安为号召，最可能起用郝柏村，郝任过官邸侍卫长，我看郝处事公正有能力，必有表现。李为巩固自己权力当然有他的手法，他不怕郝为军事强人，他可随时运用统帅权，相机可以重编参谋本部人事，另选参谋总长，让郝专长行政，李岂不完成'总统'整个权威。"后来，郝柏村果然出任阁揆，蔡孟坚赞孔令侃为"孔诸葛"。

㉘见注⑨。孔令侃虽自称"终生未婚"，但徐家涵说："孔令侃由香港乘船去美国经过马尼拉途中，在船上与孔家干儿子盛升颐的下堂妻魏某外号白兰花的女人正式结婚，打电报通知他母亲。宋蔼龄认为魏某比孔令侃大八九岁，出身卑贱，气得大发脾气，回电要（他）立即取消婚约。孔令侃置之不理。"参看《孔祥熙家族与中央信托局》，页一〇五。徐家涵又说："孔令侃更荒谬的是当宋蔼龄要替他找一个门当户对的千金小姐，与他早点结婚时，他指名一定要讨宋子文老婆张乐怡的小妹妹。宋蔼龄认为这是娘舅的小姨子，认为他异想天开。孔令侃却说：'娘舅归娘舅，讨他的小姨子，我就是他的连襟。如果不是张乐怡的妹妹，我还看不上，也选不中她呢！'"九五～九六页。

㉙ Alsop，162，220。

㉚《熊丸先生访问纪录》，一五三页。熊丸说："二小姐在官邸的影响力很大，她若发现官邸哪位武官不好，便会告诉夫人，只要夫人与'总统'讲过，'总统'就会把那名武官调离。"见《熊丸先生访问纪录》，一四八页。

㉛《我所知道的孔祥熙》，十一页。

㉜《在孔祥熙官邸的见闻》，二八页。

㉝见注㉛，十三页。

㉞《孔二小姐秘录》，一三五、一四四～一四五、一六〇、一九二页。

㉟同注㉚，一四七、一五二～一五三页。

㊱见注㉘，八七页。

㊲沈醉《军统内幕》，一〇一页。

㊳见注㉜，三十页。

㊴前引，二九～三十页。

㊵见注㉘，八八页；注㉛，十三页；《孔二小姐秘录》，一〇八、一二二页。据说孔二小姐担任嘉陵公司总经理后，即喜部属称其为"总经理"，主持圆山大饭店时亦然。中国国际商业银行于一九九一年公布十大股东名单，孔二小姐亦列名其中，持股高达八十多万股，为中国商银的第五大股东，孔家其他成员亦皆持有股权。金融界人士说，孔二小姐的股票是从大陆时代就持有的股权，在台经过登记后继续行使股权。

㊶见注㉜，二八～二九页。熊丸称孔二小姐毕业于沪江大学经济系。见《熊丸先生访问纪录》，一四九页。

㊷ Joseph P. Lash，*Eleanor and Franklin*，New York：W.W. Norton，1971，675~681。

㊸见注㉘，八七页。

㊹《孔二小姐秘录》，一二七页。孔二小姐对医院颇有兴趣，有一度曾想买下台北医学院，见《熊丸先生访问纪录》，一五〇页。

㊺圆山大饭店的"来历"，一直是个颇具争议的问题，做过该饭店董事长的熊丸说："修建台北圆山大饭店，一开始是先'总统'的意思，因为当时外宾很多，但却没一个像样的地方能招待他们。"蒋指明要孔二小姐筹办，熊丸找台银董事长徐柏园，向台银贷款四亿新台币。"二小姐在接到'总统'命令后，几乎全部时间都全心投入……所以圆山兴建的蓝图，等于二小姐做最后决定……圆山整个建设构想、发包、建筑监工等，二小姐都事必躬亲……"由此可知，数十年来台湾民间一直盛传圆山大饭店乃是蒋家的或宋美龄、孔二小姐的，洵非虚语。参看《熊丸先生访问纪录》，一五九～一六二页。谢忠良《那几口木箱要载走他们在台湾的恩怨》；邱铭辉《这位超级病人差点让医院"半身不遂"》；南方朔《狗儿对她摇尾，人儿对她摇头》，均载《新新闻》周刊第二八七期，一九九二年九月六日台北出版，十三～十六页、二二～二五页。邱铭辉《病床上的孔二小姐坚持要把李登辉除名》，载《新新闻》第三五六期，一九九四年一月八日台北出版，二十～二一页。董孟郎《孔二小姐故宫盗宝？》，载《新新闻》第七六期，一九八八年八月二十八日台北出版，三四～三六页。

㊻冯觉非《孔二小姐在铜棺里恢复了女儿身》，载《新新闻》第四〇二期，一九九四年十一月二十六日台北出版，十四页。坎波殡仪馆属纽约最高级殡仪馆，顾维钧、孔令侃均在此入殓。一九九二年八月孔令侃去世后，因"秘密发丧"，知者甚少，作者曾打电话至坎波询问，经证实孔令侃遗体确由该馆处理，但该馆显得极为"警觉"。

㊼熊丸说："孔家几乎个个死于癌症，如孔夫人（宋蔼龄）、孔大先生（孔令侃）及孔二先生（孔令杰）都有癌症。"见《熊丸先生访问纪录》，一四七页。宋嘉树夫妇亦皆因癌症去世。

㊽孔令杰于一九四三、一九四四两度随宋美龄访美。宋美龄于一九四三年访问芝加哥，美政府已订妥一流旅馆 Palmer House，孔令杰认为不够豪华，改订 Drake。见 Seagrave，389。熊丸说，孔令杰"西点军校出身，官拜少校"。见《熊丸先生访问纪录》，一四八页。

㊾《顾维钧回忆录》第十分册，北京：中华书局，一九八九年，二三三、三七三页。

㊿前引，四五一～四五二页。蒋经国于一九五三年访美时，曾私下问顾维钧大使孔令杰在华府的工作成效以及孔是否认识很多人，顾书，四一八页。

51《顾维钧回忆录》第八分册对毛邦初案叙述极详。

52《顾维钧回忆录》第十分册，二三二～二三三页；事实上，蒋介石对顾维钧经常不在岗位上，一直耿耿于怀，有一次顾维钧返台述职，蒋问顾："听说你常赴纽约，确否？"顾答："是的。华府虽系美国首都，但全美国的财经、政治及文化均集中在纽约。"宋美龄即插言道："我国的达官贵人过去每逢周末可不是从南京跑上海吗？"参看袁道丰《顾维钧其人其事》，台北：台湾商务印书馆，一九八八年，十二～十三页。

53《顾维钧其人其事》，一～十三页；Madame Wellington Koo，*No Feast Lasts Forevre*，New York：The New York Times Books Co.，1975，263~278。

54见注㊽，四五二页、四六六～四七二页。

55前引，四七八～四七九页。

56见注㉔。

57前引，448。

58孔令杰的儿子孔德麒（Gregory），乃是孔家唯一的传人。孔令仪、孔令侃和孔令伟皆无所出。

59 Seagrave，500~501；"Kung's Underground Hideway，" in *Texas Monthly*，December 1984，PP.116~120。

60曾在小姨妈卵翼下"叱咤风云"数十年的孔令侃、孔令伟和孔令杰皆安静地躺在风可利夫三楼孔家墓室之内。孔令杰墓柜在第二层（最上层仍空置），大理石墓板上刻着"孔令杰少校"英文字样（MAJOR KUNG LING-CHIEH）和生卒年月日（MAY 30，1921-NOVEMBER 10，1996）；第三层为孔令伟博士（DR. KUNG LING WEI，SEPTEMBER 5，1919-NOVEMBER 8，1994）；第六层（最底层）为孔令侃博士（DR. KUNG LING KAI，DECEMBER 10，1916-AUGUST 1，1992）。"侃"字拼成 KAI 而非 KAN，大概是"孔大先生"上海口音之故。孔家子女都有英文名字，但墓板上皆未出现。孔令侃和孔令伟兄妹死后仍好名，姓氏前均冠以花钱捐来的"博士"（DR.）称号（都是台湾天主教辅仁大学名誉博士学位，辅仁在台复校后，宋美龄曾应于斌主教之邀担任该校名誉董事长）。孔祥熙墓板上亦刻有 Dr.（其母校 Oberlin 学院赠予名誉学位）。孔家墓室自旧厅移至新馆三楼后，光线与空气更佳，孔祥熙、宋蔼龄与孔令侃的大理石墓板重新刻字，宋蔼龄英文姓名旧墓板原刻 E. LING SOONG KUNG，新墓板则为 KUNG SOONG E. LING。

# 第十三章

# 半世纪婚姻生活漫嗟荣辱

蒋宋结缡近半个世纪，互敬互爱，但亦像一般夫妻一样，偶会斗嘴、吵架；每逢夫妻发生剧烈争执，宋美龄必定“离家出走”，其避风港是大姐宋蔼龄家。

一九二七年十二月一日，蒋介石和宋美龄在上海大华饭店结婚，从这一天开始，蒋宋就是中华民国的化身。他们的结合，是二十世纪中外历史上最突出、最成功的一场政治婚姻，权力与财势的结盟，使蒋宋展开了“平天下”的壮举，也使宋美龄成为全世界最有名的东方第一夫人①。

## 风云夫妻档　牡丹衬绿叶

一般而论，亚洲妇女对政治比较兴趣缺缺，尤其是在民风尚未大开的二十世纪二三十年代的中国，唯独宋美龄是一个例外。她不但热爱政治和权力，也深通权术，她是一个强势的第一夫人，做任何事情都经过精心计划与细心盘算。蒋宋联姻，固然是蒋希望成为孙中山的连襟、继承者（heir apparent），以及获得江浙财团和缙绅阶级的资助，但也是宋家所“设计”的政治婚姻策略[②]。蒋宋的联手合作，共治国家，在世界政治舞台上洵属少见；世人都把眼光投射到古老的东方，他们很惊讶一个出自美国韦思礼名校的才女，竟然会辅佐“其介如石”的一介武夫在混乱、落后的中国对付军阀、日本人和共产党。

后知后觉的西方人不得不承认，宋美龄不是他们想象中的“花瓶”，她是一个极有威力的第一夫人。一九三八年一月三日出版的《时代》周刊，推选蒋宋为“风云夫妇”，这是该刊一年一度的封面风云人物选拔中，首次推出“夫妻档”。事实上，早在一九三一年十月二十六日的《时代》周刊，即以蒋宋夫妇为封面人物[3]。

蒋介石政治生涯的特色是敌人太多。党内有政敌，党外有仇敌；被他视为“第二祖国”的日本，一直想吃掉他[4]。蒋介石的一生，是战斗的一生，从广州发迹，历经北伐、抗日、剿共到终老台北，这位坚毅不屈的军人政治家，从未停止战斗，因为他永远都有敌人[5]。

宋美龄的角色之一就是帮助蒋介石化解敌人，即使不能化敌为友，也要使敌人对蒋的伤害程度减至最低最少。蒋介石并没有太多的现代知识和外交能力，他的弱点和短处，皆可由宋美龄加以弥补与强化。

## 西安事变　入虎穴救夫君

宋美龄在西安事变过程中所表现的镇定自持，深入虎穴的勇气与沉着，成为民国史和世界史上的一段佳话。一九三六年十二月十二日西安事变骤发，张学良、杨虎城发动兵谏，提出八项主张，要求蒋委员长立即停止内战，召开救国会议[6]。蒋蒙难华清池，南京大员有的疾呼营救，有的建议谈判，有的力主轰炸西安，军政部长兼讨逆军总司令何应钦欲以强硬手段对付张学良，不计后果，而遭到不少人的责难[7]。宋美龄在《蒋夫人西安事变回忆录》中说：“中央诸要人，于真相未全明了之前，遽于数小时内决定张学良之处罚，余殊觉其措置太骤；而军事方面复于此时，以立即动员军队讨伐西安，毫无考量余地，认为其不容诿卸之责任，余更不能不臆断其为非健全之行动。军事上或有取此步骤之必要，委员长或亦悬盼此步骤之实现，然余个人实未敢苟同。……余迭向京中诸要人剀切陈述：于未得确实消息之前，务镇定其态度，信任民众精神上之后援，勿采急遽之步骤。”⑧

在几个“大男人”慌慌张张、手足无措的时候，思虑最周密的就是宋美龄。她的救夫行动，使南京军政要员个个汗颜不已。宋美龄说：“余个人于事变发动之初，即决心与劫持我丈夫之西安将领做正义之周旋，任何牺牲、任何代价，皆所不顾……”但反对宋美龄飞赴西安的力量亦不小，“当时群情激昂，主张纷杂：或言委员长殆已不讳矣；或国家存亡应重于个人之生命；更有人不明余所主张之理由，词色之间似谓‘彼一妇人耳，仅知营救丈夫而已。’余乃详告诸人曰：‘余虽为妇人，然余发言，绝非为营救丈夫之私意。……余言既，复明告彼等即亲自飞往西安。群议哗然，以为不可，反对之声纷至。’”⑨

蒋介石被拘禁时⑩，曾撰一封家书致宋美龄，这封信本欲托黄仁霖带返南京，但遭少帅拦截。此信可看出蒋当时的心情：“余决为国牺牲，望勿为余有所顾虑。余绝不愧对余妻，亦绝不愧为总理之信徒。余既为革命而生，自当为革命而死，必以清白之体还我天地父母也。对于家事，他无所言，唯经国纬国两儿，余之子亦即余妻之子，望视如己出，以慰余灵。但余妻切勿来陕。”⑪

和蒋介石同具刚强个性的宋美龄于兵变后十天偕澳洲籍的端纳（W. H. Donald）、宋子文、戴笠等人飞西安探视蒋，此为端纳和宋子文第二次探蒋⑫。宋美龄回忆说：“机方止，张学良登机来迎，其状憔悴，局促有愧色。余仍然以常态与之寒暄。”宋告少帅，请他命令士兵勿搜查她的行李，少帅答：“夫人何言，余安敢出此！”宋美龄与张学良、俞凤至夫妇本为旧识，少帅对

澳洲籍政治顾问端纳陪同宋美龄前往西安，深入虎穴，营救蒋委员长。端纳原为张学良的顾问，少帅推荐给蒋。

宋颇为尊重，立刻让她会晤蒋。宋美龄说："余入吾夫室时，彼惊呼曰：'余妻真来邪？君入虎穴矣！'言既，愀然摇首，泪潸潸下。余强抑感情，持常态言：'我来视君耳。'盖余知此时当努力减低情绪之紧张。"[13]蒋向宋美龄描述"遇劫当时，黑夜攀登山巅，手足为荆棘与山石刺破，遍体鳞伤之状况……"蒋对宋说，他当天早晨读《圣经》，正好读到"耶和华今将有新作为，将令女子护卫男子"这句话[14]。

宋美龄于1936年12月22日飞抵西安，展开救夫行动。

宋美龄见了委员长后，再晤张学良。她回忆说："彼或因余未加斥责，显有快慰状。余并以镇静诚挚之态度与之面谈，自谓此举得全国民众之拥护，实属错觉；今大错已成，若何补救，实为当前唯一问题。"少帅是个性情中人，他当面对宋美龄说："夫人如在此，绝不致发生此种不幸之事。"此言一出，宋美龄"骇然久之"，少帅解释说："我等劫持委员长，自知不当；唯我自信，我等所欲为者，确可造福国家之计划。然委员长坚持不愿与我等语，自被禁后，怒气不可遏，闭口不愿发一言，深愿夫人婉劝委员长暂息怒气；并望转告我等实一无要求，不要钱，不要地盘，即签署任何文件亦非我等所希望。"[15]宋美龄说，少帅这一席话就证明他和过去的军阀不一样。

经过宋美龄、宋子文、端纳等人的折冲樽俎，蒋介石应允停止剿共；改编中共军队由中央统一指挥；共产党停止一切活动、服膺三民主义、拥护委员长；改组行政院，宋子文出任院长；以张学良勇于悔过、维护委座安全，由宋美龄、宋子文担保免予处分，令其戴罪立功。十二月二十五日，张学良坚持与蒋宋同机飞赴南京，后张氏被交付军法审判，宋子文觉无以对朋友，一怒而走上海，张学良从此失去自由逾半世纪[16]。

斯大林虽曾令中共劝告少帅勿杀害蒋介石，不少史家相信蒋终能安全脱险，宋美龄、宋子文与张学良必有一秘密协定，但这项协定卒遭蒋本人撕毁食言[17]。

曾强烈反对宋美龄与蒋介石结婚的宋庆龄，一九四〇年在香港时，对美国记者斯诺说过一句颇为公允的话，她说："蒋介石和宋美龄的婚姻，开始时并无爱情可言，不过我想他们现在已有了爱情，美龄真心诚意地爱蒋，蒋也真心诚意地爱她。如果没有美龄，蒋会变得更糟糕。"宋庆龄又说，她妹妹对蒋介石的影响很大[18]。

## 宋美龄发挥全方位功能

蒋介石于 1935 年 10 月 31 日庆祝五十岁生日，由文胆陈布雷捉刀发表《报国与思亲——五十生日感言》，并以宝剑切生日蛋糕。

宋美龄对蒋的正面影响，可说涵盖了思想、政治、外交和宗教信仰四个层面。在思想上，她拓宽了蒋的国际视野和现代知识；在政治上，巩固了江浙财阀对蒋的支持，并以个人的魅力与机智助蒋化解大小危机，西安事变即为一例。素有“黄大炮”之称的立法委员黄宇人，二十世纪四十年代末期因反对陈立夫出任立法院副院长，引起蒋介石的不悦，在官邸召开的一场国民党籍立委座谈会上，蒋要求赞成的立委起立，黄宇人则说：“我们今天在这里起立的人根本代表不了其他的立法委员；甚至就是他自已的一票，将来也不一定投立夫先生。至于我没有起立，也只能代表我自己的一票而已。因此，我认为起立与否，都没有实际的意义。”蒋听了黄宇人的发言，甚为愤怒，但忍着未发，一时全场寂然无声，气氛显得十分紧张，坐在蒋旁边的宋美龄带着微笑向蒋低声说道：“今天的聚会已经为时很久，我看大家都很疲倦，可以休息了吧！”蒋即宣布散会。“黄大炮”说：“在当时的情形下，假如宋美龄不提议休息，真难料随后将发生怎样的事。刘健群事后向我说，他很担心蒋校长可能在盛怒之下，顺手将他面前的玻璃杯向我掷来。我对宋美龄用轻描淡写的几句话便将那种极度紧张的气氛结束，第一次由衷地感到她也有可敬之处。”⑲

在外交上，宋美龄利用其美国背景，大大地影响了美国媒体、政界及教会对蒋和国民党政权的支持，尤其是山东登州出生的传教士之子亨利·鲁斯（Henry Luce），在其所创办的《时代》（*TIME*）、《生活》（*LIFE*）和《财富》（*FORTUEN*）三大杂志上，对蒋宋和国民党政权的全力扶持，已成为美国新闻史和中美关系史上一个令人深思和引发争议的问题。鲁斯爱将、抗战期间《时代》和《生活》驻重庆特派员白修德（Theodore White）即因批评蒋介石、孔宋家族和国民党政权的腐化而与鲁斯闹翻⑳。鲁斯对蒋宋的维护和捧场是无条件的，对“国民党中国”的友好，亦是毋庸置疑的；他是个不世出的伟大报人，他对新闻事业的贡献（特别是对时事杂志）是石破天惊的，但他的缺点和短处则是具有太多属于自己的政治议程（political agenda），以及傲慢地高举“美国第一”的火炬，希图创建“美国世纪”㉑。

鲁斯旗下的三大刊物，对蒋宋和国民党政府抗日与剿共的宣扬，在美国和西方世界发挥了无比的威力；而通过鲁斯的杂志，蒋介石和宋美龄乃成为美国家喻户晓的一对代表正义与基督思想的中国第一伉俪。

然而，如没有宋美龄的流利英语以及深谙西方人的习性与文化，则西方世界对蒋介石还是讳莫如深，即使是罗斯福总统亦自称必须经由宋美龄来了解蒋介石㉒。

在宗教信仰上，蒋介石虽接受宋母倪太夫人所提出的信奉耶

宋美龄使蒋介石对基督教更为虔诚，并勤读《圣经》。

稣基督为结婚条件，蒋亦在婚后三年（一九三〇年十月二十三日）于上海正式受洗成为基督徒[23]。然不可否认的是，蒋日后能够成为虔诚的基督徒，传教士之女宋美龄对他的影响无与伦比。在她的建议下，从一九三一年开始，蒋的官邸每逢礼拜日晚上皆有传教士主持宗教仪式并带领静思[24]。即使在蒋死后，宋美龄仍不忘向世人表明蒋是基督徒。蒋介石的私人医生熊丸透露，由秦孝仪执笔的蒋氏遗嘱写好后，宋美龄表示要看看内容，她看完后对秦孝仪说："你加几句进去，说明他是信基督的。"熊丸说："所以很多人问'总统'遗嘱里，为什么连基督的事情也要写，事实上那是夫人的意思。"[25]

宋美龄为蒋介石的事业带来巨大的助力，而建构了六十年的蒋家朝代[26]；但她及其家族亦为蒋介石的政治生涯蒙上了许多无法洗刷的污点和负面冲击，这些污点和冲击，有时难免会为蒋宋夫妻关系制造紧张与冲突。

就像一般结发数十载的老夫老妻一样，宋美龄曾多次与蒋介石发生争吵，闹得相当不愉快，美龄每次负气"离家出走"，都往大姐蔼龄家"避难"。一九四三年七月四日，宋美龄自美返抵重庆，此次返国报纸皆称为"载誉归来"[27]，因第一夫人在美加两国做了极为成功的演说访问，宣扬中国抗战的艰苦与决心。一

蒋宋结婚近半个世纪，互敬互爱，但亦像一般夫妻一样，偶尔斗嘴、吵架；每逢夫妻发生剧烈争执，宋美龄必定『离家出走』，其避风港是大姐宋蔼龄家。

个多月后，却传出第一家庭失和的消息，唐纵在一九四三年八月十五日的日记中写道："近来委座与夫人不洽，夫人坐（住）在孔公馆不归，委座几次去接，也不归。闻其原因，夫人私阅委座日记，有伤及孔家者。又行政院院长一席，委座欲由宋子文担任，夫人希望由孔担任，而反对宋，此事至今尚未解决。"[28]同年十月三日日记，唐纵又说："近来委座与夫人意见不和，夫人住新开市孔公馆，不归者数周。下午夫人归官邸与委座晚餐后，又同赴新开市，宿一夜。外间谣言甚多，谓委座任主席，行政院不让孔做，以是孔夫人诉于夫人，夫人与委座不洽。问于俞侍卫长，俞不否认，并谓与纬国亦有关系。委座尝于私人室内做疲劳的吁叹，其生活亦苦矣！"[29]

一九四四年春天，重庆党政高层突然盛传蒋介石有"外遇"，各种谣言纷至沓来：有的说是陈立夫的侄女陈颖成为蒋的新欢；有的说陈颖是护士，又有人说她是教员；有的说陈颖也许是陈布雷的女儿；有的说宋美龄发现蒋有"婚外情"后，两个人打了一架，蒋的头部被花瓶击中而挂彩；有的说宋美龄把一双从未见过的高跟鞋从卧室扔出窗外时，打中一名警卫的头；有的说蒋给陈颖五十万美元让她出国。美国驻重庆外交官谢伟思（John Service）把这些花边谣言传回国务院，华府以好奇、疑惑的目光，密切注视中国第一家庭的“绯闻”[30]。

另一个说法是蒋与下堂妻陈洁如重燃旧情。隐居在上海法租界的蒋介石前妻陈洁如，一九四一年十二月在上海街头偶遇老友、汪精卫的妻子陈璧君，她力劝陈洁如到南京汪精卫政权任职，陈洁如婉言相拒，后只身秘密离开上海前往大后方，辗转来到江西上饶。顾祝同派人护送她到重庆，被安置在吴忠信家里，蒋获悉后常去吴家与陈洁如幽会，尽管十分保密，仍被宋美龄探悉。抗战时曾做过宋美龄机要秘书的张紫葛说，宋曾在一间诊所听到病人大谈蒋与陈洁如的艳闻[31]。

## ▶ “山城绯闻”惊动海内外

不管是陈洁如或是陈颖，蒋宋婚姻起风波则是事实。一九四四年六月的一个下午，蒋介石决定在重庆歌乐山官邸举行茶会，当时担任外交部政务次长的吴国桢，当天上午临时获得侍从室通知，要他早到数分钟。《吴国桢传》说：“吴驱车前往，道上见不少车辆奔赴，心中明白此皆赴会之人，但其数目之多，则出意外。到达则虽时间尚早，而礼堂座席可容纳二三百人，几已坐满。更可怪者，参加人员，外国新闻记者全被邀请，而本国记者则不见一人。外国使节未被邀请，但外国教会人员则到了不少。吴赴别室见蒋，蒋谓：‘我今天说话，你须小心翻译。我说时，你可在旁略作记录，再行译出。’言毕又云：‘我就要和夫人到会，你先去礼堂等候。’吴见其气度非如平日之从容，遂默然辞去。吴回到礼堂，蒋和夫人即行出场，只略向各方点首，即行演讲。说是演讲，实在不是演讲。”[32]

原来，蒋介石是就他的“绯闻”向与会人士澄清，但讲话极为吃力。《吴国桢传》又说，蒋“上台开口说话，神色忽现紧张，宁波口音，字字显出。蒋平日并不口吃，而此次则独见，有时冲口而出，有时戛然停顿，微觉结巴，结巴之后更形紧张”[33]。吴国桢翻译翻得颇为不顺，宋美龄眉宇间露出不悦神情，“蒋言辞之间，虽未明白指出，但亦含糊示意，谣言产生乃在国外，谓蒋虽戎马倥偬，而未忘情于自娱，前次宋美龄出国，蒋即与一女护士结缘，并生一私生子等语。蒋坚决否认，称自与夫人结婚后，成为忠实基督信徒，从不犯奸淫罪。且就事实而言，蒋终日行动，皆有人在旁随从，并作记录，未有一时一刻完全空闲由其私人单独活动。蒋演讲大旨，只是如此，而说来说去，重重复复，最少在半小时以上。蒋说得心中气愤，面红耳赤，口舌迟钝。”[34]

这场“茶会”后不久，宋美龄即偕宋蔼龄和孔令杰夫妇以“养病”为由，飞往巴西，两姐妹在巴西政府的度假小岛布洛科宜欧（Brocoio）住了两个月，美龄接受医疗，蔼龄则和巴西强人盖图里奥·瓦加斯（Getulio Vargas）进行财务交易，转移一笔钱到巴西，在圣保罗置产。孔宋家族过去已将部分财产移到南美洲，在圣保罗、布宜诺斯艾利斯和卡拉卡斯银行存了大笔钱，据说亦投资了石油、矿业、运输和其他交通股票，特别是铁路和航空。一九四四年九月六日，两姐妹到了纽约，美龄住进了她上次访美时曾住过的哥伦比亚大学长老会医院，也包下了哈克尼斯病房大楼（Harkness Pavilion）的整个一层，经检查是“精神疲惫”（nervous exhaustion），需要长时间休养。但在医院住不到一个月即搬至纽约市哈德逊河畔高级住宅区利佛岱尔（Riverdale）孔祥熙的花园洋房，与大姐蔼龄、弟弟子良住一起[35]。

有好几个月的时间，宋美龄未在公共场所露面，等于是销声匿迹，和她一九四三年所受到的热烈欢迎恰成强烈对比。就在宋美龄“躲”在孔宅休养之际，国际间却盛传蒋介石和宋美龄将离婚的消息。流言来自英国蒙巴顿爵士的部属，这位“大嘴巴”参谋告诉英国《每日邮报》驻加尔各答记者：“蒋夫人铁定会离开她的丈夫而在美定居。”美国驻重庆的情报员则在发回华府的报告中说，蒋宋不致离婚，因离婚势将严重影响中国军民士气，不过，宋美龄可能会留在美国。对于这项轰动国际的新闻，中国驻美大使馆起初不知如何应付媒体的探询，后来接获重庆的指示，乃发表声明断然否认蒋宋婚变的谣传。宋美龄在纽约住了一年，直至一九四五年九月始返回重庆，其时日本已投降矣[36]。

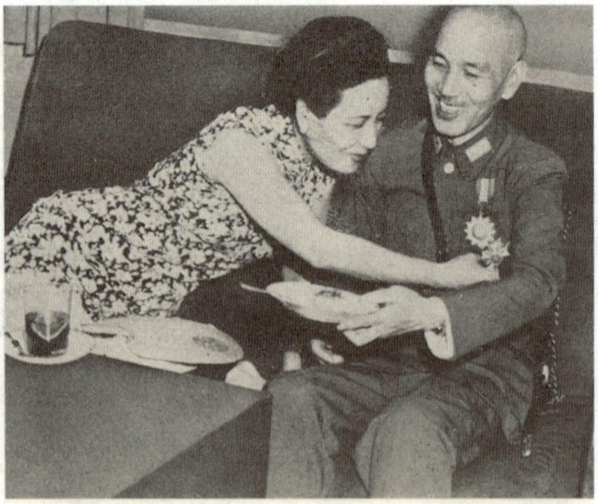

1943 年夏天，史迪威代表罗斯福总统颁赠勋章予蒋介石后，宋美龄在招待会倾身细看勋章，美国记者说：“蒋夫人差点把蒋委员长的蛋糕盘打翻了。”

## 结发近半世纪　情分萦绕

《时代》周刊在蒋介石、宋美龄获选为一九三七年“风云夫妇”的封面故事中说：“他是盐商之子，她是《圣经》推销员之女。在西方没有任何一个妇女像蒋介石夫人在中国那样拥有崇高的地位。她和她的丈夫在不到十年的时间里，跃升为古老的中国人民的道德与实质领袖，这项成就已涵盖了一页伟大的历史篇章。”[37]在西方人的眼中，蒋宋固然是一对权力夫妻，但也是中国希望之所寄，虽然这些“希望”于一九四九年随着国民党在大陆的崩溃而成泡影。

在台湾岛上，国民党的政治环境变得单纯了，蒋介石的政治敌人根本无法在“复兴基地”立足，“保卫台湾、反攻大陆”成为蒋介石政权的金字招牌。在这块闪亮的招牌下，蒋宋夫妇相依为命，两个人的感情“老而弥笃”；除了士林官邸，他们在阳明山、桃园角板山、南投日月潭和高雄西子湾等地设立行馆。台北住腻了，就到这些山明水秀之地散散心。在蕉风椰雨的宝岛，蒋宋夫妇共同度过了他们一生中最安定、最有意义的最后四分之一世纪。

一向注重养生之道的蒋介石，二十世纪六十年代末期发生一场车祸之后，身体日渐衰退。北京进入联合国取代台北会籍（台湾称“排我纳匪”）、尼克松访问中国大陆和国际形势对台湾的日益不利，使这位坚忍不屈的反共老头颇有时不我与之叹。一九七五年四月五日深夜，蒋介石在大雨滂沱中撒手人间，终年实岁八十七。无从“光复”故土的“缺憾”，只能“还诸天地”了。

蒋介石去世后的士林官邸，跟以前大不一样了，气氛显得格外凄凉。宋美龄决定离开让她时时刻刻都会触景伤情的地方，

少帅张学良偕妻子俞凤至与蒋介石夫妇。1975年4月蒋去世，少帅送的挽幛是：『关切之殷，情同骨肉；政见相争，宛如仇雠。』

一九七五年九月离台赴美前夕发表《书勉全体国人》一文，她说四十八个春秋里，“余与‘总统’相守相勉，每日早晚‘总统’偕余并肩一起祷告、读经、默思；现在独对一幅笑容满面之遗照，闭目做静祷，室内沉寂，耳际如闻謦欬，余感觉伊乃健在，并随时在我身边。”尽管蒋宋的成长环境、教育背景、思维方式和生活习惯大不相同[38]，然经过近半世纪“漫嗟荣辱”的共同生活，他们的感情应已超越政治的现实和权位的顶峰而与日月共长[39]。

## 注释

①宋美龄持续数十年被美国刊物选为“十大最著名的女性”，直至一九六七年，见Seagrave，456；《时代》周刊于一九九八年四月十三日出版系列特刊之一，选出二十世纪最有影响力的二十位“领导人和革命家”，亚洲人列名的有甘地、毛泽东、胡志明、霍梅尼等。已经被世人淡忘的蒋介石、宋美龄夫妇仅在入围者罗斯福夫人（伊莲娜·罗斯福，其夫亦入选）栏内带一笔，与阿根廷的贝隆（Peron）夫妇、菲律宾的马科斯夫妇同被列入“权力夫妻档”，由此可见西方媒体在世纪之交对蒋宋的评价了，见*TIME*，April 13，1998，P. 125。

②*TIME*，January 3，1938，PP.12~16；按陈洁如的说法，蒋介石和宋美龄的结合乃是宋家采取主动，宋美龄在北伐前和北伐期间一直设法接近蒋；宋蔼龄甚至提出以蒋宋联姻作为宋家在宁汉分裂中支持蒋的交换条件；见本书第三章及相关注释。

③在二次大战和冷战时期最支持“国民党中国”的《时代》周刊，三度以宋美龄为封面人物，第三次是一九四三年三月一日；《生活》杂志亦于一九四一年六月三十日以宋美龄为封面人物。《时代》（美国版）以蒋介石为封面人物则多达十次，第一次是一九二七年四月四日，最后一次为一九五五年四月十八日。《生活》未曾以蒋为封面人物。

④蒋介石于一九六九年三月在日月潭涵碧楼接受日本政论家御手洗辰雄访问，犹称“日本乃为我第二故乡”，见《蒋介石先生年表》，陈布雷等编，台北：传记文学出版社，一九七八年，一二〇页。

⑤《从大历史的角度读蒋介石日记》，八九页。

⑥李金洲《西安事变亲历记》，台北：传记文学出版社，一九八二年七月一日再版，七一页；《蒋委员长西安半月记》，载《蒋夫人西安事变回忆录》，香港：公正出版社，无出版日期，三一～三二页。张杨之“八项主张”为：（一）改组南京政府，容纳各党各派负责救国；（二）停止一切内战；（三）立即释放上海被捕之爱国领袖；（四）释放全国一切政治犯；（五）保障人民集会结社一切自由；（六）开放民众爱国运动；（七）确实遵行孙总理遗嘱；（八）立即召开救国会议。其中第三项系指一九三六年十一月二十二日深夜被捕的救国会成员沈钧儒、章乃器、王造时、邹韬奋、李公仆、沙千里和史良等七人，号称“七君子事件”。

⑦叶一舟《何应钦与蒋介石间的恩怨关系》，美国纽约《中报》第三版，一九八七年十月二十六日。李仲公在《我所知道的何应钦》一文中，一口咬定何在西安事变时“准备篡位登台”；研究西安事变有成的南伊利诺大学历史教授吴天威在一九八六年发表的《西安事变与近代中国历史的大转折》长文中，则表示“主战者未必有个人野心”、“何亦为蒋之患难之交，事实证明蒋未因何在西安事变时主战而对何不再信任、不予重用”。不过，也有人认为何应钦在西安事变中的表现，促成了蒋决定培植陈诚以取代何的决心。

⑧《蒋夫人西安事变回忆录》，六一～六二页。西安事变发生后，南京曾盛传宋子文是幕后黑手，因宋想当行政院长未果，乃指使张学良绑架蒋介石；后来宋子文见事变无法收场，乃送少帅数百万元贿款。见*TIME*，Jan. 3，1938，P.15。

⑨《蒋夫人西安事变回忆录》，六五～六九页。事变发生后，孔祥熙曾请求宋庆龄发表声明谴责张学良，并要求释放蒋介石，宋予以拒绝。宋对孔说：“张学良做对了，如果我是他的话，

我也会做出同样的事，而且可能会做得更进一步。”参看 Snow，94。陈布雷说，宋美龄对南京大员对西安骤变之处置极感不满，陈言：“为劝慰蒋夫人并解释其对中枢之误会。”见《陈布雷回忆录》，台北：传记文学出版社，一九八一年，一一八页。

⑩《蒋委员长西安半月记》，二二页。蒋介石于临潼华清池中国旅行社招待所遭遇兵变，后移至西安新城大楼（西安绥靖公署），再移往张学良部属高培五师长住宅。

⑪《蒋委员长西安半月记》，三七页。孔祥熙的长女孔令仪透露，蒋委员长被扣的紧张时刻，政变主谋之一杨虎城曾提出要求，要孔令仪、孔令侃姐弟到西安当人质，遭宋美龄峻拒。见纽约《世界日报》记者傅依杰报道，一九九七年三月十七日。

⑫澳洲人端纳（William Henry Donald）原为澳洲新闻记者，一九〇二年以雪梨《每日电讯报》通讯员身份来远东，后任香港《德臣西报》（*The China Mail*）记者，辛亥革命前到上海，担任纽约《前锋报》特派员。辛亥革命时任孙中山私人顾问，一九一一年至一九一九年担任上海《远东时报》月刊编辑兼伦敦《泰晤士报》驻北京通讯员。一九二〇年出任北洋政府顾问，一九二八年转任张学良顾问，一九三四年经少帅介绍出任蒋介石顾问，但蒋在《西安半月记》中说：“端纳者，外间常误以为政府所聘之顾问，实则彼始终以私人朋友资格常在余处，其地位在宾友之间，而坚不欲居客卿或顾问之名义。”宋美龄在《西安事变回忆录》中亦称，端纳“彼昔为我先父之友，但常为我家之宾，亲朋皆呼为‘Gran’或呼为‘端’”。端纳认识宋嘉树时，宋从事印刷《圣经》工作，宋美龄仍为一小女生。为拘禁张学良事，据称端纳与蒋宋有所争执；端纳于一九四二年在菲律宾遭日军拘禁，经菲律宾抗日游击队救出；一九四六年在檀香山罹患肺癌，宋美龄闻讯乃派机接端纳至上海宏恩医院就医，十一月去世，终年七十一岁。参看鱼汲胜《端纳》，载《人物》双月刊，北京：一九八七年第一期，九一～九六页。

宋美龄对熊丸说，去西安前，她给了黄仁霖一支枪，并告诉他：“假如我到西安之后，无论是张学良或杨虎城，任何人对我要有非常不礼貌的行为，你就开枪先打死我。这是我的命令，你不能违反。我情愿死，也不愿受辱。”黄仁霖答应了她的要求，并说：“好，我执行之后便自杀。”见《熊丸先生访问纪录》，一〇五页。

⑬《蒋夫人西安事变回忆录》，八七～八九页。

⑭前引，八九页。宋美龄对熊丸说，西安事变发生后，她始终相信上帝不会让委员长罹难，而使国家动乱不已。熊丸说：“夫人尚觉得上帝要她出面解决此事，故当她一听到事变发生，第一个想法便是要亲自去一趟西安。……夫人说她在圣诞夜当晚做了一次祷告，得到的启示是明天便可回南京，因而就在圣诞节当天，西安事变终于落幕。”见《熊丸先生访问纪录》，一〇四～一〇五页。

⑮前引，九一～九二页。

⑯《西安事变亲历记》，四三页。一九三六年十二月三十一日，张学良在南京被交付特别军法庭审判，开国元老李烈钧出任审判长，朱培德与鹿钟麟担任审判官。审判结果：少帅被判有期徒刑十年、褫夺公权五年。蒋介石在一九三七年元旦请求特赦张学良，国府主席林森、司法院长居正于一月四日批准特赦，但在特赦令中规定少帅“仍交军事委员会严加管束”。所谓“严加管束”，当然是蒋介石的意思。据一九八六年十二月六日北京《团结报》报道，张学良被押解到台湾后，曾透过宋子文帮忙，获一笔巨款。提供这笔巨款的是张的父亲张作霖兴建东三省铁路时聘请的一位美籍技术顾问，此顾问返美时，张大帅送其一大笔钱让他投资经商，数十年后，成为亿万富翁，乃思报张家，到处探听张家人下落，卒得宋子文之助，到台湾探望少帅，

送少帅一笔巨款。此处转引自《宋美龄传》，二七页注。张学良已为哥伦比亚大学留有口述历史，唯规定公元二〇〇二年始能公开；一九九六年并将一九三六年以来所保存的档案送给哥大图书馆，该图书馆特设立“毅荻书斋”庋藏档案和口述历史资料。“毅荻”二字乃从少帅的号“毅庵”和赵一荻（赵四小姐）之名各取一字。

熊丸说，宋美龄与宋子文比较同情张少帅；少帅被软禁后，宋美龄曾嘱熊丸探望少帅多次。熊丸说：“张少帅看起来就像《孟子》所说‘望之不似人君，见之而不知所为也’的人。我怎么看他都像山东卖布的商人，无论穿着或谈吐，完全看不出军人的威风，也看不出倜傥潇洒的少帅模样。……至于赵四小姐后来也病了，整个人也憔悴了，完全没有当年陪少帅软禁时的气概，变成一位非常狼狈的老太太……想起当年‘赵四风流朱五狂’之语，真是不堪回首。”见《熊丸先生访问纪录》，一〇六～一〇七页。

⑰宋美龄、宋子文与张学良之间有何秘密协定，似乎只能等到张学良的口述历史和私人文件公之于世之后，始能真相大白。一般相信，蒋必对张做过某种承诺，而少帅遭蒋幽禁半世纪，至少说明了蒋并未实践其诺言。少帅本人亦绝未料到会饱尝数十个“可堪孤馆闭春寒”的岁月。

有关蒋介石所撰的《西安半月记》和《对张杨之训话》，以及宋美龄的《西安事变回忆录》的真确性和可信度，自发表以后一直引起争论。蒋的《西安半月记》和《对张杨之训话》，皆由陈布雷代笔。陈说：“（十二月）二十六日中午往机场迎迓蒋公，随至官邸，蒋公授余草稿一纸，命与夫人详谈，即可整理记录，于五时前赶成之，即对张、杨之训词也。”又说：“（一九三七年）二月二日蒋公赴杭州，余与郑医师等同行，在杭州度阴历年，辟室新新旅馆，撰《西安半月记》。”见《陈布雷回忆录》，一一八、一二〇页；王泰栋《蒋介石的国策顾问陈布雷外史》，北京：中国文史出版社，一九八七年，一〇九页。军事学家蒋百里曾对陈公博说：“当时蒋先生夫妇在西安起飞时还很狼狈，大概他没有时间训话吧。”见陈公博《苦笑录——陈公博回忆，一九二五至一九三六》，香港：香港大学，一九七九年，三六八页。

关于蒋介石和宋美龄有关西安事变的著作，《苦笑录》亦有一段记载：“西安事变闭幕了，蒋先生和宋美龄还出了一本《西安半月记》和《西安事变回忆录》的合刊。一天中央政治会议正开会，宣传部长邵力子刚坐在我的旁边，他诚心诚意地拿了一本草稿在看。我问他看什么？他随手把那本草稿递给我，说：‘你看看吧，看有没有毛病，这本书还没有出版呢。’我一看原来就是那本合刊，我花了半个钟头一气读完，会议还没有散。‘这本书很有毛病，应该斟酌过才可出版。’我对于力子先生贡献。‘我也这么想，你试说那毛病在哪里？’力子也虚怀若谷地问我意见。‘我草草一看，便发现半月记和回忆录很矛盾。你看蒋先生在半月记处处骂张汉卿，而宋美龄在回忆录则处处替张汉卿辩护。而且蒋先生在半月记里从不说他见过共产党，见过周恩来，宋美龄在回忆录则叙述张汉卿介绍一个参加西安组织中之有力分子来见，既说他是‘参加西安组织中之有力分子’，又说‘彼等未参加西安事变’，这都是罅漏，容易露出不实不尽的马脚。我以为既有半月记，就不出回忆录也罢，如果回忆录一定要发刊，非大加改削不可。”我对力子贡献着，因他是一个宣传部长，宣传不妥，他也有责任的。“你说得对。”力子很坦怀。这样，这本半月记合刊，印刷好又停止发行，忽发忽停，反复了三次，结果还是出世了。我责任不在宣传，自然不管这些闲事。许久我又碰见力子，我问他为什么还是让他这样矛盾，他说：“蒋夫人一定要这样，不肯改，我有什么办法呢！”参看《苦笑录》，三六九～三七〇页。

张学良的功过、西安事变对中国近代史的影响，乃是永远辩不完的公案。少帅究竟是“坏蛋”

（villain）还是"英雄"（hero），显然已不是那么重要；讽刺的是，蒋介石对他"严加管束"五十余年，却使他变成举世皆知的传奇人物。其实，对少帅的过度揄扬，只会使历史的真相更加模糊，西安事变仍有太多的疑团需要廓清，少帅的口述历史和私人文件是否具有重大的澄清作用，只能等到公元二〇〇二年始克揭晓。张治中说，宋美龄曾对他表示："我们对不起张汉卿！""对不起"三个字贴切地道出了近代中国的悲剧本质。参看张治中《三次被幽禁的张学良》，收入《西安事变亲历记》，北京：中国文史出版社，一九八六年，四二〇～四二三页，林博文《我们对不起张汉卿》，《中国时报》第十一版，一九九六年十二月十二日。

⑱ Snow，86，91。

⑲黄宇人《我的小故事》（下册），加拿大多伦多：著者自费出版，香港吴兴记书报社经销，一九八二年二月，七三～七四页。

⑳关于白修德与鲁斯的"爱恨关系"（ambivalence），可参看下列三书：Thomas Griffith，*Harry and Teddy-The Turbulent Friendship of Press Lord Henry R. Luce and His Favorite Reporter*，*Theodore H. White*，New York：Random House，1995. Theodore H.White，*In Search of History-A Personal Adventure*，New York：Harper & Row，1978. W. A. Swanberg，*Luce and His Empire*，New York：Charles Scribner's Sons，1972.

㉑林博文《时代周刊与近代中国——亨利鲁斯的乡愁与偏见》，刊《中国时报》第十版，一九九八年三月五日。

㉒ Snow，347。宋美龄的一流英文造诣和蒋介石早年在上海十里洋场学会的"洋泾浜英语"（Pidgin English），恰成有趣对比。俞大维曾告作者，蒋私下很爱讲"洋泾浜英语"，最常上口的是"No Can Do"（不能做）。马歇尔调处国共冲突时，蒋不同意某些协议，即会当面对马帅说"No Can Do"。见林博文《俞大维追怀往事故友》，一九九〇年四月一日《中国时报》人间副刊，收入氏著《时代的投影——近代人物品评》，台北：元尊文化出版，一九九九年，八五～九五页。

㉓《蒋介石先生年表》，二一页。

㉔ James C. Thomson Jr.，*While China Faced West-American Reformers in Nationalist China，1928—1937*，Boston：Harvard University Press，1969，154。前美国驻华大使司徒雷登说，宋美龄对蒋介石之视野扩大和加深其精神修养方面，具重要的影响力。见 Yu-ming Shaw，*An American Missionary in China*，105。

㉕《熊丸先生访问纪录》，一二四页。

㉖ 蒋介石、蒋经国父子掌权共达一甲子。

㉗《在蒋介石身边八年》，三六七页。蒋介石搭机到新津机场接宋美龄，但宋美龄的飞机却在白市驿机场降落，故未接到。唐纵说："委座回来时，适经国亦由桂林来渝，同时降落，几乎飞机相碰，危险极矣！"

㉘前引，三七三页。

㉙前引，三八四页。

㉚《一代风流宋美龄》，二一四～二一五页；Seagrave，378~379，411~415，430。

㉛《一代风流宋美龄》，二一六页；徐家涵《孔祥熙家族与中央信托局》，收入《孔祥熙其人其事》，一〇六页；《轰动山城的"陈小姐"之谜》，载《民国春秋》，南京出版，一九九二年第一期。《在宋美龄身边的日子》，二七四～二七五页。

㉜吴国桢手稿、黄卓群口述、刘永昌整理，《吴国桢传》《尚忆记》，下册，台北：自由时报出版，一九九五年，三九三页。

㉝前引，三九四页。

㉞同前。

㉟ Seagrave，413。Riverdale在纽约市布朗士区（Bronx）。

㊱ Seagrave，414；Tnchman，490。一九四五年三月八日，从中国铩羽归来的赫尔利在华府告诉史汀生说，宋美龄目前已和蒋介石分居，这大概是他们的第四十次"永久分居"，没有人把它当一回事。见John Morton Blum，*From the Morgenthau Diaries*，Years of War，1941—1945，301~302。

㊲ *TIME*, Jan. 3, 1938, P.14。"两位一体"的领袖观以及家国不分的思想，不仅见诸蒋介石，亦同样植根于宋美龄脑海。六十年代末美国媒体曾报道蒋介石婚姻史，引起宋美龄不悦，宋嘱"国府""驻美大使"周书楷投书报纸，要求更正，周氏未照办，双方发生争执，据称周愤言："我是中华民国的'大使'，是为中华民国做事，不是为你做事！"宋一听，即掌掴周大使，并吼道："我就是中华民国！"见林博文《她曾经说过："我就是中华民国！"——蒋中正的太太蒋宋美龄》，载台北《新新闻》杂志，第一九六期，一九九〇年十二月十日出版，二八～三四页。

㊳王丰《我在蒋介石父子身边的日子》，台北：书华出版，一九九四年，一一五～一二五页。

蒋介石是个生活极有规律的人，烟酒不沾，食衣住行几已臻刻板的地步。日常饮食仍保持"奉化习惯"，爱吃盐腌笋、红糟肉、芝麻酱，爱喝鸡汤，不饮茶或咖啡，只喝白开水。宋美龄则有一段漫长的抽烟史，美国香烟Camel、Kent和名贵英国烟皆为其所喜，后遵医嘱戒烟。爱躺在床上吃早餐，爱吃生菜沙拉、甜食、西餐；因皮肤过敏，不爱吃鱼虾。蒋看到宋喜吃生菜沙拉，曾开玩笑说："你真是前世羊投胎的，怎么这么爱吃草呢？"宋则答以："你把咸笋沾上黑黑的芝麻酱又有什么好吃的呢！"蒋作息时间与宋亦大不相同，蒋夜九十时上床，晨五六时起床，宋则午夜过后始睡，近中午才起床，是个"夜猫子"。蒋爱看京戏（到台湾后誓言不回大陆不看京戏）、国产电影（尤其是李丽华主演的影片），宋则只看外国电影。阅读方面，蒋看中国古籍，宋则读英文著作，极少涉猎中国书。参看翁元口述、王丰记录《我在蒋介石父子身边的日子》，台北：书华出版，一九九四年；《熊丸先生访问纪录》。

㊴熊丸说："每年秋末，'总统'都喜欢到复兴乡角板山摘梅花，但因角板山的路很弯，夫人不喜欢去，'总统'只好单独上角板山。到了角板山后，因为他很喜欢梅花，常会到梅花底下转来转去，找到几枝好花后，便吩咐侍卫官把花剪下。大家遵从他的吩咐把梅花剪下后，都认为'总统'回去必把花插在自己书房里，没想到'总统'回去之后，总是把那些梅花送到夫人房间，可见他对夫人还是十分柔情体贴。我们每次到梨山，他有时也会到梨山宾馆摘花圃里的蝴蝶花，系在夫人胸前。在许多小地方上，他也表现得十分柔情，一点都不像军人，而这些都是很自然的动作，一点也不矫情。"参看《熊丸先生访问纪录》，九二页。

熊丸所说的"梅花故事"，早在一九三四年蒋介石前往福建督战扑灭"闽变"时，即曾上演过。那年除夕，蒋宋在浦城郊外山中散步，他们发现了一株怒放的白梅，宋美龄认为是吉兆，"梅花五瓣，预示着福、禄、寿、喜以及康宁。"蒋细心折了几枝梅花，晚上点起红烛时，把梅花放在一个竹筐里送给宋美龄作为新年礼物。她说："你们或许明白我何以愿意和丈夫在前线共尝艰苦。他具军人的胆略，又有词客的温柔呢！"见《蒋夫人言论集》，转引自《一代风流宋美龄》，一〇二页。

宋美龄于一九七八年四月一日自纽约致电蒋经国解释她无法返台参加其就任‘总统’典礼及祭奠蒋介石逝世三周年纪念，宋美龄在电文中说：“父亲（指蒋介石）去世三年之期将届，在此三年中，余每倏而悲从中来，上年返回士林，陈设依旧，令我有人去楼空之感，以往惯常之言音足声皆冥冥肃然，不胜唏嘘。余与父亲除数次负任去美，其他时日相伴近半百年岁，尤以诸多问题，有细有巨均不惮有商有量，使彼此精神上有所寄托，二人相勉，所得安慰非可形诸笔墨。自忖余对我之生父，相处总共仅短短九年余，因我八岁即离家来美求学。返‘国’后年余彼即弃养；与余母亲相与总共只十七年，即与父亲结缡，可谓自龀龄启蒙，最亲近最长久伴侣，兼相依为命者，乃父亲耳。此种扣心萦怀情性，只有如汝与方媳结合四十余年者，可能体会之。”

# 第十四章

# 无限江山，别时容易见时难

一九四九年秋天中华人民共和国崛起于华夏神州，改写整个亚洲历史，冲击无数中国人的命运。蒋宋夫妇拒绝承认国民党的败退乃为历史之必然，他们矢志在号称复兴基地的台湾岛上苦撑待变，期待王师北定之日。

然而，随着蒋介石政权在中国大陆的丧失，宋美龄的政治舞台变小了，国际风光褪色了，权力亦紧缩了。她只能继续发挥她在美国的剩余影响力，参与主导对美“外交”，为台湾的生存而殚精劳神。另一方面，台湾的政治格局已大异往昔，“四大家族”中，唯独蒋家一枝独秀，蒋介石决心培植蒋经国为接班人，以维系蒋家朝廷于不坠。蒋经国在权力原野上的斩将搴旗以及与继母宋美龄的摩擦，点缀了二十世纪后半期的台湾政治景观。

## 赴美乞援　美龄黯然饮恨

国民党退踞台湾时，宋美龄远在美国，并未亲睹当时的场面，蒋经国伴随其父仓皇赴台。一九四八年十一月初美国大选揭晓，原本被一致看好的共和党总统候选人杜威竟意外败北，输给寻求连任的杜鲁门①。国民党在内战战场上的节节失利，以及对蒋介石政策素无好感的杜鲁门再次主政，促成了宋美龄于一九四八年十一月底匆匆飞美，希图于危急存亡之秋在华府“抓住最后一根稻草”（to catch a last straw）②。

1948 年 11 月宋美龄匆匆赴美，试图游说杜鲁门政府紧急军援国府，却遭碰壁。1950 年 1 月 13 日，宋美龄回到台湾，蒋介石亲迎于桃园空军基地，旁为蒋方良。

一九四八年十二月二十日出版的《生活》杂

志，刊登了一张宋美龄于十二月十日傍晚六时与杜鲁门总统会谈后，离开布莱尔宾馆（Blair House）的一张照片。亲蒋反共的《生活》杂志在照片说明中不满地指出，蒋介石夫人在华府等了十天才见到杜鲁门，会谈时间仅有一小时；在这十天里，杜鲁门却有空接见曼哈顿的餐馆老板萧尔（Toots Shor）[③]。

杜鲁门说他不会像罗斯福那样招待宋美龄住宿白宫，他坦诚地告诉宋美龄，美国不会增加援蒋款项[④]，多年后杜鲁门指控蒋宋夫妇和孔宋家族从美国援华的三百五十亿美元中“窃取”了七亿五千万美元，并称他们“都是盗贼”（were all thieves）[⑤]。宋美龄的“乞援”计划完全落空了，她误以为她和国务卿马歇尔的私交可以扭转局势；蒋介石、外长王世杰、“驻美大使”顾维钧和美国“驻华大使”司徒雷登都不赞成她的美国之行，但她执意要去，结果黯然饮恨[⑥]。个性坚强的宋美龄在寒冷的华府和纽约徘徊之际，难以想象五年前美国朝野和人民对她热烈欢迎的盛况，以及在国会山庄发表演说的风光。杜鲁门政府不愿卷入中国内战危机，他们采取袖手旁观（hands-off）政策，以待“尘埃落定”（wait until the dust settles）[⑦]。

一九四九年元旦，蒋介石在兵败如山倒、和谈呼声甚嚣尘上的情势中，发表文告，宣称“个人进退出处，绝不萦怀，而取决于国民之公意”[⑧]。一月二十一日正式引退，由副总统李宗仁出任代总统[⑨]。蒋经国说，其父“此时考虑引退，并非欲在恶劣环境之下，脱卸革命的仔肩，逃避自己的责任，而是要‘另起炉灶，重建革命基础’也”[⑩]。

一九四九年夏天，毛泽东的军队已席卷了大半江山，杜鲁门政府的对华政策饱受抨击，国务院准备发表中美关系白皮书为自

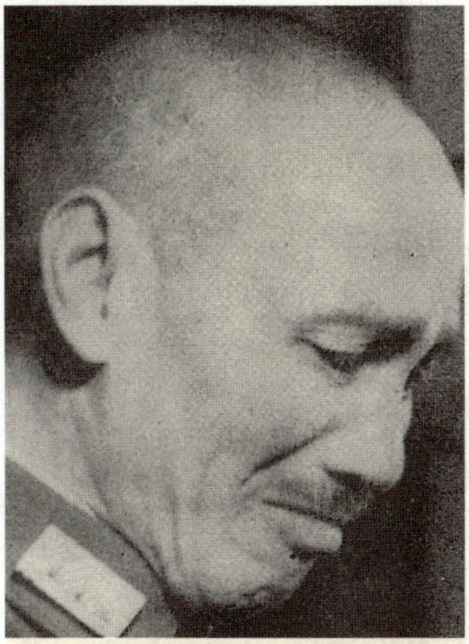

英雄有泪不轻弹！其介如石的蒋介石亦有伤心落泪时。

己辩护，并揭露蒋介石政府过去几年与美国的实际关系，以显示“国府”亦难辞其咎。

做过蒋介石夫妇多年助手的前联勤总司令黄仁霖，在其回忆录中透露一段《白皮书》的内容。他说：“在这一个时期（指一九四九年夏天），另外还有一件小事，只有很少几个人知道，那是我奉蒋公的命令，到美国去，做了一次旋风似的旅行。宋美龄早已于三十七年（一九四八）十一月二十八日前往美国，要使美国政府了解并支持我们所做的一切，并做最后的一次努力。（一九四九年）七月二十五日我突然奉召去谒见在高雄的蒋公，见到他之后，他说，宋美龄有信来，要我立即前往纽约，并接受她的指示。这似乎是一次短暂的行程，我不需要做太多的准备，同时亦没有时间去做准备。赶到纽约时，是三十八年（一九四九）七月二十六日左右。宋美龄告诉我，消息传来，国务院所准备的白皮书，要说明他们之所以放弃中国的理由，对他们的这种行为要做一次公开的评议，这项文件马上要发表了。她要我去对这件事加以调查，并设法取得第一手的誊本，因为蒋公在文件正式发表之前，急切需要知道文件的内容。如果我能够经由各方面的关系，把这件事拖延些时日，或者予以搁置，停止发表，那自然是更好了。”

宋美龄希望英语流利的、与马歇尔等美国军政要人关系良好的黄仁霖，尽一切可能阻止《白皮书》发表，以免“国府”声名受损，但这是国务卿艾奇逊的决定，不是区区一个黄仁霖所能阻止的。黄说：“第二天，我就赶到华盛顿，拜访白宫里的一些朋友。当我将来访原因说明之后，他很直率亦很权威地告诉我说，杜鲁门总统已经批准把这项白皮书发表了。因此，已经无法可以使它拖延或者搁置。这项文件将在下星期发表。至于文件内容，他亦只看到了一部分；但是他将收到一份校对的样本，可以将这份样本给我。大约在（七月）二十九日下午四时，我收到了那份校对的样本，便立即送呈宋美龄，她命我次日立即返台，并将这份样本送呈蒋公。同时，我亦把这一千零五十四页的文件抄本，交回给宋美龄，让她自己翻阅。”⑪

一九四九年十二月十日，蒋氏父子在兵荒马乱中自昆明凤凰山机场搭机飞赴台北，蒋经国称：“父亲返台之日，即刘文辉、邓锡侯公开通电附匪之时。此次身临虎穴，比西安事变时尤为危险，福祸之间，不容一发。记之，心有余悸也。”⑫此为蒋氏父子对大陆的最后一瞥，从此“无限江山，别时容易见时难”！

## 弃蒋保台　美相中孙立人

大陆失守，台湾亦岌岌可危，杜鲁门政府为免台湾赤化，乃积极策划“弃蒋保台”策略。美国认为腐化无能的蒋政权无法抗拒中共的入侵，亦不能获得台湾人民的支持；因此，如要确保台湾，则蒋介石必须下台。为了贯彻此项策略，美国希望推出一位杰出能干而又反共亲美的将领以取代蒋介石，山姆大叔看中了弗吉尼亚军校出身的台湾防卫司令孙立人将军。在美国政客与将领不断的游说和鼓动之下，孙立人终于答应与美国合作发动兵变[13]。然而，一九五〇年六月二十五日爆发的朝鲜战争，粉碎了美国人的倒蒋计划，成全了蒋介石在台湾“重建革命基础”、创立蒋家王朝的宏图。

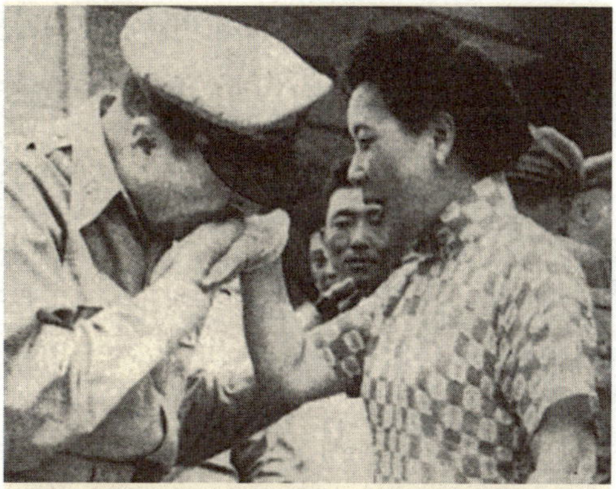

“美国恺撒大帝”麦克阿瑟将军于1950年7月访台，与蒋介石磋商出兵朝鲜战争一事。麦帅向宋美龄行吻手礼。

在历史之神的安排下，朝鲜战争使台湾获致了安全保证书。杜鲁门于六月下旬派遣第七舰队巡弋台湾海峡，无形中撤销了艾奇逊年初所提美国西太平洋防卫半径不包括台湾的战略设计[14]。台湾“得救”了。

宋美龄虽未能在一九四八年争取到更多的美援，但她留在美国开展另一种形式的外交战，即组织和推动“中国游说团”（China Lobby）。

关于“中国游说团”的源起、组织、结构、成员、经费来源、对外活动、与美国国会以及政府（包括白宫、中情局）的关系，一直是近代中美关系史上最重要也是最敏感的课题之一。

美国明尼苏达州共和党众议员周以德（Walter Judd）于一九四六年和五十名众议员就苏联阻碍“国府”接收东北一事，发表《东北宣言》，陈述美国立场。宣言发表后，有人称他们是“中国游说团”，这是“中国游说团”字眼首次非正式出现在美国报章杂志上[15]。

早在二十世纪四十年代初期，中国抗战方酣之际，“国府”

即开始在美国政界和新闻界进行游说工作，由宋子文和宋美龄兄妹总其成，“国府”驻美大使馆政治参事、公使陈之迈负责联络协调。四十年代的“国府”游说宗旨纯为呼吁美国助华抗战以及要求更多的援华物资；到了四十年代末期，由于中国局势发生剧烈变化，孔宋家族和“国府”高层人士推动的中国游说团乃渐具雏形。

国民党退踞台湾前后，一批坚决支持蒋介石政府的美国友人，团结一致，为摇摇欲坠的蒋介石政府做后盾。一方面撰写文章、发表演说，呼吁美国政府与人民正视亚洲共产党的兴起；一方面则清算国务院，追究“谁失去中国”（Who Lost China）的责任。这批反共亲蒋闻人包括《时代》、《生活》杂志创办人亨利·鲁斯、众议员周以德、加州共和党参议员诺兰（William Knowland）、外交家蒲立德（William Bullitt）、犹太裔富商柯伯（A. Kohlberg）、专栏作家索科斯基（George Sokolsky）、传教士费吴生夫妇（George and Geraldine Fitch）、专栏作家艾索普（Joe Alsop）等，这批人也就是所谓“中国游说团”的主力部队。

1957 年蒋介石的《苏俄在中国》一书发行英译本，美国《生活》杂志连续两期刊载摘要。蒋宋夫妇为庆祝英译本的出版，特在士林官邸拍摄此照。

## ▶ 对美游说 美龄全盘掌控

二十世纪六十年代初遭美国查禁的《美国政治中的中国游说团》一书作者柯恩（Ross Y. Koen）指出，“中国游说团”的重组和扩大，主要是宋美龄一手导演的。在纽约市布朗士哈德逊河畔利佛岱尔（Riverdale）高级住宅区的孔祥熙寓所[16]，宋美龄每周亲自主持会议，讨论如何有效地影响美国政治。与会人员分成两组，一组以宋子文、孔祥熙及其子女孔令侃、孔令杰和孔令伟等孔宋家族为主；另一组则由“国府”“驻美外交官”所组成，其中包括俞国华、李惟果、皮宗敢、毛邦初和陈之迈，其时担任“国府”“驻美大使”的顾维钧和“驻联合国大使”蒋廷黻亦偶尔赴会，但因身份敏感，未敢经常亮相[17]。于斌主教虽未参与会议，亦被列为“中国游说团”成员[18]。

“中国游说团”的“中国”当然不是指中共，而是指在台湾的“国民政府”。五六十年代，这个游说团的威力是惊人的，在长达二十余年的时间里，它充分左右了美国对海峡两岸的政策，十足发挥了呼风唤雨的游说作用。在美国近代政治史上，只有两个游说团对华府的外交政策具有旋乾转坤的力量，一个是“中国游说团”，另一个即是以色列游说团。

冷战时代美台关系的敦睦和密切，主要是奠立在三条基线上：（一）在反共的大纛下，双方利害相同、立场一致；（二）都坚决反对红色中国插足国际社会，并认为中共乃是亚洲及全球之乱源；（三）华府视台湾为西太平洋的反共堡垒、海上长城，协防台湾即为抵挡共产党蔓延之护符。在美台携手反共的背后，权倾美国朝野的“中国游说团”扮演了一个举足轻重的角色。

1965 年夏天，宋美龄访问纽约唐人街。

“中国游说团”是特殊时代的奇异产物，它结合了孔宋家族、“国府”“驻美外交官”以及美国政客、报人、巨贾和权力掮客，在反共、拥蒋、保台三面鲜明的旗帜下，将游说文化的威力渗透至美国政治与社会的每一个层面。麦卡锡主义（MaCarthyism）肆虐的冷战时代初期，“中国游说团”以支持蒋介石政权与否作为检验美国政府官员和人民是否“忠贞”的标准，此种几近“莫须有”的偏执心态，虽使自由派政客和学人噤若寒蝉，却也为游说团蒙上恶名。

一九五〇年以后，台湾对美外交的幕后最高指导人之一即是宋美龄，孔宋家族成员则充当献策、游说和通风报信的角色，他们构成了对美外交的核心圈子，同时也是“中国游说团”的推动者。检视过去的美台关系，即可发现台湾被尼克松“出卖”以前的对美工作，除了正常的外交接触，即以介入美国选举和利用“中国游说团”为两大重点。“国府”跨海“辅选”和“助选”的对象当然是支持中华民国的候选人，“总统”锁定共和党，参众议员则不分党派，只要是坚决反共反毛、认同中华民国，皆可分一杯羹，获得政治捐款和其他资助[19]。孔令杰、陈之迈和陆以正都曾当过“散财先生”，获得“台湾钱”的美国政客，当选后自然会帮台湾说话而成为“中国游说团”的一分子。

## 尼克松影响游说团荣枯

“中国游说团”称霸美国权力走廊（corridors of power）二十余年，为三大目标勠力以赴，并获致空前成功，这三大目标是：（一）坚决支持蒋介石政府；（二）拒绝承认中共；（三）阻止北京进入联合国。“中国游说团”在错综复杂的美国政治环境中，能够施展威力，固然与东西对抗的大环境有关，但其声势终年不衰却与鲁斯、周以德和尼克松三个人大有关系[20]。

靠反共起家的尼克松虽非“中国游说团”的基本成员，对游说团的支持和护航，殆为游说团在美国政坛纵横捭阖的主因之一。进一步而言，“中国游说团”的由盛而衰，亦反映了尼克松国际视野的丕变；他在众议员、参议员和副总统任内的强硬反共，支持“国府”，乃是游说团的黄金时代；但在出任总统之后，对全球强权政治的新构思，特别是打开中国大陆竹幕向中共伸出友谊之手的大变局，一方面象征了美国外交战略进入了新纪元，一方面亦标志了“中国游说团”的全面式微。

与蒋介石夫妇有“反共友情”的尼克松，访问台湾多次，且曾在士林官邸的客房住过，但他与北京的“务实外交”策略，伤透了蒋介石夫妇的心，尼克松本人亦颇感内疚。他说：“我首次和二十世纪中国的第三个伟人（其他两个伟人是毛泽东、周恩来）蒋介石见面，是在一九五三年。我当副总统和做平民的时候，一直和他保持联系，并建立了让我引以为豪的私人关系，这也是与北京和解的过程中使我感到极为痛苦的原因。蒋氏夫妇常在他们华丽的台北官邸接待我，其妻为我们传译，但她有时亦参与会谈。要想找一个比在韦思礼受过教育的宋美龄还要好的翻译，简直是不

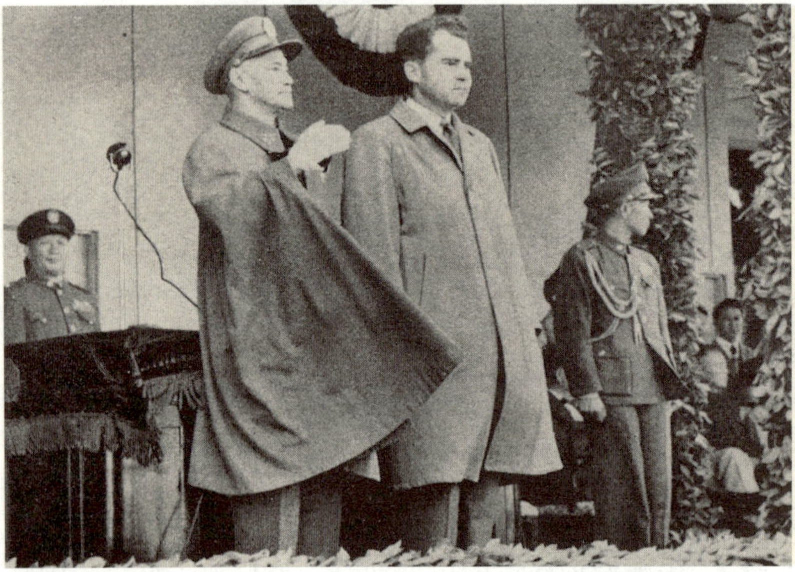

『此情可待成追忆』！蒋介石于 1953 年 11 月 10 日在新竹湖口陪同美国副总统尼克松检阅演习部队。

可能的事。宋美龄除了中英文俱佳，她也深谙她丈夫的思想……”[21]

从一个历史反讽的角度来看，蒋介石避秦台湾，可谓“因祸得福”。尽管他领导北伐、抗日和剿共，且拥有委员长、主席、总裁和总统的头衔，但他从未真正统治过全中国，一直不断有内外敌人挑战他的统治权。只有在台湾方始享受到至高无上的绝对权力与尊荣，台湾才是蒋家王朝的金汤城池。

宋美龄于一九五〇年一月十三日自美返回台湾，和她暌违十三个月的蒋介石率同蒋经国夫妇及蒋纬国夫妇至桃园空军基地迎接[22]。宋美龄离美前夕在纽约向全美发表无线电广播，她说：“每次离开美国，我总不免意绪茫然。我不仅是一个前来访问的旅客，而且我曾在这里度过多年的少女生活，我在这里接受了我的全部教育，也获得了使我能为本国人民服务的许多启示。几天之后，我就要回到中国去了。我不是回到南京、重庆、上海或广州，我不是回到我们的大陆上去，我要回到我的人民所在地的台湾岛去，台湾是我们一切希望的堡垒，是反抗一个异族蹂躏我国的基地。不论有无援助，我们一定打下去。我们没有失败，我们数百万同胞正在致力于长期斗争。”㉓

蒋经国、蒋方良夫妇携子蒋孝勇和蒋纬国、石静宜夫妇迎接母亲返台后，合摄于桃园空军基地。

一九五○年三月一日，蒋介石复出，称“当此危急存亡之日，受全体军民同胞责望之切，已无推诿责任之可能，爰于三月一日复行视事，期共奋勉，以光复大陆，重建三民主义新中国”㉔。宋美龄面临了一个崭新的政治局面，她首先创立“中华妇女反共抗俄联合会总会”（“妇联会”），作为她在台湾领导妇女、建立威权的地盘㉕。

## 特级美国通 蒋氏左右手

二十世纪五十年代的台湾常被形容为风雨飘摇之岛，美台关系是国民党政府赖以生存壮大的生命线，宋美龄是罕见的“美国通”，也是蒋介石倚为左右手的对美外交权威。

一九五三年一月二十日，艾森豪威尔就任总统，“国府”亟欲知道共和党政府的对台政策与杜鲁门时代有何不同、对台湾的支持到何种程度。三月中旬，宋美龄的华府之行为台北带来了振奋的讯息[26]。三月九日下午，宋美龄在“驻美大使”顾维钧夫妇的陪同下，造访白宫，艾森豪威尔伉俪以茶点款待她。艾克（Ike，艾森豪威尔的昵称）向宋美龄表示，结束朝鲜战争是他的首要任务，并将赓续提供台湾军经援助以遏阻共产党势力的扩大。宋美龄则向艾克试探美国在台湾成立“中美联合防卫司令部”的可行性，此为蒋介石最关心的一件事，艾克认为那是一个很好的主意，他会优先慎重考虑此事。当天晚上，顾维钧在双橡园“大使馆”为宋美龄举行盛大宴会[27]，与会贵宾包括刚上任的国防部长威尔逊（Charles E. Wilson，前通用汽车公司总裁）、司法部长布劳奈尔、众院议长马丁，以及其他国会领袖与高级官员，宋美龄把握机会与威尔逊畅谈。自一九四三年二月十八日宋美龄在国会发表掷地有声的演讲以后，美国朝野人士在她面前几有“矮了半截”的心态，新近弃商从政的威尔逊亦不例外，宋美龄征询他对成立“中美联防司令部”的意见，威尔逊毫不犹豫地认为系有必要，应付诸实施[28]。

一九五五年艾森豪威尔政府正式在台成立美军协防台湾司令部，由当时的第七舰队指挥官殷格索中将兼任首任司令。协防司令部的结构与功能虽与蒋介石的原始构想有些不同，但已足够显示美国协防台澎的决心。协防司令部的成立乃是继一九五一年设置美军顾问团及一九五四年签署“中美共同防御条约”后，美国防卫台澎的第三座里程碑。

由于宋美龄对美国党政军高层人事了若指掌，刚到华府出掌五角大厦的威尔逊竟向她打听太平洋舰队总司令雷德福海军上将（Admiral Arthur Radford）为人如何、好不好相处、能不能合作。

因艾森豪威尔有意提名雷德福升任参谋首长联席会议主席，而宋美龄又与雷德福是老朋友，当时他亦是最支持“国府”的美军高级将领。宋美龄向威尔逊盛赞雷德福，威尔逊说他放心了，他将向艾森豪威尔举荐雷德福[29]。事后证明在历任参谋首长联席会议主席中，雷德福对台湾最为友好，雷德福夫妇每次访台，宋美龄都会请官邸裁缝师为雷德福夫人做几件漂亮的旗袍，他们家的客厅也挂了一幅宋美龄所绘的中国画[30]。一九五五年四月，雷德福与国务院远东事务助卿饶勃森奉艾森豪威尔之命赴台劝说蒋介石放弃金门、马祖，条件是：（1）美国负责封锁大陆沿海；（2）大陆港口外布雷；（3）台湾部署核子武器。蒋介石愤怒拒绝，雷德

历届美国参谋首长联席会议主席中，最支持“国府”的是海军上将雷德福。1953 年年底蒋介石夫妇在士林官邸宴请雷德福夫妇和远东事务助理国务卿饶勃森（左一），五个人手挽着手合照。雷德福夫人穿的是宋美龄送她的旗袍。

福称这是他军旅生涯中最痛苦的一次任务[31]。

宋美龄二十世纪五十年代初访美期间正值缅甸政府强烈要求台湾李弥部队撤出缅境而引发国际纠纷，仰光向联合国控诉“国府”侵犯领土，美国一面公开呼应缅甸，一面却暗中默许中央情报局支援李弥部队在滇缅边界骚扰共军。顾维钧向宋美龄建议撤退李弥部队以平息国际愤懑，并换取美国装备台湾军力两个师的承诺。宋美龄同意顾的主张，但指示他应向美方说明“国府”无法有效控制李弥部队的难处。事实上，台北不愿在缅甸撤军一事上完全听命华府，宋美龄知道美国玩弄两面手法，她长期受到蒋介石的耳濡目染，总是坚持民族至上、国权第一的原则处理对美外交。

蒋介石和装扮西部武侠的孙子孝武、孝勇漫步士林官邸草坪。

每逢圣诞节，士林官邸即充满欢乐气氛，爷爷和孙子戴着滑稽帽子一起玩玩具枪。

一九五三年初夏，台湾省主席吴国桢与当局不和[32]，辞职赴美，并发表一连串抨击“国府”（特别是蒋经国）的谈话，在国际上引起不小的风波。顾维钧以“大使”身份不得不在各种场合为蒋介石父子辩护、批评吴国桢，即连在纽约做寓公的胡适亦痛批吴。与吴国桢关系颇睦的宋美龄（她一直称吴为 K. C. ），特别向顾维钧问起美国朝野对吴国桢事件的反应，顾做了详尽报告，宋美龄听完报告后，一言不发[33]。吴国桢偕妻子黄卓群出走后，宋美龄曾数度写英文长信给吴氏夫妇，劝他们返台并游说吴接受蒋介石的建议出任“总统府”秘书长[34]。宋美龄最清楚吴国桢自我流放的原因，吴与陈诚、蒋经国的权力倾轧、自由派思想、过于操切的政治企图心和挟美自重等因素，促成了吴和老蒋的决裂。宋美龄在顾维钧面前的沉默不语，十足显示她在吴国桢事件中尴尬、敏感而又无奈的处境。

## 经国崛起　母子权力较劲

一九五四年春天，国民党在纽约办的一份报纸突然发表一篇《顾维钧老矣》的社论，建议“国府”撤换已担任八年“驻美大使”的顾维钧，其时顾氏六十六岁[35]，仍年富力强。这篇社论不知是台北授意或党营侨报的意见，总之蒋介石确有意调动顾维钧，派他出任“考试院”长[36]。当时仍在美国的宋美龄知悉后极力反对，她的理由是“驻美大使”这个岗位极为重要，此刻不能换人，美援关系到台湾政权的生死存亡，目前唯有顾维钧最熟悉美国国会、政府和政治人物；对台湾而言，时间是最宝贵的，未来十个月至两年将是台湾的关键时期。蒋介石同意其看法而未调动顾维钧[37]。顾返台述职后继续留在华府，并在“中美共同防御条约”的谈判过程中，费了不少心血，同时亦为孙立人事件到处向美国朝野解释和说明[38]。

一九五四年四月底，宋美龄自台北飞抵芝加哥治疗困扰她多年的皮肤病[39]，七月到长岛蝗虫谷姐夫孔祥熙住宅休养。其时参议院国内安全小组主席、极右翼的内华达共和党参议员麦卡伦，提出了一项美国应与苏联绝交的议案；他获悉宋美龄在长岛养病的消息后，即通过顾维钧邀请宋美龄到参院听证会做证，以支持他所提出的美苏绝交案。麦卡伦认为以宋美龄的声望，如能到参院做证，将大有助于提案过关。顾维钧以宋美龄健康不佳为由先予婉拒，七月十一日顾“大使”到蝗虫谷拜访宋美龄，告以麦卡伦请求做证一事。宋美龄说，即使她身体健康，亦不会出席做证，她不能以中国第一夫人的身份介入美国国会事务，何况她很了解麦卡伦的提案太不切实际[40]。

台湾的政治气氛和以前大陆时代大不相同，纵然宋美龄在对美外交上仍居一言九鼎之地位，然其政治权力显然已逐步受挫，她的最大对手不是别人，乃是蒋经国。蒋家父子决心不让另外三大家族的灰烬在台湾重燃，亦不许别的政治势力在宝岛扎根，他们要改造国民党，首先要铲除孔、宋、陈的力量[41]。孔祥熙和宋子文在纽约做寓公，陈果夫病死台北，陈立夫则被放逐到新大陆，在新泽西州养鸡、在纽约唐人街卖湖州粽子和“陈立夫皮蛋”，与花果飘零的CC徒弟们谈论时局及月旦人物[42]。

国势阽危之际奉命在上海整顿经济和金融，“打老虎”不成反被讥为“打苍蝇”的蒋经国，痛定思痛之余，必然同意傅斯年所说的“要彻底肃清孔宋二家侵蚀国家的势力”。他深深知道，孔宋家族的巧取豪夺、为所欲为，他的继母要负很大的责任；他也了解，宋美龄视孔家子女如己出，并无意和他建立亲密的母子感情。

宋美龄与蒋经国的关系是很微妙的，表面上，经国对继母执礼甚恭，但在伪装面具的背后，母子之间的权力较劲，却是台湾第一家庭的新戏码。蒋介石的御医熊丸含蓄地说：“如外间传说，经国先生跟宋美龄间确实有些意见，但他对夫人很尊敬，夫人说的话他大多不会违反。事实上有时候经常是下面的人在吵，夫人身边的人和经国先生身边的人彼此在那儿争斗……”又说：“……外界传说有‘夫人派’和‘太子派’之别，事实上夫人与经国先生间也谈不上什么派系，都是下面的人在那儿搅和罢了。”㊸蒋经国纵有父亲的荫恩与提携，他也必须在重重路障中发展自己的政治实力和收编人马，王升、李焕都是“太子派”健将，而“夫人派”的基本成员则为酷爱躲在幕后出主意的孔令侃与孔令伟兄妹、少数党国元老，以及在他们纵容下的官邸喽啰。

## 孔令伟蒋经国　水火不容

跋扈倔强而又为宋美龄所溺爱的孔令伟（孔二小姐），深化了蒋经国与宋美龄的局促关系。熊丸说：“有好几次，经国先生要我转报夫人处理一些事，但若二小姐不同意，则夫人往往也不会同意，我不知该怎么办时便干脆不报不答。”又说：“二小姐与经国先生两人完全不对味，很多事情都合不来，让夹在中间的我实在头痛。……外面的人都说经国先生与夫人处不好，但其实经国先生是与二小姐处不好，而非与夫人。因为经国先生有许多见解报告给先“总统”后，先“总统”有时会把经国先生的意见告诉夫人，而夫人又会把意见告诉二小姐，二小姐往往反对，夫人又把二小姐的反对意见告诉先“总统”，先“总统”有时也会修改经国先生的意见，造成经国先生心里很不痛快。经国先生与二小姐两人表面看来都客客气气，但暗地里却互不搭调，意见总是不合，让夹在中间的我感到十分为难。其实他们俩也没什么过节，只是两人的个性都强，经国先生又看不惯二小姐许多作风，二小姐对经国先生的许多意见也不满意。但因二小姐有夫人撑腰，所以经国先生对她也莫可奈何。”[44]

1957 年 5 月 24 日，台北爆发前所未有的激烈反美事件（史称“五二四事件”）。美军士官雷诺与中国人刘自然因售卖美军福利社商品分款不均而争吵，雷诺借口刘氏偷窥其妻入浴而将他射杀致死。事后美军法庭又判雷诺无罪开释，引起成千上万台北军民愤怒捣毁美国“大使馆”及美新处，当时盛传蒋经国的政工系统介入鼓动反美。图为中广公司记者洪缙曾访问刘自然遗孀、美驻台大使蓝钦巡视疮痍满目的大使馆。

蒋经国在日记上与回忆文章里，几乎从未提到和他毫无血缘关系的继母与弟弟蒋纬国，亦鲜道及其妻蒋方良，其目的自然是要凸显他和父亲的密切关系及传承意义。

其实，宋美龄再厉害、再想纠合当年孔宋黄金时代的力量和“元老派”[45]的势力，亦斗不过蒋经国，因为蒋介石支持经国，他要经国维持蒋家江山。蒋经国的权力越来越大，他管思想、言论、特务、政工和青年；更重要的是，他要防止阻碍他接班的政敌坐大，包括宋美龄在内[46]。宋美龄的权力和声望，就像台湾的国际地位一样，一天不如一天，已成不可避免的趋势。

作家江南在《蒋经国传》中说：“（一九五五年）国军被迫自大陈撤退，久已消失的悲愤气氛，重临全岛。但以宋美龄为支柱的华美协进会[47]，由陈香梅出面，假空军总部大礼堂，举行岛上有史以来首次的服装表演会，介绍流行美利坚的H线条洋装，并将这场展览会美其名曰‘服装义演’。出现如此矛盾奢华的社会现象，自然为卫道之士痛心疾首。义演当晚，由军人之友社总干事江海东带头，率领同志一批，在仁爱路拦阻赴会的汽车，用行动表示沉重的抗议。华美协进会来头如此之大，是晚应邀赴会的有美国大使蓝钦等各国使节及夫人，尽是得罪不起的贵宾，江海东太岁头上动土，经夫人向蒋先生（蒋介石）具报，蒋冲冠一怒，下令将江扣押。江是太子系的人物，当时的分量，不下于王升、江国栋等人。假使非仰承旨意，他敢去扫夫人的兴吗？所以，经国被牵扯到这个不愉快的插曲中，一般的说法，是经国和夫人斗法的另一回合。”江南又说：“江海东在（台北）西宁南路三十六号的保安司令部保安处，名义上受监禁，暗地里受到彭孟缉的优待。三个月后，恢复自由；那几乎是人人能够想象到的结果，是经国打的圆场。”[48]不久，国民党七届五中全会通过蒋介石所提“厉行战时生活”议案，此举被认为是蒋介石在“时装表演”风波之后支持蒋经国的明证。

一九六七年，宋美龄希望她所赏识的陆以正出任新闻局长，蒋介石也同意了，在纽约的陆以正准备搬家回台，走马上任。人事命令正待发表之际，骤生变化，陆以正的名字被撤下，换上了魏景蒙。封杀陆以正任命案的人就是蒋经国。陆以正没当上新闻局长的重要原因是，他是政校（国立政治大学前身）十三期的学生，十三期学生当年在大陆曾激烈反对蒋经国出任教育长，小蒋恨透了这批政校学生[49]。

熊丸说："经国先生是个喜怒不形于色的人，不像老'总统'一看不对便当面讲。在我认为，老'总统'是位较仁慈且顾念旧情的人，经国先生则是是非分明，却不念旧。只要你做错了，就算你是皇亲国戚他也照办，例如王正谊、衣复恩等人便是如此。"[50]又说："经国先生是那种城府很深的人，没有人看得出他心里究竟在想什么。他表面上好像对你很好，其实可能早就想摆脱你。由于他掌管情报，情报来源很多，所以他身边每个人有什么情形他都知道。他不像老'总统'那样念旧情，所以在他身边的人都有一种伴君如伴虎的感觉，大家都想尽量离他愈远愈好。"[51]

和宋美龄不同的是，蒋经国的俄籍妻子蒋方良早已学会如何在第一家庭里，做一名"默片"的主角。蒋方良在蒋家的生活，其实就是一段漫长的调适过程，她要学做中国人，更要学做蒋家的人；但是，她很快地发现，她的婆婆宋美龄并不是她的偶像，也不是她能够模仿的人，她的出身与背景和宋美龄差太远了，个性亦大相径庭。在江西时代，蒋方良曾办了几个儿童教养机构，也做了一些慈善工作；为了筹募经费，甚至学评剧，票过"女起解"。到了台湾后，妇联会的工作和劳军活动，全都由宋美龄以及靠她吃饭的一批官太太和女强人包办，蒋方良很少跟她们接近，更不敢抢她们的风头。

## 宋美龄——“永远的”第一夫人

蒋经国当了总统，蒋方良并未以夫为贵，她既不能自称“蒋夫人”，亦无法戴上“第一夫人”的后冠。即使她公开亮相的机会比以前多了，报纸登她照片的次数也增加了，她仍旧不是真正的第一夫人，只有宋美龄才是“永远的”第一夫人。蒋方良的俄国血统，使她不可能成为台面上的第一夫人，蒋家的权力结构和家规，使她只能永远躲在幕后。蒋经国的“独行侠”作风和宋美龄的“万寿无疆”，更使她变成一个“多余的”第一夫人。

蒋介石之丧，完成了蒋家老强人传位小强人的接班事业，宋美龄的影响力亦随之急遽滑落。

一九七五年四月五日蒋介石去世后，蒋经国已无所顾忌，在治国方针上，他敢顶撞宋美龄，他不再需要她的意见，亦无法忍受她和孔家兄妹权充“后座司机”（back-seat driver），他要独当一面，开创一个属于他自己的时代。熊丸说：“先‘总统’过世后，经国先生接任‘总统’。当时他与夫人对外交的意见不一致，夫人便对经国先生说：‘好，如果你坚持己见，那就全由你管，我就不管，我走了。’自此夫人便到美国纽约，一直都不回来。而经国先生的个性一直都很强，他决定的事情便一定要办到，所以也不大管夫人的意见。”[52]

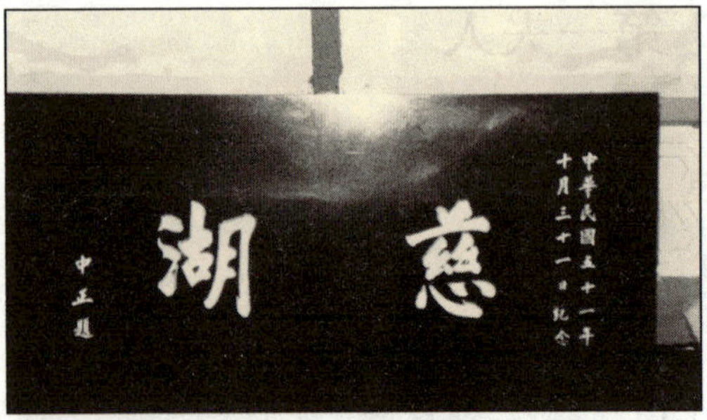

蒋介石遗体“暂厝”桃园慈湖。

"All the News That's Fit to Print"

The New York Times

XXIV . . No. 42,806 NEW YORK, SUNDAY, APRIL 6, 1975

U.S. AIRCRAFT FLY 900 CHILDREN OUT OF VIETNAM

263 Others Are Taken to Australia and Canada—Crash Inquiry Goes On

**Chiang Kai-shek Is Dead in Taipei at 87; Last of Allied Big Four of World War II**

Special to The New York Times

TAIPEI, Taiwan, Sunday, April 6—Chiang Kai-shek, the President of Nationalist China and the last survivor of the Big Four Allied leaders of World War II, died of a heart attack here last night. He was 87 years old.

An announcement by the Government said Generalissimo Chiang suffered a heart attack at 10:20 P.M. and was taken to the Taipei Central Hospital, where he died at 11:50 P.M. (10:50 A.M., New York time). His wife and his eldest son, Premier Chiang Ching-kuo, were at his bedside.

A state funeral will be held, but no plans were announced immediately.

General Chiang will be succeeded automatically as President by Vice President C. K. Yen, but the real power in the Government is expected to remain in the hands of Premier Chiang, 65, who assumed control when his father fell ill and was incapacitated nearly three years ago.

Two hours after his death, the Government made public a political testament of General Chiang. Dated March 29, 1975, it called on his supporters to recapture the mainland from the Communists, a dream he had long cherished in vain.

The testament said:

"Just at the time when we are getting stronger, my colleagues and my countrymen, you should not forget our sorrow and our hope because of my death. My spirit will be always with my colleagues and my countrymen to fulfill the three people's principles, to recover the mainland and to restore our national culture."

The three principles mentioned are nationalism, democracy and social well-being.

"In the past more than 20 years we are becoming stronger and stronger in this citadel of freedom and we have been fighting the Communist evils on the China mainland, engaging in political warfare against them," the testament said.

"Our anti-Communist and national rehabilitation [programs] are being carried out. My compatriots and all the members of my party should not feel depressed because of my passing way."

With Roosevelt, Churchill

Continued on Page 47, Column

Chiang Kai-shek

INDUSTRY RESISTS

1975月4月6日《纽约时报》以首页醒目篇幅刊登蒋介石死讯，新闻内页另有讣闻传记主笔惠特曼撰写两个全版的蒋氏生平事迹。

## 注释

①国民党政府一面通过在美的孔祥熙父子出钱出力为杜威助选，一面在南京、上海及平津等地发动舆论为杜威造势，其迫切希望纽约州州长、共和党总统候选人杜威当选的心情，丝毫不亚于共和党员。在国民党的授意下，一些住在北平的美国人找了二三十个小孩，穿着清朝戏服，扛着“杜威好运”（Good Luck Dewey）的中英文旗帜，在紫禁城四周敲锣打鼓为杜威助阵。一九四八年十一月八日出版的美国《生活》杂志，刊出了小童扛旗游行的大照片，编者幽默地说：“一九四八年美国总统选战中最老的一张照片，系来自北平，但已太迟而无法影响选举。”驻美大使顾维钧说：“（一九四八年）六月二十六日，我电告外交部，《纽约前锋论坛报》那天早晨刊登了美联社发自南京的一条电讯。电讯中说，中国政府的高级官员们都表示，希望共和党在即将举行的美国总统大选中获胜，因为共和党在援华问题上必将格外热情，此外，有一位民主党总统，曾与苏联签订秘密协定出卖了中国。”顾氏说：“我在电讯中做了评论，并警告说，美国的社会舆论一贯不欢迎外国的政府官员在美国内政事务中采取偏袒态度。我说，为了避免并预防美国当局做出不利反应，引起美国人的反感，我们应该聪明一些，在行将来临的总统大选中保持缄默。”顾氏又说：“驻华的新闻记者们一再发出电讯报道，说中国朝野对民主党的胜利极为失望……”见《顾维钧回忆录》第六分册，北京：中华书局出版，一九八八，四八七～五〇二页。一九六〇年美国大选，孔祥熙父子和国民党政府又重蹈覆辙，公开支持共和党尼克松，引起当选人民主党的肯尼迪极度不悦，驻美大使叶公超曾向其“解释助选尼克松的误会”，肯尼迪引用美国成语说：“我可以原谅，但我不会忘记”。见蒋匀田《中国近代史转捩点》，二六九页。

②参看本书第九章《马歇尔特使调处国共冲突》一九四八年部分。

③ *LIFE*，December 20，1948，P.25。

④ Nancy Bernkopf Tucker（唐耐心），*Patterns in the Dust：Chinese-American Relations and the Recognition Controversy*，1949—1950，New York：Columbia University Press，1983，59；《一代风流宋美龄》，二三一～二三二页。

⑤ Merle Miller，*Plain Speaking：An Oral Biography of Harry S. Truman*，New York：Berkley Publishing Corp.，1973，288~289。杜鲁门对蒋宋孔家族的厌恶之情，溢于言表，但他对蒋介石所著的《苏俄在中国》，却颇有好评。一九五七年六月，杜鲁门夫妇自密苏里州独立城搭乘火车到纽约探望其刚生下一男婴的女儿玛格丽特，嗜读历史和传记的杜鲁门在火车上认真阅读《苏俄在中国》的英译本，记者问他看什么书？杜答：“*Soviet Russia and China* by Chiang Kai-shek. It's very good.” 见 Clifton Truman Daniel，*Growing Up with My Grandfather：Memories of Harry S. Truman*，New York：A Birch Lane Press，1995，22。

⑥ Nancy Bernkopf Tucker，“Nationalist China's Decline and Its Impact on Sino-American Relations，1949—1950”，in *Uncertain Years：Chinese-American Relations，1947—1950*，Edited by Dorothy Borg and Waldo Heinrichs，New York：Columbia University Press，1980，151。

⑦ Dean Acheson，*Present at the Creation：My Years in the State Department*，New York：W.W.Norton，1969，306；Tang Tsou（邹谠），*America's Failure in China*，1941—1950，Vol. 2，

Chicago：The University of Chicago press，1969（paperback），499。

⑧蒋经国《危急存亡之秋》，收入氏著《风雨中的宁静》，台北：正中书局，一九八〇年（第三版），一二六页。

⑨前引，一三五～一三六页。

⑩前引，一二五页。

⑪《黄仁霖回忆录》，一七六页；林博文《四十年前的八月——回首〈白皮书〉问世四十周年》，《中国时报》人间副刊，一九八九年八月二十六日～二十八日。蒋经国说："这一年，也就是美国政府发表'白皮书'的一年。当该项文件发表时，很多人主张请父亲对'白皮书'里所说的话，根据事实加以答辩。可是，父亲很安然地说：'不必了！'并于当天晚上在日记中记道：'耶稣被审判的时候，他是冤枉的；但是他一句话也不说。'"见氏著《一位平凡的伟人》，收入《风雨中的宁静》，五九页。

⑫《危急存亡之秋》，《风雨中的宁静》，二七二页。

⑬屈山河《美国一度想在台湾搞政变！——独家报道美国中情局最新解密档案有关孙立人案的大发现》，台北《新新闻》周刊，三六一、三六二期合刊本，一九九四年二月六日出版，十六～三三页。

⑭ *Uncertain Years*，314。

⑮ Lee Edwards，*Missionary for Freedom*：*The Life and Times of Walter Judd*，New York：Paragon House，1990；Edwords 此书中译本《我为中国而生——周以德的一生及其时代》，马凯南、梁嘉木、赖秀峰等合译，台北：中央日报出版，一九九一；Marvin Liebman，*Coming Out Conservative*：An Autobiography，San Francisco：Chronicle Books，1992；林博文《从呼风唤雨到不合时宜——脱离时代的反共老人周以德》，《中时晚报》时代副刊，一九九三年六月十日。

⑯据称 Riverdale 孔宅为租赁而非购置，见本书第十章注㉛。

⑰ Ross Y. Koen，*The China Lobby in American Politics*，New York：Harper and Row，1974；此书中译本《美国政治中的"院外援华集团"》，张晓贝、史达为、陈功、景宪法等合译，北京：商务印书馆，一九八四年。Koen 的著作于一九六〇年出版后，曾遭美国政府查禁，参看岳之诚《一只黑手越洋封杀了一段黑幕》，台北《新新闻》周刊，第三三八期，一九九三年八月二十九日出版，八六～八八页。"中国游说团"健将、"百万人委员会"秘书长李勃曼（Marvin Liebman）与国民党合作主导封杀 Koen 的书，而以《中共在美游说内幕》（*Red China and Its American Friend*：*A Report on the Red China Lobby*）代之，台北联合报于一九七一年十月出版《中共在美游说内幕》。顾维钧说，美国政府对驻美大使馆参事陈之迈积极介入美国政治，曾数度向他表示不悦，美嘱顾通知陈之迈"收敛"。

⑱ Tucker，*Patterns in the Dust*，88，255；Stanley D. Bachrack，*The Committee of One Million*："*China Lobby*"*Politics*，*1953—1971*，New York：Columbia University Press，1976，6。

⑲ 据作家王丰引述一位蒋介石夫妇的随从回忆说，有一次他亲眼看到蒋的一名秘书拎着一只硬壳大型旅行皮箱来官邸，后来方知皮箱里全是美钞，蒋要亲自检视这批"给美国政党的总统竞选经费"。这位随从又说他"看到某秘书提着一箱子现金的那次，正是美国总统选举前不久，而那次，共和党的总统候选人是尼克松"。见氏著《宋美龄：美丽与哀愁》，台北：书华出版公司，一九九四年，三四一～三四二页。

⑳出生于山东省的亨利鲁斯（一八九八～一九六七）被公认为二十世纪最有影响力的出版家。他充分利用所创办的《时代》《生活》和《财富》（旧译《幸福》）三大杂志，宣扬反共。美国作家大卫何伯斯坦（David Halberstam）嘲讽称，鲁斯手下的三大杂志如同三间专卖一种款式、一种颜色和同一尺寸的皮鞋店，那就是反对共产主义、支持蒋介石。鲁斯是“中国游说团”的主将之一，他领导美国右翼媒体进行反共拥蒋的“圣战”（Holy War），对政界和民间产生了至深且巨的影响。参看 David Halberstam，*The Powers That Be*，New York：Alfred A. Knopf，1979，45~62。

与鲁斯同被视为“中国游说团”主力大将的是周以德。素有“自由中国之友”称号的周以德，原为医生牧师，后改行从政，一生最出名的事迹即是热爱中华民国、坚决反共；自一九四三至一九六三年的二十载众议员生涯中，他是美国国会中的反共尖兵，与加州共和党参议员诺兰同为“国府”的忠实友人。周以德支持“国府”，终生不渝，亦最为卖力，曾创立不少组织，其中最有名的即是“百万人委员会”（原名为：反对共党中国进入联合国百万人委员会）。六十年代初，“中国游说团”中的元老纷纷退隐，“百万人委员会”异军突起，而成为游说团的正式代言人。在意识形态上，“百万人委员会”是个强有力的右翼团体，它可以“无限上纲”；在行动上，它又是一个非常活跃的组织。一九七二年二月十五日尼克松启程访问北京前夕，周以德在华府宣布成立“自由中国委员会”，自任会长，继续支持“国府”。

周以德（一八九八～一九九四）毕生从事反共游说事业，从无往不利到行情骤跌，从威风凛凛到四顾无人，其变化的因素只有两个，一个是时代使然，大环境变了；另一个就是和他同在反共阵营中成长的师弟尼克松的“叛逃”。

㉑尼克松认为宋美龄绝非仅是担任她丈夫的传译而已，她的聪明才智、说服能力和精神力量，皆可使她成为重要的领导人。尼克松指出，宋美龄文明、有教养、女性化、很坚强。见 Richard M. Nixon，*Leaders*，New York：Warner Books，1982，242；又据宋美龄身边的随从说，蒋宋夫妇“始终把尼克松当作和自己子女一样看待”，故让他住在士林官邸旁的一间招待所。见《宋美龄：美丽与哀愁》，三四二～三四三页。

㉒ *LIFE*，February 6，1950。这一期《生活》杂志以《台湾为孤单的最后据点而枕戈待旦》（*Formosa Girds for a Lonely Last Stand*）为题，当首篇文章，使用五页篇幅报道台湾整军经武，并刊登了宋美龄抵达桃园机场受到蒋介石等人欢迎的照片，另刊出蒋经国夫妇与蒋纬国夫妇合照以及“行政院”长阎锡山、台湾省主席吴国桢等人照片，pp. 25~29。前金门防卫部司令官胡琏（伯玉）将军在《金门忆旧》中说：“民国三十八年十二月，宋美龄劳军金门，亲临战场。时正隆冬，狂风怒吼，寒砭肌骨，因之再三叮咛，金门必须造林。”胡琏弄错了时间，民国三十八年十二月宋美龄仍在纽约。见胡琏《金门忆旧》，台北：黎明文化出版，一九七九年四月四版，一页。

㉓《蒋夫人思想言论集》卷三，转引自杨树标《宋美龄传》，二五七页。

㉔《民国大事日志》第二册，台北：传记文学出版社，一九七九年，八四七页。

㉕在一定程度上，妇联会的工作性质可说是抗战时代新生活运动妇女指导委员会的延续，宋美龄呼吁台湾妇女“在宣传、组训和慰劳三项工作之中，希望每一个妇女都要选择一项工作”。早期妇联会工作重点以劳军、照顾军眷和缝制征衣为主。

㉖宋美龄除了于四十年代访问过缅甸、印度和埃及（开罗会议），以及驻留巴西之外，一生只去过美国，并以纽约为其终老之地。宋美龄移居台湾后，赴美访问、度假、医疗（或其他名目）

次数频繁，而且每次停留时间短则半年，长达一年余。一九五〇年一月十三日返台后，即于一九五二年八月赴美，一九五三年三月返台；一年后即一九五四年四月又赴美，同年十月返台；一九五八年五月赴美，一九五九年六月返台；一九六五年八月赴美，一九六六年十月二十六日返台，三十一日为蒋介石八十岁生日。此次离台时间长达一年两个月，外间盛传宋美龄滞美不归的原因系和蒋介石“闹家务事”。宋美龄于一九五八年初夏访美时，曾接受皮肤病治疗和拔掉数颗牙齿，密西根大学（安娜堡）并赠予名誉博士学位。其时正值“八二三炮战”台海危机，宋美龄在美发表多次公开演说，呼吁美国“摧毁中共暴政”。见一九五八年十月六日《新闻周刊》，一八页。

㉗在晚宴中，数名美国国会议员竞相谄媚宋美龄，甚至争风吃醋，不守社交礼节抢着发言大赞宋美龄的美丽。见《顾维钧回忆录》第十分册，北京：中华书局，一九八九年，七三～七五页。

㉘《顾维钧回忆录》第十分册，七一～七四页；林博文《百龄高寿、国之人瑞——永远的蒋夫人》，台北《中国时报》，一九九七年三月十七日，第二版。

㉙《顾维钧回忆录》第十分册，七四页。

㉚ *TIME*，February 7，1955；February 25，1957。

㉛唐思竹《美国与中共机密档案中的两次五十年代台海危机——台海战火硝烟犹在，两岸弭兵谁人作主》，刊台北《新新闻》周刊，四一二、四一三期合刊本，一九九五年一月二十九日出版，一〇～一二五页；美国驻台“大使”蓝钦说，雷德福和饶勃森向蒋介石提出弃守金马建议时，蒋的“脸色极为难看”，亦从未见过蒋“如此恼怒”。Thomas E. Stolper，*China*，*Taiwan*，*and the Offshore Islands*，New York：M. E. Sharpe，1985，76，103~105。

艾森豪威尔原曾考虑派二次大战老将魏德迈赴台劝说蒋放弃金马，后因涉及外交机密和军事政策问题乃改派雷德福和饶勃森。见《顾维钧回忆录》第十二分册，北京：中华书局，一九九三年，二六五、二八九、二九八～二九九页。

㉜吴国桢与陈诚、蒋经国、彭孟缉斗争，吴讨厌政工与特务，据称蒋经国的特务曾对其座车动手脚，欲加害于他。吴氏夫妇于一九五三年五月二十四日离台赴美。《吴国桢传》说：“吴之离台，在蒋经国的阻挠下，本无可能实现，但是，吴氏夫妇与宋美龄的友谊，帮了大忙。”吴之幼子吴修潢不得出境，亦靠宋美龄之助始能离台，参看《吴国桢传》下册，四二八～五二六、五四九～五八四页。据熊丸说：“陈辞公（陈诚）与吴国桢是双雄不两立。辞公后来肝硬化，火气总是很大，非但对经国先生得理不饶人，对吴国桢也是一样。陈与吴两人虽然彼此搞不好，但他俩又一起对付经国先生，那时亏得宋美龄与陈夫人（谭祥女士）经常居间沟通调解。陈辞公与陈夫人的婚姻，乃宋美龄一手促成，所以辞公对夫人一直心存感激。……事实上如果不是辞公的身体出了问题，他应该会在经国先生之前便当上‘总统’。”又说：“以后吴担任台湾省主席，陈辞公任‘行政院’长，两人因职权难分，三天两头便吵到‘总统’那里，要‘总统’排解，‘总统’也常为他俩的问题为难。吴国桢也与经国先生暗斗，后来到美国发表许多批评经国先生的文章。”参看《熊丸先生访问纪录》，一七四、一七八页。林博文《晦暗时代中的吴国桢》，台北《中国时报》人间副刊，一九九七年四月二十五日。

㉝《顾维钧回忆录》第十一分册，北京：中华书局，一九九〇年，一六八页。顾维钧以为吴国桢辞去台湾省主席职位，是为了要取代他出任驻美大使，见《顾维钧回忆录》第十分册，二四三页。

㉞《吴国桢传》下册，宋美龄致吴英文信，五七三～五七四页。原总统府秘书长王世杰因“蒙

混舞弊、不尽职守”，于一九五三年十一月十七日遭免职。

㉟顾维钧生于一八八八年，卒于一九八五年。

㊱《顾维钧回忆录》第十一分册，二二七页。

㊲前引，一六八页。

㊳顾于一九五六年下台，由蒋介石早年的英文老师董显光接任。顾后来担任海牙国际法庭法官。

㊴宋庆龄亦有皮肤病，宋美龄的情况似较乃姐严重。荨麻疹（hives）皮肤病和癌症显然是孔宋的“家族病”。顾维钧说：“两星期前，我得悉蒋夫人即将来美。接着，孔令杰上校（按：应为少校）于四月二十二日来双橡园告我，蒋夫人因神经性皮炎症复发，苦不堪言，决定来美就医。”见《顾维钧回忆录》，第十一分册，一四〇页。

㊵前引，一六七～一六八页。

㊶一九五〇年七月，宋子文与顾维钧晤谈时说，他认为蒋委员长宣布解散国民党中央执行委员会和中央监察委员会是排除CC派势力和宋美龄娘家亲属的影响。他揣度这是王世杰、张群等人鼓动的，为的是牢固地树立他们自己的政治势力。见《顾维钧回忆录》第八分册，北京：中华书局，一九八九年，五四页；顾维钧说：“一九五〇年六～七月解散了中央执行委员会和中央监察委员会，分别改设中央政造委员会和中央评议委员会。大批党员，包括老党员，诸如孔、宋两家以及CC派的成员，未经协商，均予免职。国民党的新组织是由蒋委员长同他的积极合作者蒋经国将军掌握的。”见《顾维钧回忆录》第八分册，八二一页。

㊷陈立夫《成败之鉴——陈立夫回忆录》，三八〇～三九四页。据陈立夫说，他在日月潭向蒋介石建议改造国民党，并言：“党未办好及一切缺失，最好把责任推给我两兄弟（其兄陈果夫），将来改选后，我兄弟二人亦不必参加……”蒋即下手令命其召集小组起草方案。未久，陈肇英、李宗黄向蒋建言，“最好由干部做建议，请由总裁决定执行，免得总裁为难，而且亦合乎民主。”蒋闻言“勃然大怒”，深恐改造之事，一经讨论，将会节外生枝，怒斥陈、李道：“你们如果不要我来改造党，即只有下面几种办法：第一，就让本党无声无息的如此下去；第二，你们要给我权，大家要相信我，用民主方式改造是不对的，如你们不相信我来改造，我就不管了，由你们去办好了！”蒋的震怒，大家都很诧异，直令在座者目瞪口呆，蒋又怒道：“如果你们不相信我来改造，你们跟陈立夫去好了！”陈立夫受到蒋的指责，加上“行政院”长陈诚的争权和敌视CC派，乃决定乘桴浮于海。顾维钧说，宋子文于一九五〇年十一月二十五日告诉他，“陈立夫业已到达纽约，并说他在台湾差一点被蒋委员长下令逮捕起来。他们两个人闹翻了，陈立夫离开台湾前往马尼拉、日内瓦和其他等地之前没有去见蒋委员长。”宋说陈在近期内不会回台湾了。见《顾维钧回忆录》第八分册，二三〇页；顾维钧又说，他于一九五三年八月曾和陈立夫在华府近郊做了一次“有趣的谈话”，陈立夫认为：“大陆失守的原因之一是我们的军队变得骄傲自大了，军官目中无人，丧失了现实感。委员长本人变得太骄傲了。”有一次，在陈立夫参加的一个会上，委员长竟然反驳说，毕竟是他使国家的地位逐步达到当时的威望与力量的顶峰。陈立夫说，当时“他感到了亡国的危险即将来临”，见《顾维钧回忆录》第十分册，二九〇页。参看，叶一舟《为历史补白的陈立夫》，载美洲《时报周刊》第三五〇期，一九九一年十一月九日纽约出版。陈立夫于一九七〇年在蒋氏父子催促下返台定居。

㊸《熊丸先生访问纪录》，一四四页。

㊹前引，一三九、一五六页。蒋经国与孔二小姐之斗，双方不乏为了芝麻小事而逞意气之争，

从这个侧面可以洞悉这些“统治阶层”的格局之小。

㊺台北政坛盛传“元老派”包括张群、袁守谦、黄少谷、陈立夫、何应钦、陈雪屏、王世杰、谷正纲、沈昌焕、秦孝仪和李国鼎等人；另一说法是“元老派”即“夫人派”。事实上，所谓“元老派”或“夫人派”，对蒋经国的接班过程并不足以造成任何威胁。蒋介石在世时，他们无法阻止“太子”的步步高升；蒋介石去世后，他们的声音更显微弱。

㊻对蒋经国的接班真正构成威胁的是陈诚、吴国桢和周至柔。吴国桢第一个出局，陈诚“出师未捷身先死”，周至柔则因蒋经国制造李荆荪事件（李为周之亲信），而使其由台湾省主席晋升阁揆之希望顿成泡影。参看《陆铿回忆与忏悔录》，四七〇～四八〇页。

㊼华美协进会正确名称应为华美协进社，总部在纽约，英文名为China lnstitute in America。

㊽江南《蒋经国传》，洛杉矶美国论坛社，（出版页上无出版日期，应为一九八四年），二三四～二三五页。

㊾林博文《蒋中正的太太蒋宋美龄——她曾经说过：“我就是中华民国！”》，载台北《新新闻》周刊，第一九六期，一九九〇年十二月十日，二八～三四页。

㊿《熊丸先生访问纪录》，一二九、一三九页。王正谊为蒋介石之母王太夫人娘家唯一后代，与蒋经国有亲戚关系，在“行政院”人事行政局长任内因涉嫌贪污数十万元被判无期徒刑。宋美龄曾问熊丸：“你相不相信正谊会做那样的事？”熊答：“要我说真话，我不相信。”熊丸说他跟王正谊很熟，出差时都与他住同房间，对他了解很深。宋美龄又说：“我想也是，他不应该会这样才对。可是我跟经国讲，经国却说他事实俱在，铁证如山，所以我也没法子讲。你看要怎样才能帮正谊一点忙呢？”熊说：“我也不晓得要怎么办。”王正谊坐牢时两度心脏病发作，熊丸时任省立台北医院院长，为他开具住院证明，一直住到蒋经国去世后刑满出狱。见《熊丸先生访问纪录》，一三九～一四〇页。

(51)前引，一四二～一四三页。

(52)前引，一五六页。

# 第十五章

## 纽约落日中望尽世纪之旅

一九七五年九月十六日上午，宋美龄搭乘“中美号”专机离台赴美，行前发表三千字的《书勉全体国人》，她说：“近数年来，余迭遭家人丧故，先是姐夫庸之兄去世，子安弟、子文兄相继溘逝，前年蔼龄大姐在美病笃，其时‘总统’多感不适，致迟迟未行，迨赶往则姐已弥留，无从诀别，手足之情，无可补赎……”遗憾良深，国难家忧，接踵而至；两年前，余亦积渐染疾，但不遑自顾，盖因‘总统’身体违和，医护唯恐稍有怠忽，衷心时刻不宁。……如是几近两年，不意终于舍我而去，而余本身在长期强撑坚忍、勉抑悲痛之余，及今顿感身心俱乏，景觉确已罹疾，亟需医理。”翌年四月，宋美龄返台参加蒋介石逝世一周年纪念，八月赴美，十月发表《与鲍罗廷谈话的回忆》。

## 孔令侃权充军师兼文胆

一九七八年三月二十一日，蒋经国当选“中华民国”第六任“总统”以取代严家淦，宋美龄于四月一日致函蒋经国，表示因“深恐睹物生情，哀思蒋公不能自已”，而未克返台参加其就职典礼。一九八一年五月二十九日宋庆龄以八十八岁高龄病逝北京，海峡两岸和美国媒体颇为注意宋美龄对二姐之丧是否有所表示，美国记者甚至跑到宋美龄居住的长岛蝗虫谷打听，皆不得要领。宋庆龄病笃期间，其二弟宋子良曾于五月二十二日自其纽约哈里

中间这栋外貌不显眼的十五层楼建筑，就是宋美龄晚年所住的公寓。

森镇寓所致电慰问；宋子文的长女宋琼颐则于六月二日致电廖承志对二姑母之逝“深感哀痛”。香港一家杂志报道说，宋美龄于五月下旬获悉乃姐病重时，曾多次流泪，并祈祷上帝保佑二姐[①]。

一九八二年七月二十四日，国民党左派元老廖仲恺与何香凝的儿子、中国人大常委会副委员长廖承志，通过新华社电函“经国吾弟”，要求基于双方私人友谊关系，捐弃前嫌，在台北商谈统一问题，促成国共第三次合作。如对方同意，自当“束装就道”，称“人到高年，愈加怀旧”，并引用鲁迅诗句：“度尽劫波兄弟在，相逢一笑泯恩仇。”信末附以“老夫人前请代为问安。方良、纬国及诸侄子不一”。蒋经国未予理会，自认国学素养不错的孔令侃于八月十七日代宋美龄写了一封致“承志世侄”公开信，重申蒋经国“不接触、不谈判、不妥协”的“三不”政策。[②]

一九八四年一月，北京召开“中国国民党第一次全国代表大会六十周年学术讨论会”，政协主席邓颖超在大会上发表谈话称祖国统一“是历史的主流，分裂只是短暂的插曲”，指台湾“孤悬海外，受制于人，这种局面终究是很难长期维持下去的。是非利害，何等分明。孰去孰从，不难立决”。孔令侃再度手痒，又为宋美龄草拟《致邓颖超公开信》，称邓应“三复斯言，中国的希望在台湾”[③]。

宋美龄隐居长岛蝗虫谷期间，曾碰到一件令她愤怒、沮丧的事，即父亲做过史迪威将军的军医、本身当过《生活》杂志编辑的美国作家史特林·西格雷夫（Sterling Seagrave）于一九八五年推出了震撼性的通俗历史畅销书《宋家王朝》（*The Soong Dynasty*）。这本书虽写得不甚严谨，却是英文出版史上第一本对孔宋家族做全盘负面描述的著作，包括《纽约时报书评》杂志在内的一些刊物，都把该书当作封面故事来处理。宋美龄气极了，孔家子女亦吓坏了，《宋家王朝》获得耶鲁大学中国史讲座教授史景迁（Jonathan Spence）等名家的好评，在美国畅销数月而不衰，台湾几个大学的历史系系主任奉命在美国中英文报纸登广告驳斥《宋家王朝》，一批亲国民党的学者文人也锣鼓喧天地出场为孔宋帮腔[④]。

一九八六年十月三十一日适逢蒋介石百岁冥诞，在纽约住了十年六个月的宋美龄回到了台湾，陆续发表《我将再起》、《畅说年来之所思所感》和《结果你们来承担？》等文[⑤]。

上：宋庆龄　宋子文　下：宋美龄　宋霭龄

## 反对李登辉任党代主席

一九八八年一月十三日，长期为各种疾病所苦的蒋经国咯血而死，副“总统”李登辉在四小时后宣誓继任“总统”。国民党秘书长李焕向宋楚瑜、高铭辉和马英九等三位副秘书长表明：“党的新领导中心要建立，我们应该敦请李‘总统’出任代理党主席。”三位副秘书长均表赞同，大部分中常委亦支持李出任代理党主席，不过有少数几位表示：“此事不急，等七月召开本党‘全国’代表大会时再议。”李焕向他们疏通，终获首肯。然而，李焕突于一月二十四日接到由宋美龄具名、孔令侃捉刀的一封信[6]，表示党魁人选不宜仓促决定，为慎重起见，应依党章规定等到七月间党召开“全国”代表大会时始予定夺。宋美龄以中央评议委员会主席之一的身份告诉李焕可以将其建议转告所有中常委。这封信使李焕伤透脑筋、彻夜难眠[7]。

很明显地，宋美龄不愿李登辉出任党主席，她也许希望集体领导，这是国民党党史上从未有过的事情；她亦可能冀望自己被拥戴为党主席，由女性担纲，这也是国民党党史上从未有过的事情。李焕头痛极了，他在收到信后的第一天与素有夫人派之称的“总统府”秘书长沈昌焕、“行政院”长俞国华商量，“在沈昌焕的办公室里，李焕出示蒋宋美龄的来函，三位谋国老臣无言相对约有一刻钟之久，凝重的气氛压得人透不过气来。”李焕对他们说：“党一定要有领导中心，‘集体领导’的责任太重，我担不起。而且中常委已全体签名提案，如果改变提案，必须有所交代。”李焕又说：“案子通过后，我会向主席与中常会请辞，然后写信报告宋美龄，为未能达成她的指示负荆请罪，并向她解释，推选代理主席一案，所有中常委已有共识，都已签名，若率尔推翻原议，对中常委们很难交代。”沈、俞皆表同意，李返回中央党部嘱高铭辉为他草拟辞职信，同时准备致函宋美龄请罪[8]。

林荫庭在《追随半世纪——李焕与经国先生》一书中说：“推举代理主席一案，预定于一月二十七日的中常会上讨论。但是，一月二十七日凌晨三点，李焕家中电话铃声大作，是俞国华来电。原来蒋经国三子蒋孝勇打电话给俞国华表示，宋美龄听说他将领衔提案推举李登辉代理党主席，希望他重视党章的规定，再做考虑。”[9]第二天上午，压力极大的俞国华到李焕办公室，“状甚苦恼”，他们找来了当天的会议主席余纪忠，共同商议对策。“谈话当中，中常委王惕吾推门进来表示，‘听说代理主席的案子有变化，这不可以啊！’言罢离开。过了半晌，宋楚瑜也进来了，‘听说这案子有意见，我们不赞成啊！’讲完也出去了。”[10]快到九点开会时间了，三人仍未获致结论。

中常会开会了，预定讨论四项例行案件。“讨论完第三案，还未进入第四案时，到席的宋楚瑜突然起立发言表示，既然这天预定讨论推举李登辉先生代理党主席案，就应该将案子提出。他并责备负责提案的俞国华模棱两可、畏首畏尾，说罢即退席离开会场，留下满堂愕然。接着，曹圣芬、陈履安、辜振甫、李国鼎、张建邦与吴伯雄等六人相继发言，呼应宋楚瑜的意见，俞国华无法再拖延了，就此提出该案，并获全体中常委以起立方式无异议通过。一场惊涛骇浪之后，大势终于底定。”[11]

## 高估自己　错估台湾政治

李焕随即致函宋美龄，向她说明由于中常委们已连署在先，俞国华不得不提出该案，并已获中常会通过，希望她能谅解。宋美龄则回信李焕，声称她原本只是建议此事能根据党章处理，并无他意，她个人忠党爱国不落人后，希望不致引起外界的误会[12]。

宋美龄的行径，可说完全错估了台湾的政治形势和高估了自己的威望，而碰得一鼻子灰，形象大受损害，并落人以“太后干政”之讥。她显然仍未景悟她的风光已一去不复返，蒋家时代亦随着蒋经国的去世而走入了历史。不论是她个人反对李登辉，还是其他夫人派、元老派或孔令侃的意见，这次“未开始即已结束”的党争，充分衬托出宋美龄的影响力戛然告终，以及旧国民党被迫转型为新国民党的时代背景。

一九八八年七月七日国民党在林口中正体育馆召开第十三次“全国”代表大会（十三全会），第二天宋美龄亲临会场，勉励党员“创新而不忘旧，前进而不忘本”，又说：“党正值紧要关头，老成引退，新血继之，譬比大树虽新叶丛生，而卓然置于基地者，则赖老根老干老枝。”[13]这篇亦由孔令侃执笔的讲稿，在台湾政坛，引起广泛议论，“老干新枝”之说，喧腾一时。一九八八年七月九日的《纽约时报》在第一版上刊登了宋美龄莅临十三全会会场的照片，照片说明文字是“来自台湾过往的声音”（A Voice From Taiwan's Past）[14]。

宋美龄颇关心两岸关系和台湾的国际处境，蒋孝勇、蒋纬国、陈立夫、蔡孟坚、郝柏村和其他人都曾向她报告台湾政情。她对李登辉所走的政治路线一直很有意见，尤不满其主政的“中心思想”

和“时代精神”，然台湾已不再是过去的台湾，“王侯第宅皆新主，文武衣冠异昔时”，她已全然无能为力了。

一九八九年一月三十一日，宋美龄在台北荣民总医院切除卵巢肿瘤[15]。据《新新闻》杂志报道：“负责这次手术的医疗小组每个人都是战战兢兢，手术时间选在当天清晨秘密进行，由专程来台的一位五十多岁美籍医师亲自主持。……除了医疗上的问题，让医疗小组的医师感受甚大压力外，荣总自罗光瑞院长以下各有关医护人员，更严奉孔二小姐之令，不得泄露半分有关老太太的病情，这件事更让众人有深怕得咎的恐惧。……一位荣总高级主管在被询问有关宋美龄的病情时即强调：‘我犯不着为这个问题得罪夫人的家属。’”[16]所谓的“家属”，即是孔二小姐。

《新新闻》又说：“在民国六十六年左右，宋美龄曾罹患乳癌，当时在荣总接受治疗时，由于消息外泄，孔二小姐及官邸里的人士非常震怒，除安排老太太赴美就医外，那一次事件也使得荣总许多‘御医’前途下跌，有人因此升迁无望，而提早离开了荣民总医院。”[17]

## 百箱行李携美 舆论哗然

一九九一年九月二十一日，宋美龄告别了驻足五年的台北，返回纽约，这是她生前最后一次在士林官邸长住。宋美龄虽无政治实权，亦乏影响力，仍是国民党政府的崇高象征，因此李登辉“总统”夫妇、李元簇“副总统”夫妇和“五院”院长夫妇均到机场送行。不过，宋美龄所携带的近百箱行李和使用公务护照问题，

宋美龄和被宠坏的孔二小姐（左二，在谢东闵与护士中间）。

却在台湾掀起轩然大波，民进党和部分媒体对她的特权大肆挞伐，民进党监察委员林纯子亦展开调查工作[18]。回到纽约寓所的宋美龄听到了这些消息，心情颇为沉重[19]。时代终究无情地变了，在政治大幅度开放的台湾，强人时代的结束，人民力量的兴起，使一些享惯尊荣的权势人物必须面对令人难堪的新政治文化。

一九九四年九月八日，宋美龄匆匆赶到台北探望肠癌末期且已神志不清的孔二小姐[20]，宋美龄停留十天即返美。两个月后，行事怪异、人缘极坏的孔二小姐走完了人生旅途，她的姐姐孔令仪赴台奔丧，并请一名美籍遗体化妆师专程赴台为孔二小姐化妆[21]，遗体则运回纽约风可利夫墓园长眠。孔二小姐是宋美龄最贴身的人，情同母女，她的死亡为宋美龄带来无限戚伤。

一九九五年适逢二次大战结束五十周年纪念，宋美龄应邀重返国会山庄接受致敬，并发表简短谈话，她说："首先我要表示我的欣悦之情，因为各位都还记得一个来自战时盟邦中国的老朋友。

1995 年 7 月 26 日，宋美龄重访国会山庄发表简短谈话，重温其 52 年前向众院演说的盛况。98 岁的宋美龄乐不可支。

一九四三年二月十八日，我应美国国会之邀向参众两院发表演说。当时我曾说，我自幼就来到这里，在此度过我的成长岁月，一直到大学毕业为止，因此我一向把美国当作第二个家，今天回到家来自是一大乐事。……一九三七年七月七日，日本对华发动战争。在前四年半的全面侵略中，中国孤立无援地独自奋战。一直到日本于一九四一年十二月七日攻击珍珠港，美国第七十七届国会对日宣战，美国与中国始成为盟邦。贵我两国齐心协力，奠立了二次世界大战在一九四五年最后胜利的坚定基础。我与有荣焉地加入各位纪念二次世界大战结束五十周年的不凡历史场合，同时我不能不回想到这场战争的悲剧，以及那段血泪交织的年代，我也不能忘怀美中两国人民并肩作战所展现的道德勇气。美国给予我的国家中华民国的道义与实质支持，我愿借这个机会表达我衷心的感谢。”[22]此次华府之行使垂垂老去的宋美龄重温一场遥远的旧梦[23]。

宋美龄于一九七五年九月移居纽约后，大部分时间住在孔祥熙所购置的长岛蝗虫谷巨宅，然因住宅靠海，每逢秋冬，寒气逼人，

长岛蝗虫谷孔宅背面，冬天显得特别肃杀。

纽约曼哈顿葛莱西方场10号门口，宋美龄住九楼。

交通又不便，如遇大雪，顿成与世隔绝之孤岛。二十世纪九十年代后始以曼哈顿上东城葛莱西方场（Gracie Square）一栋“盖有年矣”的老公寓九楼为家[24]。这栋十五层楼公寓面对公园、临近东河，住户包括挪威、新西兰和土耳其等国驻联合国大使，纽约市长住所葛莱西官邸（Gracie Mansion）即在左近，距哥大医院不远，看病方便，颇有闹中取静之优。一生在都市长大而又喜欢都市的宋美龄，对这个仍具二十世纪四五十年代风味的东河河边公园环境，颇为满意，住在第五大道公寓的孔令仪和她的夫婿黄雄盛亦便于就近照顾她[25]。

## 纵横“三世纪” 故旧皆凋零

美国画家笔下三十年代的宋美龄。

蒋介石过世后，宋美龄就如同一株“失根的兰花”，在台北、纽约两地漂泊。其实，对一生浸润于荣华富贵和享受无上权力的宋美龄来说，住哪里都一样，权力没有了，“母仪天下”的局面落空了，“吾土吾民”的观念也就淡了。尤其是像她这样一个在美国成长、受过完整美式教育的人，落户新大陆显然远比住在风风雨雨的台北还要舒适、愉快。台湾已非久留之地，何妨乘风远扬，终老异乡。

被拍卖的孔宅物品中西古董、宋美龄雕像。

被拍卖的孔宅物品包括蒋中正题签的《夫人兰册》、美金公债。

宋美龄在纽约的晚年，因孔令侃、孔令伟和孔令杰三个晚辈的相继辞世，不免有“杜鹃声里斜阳暮”的寂寥之感。但她虔诚信教，平日与《圣经》为伴，在漫长的人生旅途上早已能驾驭生命中的风浪与波折。她偶尔接见访客[26]、逛逛公园、参观画廊[27]；一九九七年三月二十日欢度百岁生日时，纽约宋寓热闹万分，贺礼极多；每年过生日，似乎是她最快乐的时刻。令人遗憾的是，她始终拒绝做口述历史和撰写回忆录，对国史而言，乃是无可弥补之损失[28]。

二十世纪四十年代初曾对病弱不堪的宋美龄顿生“我见犹怜”之心的罗斯福夫人，早已在一九六二年以七十八岁之龄去世，而她笔下“娇小和纤弱”（small and delicate）的中国第一夫人，却寿比南山。不仅走过了清朝末叶、民国肇建、军阀混战、日军侵华与河山变色；亦历经了两次世界大战，更见证了冷战时代的降临与消失，以及两岸敌对关系的解冻。

“四十年来家国，三千里地山河。”对宋美龄而言，海峡两岸的“山河”早已不属于她；在夫死子丧孙亡党弱的变故下，“家国”亦面目全非。和她同时代的风云人物，全遭历史巨浪所吞噬，唯有她仍在人世的兴衰里静待二十一世纪的到来[29]。

蝗虫谷费克斯小径（Feeks Lane）95号孔宅入口，挂上了地产公司的招牌。

## 注释

①尚明轩《宋庆龄传》，五八五页；一九八一年六月十六日香港《百姓》半月刊刊出《闻姐姐病危，宋美龄流泪》报道，此说可信度待考。见本书第十一章，注㉞。

②关国煊《廖承志（一九〇八～一九八三）》，收入《民国人物小传》第八册，台北：传记文学出版社，一九八七年，四四五～四四六页。

③杨树标《宋美龄传》，二七一～二七二页。

④一九八五年三月十七日出版的《纽约时报书评》杂志以封面故事刊出史景迁的书评，题目为："改变中国的家族"（The Clan That Changed China）。史景迁表示，《宋家王朝》刺激许多学者致力于蒋宋家族的研究，这种研究工作将有助于世人对过去半个世纪中美两国政治的了解。台湾七个大学的历史系主任在《纽约时报》、《华盛顿邮报》和《洛杉矶时报》三大报以及美国中文《世界日报》刊登广告驳斥《宋家王朝》"歪曲近代中国史实"。黎东方发表《像一个喝醉的水手》，指责作者西格雷夫"捏造出最恶劣的黄色报纸的故事"；美国学者基林（Donald Gillin）和韦慕庭（C. Martin Wilbnr）都曾发表长文严斥《宋家王朝》。《宋家王朝》主角之一的孔令侃亦在《世界日报》刊登三篇声明启事反驳该书。尽管如此，《宋家王朝》对宋美龄和孔宋家族所造成的伤害，已不是抗议、声明和学者的驳斥所能弥补。

⑤宋美龄发表的这三篇文章和讲稿，曾引起一些议论，她的《我将再起》，有人指她试图"东山再起"，亦有人表示该文仅为一篇"精神讲话"。一九八六年十二月八日应留美同学会和美侨商会之邀在圆山饭店以英语发表《结果你们来承担？》，畅谈国际新闻媒体对世局之影响；对美国传播界主张缓和世局、不支持台湾的做法，表示不满；并在演讲一开始即批评《纽约时报》的言论，亦批判四十年代的美国自由派人士。宋美龄一向对美国自由派媒体颇有成见，常在公私场合对《纽约时报》等自由派媒体大加挞伐。六十年代末《纽约时报》讣闻版主编惠特曼（Alden Whitman）专程赴台访问宋美龄，为该报预先准备讣闻传记，一俟其逝世即可发表。结果宋美龄不但不合作，让他久候、录音机插头被拔掉，并宣读一篇事先拟就的声明谴责《纽约时报》亲共。惠特曼说，在他的"讣闻采访"生涯中，最不愉快的一次经验就是访问宋美龄。见 Alden Whitman，*Come to Jndgment*，New York：The Viking Press，1980，xviii~xix；田沧海《予讣闻生命力的惠特曼》，载美洲《时报周刊》第二九一期，一九九〇年九月二十二日出版，八四～八五页。宋美龄于一九八六年十月返台后，美国媒体对她的动静颇为注意，《纽约时报》于十一月三十日刊登台北美联社电讯、十二月二十七日发表该报驻北京特派员纪思道（Nicholas D. Kristof）的特稿，称宋美龄是个"政治谜"（a political riddle），并揣测她是否支持蒋经国解除戒严及台湾民主化政策。

⑥侨居加州的蔡孟坚于一九九〇年在台北曾当面问孔令侃有关宋美龄建议延期推选党主席一事，孔答道："彼时我在台北，夫人与我谈起并表达只出自好意。是我执笔写好，由随身秘书抄写，后误传他人主稿，确属误会。"见蔡孟坚《唁"神秘人物"孔令侃并述所知其人其事》。

⑦林荫庭《追随半世纪——李焕与经国先生》，台北：天下文化出版公司，一九九八年，二七二～二七三页。

⑧前引，二七三～二七四页。

⑨前引，二七四页。

⑩同前。

⑪前引，二七五～二七六页。

⑫前引，二七六页。

⑬一九九一年七月八日台北《中国时报》。

⑭ *The New York Times*，July 8，1988，P.1；该报记者齐瑞（Susan Chira）在第三页发自台北的报道说，宋美龄早先曾反对李登辉出任代理党主席，迄仍避免直接支持李出任党主席，但她出席十三全大会显示其对李的“沉默的认可”（a tacit endorsement），以及元老派已接受李登辉。

⑮宋美龄一生进出医院无数次，而能克享高寿，足证其旺盛之生命力与特异之体质，其双亲又非长寿，在医学上也许值得探讨。一九六九年夏天，蒋介石夫妇在阳明山发生大车祸，蒋介石在车内“身体猛然往前冲去，整个人撞到前面的玻璃板，老先生胸部当场受到严重撞伤，剧烈的冲撞力让他连阴囊都撞肿了，假牙也在撞击的刹那，从口中撞出来”。宋美龄亦受到同样程度撞击，“双腿撞到前面玻璃隔板，老夫人当场痛入骨髓，厉声叫喊。”见翁元口述、王丰纪录《我在蒋介石身边的日子》，一二九页。熊丸则说阳明山车祸发生于一九六八年，见《熊丸先生访问纪录》，一一七页。熊丸说：“那一次车祸夫人受伤较重，当场整只脚没了知觉，‘总统’倒没什么外伤。”但车祸之后，蒋的心脏和前列腺接连出了问题，健康日走下坡；宋美龄则“由剥转复”，车祸只是她漫长生命中的一桩插曲。

⑯杨贵美《老夫人这一回病得不轻！》，载台北《新新闻》周刊，一〇〇、一〇一期合刊本，一九八九年二月六日出版，六七页。此次手术在台湾医界掀起了一场风波，依台湾《医师法》和卫生署颁布的行政命令规定，外籍医师只能在手术上扮演指导角色而不能亲自主刀，如有违反，可处该医师一年以上、三年以下有期徒刑，得并科一万元以上、五万元以下罚金，其所用之器材没收，医院亦将受罚。据荣总高阶主管透露，为宋美龄主刀的外籍医师，年逾七旬，是美国哥伦比亚大学外科教授，亦曾任外科代理主任，符合来台讲学及示范的资格规定，但亲自主刀部分却于法不合。另外，这名医师系由宋美龄家属亲邀，非由医院出面，除了不符邀请单位必须是教学医院层次的医疗机构外，也未向地方卫生机关报备，见一九八九年二月十二日纽约《世界日报》。二月十五日该报又报道，卫生署医政处副处长杨汉湶于二月十三日电询荣总院长罗光瑞及副院长郑德龄，他们表示，宋美龄最近在荣总动卵巢囊状肿瘤手术时，确有美籍医师哈比夫（Dr. David Habif，以前曾为宋美龄动过手术）在场，但他只是提供意见，并未操刀，宋美龄的肿瘤摘除手术是由荣总妇产科医师主刀的。不过，卫生署及荣总并未说明主刀医师的姓名。卫生署医政处初步认定宋美龄此次手术“程序不完整，但尚未构成违法”。见美洲《时报周刊》第二一一期，一九八九年三月十一日出版。宋美龄究竟是不是由哈比夫主刀，似乎已变成“罗生门”问题了。

⑰《新新闻》称宋美龄的乳癌手术是在一九七七年进行，西格雷夫的《宋家王朝》则说宋美龄于一九六六年在纽约曾因胆结石开刀，一九七〇年又因乳癌在纽约动过乳房切除术（mastectomy），见该书英文版四五六页。

⑱一九九一年九月二十四日台北《中央日报》航空版首页自纽约报道称，宋美龄于美东时间九月二十一日下午一时三十分抵达肯尼迪机场，据华航人员说，行李共有九十件，记者在部分行李上看到中文书写的“夫人自用衣料、旗袍”、“物器”、“洗脸杂物”等，并有一箱燕

窝及月饼。有些报道称行李有九十七箱，其中包括古董、国宝；在士林官邸做过侍卫的翁元说："根据我的同仁们的推估，宋美龄应该带走不止九十七箱宝贝，她至少带了一百多箱的东西离开台湾……"见《我在蒋介石父子身边的日子》，一二四页。当时担任民进党立委的陈水扁说："蒋宋美龄虽曾贵为第一夫人，但是从'中华民国''总统'到政府要员都到机场送行，这实在是不必要的排场，也显示着人治色彩仍然浓厚。"又说："希望这种情况是最后一次，未来应该致力于摒除这种人治的现象，才能使民主政治早日落实。"见一九九一年九月二十三日纽约《世界日报》。监察委员林纯子、柯明谋指责"国府""外交部"违法发给宋美龄及其随从人员"通行状"与"外交、公务护照"，将另案处理；林、柯向监察院提出了《蒋宋美龄女士赴美定居使用通行状暨士林官邸长期占用公地调查报告》。

⑲一位随侍宋美龄近二十年的人士获悉监委的调查报告后表示："夫人觉得伤感"，见一九九二年九月十三日《世界日报》。

⑳《熊丸先生访问纪录》，一五一～一五二页；邱铭辉《孔令伟黯然画下句点，孔令仪接手蒋家产业》，载台北《新新闻》周刊第四〇一期，一九九四年十一月十三日出版，二〇～二一页；邱铭辉《病床上的孔二小姐坚持要把李登辉除名》载台北《新新闻》周刊，第三五六期，一九九四年一月二日出版，二〇～二一页。

㉑卢威《殡葬化妆师：让逝者安息，生者安慰》，载纽约《世界周刊》，一九九五年七月九日出版。为孔二小姐遗容化妆的哈格罗夫（Bill Hartgrove），亦曾为孔祥熙、宋子文"整肃遗容"。孔二小姐死后，美国世界中华殡仪馆专程由美国空运特制铜棺至台北，将其遗体运回纽约坎波（Frank E. Campbell）殡仪馆。

㉒宋美龄的国会之行，幕后主要策划人为国会图书馆中文部主任王冀。王冀向伊利诺州民主党联邦参议员保罗·赛门的芝加哥办事处华裔主任张秀贤提出建议，由赛门出面邀请宋美龄至国会山庄接受致敬。赛门一口答应，即找参院共和党领袖杜尔担任共同发起人。王冀等人曾亲至纽约面邀宋美龄，这位二次大战领袖级大老欣然接受，于七月二十六日自纽约搭包机飞往华府。宋美龄曾叮嘱王冀到了华府后，她要以林肯牌 Town Car 代步；王冀说此项活动"一点政治或外交的性质也没有"，但海内外媒体加以大事报道，一批台湾要人且组团赴美参与盛会。宋美龄抵华府后，曾假她所熟悉的双橡园老使馆与华人见面，七月二十六日当晚飞返纽约。参看一九九五年五月二日《中时晚报》及七月二十七日《中国时报》；七月二十七日美国《世界日报》、《新新闻》第四二六期（一九九五年五月七日出版），四八～五一页及第四三八期（一九九五年七月三十日出版），八八～九一页；黄美之《蒋夫人最快乐的一天，王冀促成的》，载《世界周刊》，一九九五年十一月十九日，九页。

㉓一九四三年二月十八日的历史性访问之后，宋美龄曾于一九五三年三月访问白宫，艾森豪威尔总统以茶点招待；一九六五年再访白宫，获肯尼迪总统较"高档"的待遇。宋美龄于一九六五年八月二十二日访美，先到西岸；八月二十九日抵纽约；九月七日坐私人包厢火车到华府，国务卿鲁斯克夫人亲到联合车站迎接；九月九日，国会议员设宴招待；九月十四日肯尼迪夫妇在白宫举行茶会欢迎；九月十九日与前总统艾森豪威尔夫妇晤谈；九月二十一日鲁斯克设宴款待。其间驻美"大使"周书楷曾假双橡园大使馆为宋美龄举行盛大酒会，一千五百位宾客与会。在华府期间，美国政府为她在卡洛拉马路（Kalorama Road）高级住宅区租了一栋房子供其居停，国防部长麦纳玛拉亦住附近。十二月七日珍珠港事变纪念日，宋美龄返母校麻省韦思礼学院发表演说。参看 Seagrave，455~456。

宋美龄访问华府时，“国府”“国防部”长蒋经国亦应邀访美。国际媒体和政论家纷纷揣测蒋氏母子美国之行的目的乃是要求肯尼迪政府摧毁中共的核子设施。北京于一九六四年十月十六日试爆首枚原子弹成功，美国、台湾地区和亚洲国家均感忧虑，而台湾领导人亦于公开场合一再呼吁美国摧毁中国大陆核子设施。据已解密资料显示，肯尼迪政府曾考虑对中国大陆核武设备予以先发制人攻击，肯尼迪政府打消此念头。宋美龄于一九六五年十月三十一日第二次应邀在NBC“会晤媒体”（Meet the Press）节目中接受访问，表示美国应炸毁中共核武设备；参院外交委员会主席傅尔布莱特向国务院质疑宋美龄究竟以何种身份访美，国务院答系私人身份。见 Lung-chen Chen and Harold D. Lasswell，*Formosa*，*China*，*and the United Nations*，New York：St. Martin's Press，1967，203~204，389；宋美龄于一九五八年九月二十一日（八二三炮战期间）首度接受“会晤媒体”节目访问时说，逃离中国大陆的难民问她：“为什么中华民国不对大陆使用核武？”又说“国府”反攻大陆的日子，“一天比一天近了”。见一九五八年十月六日出版《新闻周刊》，一八页。喻新之《老共试爆核武的计划吓坏了肯尼迪政府》，载《新新闻》周刊第三四七期，一九九三年十月三十一日出版，页九一～九三；林博文《肯尼迪、肯尼迪时代美台计划联手出击摧毁中共核子设施》，一九九七年四月八日《中国时报》第三版。美国前副总统尼克松则在蒋氏母子访美之际，于八月底悄然访台。

㉔西格雷夫说，宋美龄所住的葛莱西方场大楼是栋合作公寓，共有十五楼，孔令杰（一说孔令侃）于一九六六年四月购置，供其姨妈使用，见 Seagrave，456。葛莱西方场乃纪念十八世纪落户纽约的苏格兰商人 Archibald Gracie，现为纽约市长官邸的 Gracie Mansion，当年是葛莱西的别墅。

㉕一九九四年九月七日《世界日报》，第二版。

㉖宋美龄最常相处的友人之一是她在韦思礼学院的同班同学米尔丝（Emma Mills）。米尔丝终身未嫁，一生奉献给中国和宋美龄；她曾做过“末代皇帝”溥仪的英文老师，在二次大战和国共内战期间，热心协助宋美龄在美募捐筹款。宋美龄多次到美国游说美国政府和华府政要支持国府，米尔丝是她的主要顾问之一。六十年代中期，米尔丝和友人在纽约唐人街创立“华埠策划协会”（CPC），一九八七年八月以九十二岁高龄去世。与宋美龄来往的另一个美国友人即是四十年代为宋家三姐妹立传的名作家项美丽（Emily Hahn），她所写的《宋家姐妹》（*The Soong Sisters*），使宋美龄和她的姐妹成为美国家喻户晓的传奇人物。著作等身的《纽约客》（*The New Yorker*）杂志老作者项美丽于一九九七年二月十八日病逝纽约，享年九十二岁。参看唐思竹《长岛湾畔深宅大院，蝗虫谷内赋归终老——蒋宋美龄在美国的“官邸”》，载《新新闻》周刊，第二三七期，一九九一年九月二十三日出版。

㉗前美国副总统纳尔逊·洛克菲勒曾于七十年代中在纽约洛克菲勒中心开设一画廊兼古董店，宋美龄曾去参观。一九九六年春天，台北故宫博物院在纽约大都会博物馆举行“中华瑰宝”大展，宋美龄于三月十一日参观预展，对蜂拥的摄影记者抢拍其镜头似显不悦，用英语说道：“我要打烂你们的照相机。”（I'm going to break your cameras.）见一九九六年三月十二日《纽约时报》；纽约公共电视台播出故宫副院长张临生用英语向宋美龄解说一幅画时，坐在轮椅上的宋美龄突然打断解说，不悦地用英语说道：“这些东西引不起我的兴趣！”害得张临生赶紧介绍别的文物。见夏语冰《美国人忘了蒋宋美龄，中国人却惦记她的豪宅》，载《新新闻》周报第六一五期，一九九八年十二月十七日出版，七五～七八页。一九九八年八月三十日下午，宋美龄专程到纽约皇后区《世界日报》文化艺廊参观欧豪年画展，见一九九八年八月三十一日

《世界日报》第一版。参观“中华瑰宝”与欧豪年画展时，宋美龄皆以轮椅代步。在长岛蝗虫谷闲居时，宋美龄曾请著名人像画家舒玛特芙（Elizabeth Shoumatoff）为她画像，据《纽约客》（*New Yorker*）杂志报道，舒玛特芙作画代价至少在五万美元以上。舒玛特芙在画史上留名之处，即一九四五年四月十二日在佐治亚州温泉镇为罗斯福总统画像时，画到一半，罗斯福突然中风，数小时后去世。

㉘据称宋美龄一概拒绝中外学者和学术机构以及美国出版商向其提出进行口述历史或描写回忆录的请求。宋美龄亦无写日记习惯，与重要人物书信往来的复本过去多由孔令侃保管，孔死后这批文件的去向令人关切。参看《熊丸先生访问纪录》，一一一页；傅建中《蒋夫人应该写回忆录》，一九九五年七月二十七日《中国时报》第三版。

㉙生在十九世纪、见证二十世纪、目睹二十一世纪的宋美龄，于公元二〇〇〇年元旦亲自到纽约市皇后区世界日报社主持“蒋夫人宋美龄女士暨书画名家跨世纪千禧联展”揭幕礼。坐在轮椅上的宋美龄，神采奕奕，宛如“世纪寿婆”。参看二〇〇〇年一月二日纽约《世界日报》，A1、B1版。

# 后 记

多年前一群朋友鼓动我写宋美龄传，我当时满口答应，然因忙于笔耕生活，蹉跎经年，始终未“破土动工”，心中不无愧疚。

莫昭平是个锲而不舍的女出版人，没有她的积极敦促，这本书很可能就不会问世。

吾妻陈清玉尤鼓励我写此书，她细心看完每一章、每一句和每一个字，提供许多宝贵意见。在写作过程中，最令我们兴奋的是纽约扬基棒球队在一九九八年球季中战绩辉煌、所向披靡。扬基荣获世界大赛冠军之日，我的写作进度亦已接近尾声。

宋美龄是位“长命富贵”的人，虽早已远离政治聚光灯，却一直是海内外华人关心、好奇的对象。坊间书肆充斥不少宋美龄和孔宋家族的传记，然这些著作殊少对传主做深入而客观的剖析。过度颂扬、刻意丑化和八卦式的描述，都不是研究宋美龄的良法，也不能使读者看到真正的宋美龄。

写宋美龄的最佳方式殆为细腻的观察、丰富的材料和持平的态度。盼望此传能够描摹出宋美龄的真实面貌以及她所走过的时代。

# 附录

## 漫漫长夜中的蒋方良

蒋方良曾经是“国府”的第一夫人，但却是一位没有荣华富贵的寂寞老妇。在她的身上，我们看不到聚光灯的投射，只看到昏黄的夜雨秋灯，以及灯下茕茕孑立的影子。

在不到一年半载的时间里，蒋方良连遭丧夫失子之痛[①]，环顾左右，又无一亲人在侧。蒋方良的伶仃孤苦和蒋家的落日残照，与熙熙攘攘的台北街头成了强烈的对比。

蒋方良和蒋经国于一九三五年三月在西伯利亚结成患难夫妻。俄国女子嫁入中国第一家庭为媳，命中注定要过“平凡的一生”，要孝敬公婆、要克守本分、不能逾越、不要抛头露面、不可自称“蒋夫人”，更不得露锋芒，尤其不可抢婆婆宋美龄的风头。古人说“侯门深似海”，“蒋门”亦复如此。在蒋家，方良仿佛是一个“没有声音的人”。

一九二五年（民国十四年），蒋经国十六岁，在北平吴稚晖（敬恒）创办的“海外补习学校”读书。有点浪漫色彩的蒋经国，很想去法国留学。但是，当时的政治环境，却使蒋经国未能负笈孕育“自由平等博爱”种子的法兰西，反倒奔向布尔什维克的俄罗斯。蒋经国在自撰的《在苏联的日子》中说：“在一九二五年，北平的‘政治环境’自然具有明显的国共友谊和中俄友谊的气氛。我变成这种心理气氛的受害者，我未来的计划完全改变。我在这个年幼时期就坚信，我应该加入送至俄国留学的那一批为数九十人的学生。我在俄国过了十二年多，在那一段时期，我经历了一生最困难和最艰苦的生活，其间我被监视及被放逐。事实上，在我到达俄国以后不太久，我就被俄国人扣为人质，他们认为，我的父亲是他们在中国夺取政权的主要障碍。那时我遭遇的一些景象，是永难忘怀的。”

少年时代和青壮时期的蒋经国，始终是个血气方刚但富有理想的积极分子。他在上海浦东中学就读时，常带队示威，抵制洋货；他到了广东找他的父亲，又渴望参加国民革命军，但他的父亲不愿他卷入革命的浪潮，把他送到北平，交给吴敬恒。蒋经国在北平只待了几个月，就经由邵力子的介绍，认识了中国共产党的创党人之一李大钊（守常）。那时候，李大钊住在苏联大使馆里，通过李的引介，蒋经国与许多俄国人做了朋友，他们建议蒋到苏联留学。蒋经国说：“此议深合我心，因为我也想熟悉苏联的政治组织，所以我决定到莫斯科中山大学就读。”

一九二五年十月，蒋经国挥别上海，与另外九十多位向往苏联革命的中国青年赴苏“朝圣”。在中山大学三年，蒋经国的俄文进步神速，能说会写，又是学校壁报“红墙”的编委。

中山大学（孙逸仙劳动大学）设立的缘由，系苏联共产党为纪念孙中山，乃在莫斯科西岸瓦尔芬柯（沃尔洪）大街上创校，以培养中国的革命干部。

当时和蒋经国在中山大学同学的“名人之后”有冯玉祥之子冯洪国、叶楚伧之子叶南、于右任之女于秀芝等人。蒋经国所属的一个团小组，组长就是化名邓希贤的邓小平。邓据说原名阚泽高，曾在法国从事六年的勤工俭学活动，现在又来到了苏京。

一九二七年四月，蒋经国自中山大学毕业，加入苏联红军，并进入列宁格勒中央军事政治研究院深造，毕业后担任中国留学生辅导员。一九三〇年十月，蒋经国被分配到莫斯科郊外塔那马电机工厂当学徒；一年多以后，转往集体农场工作；越一年，被送往西伯利亚，在阿尔泰山山脉中的金矿区担任矿工；后又转派为重型机械工厂技师，并升为助理厂长，且为《重工业日报》的主编。

蒋经国回忆说：“我在乌拉山重型机械厂多年，唯一对我友善的就是方良。她是个孤女，我们在一九三三年认识。她当时刚从工人技术学校毕业，在那家工厂中还算是我的部属。她最了解我的处境。我一有困难，她总会给予我同情和援助。我有时因为无法回国看望双亲而情绪低落，她也百般劝慰。两年后，即一九三五年三月，我们终于结婚。同年十二月，我们的长子孝文诞生了。”蒋、方结婚时的证婚人是王新衡。

关于蒋经国认识方良的经过，曾有一段“神话式”的传说：蒋在重型机械厂上班的时候，有一晚加班到十一点多，深夜始停，在返回宿舍途中，看到一个大汉挡住一位女子，这位女子就是方良。大汉意图不轨，见蒋经国走近，初不以为意，因蒋个子不高，大概没什么武功，未料蒋氏磨炼多年，身手不凡，两三拳就把大汉打倒，上演了“英雄救美”的老故事。

蒋方良的家世、出生背景，外间所知甚少。一个姑妄听之的传说是：

方良娘家原是个大地主，“十月革命”后，家产被充公，景况日窘，几无以维生。

一九三六年十二月十二日爆发西安事变，蒋经国闻讯后，亟思返国，乃写信给斯大林，要求离开俄国。苏共不但未准蒋氏所请，且撤除其助理厂长和《重工业日报》主编的职务，并取消他的苏共候补党员的资格，生活顿成困境。蒋经国说：“这段艰苦的日子一共持续了半年，我们全家三口只依赖我太太的工资生活。”同年，蒋方良生一女，取名孝章。

一九三七年年初，斯大林终于答应让蒋经国回国。三月二十五日返国前，中国驻苏大使蒋廷黻特设欢送宴。蒋大使当时对经国的印象是“身体不甚健壮”，蒋方良则是位“服装很朴素的俄国少妇”。

据唐瑞福和汪日章合写的《蒋介石的故乡》（收入浙江人民出版社出版《蒋介石家世》）一文说：“蒋经国一九二五年去苏俄，一九三七年四月带着俄妇方良和三岁的儿子爱伦（孝文）从海参崴乘轮返国。抵达上海后，蒋介石派杭州笕桥航空学校总务处长陈舜耕（后曾任台湾铁路局长）到上海，接蒋经国夫妇到杭州（一说南京），与宋美龄会了面，认了她。蒋介卿（蒋介石之兄）出殡后第六天，蒋经国携妻子从杭州回到溪口。当西安事变的消息传到溪口时，丰镐房上上下下，震惊万分，毛氏（蒋介石的原配毛福梅）曾到武山庙去求签，据传签上有‘秀才出门，状元归家’的话头，事后被人解说成‘秀才出门’是指蒋介卿出丧，而‘状元归家’意思是蒋氏父子都平安归来，显得庙签很灵。当毛氏看到这离膝下十三年的亲生子回来，真是悲喜交集，见洋媳妇方良和长孙爱伦跪在膝下，毛氏破涕为笑，扶起方良，把孙子携在怀里，热泪直流，吩咐丰镐房为儿媳补办婚礼，给经国赶制长袍马褂，方良穿绸质旗袍，在丰镐房大厅行拜堂礼。姚氏冶诚也带着纬国从苏州赶来，在天台国清寺打水陆道场，为蒋氏消灾添寿……蒋氏家门大团聚，宴请来家亲友，吃了几天喜酒，热闹了一番。方良、爱伦都不会说中国话，聘请了慈溪一位姓董的女教师，在文昌阁附近小洋房里教读中文，学中国话。”

彭哲愚和严农合著的《蒋经国在莫斯科》一书说：“毛福梅很喜欢孙子、孙女，也很喜欢俄国儿媳蒋方良。方良出身贫寒，在工厂时是共青团员，很朴实，也很勤劳，到家后没两天就下厨帮忙。”其实，蒋介石本人也对方良印象很好，颇爱护她，一九六六年五月十五日，方良过五十岁生日时，蒋介石特别亲笔写了“贤良慈孝”四个字送给“芳娘贤媳”，作为“五十生日纪念”。

蒋经国与蒋方良结缡半个多世纪，感情愈老愈浓，经国一直是个精力充沛的人，从赣南到台湾，婚外韵事不断，已成“国府”官场上公开的秘密。方良对这些事，也许只能“睁一只眼，闭一只眼”。蒋经国是不太能受约束的人，他的三个儿子在这方面，也颇有乃父之风，也就是因为过度不受约束，而导致蒋经国曾有一段时期喝酒过量、女色过度，在二十世纪五十年代末期即患糖尿病；同样地，任性和不受约束的性格，亦促成了蒋孝文的不幸下场，在这一方面，蒋方良是失败的，但在中国传统式的“第一家庭”中，方良又如何能“相夫教子”呢？

与蒋经国夫妇私交颇密的美国中情局前台北站站长克莱恩，在《我所知道的蒋经国》一书中说道：“蒋经国对芬娜（他有时也喊她芬FAN或芬亚FanYa）的态度显然十分亲密，而且充满爱意。她全名是芬娜·伊娃·瓦哈里瓦（Faina Epatcheva Vahaleva）。蒋经国在留苏的后期结识她，带她回中国大陆，做他终身伴侣。蒋经国十分尊重她，因为她是他子女的母亲，更把她当作一家之主。这和一般中国官员不同，他们谈妻子时总带着大男人主义的味道。芬娜则很细腻地喊他‘阿五’，把蒋经国当她第五个孩子。”

克莱恩又说：“芬娜乐观活泼、热情洋溢，健谈而好交际。她很让人好感……由于她不是中国人，很多中国人不甚谅解，所以她的朋友有限。她有几位来自她祖国，会说俄语的女伴，但她平常的朋友是跟蒋经国有关系的政客官员太太们。她喜欢打高尔夫，经常与一些军官太太一起打球，美国人、中国人都有。在许多方面来说，她和蒋经国两人的生活圈都相当有限。”

克莱恩说：“我想，蒋经国一直努力要培养儿子成为良好的中国公民，光耀门楣，但这很难，因为芬娜就像一位典型的美国母亲般宠爱纵容儿子。”

《蒋经国传》的作者江南说：“据前中央社东京分社主任李嘉告诉作者：经国和方良的婚姻，并不和谐，夫妻勃谿，蒋方良即欲带着孩子回苏联，经国一怒，把桌子都掀了。当然，这是早年的事，后来蒋方良爱上方城之战，她的大部分时间都消耗在牌桌上了。一九五〇至一九六〇年间，牌搭子悉由当时任‘台制’厂长的龙芳安排。”

蒋经国在四十年中逐步走上了政治的最高峰，但蒋方良仍然是“四十年如一日”，过她平淡无奇的生活，身体好和情绪佳的时候，打打高尔夫和麻将，或上西餐馆子。尽管蒋经国的照片天天上报，老百姓还是很少看到方良在蒋经国的身边，更遑论陪他上山下乡探访民间了。蒋经国是个思虑周全的人，他尽可能不让方良曝光，更不会让她和母亲在公开场合或庆典上“共比娇”。中国的“第一家庭”是复杂的，自古已然，蒋家为烈，俄妇方良只能在有限度的天地里，坐看昭阳日影。

就蒋经国的心态来说，他在公开场合没有第一夫人来陪他，并无关紧要，何况他也习惯了。从赣县做县长开始，在上海“打老虎”，在台湾培植势力，蒋经国都是“一人秀”（One Man Show）；做总政战部主任、救国团主任、退辅会主任，他都不需要夫人陪他；当了“总统”后，同样不需要第一夫人和他一起亮相，不像他的父母亲，老是在一起，“‘蒋总统’伉俪”这五个字也变成了专有名词。

夜已深沉，人已老去。从寒冷的西伯利亚来的蒋方良，也许早已习惯中国的炎凉世态，特别是官场上的冷暖；她或许不在乎没有真正享受到第一夫人的况味，也可能不计较宋美龄的光芒掩盖过她。在她的一生中，最令她怀念的是六十年前，她和蒋经国在险恶的环境中所建立的“革命的感情”，那段遥远的冰霜爱情，在她的记忆中，恍如昨日。

原载美洲《时报周刊》第二九〇期

一九九〇年九月十五日出版

注释

①蒋经国于一九八八年一月十三日病逝，终年七十七足岁；其长子孝文卒于一九八九年四月十四日，终年五十四足岁。本文发表时，次子孝武、三子孝勇仍健在。孝武于一九九一年七月一日去世，终年四十六足岁；孝勇死于一九九六年十二月二十二日，终年四十八足岁。

# 埋骨何须桑梓地 人间到处有青山

蒋家后人希望将蒋介石和蒋经国的灵柩奉回中国大陆永久安葬，充分显示了诡谲多变、风云莫测的中国近代史中最具讽刺性的一面。

不管是站在孝道和人伦立场来看，或是从有助两岸关系良性互动的角度视之，两位反共巨人的遗体，竟然要劳师动众地迁葬于大陆，除了深具历史的嘲弄之外，亦十足凸显了两位反共巨人与中共斗争失败的一生。生前既不能率军反攻大陆，死后又不愿长埋宝岛，父子均以“暂厝”方式栖息桃园，今天蒋家后人希望落实两位故“总统”归葬故土的愿望，总算是替两位故“总统”解决了他们生前无法解决的尴尬问题。

在近年陆续出土的史料中可以看到，蒋介石的确想反攻大陆，而且有所布置（由刘安祺担任反共联军总司令），但遭美国制止；蒋经国则深知反攻无望，故勠力建设台湾，为台湾的繁荣与安乐奠定基础。严格说来，蒋介石是大陆取向的守旧派，对奉化溪口的一景一物、一草一木和饮食眷恋不已；蒋经国则是以台湾为第二故乡的新人物，并自称为台湾人。从这个观点来看迁葬问题，也许蒋介石长眠神州能使其心安，蒋经国则未必，何况台湾是蒋经国发迹之地。坦然言之，蒋家后人打算迁葬两位故“总统”的举动，夹杂太多太浓的政治抗议味道，其中又以反李登辉、反国民党主流派为基本动力。因不满李登辉和他所领导的国民党，乃出此“下策”，贸然将两位“蒋总统”的遗体搬离他们住了二三十年的台湾，对千百万尊敬两位“蒋总统”的台湾人民如何交代？台湾人民对两位“蒋总统”和蒋家后人会有什么想法？

如今两岸关系已告和缓，两位“蒋总统”的遗体如能重返故土，固然证明时代不同了，但多少自大陆来台而死在国民党白色恐怖下的冤魂，他们的尸首已泰半不知去向。

从一个博大的视野来看，蒋家后人决定扶柩归故里，使两位“蒋总统”入土为安的行动，并不是一件什么大不了的事情。走入历史殿堂的人，哪里都可以去。想到这里，只有寄语蒋家后人：“埋骨何须桑梓地，人间到处有青山”！

原载一九九六年七月十五日《中国时报》

# 毁誉抛身后
# 千山我独行

一九八八年一月十三日蒋经国去世后，孝文、孝武、孝勇三子和庶出的孝慈相继撒手人间，如今又轮到蒋纬国作古，蒋家成员凋萎之速，诚令“国人”唏嘘不已；而蒋家势力的急剧没落，更是二十世纪中外显赫政治家族中最苍凉的写照。

蒋纬国虽是蒋介石的次子、蒋经国的弟弟，但他和蒋家完全没有任何血缘关系，他的真正生父是国民党大佬、做过考试院长的戴传贤（字季陶，一九四九年自戕于广州），生母是日本护士重松金子。

## 豁达公子人前潇洒人后孤寂

一九四〇年，蒋纬国在重庆宋美龄的书房里读到美国作家约翰·根室所写的《亚洲内幕》。使纬国震撼不已的是，该书提到他不是蒋介石的亲生子，而是国民党一位要员所生。纬国不敢向蒋介石探问实情，乃问戴传贤，戴氏支吾其词、含糊以对，纬国从此对其个人身世滋生了疑点，日后始一点一滴地清楚自己的“来历”。蒋介石终其一生从未向纬国提及他的身世问题。

清末民初，许许多多比较有理想的中国青年纷纷东渡扶桑，到日本学习文武知识以图振兴中华，蒋介石和戴传贤就是其中的两位热情汉子。蒋、戴在东京合租房子，其时戴与护士重松金子过从甚密，金子于一九一六年十月六日产下一子。由于戴氏在国内有妻（钮有恒）有子（戴安国），而戴妻个性悍妒，绝不容丈夫出轨，在婴儿出生前戴即与蒋介石约定，由蒋负责收养。当时蒋已返回上海，日人山田纯太郎将婴儿带至上海交给蒋，取名纬国，托由蒋的小老婆、上海青楼出身的姚冶诚抚养。蒋与原配毛福梅所生的长子蒋经国，其时已六岁。

姚冶诚虽未和蒋介石正式结婚，但素有“第二号蒋夫人”之称，视纬国如同己出，纬国亦以亲生母亲待她。一九六七年，七十九岁的姚氏病逝台中，蒋纬国在其墓碑上镌刻“辛劳八十年，养育半世纪”的感恩之词。

## 传奇身世兄长排挤饱尝冷暖

姚冶诚死后三十年，她亲手养育成人的蒋纬国亦因久病而撒手人间。蒋纬国走完了八十一年的争议岁月，他虽身为蒋家一分子，但非蒋介石的亲骨肉；蒋经国对他的刻意排挤和压制，其原配石静宜在他出国期间的离奇死亡，他所赏识提拔的装甲兵副司令赵志华的造反，他的带兵能力和“战略家”的素养，他在一九八九、一九九〇年国民党政争时期一度想出马角逐“总统”或“副总统”的念头，以及他的自嘲式幽默、兼具随和与随便的个性，使蒋纬国一生充满了流言和毁誉，亦使他在蒋家的孤独和炎凉世态中，经常引吭高歌：“千山我独行，不必相送！”

蒋纬国自称“调皮而不捣蛋”，但他与生俱来的淘气、欠稳重和过度潇洒的性格，加上兄长蒋经国长时期对他的歧视，使他在人生旅途上和戎马生涯中，苦水如泉涌。但他不能抱怨发泄，亦无从申诉，他只能保持他一贯的达观、风趣和几近玩世不恭的态度（如在公开场合高唱：“哥哥爸爸真伟大”），以化解蒋经国对他的猜忌。

然而，亦唯有在蒋家这块金字招牌的护佑下，蒋纬国才能以高级将领的身份，带着浓厚的公子哥儿作风在军旅中“潇洒走一回”。其实，这也是蒋纬国为人处世的致命伤；他交友遍天下，党政军特、工商企业名人和影歌视红星，无所不识；大家都亲近他、喜欢他，争相陪他出入歌台舞榭，但甚少人在内心深处尊敬他、把他当一回事。唯有他的父兄最了解他的弱点和短处，无怪乎蒋介石要求“国府”前陆军总司令刘安祺：“要好好管教纬国。”蒋经国则对刘安祺说：“纬国这个人你要好好辅导，他做人做事不稳当。”

## 湖口事件从此失去父亲信任

一九六四年一月三十一日，新竹湖口装甲兵第一师基地（捷豹部队）发生的装甲兵副司令赵志华将军的造反事件，虽与蒋纬国无直接关联，却严重影响其前途和命运。湖口事件的后果是：（一）蒋介石不再信任他，认为他“不识人”；（二）蒋经国更厌恶他；（三）他从此离开部队，未再带兵，并做了近十五年的中将。按刘安祺的说法，湖口事件“既不是兵谏，也不是兵变，是装甲兵副司令一时糊涂而造成的；他对蒋纬国的某项措置不满……”蒋纬国的解释则为赵有“精神分裂”、“很内向”、“受到不公平待遇而不很开朗”，又因想向陆军总部借三万台币买房子但公文被装甲兵司令郭东旸压下未往上呈报，乃铤而走险，在全师装备检查时发表谈话，号召兵变。这项台湾罕见的将领谋反案，主角赵志华先判死刑，后改判无期徒刑，一九七八年保外就医，一九八二年去世。赵服刑期间，蒋纬国常去探监，照顾其家属，并为其料理后事。

其时担任“国家安全会议”副秘书长的蒋经国，在湖口事件善后处理工作中扮演了极其重要的角色。蒋介石所了解的事件经过，全系由蒋经国向其报告，而处置方式亦采纳蒋经国的建议，数十名装甲兵中、高级军官或调或贬，尤其是东北籍将领最为倒霉（赵为黑龙江人），政工干部则普获升迁。蒋纬国虽不同意上级的处置方式，但他毫无办法，他知道掌控政工与情治业务的蒋经国对他极度不满，他只能沉默接受命运的安排，在改革军中教育中埋首十八年。

蒋经国对蒋纬国的排斥，主要原因是血缘不同，纬国不是真正蒋家的人，是“冒牌货”；次要原因则是两人个性南辕北辙，经国深沉、猜疑、器小，不容纬国露锋芒。蒋纬国曾含蓄地透露经国对他的打压，其中包括一九四八年蒋家重修蒋氏宗谱时，经国曾想将纬国自宗谱中除名，但遭族长及房长反对。经国对纬国的负面看法，连带地影响到纬国与侄儿的关系。在门庭深锁的蒋家，只有宋美龄对纬国最好。蒋纬国当了十五年的中将，终在一九七五年晋升上将，出任三军大学校长兼战争学院院长，复历任联勤总司令、“国防部”联训部主任。蒋经国晚年最宠信的郝柏村在其日记中说，蒋经国曾为纬国退伍后的出路，多次征求其意见，当时担任参谋总长的郝氏建议蒋纬国主持台湾体育工作，蒋经国认为纬国不会满意此项安排，郝氏又建议派纬国出任“大使”，特别是“驻韩大使”。经国在驻南非、沙特阿拉伯等“大使”职位上多方考虑，并曾一度慎重考虑其出使沙特或出任“行政院”政务委员职务。经过半年斟酌，蒋经国终决定纬国出任只有虚名而无实权的“国家安全会议”秘书长。

蒋介石曾言：“经儿可教，纬儿可爱。”聪明伶俐的纬国，幼时确为蒋介石带来不少欢乐。纬国说：“我们父子之间没有什么保留，谈话时，乃至争辩一个观念，也不会有什么顾忌……”他觉得那段日子，是他一生中最宝贵的时刻。

蒋纬国受过良好的文武教育（就读东吴大学理学院及文学院；留德、美学习军事），但在带兵与战场上则无甚表现，自谓：“我这五十余年的军人生涯，参加了抗日和‘戡乱’战役无数次，身上七处刀疤，竟然全都是荣民总医院外科大夫给的，而无一处是敌人子弹伤的！”纬国奉令在三军大学创设战争学院，并以战略家自居，唯细读其著作和讲演，“战略家”的头衔套在其身上，诚有名不副实之嫌。颇为爱护纬国的前“国防部长”、饱读中西方经典的俞大维，有次被问起纬国的战略素养如何，俞氏微笑摇头，手指脑袋未发一言。

## 政争失败蒋氏王朝烟霞向晚

蒋经国死后，台湾的政治气候为之丕变，蒋纬国身心所受到的束缚亦从此解脱。八九十年代之交，李登辉积极建立其全然迥异于二蒋时代的政权，招致国民党高层非主流派的抵制而肇始了台湾一波又一波的政争浪潮，平日不问政事的蒋纬国获百余位资深国代支持竞选第八届“总统”或“副总统”，并一度与林洋港搭配为正副“总统”候选人，旋即辞选。一九九三年蒋纬国获聘为“总统府”资政，但他反对李登辉个人和反对李登辉所领导的国民党，而使他和蒋孝勇成为蒋家后人批李的二员猛将。他们强烈的批判声音，固使亲痛仇快，然在台湾社会并未获得多大共鸣；而叔侄二人所提迁葬二蒋于大陆的主张，虽使国民党统治圈深感尴尬和紧张，却引起绝大部分台湾人民的不悦。

台湾社会和政治在过去九年的剧烈变化，犹如挡不住的大江东流。在浩荡的江声中，蒋家声望、权势与影响力急速式微，而近年来蒋家和孔家后人的相继凋零，徒使宋美龄、蒋方良两位蒋夫人“白头吟望苦低垂”。蒋家的衰败，象征了一个朝代在苍烟落照中的消失。

原载一九九七年九月二十三日《中国时报》

## 作者简介

林博文，台湾《中国时报》主笔、专栏作家、文史学者。曾数次采访宋美龄。著有：《时代的投影——近代人物品评》、《历史的暗流——近代中美关系秘辛》、《跨世纪第一夫人：宋美龄传》、《一句话改变世界》、《历史从此改写——跨世纪人物评点》、《张学良、宋子文档案大揭秘》等。

**图书在版编目（CIP）数据**

宋美龄传／林博文著．—北京：国际文化出版公司，2014.6
ISBN 978-7-5125-0676-3

I．①宋…　II．①林…　III．①宋美龄（1899～2003）—传记
IV．① K827=7

中国版本图书馆 CIP 数据核字（2014）第 064410 号



著作权登记号 图字：01-2013-8880 号

**宋美龄传**

**作　　者**　林博文
**责任编辑**　潘建农
**统筹监制**　葛宏峰　福茂茂
**策划编辑**　曹洪峰
**美术编辑**　秦　宇
**出版发行**　国际文化出版公司
**经　　销**　国文润华文化传媒（北京）有限责任公司
**印　　刷**　文畅阁印刷有限公司
**开　　本**　710 毫米 ×1000 毫米　16 开
　　　　　26 印张　310 千字
**版　　次**　2014 年 6 月第 1 版
　　　　　2019 年 10 月第 2 次印刷
**书　　号**　ISBN 978-7-5125-0676-3
**定　　价**　68.00 元

国际文化出版公司
北京朝阳区东土城路乙 9 号　邮编：100013
总编室：（010）64271551　传真：（010）64271578
销售热线：（010）64271187
传真：（010）64271187-800
E-mail：icpc@95777.sina.net
http://www.sinoread.com